WHAT DO
MILLENNIALS
REALLY WANT?

新市场与新市场人

冯 并　冯其器 ◎ 著

北京大学出版社
PEKING UNIVERSITY PRESS

图书在版编目(CIP)数据

新市场与新市场人/冯并,冯其器著.—北京:北京大学出版社,2016.7
ISBN 978-7-301-27281-7

Ⅰ.①新… Ⅱ.①冯… ②冯… Ⅲ.①市场学—研究 Ⅳ.①F713.50

中国版本图书馆 CIP 数据核字(2016)第 165800 号

书　　　名	新市场与新市场人 XIN SHICHANG YU XIN SHICHANG REN
著作责任者	冯　并　冯其器　著
责 任 编 辑	朱梅全　朱　彦
标 准 书 号	ISBN 978-7-301-27281-7
出 版 发 行	北京大学出版社
地　　　址	北京市海淀区成府路 205 号　100871
网　　　址	http://www.pup.cn
电 子 信 箱	sdyy_2005@126.com
新 浪 微 博	@北京大学出版社
电　　　话	邮购部 62752015　发行部 62750672　编辑部 021—62071998
印 　刷 　者	北京大学印刷厂
经 　销 　者	新华书店
	730 毫米×1020 毫米　16 开本　22.25 印张　353 千字 2016 年 7 月第 1 版　2016 年 7 月第 1 次印刷
定　　　价	49.00 元

未经许可,不得以任何方式复制或抄袭本书之部分或全部内容。
版权所有,侵权必究
举报电话: 010-62752024　电子信箱: fd@pup.pku.edu.cn
图书如有印装质量问题,请与出版部联系,电话: 010-62756370

序

告别市场风云变幻的2015年,我们又行走在充满期待的2016年的市场大道与小路上。2016年后的市场向哪里进发?方兴未艾却又是令人眼花缭乱的市场会出现什么样的惊喜与困扰,又会带来什么样的让人猝不及防的变化?这些都是所有身在市场的人需要思考的。在经济发展的宏观层面上,我们拥有可贵的市场定力。尽管世界经济面临着新的考验,甚至是新的动荡,比如美联储持续加息会给发展中经济体带来新的压力,石油和大宗商品价格的进一步下跌也会带来新的市场变数,但机会终究会在各种经济矛盾的运动变化中不断地出现。

微观市场层面也是如此,没有永久的市场坚挺,也不会有永久的市场疲软,当人们发现数十年来一贯制的供给侧落后于潜在的市场需求时,一场以创新驱动为导向的市场结构调整也就开始出现了。生产要素的重新组合从来没有像今天这么重要,而在诸种要素中,信息、技术和资本的重新组合也从来没有像今天这么重要,以至于我们看到,在互联网"所向披靡"的发展中,信息、技术和资本三大要素居然催生出现代市场赖以运转的广义上的互联网金融,支付与结算方式发生变化,人们正开始向无现金社会迈进。市场流通变得简单便捷,市场变得更有效率。互联网金融的出现又最终引发了商业模式的剧烈变化,一场将人们普遍认为正在到来的"第四次工业革命"包括在内的从来没有过的商业革命拉开了大幕。

我们不能小觑了商业模式剧烈变化的市场意义,尽管一切都在发展完善之中,市场中的人包括消费者还没有找到更好的共治共享的理想路径,但互联网同时作为社会生产力与生产关系突破与变革的整合力量,最终要颠覆的是一直支配市场的那只"看不见的手",也即市场的信息不对称规律。因此,我们将其看作商业革命并非没有道理。

我们也不能小觑了"互联网+"对经济结构调整的巨大意义,"互联网+"将会改变一切行业和社会经济领域的运动模式,但任何行业的发展变化都离不开流通市场渠道。互联网的发明与应用源自美国,但它的进一步发展要靠全球的市场人。中国不仅提出了"互联网＋"的发展途径,也在第二次世界互联网大会上明确提出,"互联互通,共治共享",建设"人类命运共同体"。"互联网＋"是世界经济发展的共同道路。互联网带来了创新,使我们需要的供给侧结构改革成为可能,不断发展的互联网技术才是一部发展的"永动机"。

我们更不能小觑了"互联网＋"对市场变化产生的明显的市场影响。在已经过去的 2015 年里,一般消费品市场发生了巨大变化,新的商业模式不断产生,从 O2O 到 B2B、B2C,旧的中介流通环节不断弱化,新的流通模式产生。在金融领域里,从第三方支付到众筹、消费金融甚至 P2P 网贷等,形成了互联网金融庞大的金融产品"新家族"。在制造业、物流业以及其他的行业或产业领域里,变化或明或暗,或大或小:企业普遍面临转型,企业管理面临变革。企业文化正在不断创新,企业组织结构开始变化,品牌体系在重塑,现代企业制度走向完善。海尔的"三个颠覆"虽然不一定是各行各业企业的通用模式,但它从根本上给企业的运营管理带来新的思考与冲击。

这一切是怎么以迅雷不及掩耳之势出现的?自然是缘于互联网技术带来的生产力的突破和对生产关系的重新整合。在我们过去的政治经济学常识里,生产关系里最核心的是所有制。但是,我们现在看到,在所有制下面,是更为重要的人与人的商品与服务的交换关系和使用关系。诸如"分享经济""零工经济""服务价值"以及"不求所有,但求所用"等各种市场概念的出现,或者会颠覆我们的政治经济学常识,而促成这一切变化的是已经占据了现在与未来市场中心位置的新市场人。此即西方人常讲的"千禧人",我们常说的 80 后、90 后和即将登台的 00 后。

市场舞台永远是新的,如同每天的太阳都是新的,市场的主角更是新的、鲜活的和有朝气的。从 IT 到 DT,不断发展的互联网技术是这新一代网络人与生俱来的"素质内存"。他们是层出不穷的高新科技的创造者与消费者,是新市场连续不断的开拓者,同时也是未来清新健康生活的拥有者。在他们看来,市场的机会无限,可以创造的市场也近乎于无限。这是我们写作这本《新市场与新市场人》的重要动因。

冯　并　冯其器
2016 年 1 月 29 日

目 录

新市场人人群扫描 MILLENNIALS

一　新市场人正在走来　/ 003
二　80后、90后与00后　/ 011
三　"网生代"文学　/ 023
四　新市场人的职场感　/ 030
五　新市场人的新特征　/ 037

新市场新消费 MILLENNIALS

一　消费新潮流　/ 061
二　分享经济　/ 068
三　服务价值　/ 079
四　"零工经济"　/ 083
五　消费与幸福指数　/ 087
六　脉冲消费　/ 093
七　另类消费　/ 102

新市场中的品牌观 MILLENNIALS

一　后品牌时代来临　/ 111
二　品牌核心价值凸显　/ 119
三　去Logo？去品牌？　/ 124
四　重塑品牌体系　/ 129
五　与消费者共同打造品牌　/ 133
六　互联网广告的传播价值　/ 137

新市场人改变商业 MILLENNIALS

一　新市场人群改变商业模式　/ 145
二　O2O 全渠道融合　/ 167
三　App 营销　/ 173
四　大数据市场　/ 179
五　O2O 市场简析　/ 186

新市场人改变企业 MILLENNIALS

一　互联网全面影响企业　/ 231
二　互联网引发商业革命　/ 236
三　"小鬼"当道，创客当家　/ 244
四　企业管理面临变革　/ 251
五　企业文化需要不断创新　/ 254
六　企业大转型　/ 262
七　海尔的"三个颠覆"　/ 268
八　现代企业制度走向完善　/ 280

创新金融市场 MILLENNIALS

一　金融业面临巨变　/ 287
二　P2P 的是与非　/ 293
三　众筹的力量　/ 301
四　第三方支付　/ 311
五　消费金融发展空间大　/ 316
六　征信数据共享　/ 330
七　互联网发展的广视角　/ 337

后记　/ 345

新市场与新市场人

新市场人人群扫描

一

新市场人正在走来

生物地质学家正在研究,第四纪更新世是否需要结束,一个新的地球时代"人新世"是否要开始。这绝对不是突发奇想。无论从哪方面看,我们确实处在一个从未有过的新时代的前夜。互联网数字技术的普及以及由此出现的物联网和机器人是一个标志,被称为"数字原生代"或者"网络原住民"的千禧人类的出现更是一个标志。

对于"千禧人"这个西方人常用的概念,国内一些民间智库和研究机构有时也用。用与不用,其实是无关宏旨的,说到底,这是个时间坐标。中国并没有"千禧"的原生说法,但也没有刻意排斥这种说法,因为这只是一个通俗的纪年法,犹如中国在民国成立之后引入公元纪年一样。如果你一定要用黄帝纪年法来还原这一代出生的时间特点,或者还可以用"新一代黄帝人"来标识。

事实上,对于与千禧人相关的圣诞节,现代西方人也未必在意其中的宗教文化内涵,倒是更看重它的消费意义。美国石英财经网站在2015年圣诞节前发表了一篇名为《圣诞节的真相》的文章,指出"圣诞节向来突出的不是耶稣诞辰,而是商业、宗教支配地位、公民权利以及大饮特饮","我们今天所认识的圣诞节是工业革命和社会阶层变迁的副产品,只有区区几百年的历史。不过,在那以后,圣诞节就与消费主义'剪不断,理还乱'了"。这篇文章还引用了美国零售商联合会的估算,2015年圣诞节假期的销售额可能达到6305亿美元,占到年度零售开支的20%左右。"不要对此反感,这才是圣诞节的真谛。""或者用《圣诞节之战》的作者斯蒂芬·尼森鲍姆的话说,圣诞节不过是披着基督教外衣的异教徒节日。"用更多学者的考证讲,"今天我们所认识的圣诞节是1800年到1880年之间变成约定俗成的活动的"。"千禧人"的说法更晚,因此我们只管将其视为2000年前后出生的人群也就可以了。

西班牙《国家报》2015年7月11日报道,高盛公司指出,一代真正的年轻人即1981年至1997年出生的千禧人将迎来购买力大爆发的十年,也即在

2035年之前,他们将对一个国家的内需和外需结构产生重大影响。《福布斯》双周刊网站预测了2016年16大趋势,其中有一条就是"千禧人的实力":"千禧人一代已经成年,这是大事。随着全球的千禧一代进入16—35岁的年龄段,他们将进入一个全新的购买阶段。在低端购买人群,传统的首次购买,比如小汽车,正缓慢被Uber出租车取代;在高端购买人群,他们眼下正在考虑购房和购车。"

千禧人是有史以来最庞大的一代人,仅美国就有6600万—8000万。他们拥有前所未有的消费习惯,他们面临空前的失业问题。他们因为经济条件所限会推迟结婚与买房,他们即使没有钱也会购买一部最新款的iPhone手机,他们会抱着手机睡觉,他们当中的理科生平均6个月换一部手机,他们的台式机应当是水冷系统的。他们对企业品牌不会盲目忠诚,他们对品牌的认同点是企业能否承担社会责任。他们是数字原生代和数字同行者,他们对新技术和新技术产品敏感,他们是新的"月光族"和实实在在的信用消费者,他们用手机支付而改变了传统的消费支付规则。他们注重物质与精神生活的同步提升。他们是新市场的创造者,也是扩大内需、提升外需的希望所在。

比起高盛前几次关于千禧消费的调查报告,这一次调查来得更高屋建瓴一些。此前的调查报告主要针对具体的市场预测,如对千禧妈妈们的研究更多着眼于她们的育儿消费,据说这个市场在美国有1万亿美元之巨。诸如此类的调查一看就是应商家之委托,为行业分类市场作预测。这种具体的市场调查也开始在中国出现了,只是不很系统,样本量不够大,而且主要由行业协会承担,缺少第三方数据。高盛的最新市场调查之不同,在于它的总体走向性。高盛清楚地意识到,一个从未有过的消费大潮正在席卷市场,改变着市场的面貌,改变着商业模式,改变着消费与生产的关系,甚至改变着经济学的一般规则。企业也突然间如梦初醒,这次是"上帝"真的来了,这个千禧"上帝"可不是商人们随便说说的那个"顾客就是上帝"之"上帝",而是要挑剔得多,古怪精灵得多。

但是,一些预测终归是初步的、零散的、感性的,甚至有些类似"瞎子摸象",都摸准了一点,却未必是"全象"。这头"千禧大象"将把眼前的消费世界拖向哪里,似乎也在清晰与不那么清晰之间。对于其消费潜力,有各种推算。美国的培森哲公司预测,美国的千禧人的消费能力在美国将达1.4万亿美元。华盛顿的银行家们则说,千禧人将要继承的财产总量是30万亿美元,是这个世界有贵族以来的最大的消费贵族群。有趣的是,《时代》杂志也推出了历史财富排行榜来"凑热闹",不知用了什么样的标准,评出有史以来最富有的10个人,包括洛克菲勒、卡内基、恺撒大帝、印度莫卧儿皇帝阿克巴、宋神宗、成吉思汗等,其中唯一健在的自然是比尔·盖茨。排名第二的恺撒大帝拥有占帝国经济总量20%的个人财产,相当于现在的4.6亿美元。比尔·盖茨的个人总资产则达到了789亿美元。但是,他们的财富累加起来也不过是30万亿美元的一个零头。这个评比自然是无法成立的,30万亿美元只是一个理论推算,是对于美国社会财富的推算,而且有很大的不确定性,由此判断千禧人将是历史上最大的贵族群,从而也一定掌握着通向市场繁荣的钥匙,恐怕要大失所望。因为至少从表象来看,他们的消费方式与状态并不太像"花花太岁",纸醉金迷,花钱如流水,浑不知财富的难得与易逝。

同样有趣的是,2015年7月,世界第一个十大千禧富豪榜单由财富情报咨询公司Wealth-X发布,榜单前10人中有9人来自中国。其中,有碧桂园董事局副主席杨惠妍(61亿美元)、香港新世界发展有限公司执行副主席郑志刚(44亿美元)、杭州娃哈哈董事长宗馥莉(30亿美元)、杭州联络互动信息科技公司首席执行官何志涛(27亿美元)、游侠网络公司董事长林奇(22亿美元)、聚美优品创始人陈欧(11亿美元)、汉鼎信息科技公司董事长吴艳(8.6亿美元)、苏宁环球董事张康黎(7.1亿美元)、协鑫能源执行董事朱钰峰(6.6亿美元)。他们中有父辈创业背景的占2/3,但也很早进入企业,其余多为白手起家,一般在30岁到34岁之间。他们是高盛"千禧概念一代"即1981年到1997年出生的一代成功者。下一个榜单会是怎样,当然并不重要,因为说到底他们只是千禧消费托起的千禧成功者,而我们需要考察的是促使他们成功的背景。

还有一个有趣的文化背景。千禧人来自基督教文化千年纪元的时代划分,即以千年为时间标准划分,出现"千禧人"的一般称谓。但是,这里显然带有商业策划的浓烈味道,就像他们对"婴儿潮"的命名一样。2000年,机缘巧合,一个被命名为"图根种"的原始人类在肯尼亚被发现了。据说图根种距今6000万年,直立行走,还会爬树,个头并不大,因为在千禧年被发现,又被命名为"千禧人"。这使得千禧人名声大振,似乎千禧人注定会成为人类社会中的一种历史现象,引起更多的轰动与注意。

重要的是，新一代市场人确乎掌握着通向市场繁荣的另一把钥匙，这就是决定着市场大门"芝麻开门"的互联网——美国的马克·扎克伯格是其中的一个，中国的马云也是其中的一个。大概在少年时期，马云就熟读了《一千零一夜》，知晓阿里巴巴寻找到通向财富之门的秘诀，便在一闪念间为自己的网站命了这样一个怪也不怪的名称，但十分准确地摸对了门。互联网就是通向未来财富之门的钥匙。互联网尤其是移动互联网从伴随新一代人成长的"超级玩具"骤然间变成了财富钥匙，这是老一代人无论如何也未曾想到的。那么，当你并无恶意地责备他们是"低头族"的时候，是否会回忆起，你在少年时又是怎样一边帮着大人干活，一边低头注视着书里的文字？

善于做社会抽样调查的美国皮尤中心根据美国人口普查数据分析，千禧一代的确是美国继"婴儿潮"之后劳动人口中人数最多的一代。他们确信，千禧人很快就会在美国的消费市场中占据大部分领域并最终会控制大部分社会财富。那么，中国的千禧人呢？从数量上看，在放开二胎政策之前，中国的年出生人口约为1700万。因为他们大多都是独生子女，按照中国的"421"规律，上下影响的核心家庭人口至少也有3.4亿以上，甚至是5.4亿人口。以中国10年的1.7亿千禧人计算，数量是美国的近3倍，若以培森哲公司预测的美国消费力的一半计算，每年也不会少于2.1万亿美元，即12万亿元至13万亿人民币，而实际数字要大得多。

中国的年轻人也是代际财富转移的主要载体。虽然对他们能够从父辈那里继承多少财富并没有明确的计算，但据中国政法大学财富传承法律问题研究中心主任曹义孙研究，中国人家庭财富总量在2013年就达到22万亿美元，仅次于美国，预计到2018年可达到40万亿美元，是世界上财富增速最快的国家。招商银行与贝恩公司联合发布的《2015中国私人财富报告》显示，在中国，财富传承问题已排到高净值人群关注的重要问题的第二位。然而，两代人财富观不同，关于千禧人如何继承、安排这笔财富，还需要进一步研究。

不管怎么说，这种计算还是按照高盛的千禧人的初次划分概念进行的。但是，这种研究显然带有一定的超前性，是基于千年商机不可错过的研究意向分析的。事实上，真正的新消费者刚刚来到台口，才出场亮相，还远未进入市场消费"剧情"的高潮。但是，他们显示出的市场角色潜力已经令老一代消费者感到震撼。如果按西方概念中千禧消费人的全口径数量计算，至少应当考虑公元2000年前后30年内积累更替的消费人群总量,也即我们常讲的80后、90后加上00后。这个数量在中国至少也是5.4亿。这5.4亿人基本属于独生子女,并没有把放开二胎政策之后较为长远的消费主力人口计算在内,也没有考虑影响着上一代和下一代的市场互动曲线共同组成带动消费和替代消费的多个市场梯队,更没有考虑消费水平不断提升带来的更大消费效应。但是,即便是这样,他们的消费规模和消费走向已经左右和决定着市场的未来。

新一代消费者的消费行为和消费方式同样也会广泛深刻地影响市场。当前,电商与网购成为消费中愈来愈重要的主流消费与支付方式,无疑会在消费效率的提升和随机性的增强中产生市场扩张效应。有关机构在《2015年中国网购用户调查报告》里就网购对传统消费的替代率大致进行了测算,替代率为78%,其中服装鞋帽和家用纺织品占到30%。也就是说,有七成消费者减少了在实体商店购物的次数,这样一种变化是由新一代消费人群主导的,同时也会影响到上一代与下一代,直接或间接地影响到市场消费效应。

总之,对于以上新一代消费者人口数字所能产生的经济能量和市场能量,怎么估计都不为过。这不仅是因为已有一些成功者从千禧市场掘出了比第一桶金更多的金,也因为这个仅数量就占到全国近1/3的人口消费是前所未有的。同时,由于他们将是未来社会消费的核心人群,他们的消费关联性和导向性,向上影响到他们的父母和祖父母辈,向下影响到今后几代人的消费走向,新的消费市场就此拉开大幕,更多的"戏文"还在后面。可以毫无疑问地说,现实与未来的市场既然取决于新一代消费者的消费,扩大内需也就取决于新一代消费者的消费水平,提升与改变消费市场的结构,甚至改变中国过高的储蓄率以及"养儿防老,积谷防饥"的传统观念,形成以内需为基础,拉动经济发展的良性循环,也同样系于新一代消费者的消费走向。市场从本质上讲,是人类社会的经济交换特征,市场的内生动力来自人的消费需求与供给,这就是从消费者变化角度观察市场收缩与扩张的根本原因。供给侧的改善也好,需求侧的提升也好,都要围绕市场消费者进行。

现在,新消费者的市场影响已经明显地展现出来了。2015年上半年,全国实现社会消费品零售总额14.2万亿元,同比增长10.4%。其中,网上零售额增长了38.6%,占比持续上升,达到总销售额的9.7%,其对社会消费品零售总额增长的贡献率达到28.7%。另据商务部监测,2015年上半年,5000家重点零售企业网上销售增长39.1%,比上年同期增长9.2%。其中,京东、当当、苏宁易购、国美在线4家网店销售额同比增长46.1%。这不仅是电商的成功,其实也体现了已经习惯了网购的新一代消费者的最大市场贡献。

在美国,千禧人消费很早就进入了关注者的视线。商家在注视他们,社会学家和政治学家也在注视他们,都在研究他们对现实的商业活动以及社会的发展造成了什么样的影响,并分别纳入商业营销学和社会学乃至未来学的视野。高盛的有关研究报告指出,透过惯常的商业预测和品牌分析,更多的商家已经敏锐地看到,美国千禧人群是继20世纪中期出现的"婴儿潮"之后的又一个生育高峰,是更大的一次"婴儿潮"。他们是今后10年、20年甚至30年后消费市场的新生代,他们的上一代已经形成当前有形市场和潜在市场的消费主力。他们对市场的影响前所未有,无论在消费数量、消费质量、消费结构还是消费方式上,都会产生重大作用。

在中国,有关研究刚刚开始,或者更准确地说,对新一代消费者的商业研究刚刚开始。此前对其中80后的研究尽管开始较早,连续不断,但主要局限于社会学关于社会代际传承的研究,而且声音有些一边倒,贬大于褒,从"月光族"到"啃老族",从"自我"到"任性",几乎没有多少人"点赞"。在一段时间里,80后们只能睁着眼睛听着,听着"虎妈""狼爸"们的教训,不吭一声。随着他们的长大成家和生活底气的提升,一些异于上一代快人快语风格的有礼貌的反驳与争辩开始出现了,但也仅限于文化与性格评价。

目前,对千禧人经济特征的研究不算多,比较有特点的是央视市场研究股份有限公司的《千禧人的数字移动生活》,此外则是引起一些关注的一位美国千禧人的观察视角。清华大学新闻与传播学院"全球财经新闻硕士"项目毕业生埃里克·菲什出版了他的新书《中国千禧一代》,"力图改变外界对中国青年一代的刻板印象"。此书针对的是懦弱评价问题,总体上还在社会学范畴里打转,内容主要是教育、就业和社会问题。这些研究成果还是有价值的。清华大学新闻与传播学院"全球财经新闻硕士"项目培养的外国留学生至今已有160多名,他们在各自的研究领域里取得了很多成果,搭建了中外媒体交流的桥梁,对中国千禧人经济行为的进一步研究也有重要参考价值。但是,就事论事,这些著作对中国新一代消费者与市场人的市场表现涉猎不多,而这是最关键也是最需要研究的角度。在美国,"千禧潮"是"婴儿潮"的承继者,但素有自私与任性的社会评价,也让许多人带着怀疑的目光审视他们。但是,他们也看到任性的两面性,看到千禧人拥有娴熟的网络技术,敢于挑战旧有的商业形态,如互联网企业对传统企业、网络新闻对平面媒体、网络视频对影视机构、App开发商对传统软件公司等。他们充满了来自网络的自信,甚至断言自己不会信任任何财务顾问,不会听从证券经纪人和银行家的建议,颇为特立独行。这使希望正常代际传承的老一代不得不给出他们"无望一代"的结论。但是,细究起来,"江山代有才人出",只要想一想他们在成长中亲身经历的次贷危机对于生活的破坏,"不会听从证券经纪人和银行家的建议"的说法也能得到合理的解释。

重要的是,中国的年轻人与欧美的年轻人有同有异。相同的是,他们都生活在互联网时代,经济全球化和区域经济一体化是大势所趋,因此对市场的走向有共同的认识。但是,中国的年轻人与欧美的年轻人所处的环境不同,所处的经济发展阶段也不同。中国的年轻人面临的是正在崛起的中国在经济高速发展之后必要的经济结构调整,并在创新驱动中更多地发挥自身的潜能,他们对旧的经济发展方式和旧的市场结构发起合理挑战,充满了正能量。因此,他们不仅不是"无望一代",恰恰是改革开放的推动者,是新市场中的创业者,也是市场消费动力的提供者,而新市场也将他们推上了创新与创业活动的潮头。这也可以解释为什么基于互联网的电商发展最早出现在美国,而电商发展的大气候更多地却在中国。

央视市场研究股份有限公司的《千禧人的数字移动生活》是研究中国新市场人比较系统的一份报告,研究的对象是1980年到2000年出生的社会人群。此外,还有由中国市场学会等主办的各届社科奖全国高校市场营销大赛传出的若干信息判断,也很有参考价值。有关的信息判断提出,千禧人差不多与电脑同时诞生,在互联网的陪伴下成长,似乎天生有一种"老板靠边站"的"嚣张"和进入职场的"一心多用"。但是,他们也有"灵活的头脑并娴熟地使用高科技产品延伸自己的力量"。"他们是职场外星人,你不能指望他们跟老板的公司同呼吸共患难,他们只跟自己同呼吸共患难"。"他们也是营销界的外星人,老的办法行不通。他们是国民经济消费中的主力军,不仅有购买力,而且作好了买买买的准备,但你很难确定他会选择你的产品。"第六届社科奖全国高校市场营销大赛选取了11位成功公司的创始人给出的市场应对答案,分别是:

1. 阐明自己的品牌意愿；
2. 玩转最新潮的社交网络；
3. 制作很棒的内容；
4. 提供价值；
5. 去做简单易行的公益活动；
6. 保持真诚；
7. 改善用户体验；
8. 影响有影响者加入社群；
9. 让他（她）与众不同；
10. 移动端第一；
11. 加入视频。

答案都不错，相信这11位成功公司的创始人多半就是新市场人。但是，他们为什么这样应对？或者说，这只是一种商业的迎合，还是有更深层的原因？如果从表面上看，这些都是市场对策，但他们提出的市场答案无疑没有击中要害。从阐明品牌意愿到改善用户体验、提供价值，从去做简单易行的公益活动到保持真诚，我们看到新市场人与新消费者很正面的市场价值观。这些市场价值观其实是处于不同市场位置的新市场人形成的默契，他们在默契中共同推动和塑造新的市场和新的消费方式。

这届社科奖全国高校市场营销大赛来得正是时候，此后不久，一场铺天盖地的市场风暴降临市场，新的O2O商业模式和众筹融资模式席卷营销领域，2015年成为市场变革之年和新旧市场模式碰撞之年。市场舞台上的主角也正是有备而来的新市场人，他们舞动的市场身影以及他们共同的演出台词，就是"互联网＋"中的创业与创新。他们不再是游走于市场边缘的市场看客，而要亲自创造更符合新一代消费者的商业模式，创造更符合信息对称商业规律和更符合等价交换价值法则的商业服务交换路径。

对于新一代市场人和新一代消费者的研究，还有许多零星的成果，比如他们如何对待储蓄，以及如何既酷爱旅游也重视自己的住房消费等。在对待储蓄问题上，他们的答案自然与他们的父兄迥然不同，不是攒够了再花，而是花了再还。这使他们的父兄感到担心，却让开始乱了阵脚的零售商们见猎心喜，更让制造商和金融家们陷入了沉重的思考并明显地感到：新市场人真的来了，市场真的开始变了。

二
80后、90后与00后

对于美国千禧人的数量,有各种调查数据,8000万、8600万和9000万。数字的差异取决于测算的年龄范围,是1981年至1997年出生还是2000年前出生的都计入。商业调查向来是急功近利的,如果算上几年后进入消费市场的00后,数字会更庞大。中国比较全面的调查数据来自央视市场研究股份公司,测算范围是1980年至2000年出生的人群,也没有把00后计算进来。此外,还有1982年至1994年、1984年至1995年的测算范围,大体对应的是当时进入市场的80后和90后的消费活跃人群。

为什么要把00后算进来?因为光阴荏苒,岁月如梭,说着说着他们就会进入市场,在我们预测今后10年市场的进一步变化的时候,忽略不了这个市场的预备群体。从变化本身来讲,一代人有一代人的加速度。从技术进步的角度而言,焉不知他们要比90后还要精灵古怪,更有本领?当我们在寻找90后与80后的细微差别的时候,最好提前研究一下00后,免得再一次惊呼"大跌眼镜"。

新市场人和新消费人群的界定,应当有广义和狭义两种:狭义即千禧年之前出生的一代,也即80后、90后;广义则应包括千禧年之后10年里出生的一代,目前对应的代际概念是00后。00后其实是真正的千禧人,最大的才16岁,正在成长的旅途中。他们虽尚未成为独立的消费主体,但在未来10年甚至20年里将会陆续成为社会与市场中坚,成为新的消费主体。在商家眼里,现实的独立的消费主体是80后和90后,他们是狭义的千禧人,或者说是眼前可见的市场千禧人和现实社会经济意义上的千禧人,是当前市场运作需要观察的实际的市场坐标,而不是更为严谨的代际划分。较真地说,80后在自然形态上是前千禧人,他们是千禧世界和千禧市场的引领者,因此成为研究对象。80后对千禧世界是不可或缺的,是现实市场的核心过渡层,并且具有千禧人的主要特征,因此也就成为广义千禧人的第一代。80后、90后当前都处于市场消费的旺盛期,是创造与消费的主力。当他们步入中年、老年时，00后也开始另一种市场年龄的人生，那时将会有更新的一代人即千禧中期人相继出现，情况又将会有更大的变化。信息时代一旦开启，其加速度如同计算机速度提升的超几何速度，目前只能存在于推理与想象中。以后的事情后人自会去研究，而从目前市场变化的速率来看，未来的10年、20年和30年的市场变化完全可以称得上天翻地覆。单从变化的节律上讲，我们也许可以把广义的千禧人分为千禧一世、千禧二世、千禧三世。第一个千禧百年人出现，这正是本书一开始提到的生物地质学家们提出"人新世"概念的深刻原因，即新市场人的年轮从今往后深深地刻在市场这棵根深叶茂的"大树"上，我们不妨将之借称为"新市场人经济"。

这个"新市场人经济"的全面含义是什么？我们暂且无法给出确切的定论与定义。但是，一切经济的变革都来自市场的变革，市场关系变化了，生产关系和消费方式都会发生巨大的甚至是颠覆性的变化。这是我们关注80后、90后与00后的最重要的原因。

尽管我们对新市场人的关注重点是他们作为市场人的一面，但每一个市场主体都不会是纯粹的经济人，他们所处的时代，他们的出身、教育与教养，他们成长的宏观环境、微观环境以及由此形成的价值取向，都会深刻影响到他们的市场行为。因此，这里还需要从社会学的角度，包括成长环境、教育背景和社会经济地位，还原他们的社会性格特征。

这里先谈成长环境。在美国，千禧人又称"Y一代"，他们的父母是"X一代"或"婴儿潮的一代"，祖父母则是"沉默的一代"。"婴儿潮的一代"在美国是指20世纪40年代中期即二战后出生至60年代中期出生的一代。这一代在中国则是新中国成立后到计划生育政策正式实施前出生的一代，这个时期也是中国人口高速增长的时期。X一代在美国是指20世纪60年代中期至70年代末出生的一代，在中国则是计划经济与计划生育"双计划"时期出生的一代。Y一代在美国是指20世纪80年代出生的人，他们之后的另一代人也属于Y一代。这一代人无论在国外还是在中国，都不同程度地生活在市场开放的年代里，国情不同，特征有所不同。但是，在经济全球化条件下，市场相互开放，Y一代也形成了许多相近的经济生活特征。Y一代与X一代有着明显的市场取向区别。出生在20世纪50、60年代的中国X一代就带有明显的计划经济烙印，他们是Y一代直接的养育者和关爱者。在西方国家，X一代比较节俭，也比较激进，曾经参与捍卫民权、保护环境和反战活动。中国的 X 一代则在"反帝反修""上山下乡"运动中增添了历练,同样有一种敢闯敢冲的人生态度,他们比较勤奋,也在新时期经济的周期繁荣中积累了一定财富,在技术创新和资本市场的发育中出现了许多商业成功人士。在美国,比尔·盖茨是 X 一代的代表,马克·扎克伯格是 Y 一代的代表。中国则有许多改革开放大潮中涌现出来的成功企业家。

进入 2000 年后,美国经济受到次贷危机的冲击,中国经济则进入上升时期。在西方经济危机中,直接受伤的是 Y 一代,失业率飙升,住房消费信贷被迫打断,现在这一切伴随着经济艰难缓慢的复苏开始缓解。这也是开始摆脱经济危机的美国商界将注意力更多地转向新一代消费者即广义千禧人的市场原因。X 一代正在努力恢复一度萎缩的消费能力,Y 一代则在恢复父辈曾经给予他们的比较充裕的消费条件中走向新的商业消费模式。

中国的 X 一代与西方的 X 一代在成长环境与商业环境上不同。除了价值观存在差异,他们在所处社会经济发展模式上也有根本区别。中国的 X 一代经历了计划经济的全盛期,对短缺和票证有深刻的记忆,他们也曾经被称为"脖子上挂钥匙的一代",独立行动能力比较强。就业环境也不同,中国的显性失业率并不高,工资收入也不高,城乡差别和工农差别明显;同时,平均主义盛行,在同一群体中,没有过大的收入与生活差距。这无疑影响到他们的前半生,既缺少市场意识,也缺少创新意识。随着改革开放大幕拉开,主动和被动进入市场的人群迅速分化,观念也在不断调整,他们在不同的境况下寻找新的市场定位和人生,希望在目不暇接的创业中找回改变和改善自身的最后机会。

X 一代中不乏成功者,也不乏来不及从容消费的暴富者,以补偿心态和炫富心理为表象的畸形消费一度形成市场消费的一股"潮流",客观上繁荣了市场,也打造了市场的品牌观念,但属于一种非理性消费。X 一代对下一代带着深刻的补偿心理,而且由于他们的忙碌,对下一代的亲情关爱相对缺少,又使补偿与放纵相互叠加,形成下一代在发育期复杂的社会性格,再加上独生子女生育政策的影响,独子独女单传现象成为比较普遍的社会现象,出现了所谓的"小皇帝",也出现了怀着把自己曾经失去的东西在下一代身上找回来心态的"虎妈""狼爸"现象。物质生活的相对优越与精神呵护的短缺,让"小皇帝"们有了两面性:一方面,享受着比上一代优越的生长条件,配置了更优质的教育资源,知识结构比较完整;另一方面,也因为呵护过度、规划过度,不同程度地出现了"野蛮生长"。"野蛮生长"又引出了任性,而所谓的"四二一"的代际关爱普遍模式又使他们缺乏独立能力,少了一点责任感。"四二一"是中国独有的现象,一是出于上一代对下一代的生命传承本能,聚焦于"独苗";二是由于X一代的经历和自古遗传下来的生存基因"穷怕了",生怕继承者也会坠入穷困的"六道轮回",呵着护着,造成一种"养育二元分裂"现象。这种现象在城市里普遍发生,在社会资源相对缺乏的农村则没那么严重。但是,人们也看到,Y一代成长的有形资源是充足的,教育资源总体上并不匮乏,社会环境也是平和的,因此他们还是比较乐观、优雅的一代。由于独生子女生育政策,Y一代缺少兄弟姊妹的家族性支撑,他们与外界同龄人的交往更多,并由此形成相互沟通的更强的团队精神。他们似乎更喜欢足球、篮球这样的团队运动,因为在球场上各有担当,心有默契,发挥各自的作用,并不在意自己是不是领军人物。对于他们身上的普遍特质,迪士尼负责人力资源管理的副总裁安妮·切鲁蒂有着深切的体会。她说,对他们来说,传统职业阶梯仍然重要,但他们在合作上超过了前几代。这在国内和国外应当是没有多少差别的,如果说有什么区别,在中国的农村与城市,衡量成就感与成功的标准是不一样的。比如,相对于城市的青年,农村的青年愿意报考公务员的多。

  无论是生长在农村还是城市,比起X一代,Y一代总体上是快乐的、达观的,童年时更少焦虑,文化水平更高,知识结构更加完整,对精神生活的追求远超他们的父母。也有人说,他们是缺少目标的一代,甚至会有"垮掉"的危险。其实,未必如是。他们不感兴趣的是拘束,甚至是拘束中的行为包装。比如,在上个10年里,波斯顿公司的一份调查报告引用了一个案例,其中就转述了一位美国千禧人的想法:面对那些铺天盖地的美国总统的竞选广告,使他(她)真不想成为民主党或共和党人。根据美国汤普森公司在上个10年对21岁至29岁的年轻人的调查,他们的特征并不全是享乐至上和不负责任,相反,他们对传统和职业道德有成熟的认知。汤普森公司发布的报告称,在调查对象里,94%的千禧人认为要尊重一夫一妻制和亲子关系,84%的千禧人表示尊重婚姻。国外的研究还显示,没有多少人大学毕业后还靠父母养活,只有"15%与父母同住"。他们中75%拥有全日制工作,19%拥有非全日制工作。尽管他们的闪婚率和离婚率都一样高,但原因并不是"随意"或"任性"就可以解释的。

  另一方面,也要看到,新一代人在中国与美国的生长环境不同,性格特征也不同。但是,随着中国的市场导向改革和经济开放度的不断扩大,加上信息社会的传播速率和国外留学比例的不断增多,中外年轻人在一些经济问题上的思维日渐趋同,市场的相对时差也愈来愈短,甚至在婚姻态度上也出现了模糊地带。我们曾经为西方国家的高离婚率感到诧异,但中国民政部2015年公布了一组数据,2014年全国离婚363.7万对,比上年增加3.9%,同样有上升之势。有人用"七年之痒"来解释,但这解释不了不同人群的差异性在缩小。在中国年轻人婚变数量增加的背后,主要原因还是"独生子女"背景下形成的性格冲突,加上社会上对离婚的态度有越来越宽宥的一面,离婚率也就直线上升了。2015年发生的刘翔离婚事件是一个不大不小的社会新闻,其离婚理由就是性格不合。由于名人效应,刘翔的婚姻再次引起人们对80后生活态度的关注,但议论一下也就过去了。

那么,在Y一代中,80后与90后又有什么区别呢?猛地看去,两者似乎一样,其实也是大不相同的。80后是被人议论的一代,或者说就是当下市场意义上需要直接面对的新市场人,有市场过渡期,担子也比较沉重。已经开始登台的90后就比较顺风顺水,前有80后"罩着",后有00后"推着",迎来了许多机会。其实,他们的"任性"更十足,也比80后更灵活,受到更多照料,有着更多的精灵古怪,也更有主意,更敢闯。有研究比较者说,90后比80后要富裕一些。在抽样调查里,8%的90后有自己的房子。这种统计比较未必准确,但90后在事业上确实稍顺一点。80后在前面"趟了雷",使90后少走些弯路。由于市场导向的改革目标日趋明朗,使90后比80后更少一些纠结。90后的灵活性和闯市场的劲头,来自对传统计划经济的残留不作幻想、不予理会,更多地把自身置于市场经济的大潮之中,有着更开放的择业观,也有着更主动的融入生活的意识。"我的生活我做主",便是带着90后印记的口号与宣言。这个口号似乎有更强的独立性,也更符合当前社会发展的市场轨迹和人生事业的轨迹。作为80后的小师弟、小师妹,90后在社会代际补充和转换中居于更优越的承上启下的地位,赶上了深化改革、扩大开放的又一个大时代,市场经济的动力更充足,目标更明确,多了一抹阳光照耀着市场的亮色。

关于80后、90后甚至70后的性格分析与市场分析,2015年9月有一篇署名为"住在龙城"的网文,具有市场分层的系统分析意识,其标题是《中国消费青春势力》。该网文认为,对80后、90后甚至70后的划分,"不仅代表一个年代,更多是一种文化上的表现,一种对于生活的态度"。"随着社会人群的变化,70后开始享受人生,80后开始养家糊口成为主流,90后尤其是90后的女娃,也开始悄悄登上历史舞台。4+2+1生活模式下的80后,非常6+1生活模式下的90后,和他们的前辈在价值观、娱乐、消费、工作等方面,都有哪些区别?"结合多份调研报告,可以"还原这群中国消费青春新势力的真实面貌":80后有2亿人,是计划生育政策下的独生子女,陆续进入而立之年和工作、婚恋、生育模式;被称为"鼠标一代"的90后约为1.4亿人,是生长在中国经济高速发展年代的人,"他们的字典里少有苦难"。在市场价值观的分野上,80后崇尚自由,喜欢无拘无束,渴望自我实现,富有创新意识,注重人际交流,而不完全是一些人所评价的"闷骚"。80后在消费中更注重品牌,也灌满了品牌的"耳音",但不崇洋媚外,更注重性能,注重享受生活,注重家庭。90后寻求自我认同,更加强调个体,但也强调协作。在他们眼里,竞争不是你死我活,是要在彼此借鉴和互补中实现自己的优势和市场利益的最大化,从而达成共赢的局面。该网文还说,"70后踏实、发展、理性,80后自信、多元、新锐,90后自我、张扬、感性"。有趣的是,分析中引用了他们的常用网名,80后中有"人生若只如初见""白天不懂夜的黑""街角走回忆""如心相同不离""一颗长不大的玻璃心"等,90后则用"烟寂中""谱写·未来"等。在娱乐上,70后是"海纳百川",尤喜小虎队;80后喜欢F4;90后喜欢的则是TFBOYS。这篇网文的分析很中肯,也有具象感。

在消费特征方面,70后的消费习惯动作是"东西坏了自己修,80后找人修,90后则是买买买"。在衣着打扮上,与70后的"舒适第一"不同,80后"时尚第一",90后"另类第一"。90后还有"宅"的特点,这或者可以解释为什么外卖在他们那里那么受欢迎。70后爱旅游,标配动作是在景区大门口留下"V"字手势的合影,代替了相对孤陋寡闻的涂鸦者的"到此一游";80后、90后要用自拍杆,他们更倾心于出席晚会或朋友聚会。90后要过好每一天,每一天都是节日。常去就餐的地方,70后有钱没钱逛排档,80后爱去咖啡店,90后觉得酒吧、夜店更热闹。朋友相互见面,80后聊的是工作与股票,90后聊的是魔兽、美剧、明星和游戏。80后的已婚女性比着"晒娃",90后女娃却是自拍自恋。"家住龙城"的这篇网文还特意列出70后、80后、90后喜欢的饮料类型,分别是红酒、啤酒、果汁。文章的最后得出结论:年龄有差的这一代人是推动社会经济发展的生力军,是巨大的"商业金矿",商家们正在针对他们的消费特点制订各自的品牌营销路线,加快了"市场掘金"的步伐。

00后呢？也许他们还没有完全入商家的法眼，其消费取向目前主要由父母代为传导到市场。因此，高盛在这方面的调查，将注意力放在了千禧人主要是00后父母的身上。高盛的有关报告说，仅在美国，花在孩子上的开支就有1万亿美元之巨。其实，00后是一代早熟的消费者，除了父母代为消费购买，他们也有自己的移动市场和端口消费项目，正在经意和不经意中练习自己进入市场的"基本功"。00后会有更多的进入市场的欲望与力量，他们才是未来新市场真正的主角和精英。用不了三五年，00后就会成为商家的主要研究对象，他们也许会成为真正的超级消费者甚或超级商家。

对00后，2014年10月至2015年2月，中国的零点研究咨询集团作了一次比较深入的研究，在其自有样本库里提取3000名00后家长案例进行了线上调查，并对20名家长进行了比较深入的访谈，发布了中国首份00后生活状态与消费方式报告。报告主要从四个方面描述了00后和他们的家庭：

1. 00后出生在经济快速发展、人口红利较高时代和"注意力聚焦"时代，人口增长率有所下降，儿童所占比例也有所下降，家庭规模开始缩小，因此他们获得的资源比较宽裕，获得的关注也随之增加。与80后、90后相比，对00后的教养方式也发生了变化，亲子交流机会增加。00后身心发展更健康，性格更自由，更有想象力与创新性。

2. 00后有了自己的专属物品。在调查样本里，00后94％有自己的数码产品，60.8％有自己的手机，使他们的自我意识有了网络表现的途径。父母是"触网"一族，00后对网络包括移动网络更不陌生。他们首次"触网"的平均年龄是6.5岁，每天平均上网时间是1.6小时，上网环境宽松，偏爱视频、游戏和音乐娱乐。

3. 相比较80后在人际交往中表现的"闷骚"，00后更开放、更乐于沟通。同时，在家长的鼓励下，00后更注意独立自主性的培养，愿意参加家务劳动与公益活动，并与家庭和班集体共同参加旅游以及包括商业在内的生活体验。报告举出一个例子：山东有一对自身是80后的00后家长，是普通的工薪家庭，为了锻炼9岁的女儿，他们辞去工作，自助航海旅游。经历这样的生活，勇敢与吃苦也就成为这位00后明显的特质。

4. 00后的消费支出是其家庭消费的头号支出。零点研究咨询集团调查的月收入为1万元至2万元的家庭里，对00后的支出为3150元，约占实际支出的36.5％。一般情况下，消费是理性的。00后在一些消费项目如玩具和外出就餐方面有实际的决策权。

以上四点基本反映了00后的消费特征,从中也可以看出他们几年后独立进入社会、进入市场的一般情况。他们与80后、90后有区别,也有共同的特征,那就是网络一族和消费决策的独立性。

对新市场人的性格描述,其实有更好的自画像,这幅自画像上的线条与色彩,就是他们不断创造和改造的网络流行语,从"粉丝""酷毙"到"卖萌",从"囧""纠结"到"达人"。每隔一段时间,总有千禧人创造的新词汇进入网络的语境,尽管有的并不规范,有的还失之典雅,但都是他们的自照心境。有署名"微方城者"在网上披露他的研究,很直观、很形象,与"家住龙城"的观察点基本相似,可以相互参照。该文提炼出一个有意义的"同堂"现象,即随着90后渐入职场,70后、80后、90后同坐一个办公室,"三代同堂"现象越来越普遍。"70后们正向事业的巅峰冲刺,80后在感慨青春已逝的同时拼命工作养家糊口,而90后则带着独有的个性和不被70后、80后理解的文化杀入职场。"文章不无揶揄地说,都说三岁就会有代沟,更何况十岁?"微方城者"也罗列了新"三代"的异同:网名不同,点歌不同,看戏的剧目不同,第一部手机的功能与机型不同,消费水平有差异,对婚姻的态度有差异,体型也不大一样。

有研究者归纳了社会上对90后的种种看法,有褒有贬。贬者说,90后不会服从权威和领导,即便表面服从,也不代表内心服从;褒者说,90后的特质是不会强迫自己做自己不愿做的事。贬者说,这个时代成名太容易,"我就是名人,我就是规则";褒者说,90后是自信的一代,因为自信,才不会瞻前顾后,他们愿意拿着高学历去创业,或者到小型公司去指点江山,做创客,开网店。贬者说,90后不珍视工作机会,想跳槽就跳槽;褒者说,既然老板可以炒员工的鱿鱼,为什么员工不能炒老板的鱿鱼?诸如此类,不一而足。

其实,对80后、90后及00后的这些异同分析,并不十分重要。这就如同对每个人的个性异同分析并不具有决定意义一样,因为那毕竟是一个类似"子非鱼,安知鱼之乐"的命题,他们的言行特点也更合乎"大千世界无奇不有"的构成逻辑。

相比之下,倒是一些过来人常讲的"我们也曾年轻过"的话,听着更有阅历感、更顺耳也更真实。年轻人有着旺盛的生命力与五彩斑斓的生活追求,甚至会有属于自己的"童话",这未必都令人担忧。差别并不意味着不同时代的人群注定会南辕北辙而难以沟通,更不妨碍他们各自按照自己的方式去为社会做贡献。在当前,80后、90后和正在走来的00后,有幸生活在一个"大众创业、万众创新"的年代里,必然带有市场经济时代的共同特征,也会有一种初生牛犊的血气方刚。对于这些新市场人,首先应有包容的心态和发展的眼光,也应看到他们身上携带的敢于创新创业的正能量。他们是现实和未来的市场主角,掌握着通向未来的钥匙,拥有共同的时代使命,是实现"中国梦"的新生力量。他们之间以及他们与前一代人之间的区别,也只是"百花齐放"里的区别与五彩斑斓。

一个值得注意的问题是,由于欧美国家的城市化率高,在研究千禧人的问题上只需要一种基本的坐标进行判断,而在中国,却需要多角度地分析。如城市和乡村的年轻人,无论在消费起点还是消费观念、代际传递观念方面都有很大差别,这是城乡二元化结构的必然反映。但是,目前对千禧人,包括其中的80后、90后和00后的社会分析,基本建立在城市人群的基础上,因此并不能全视角地反映他们的行为特征。这种以偏概全的判断之所以还有一定的认识价值,主要是因为80后和90后中的农村青年也在逐步城市化。他们中的多数人生活在大小城镇,其社会性格与城市青年有同有异,用贴标签的办法是无法准确认知这个庞大的群体的。

也是基于这样一种认知,我们不能仅凭几个城市人群的样本给出中国新市场的全貌,也不能以生活环境不同的个案给出差异巨大的简单结论。对他们的行为特征,应当多作一些分类思考,在分类思考中给他们一个更符合市场逻辑和生活逻辑的合理评价。

对于80后,还需要多说几句,因为他们曾经是被责备最多的群体,也是新市场人的第一代,恰如家中的老大,免不了代弟妹们受过。他们如今已经扛起了担子,在扮演生活主角的同时,也会影响到下一代人。明白了他们的精神世界,也就会明白后来的人群。在一个时间段里,80后似乎已经成为一种社会现象。在老一辈人眼里,这是一个特立独行的人群。评论者搜索枯肠,想用一些颇为中性的词去描述他们,且不说曾经用"月光族""啃老族"来界定他们的经济特征,"闷骚"即不爱与周边甚至父母交流,也成为80后的性格标签,甚至还引起过一阵社会呼吁,呼吁他们能不能停一停,与爸妈多说两句话?对于诸如此类并没有太多恶意的社会性格判断,80后往往沉默以对,于是又引起更大的"闷骚"疑问。但是,人们看到,随着80后不断成为社会主流,只顾埋头打电脑或者看手机的"低头族"的"闷骚"新描述又成为90后的标签,因为那是比"闷骚"更闷骚的标配动作,以至于他们参加大学军训,在休息时低头看手机,居然成为报纸上的新闻。但是,我们知道,90后是一群更为阳光的孩子。"闷骚"其实缘于代际对话的不通畅和代际对话地位的不平等,低头看手机也许是阅读和向同学发送关于军训体验的微信,网上阅读,网上交流,网上寻找决策,已经成为他们的一种社会沟通方式,不值得大惊小怪。

至于"反叛"云云,其实更有些言过其实。"仿佛以十年为一个周期,每一代都会批判下一代太过叛逆。"这种对于"反叛论"按周期出现现象的思索,似乎触及代际传承中连续不断发生的一个深刻的悖论。大多数的反叛就是生活方式和市场观念的一种差异。例如,在美国的感恩节,年轻人要与全家在一起吃火鸡,一直被视为家庭节日聚会的保留节目。但是,现在更多的是按照年轻人的意思改吃火腿和增添蔬菜,一开始家长们也感到有些反传统,慢慢也就释然了。有关调查显示,有大约52%的年轻人在主导美国家庭感恩节的聚餐,他们还改变了感恩节家人聚餐的传统限定方式,邀请朋友出席家宴。在中国,春节时家庭聚餐也是老传统,但是一些归来探亲的年轻人把更多的时间花在了与同学、朋友的聚会中,有时也会带他们一道去家中吃年夜饭。

还有关于"啃老族"的说法,调查结果各异,这既缘于不同成长环境的认知差异,也缘于问卷调查设计路径的不同。比如,80后、90后就一定是"啃老族"吗?我们在有关调查里找不到明确的肯定答案,但有一个明白无误的事实,即不管是在中国还是外国,也不论多寡,家庭财富毕竟要传承,80后和90后终归要长大,要成家立业,也将会负起代际传承的责任。他们当下是人子,很快会是人父人母。只要他们踏上人生事业的道路,也会像他们的父辈一样勇往直前,不仅不会去"啃老",相反会成为有孝心的一群人。所谓"啃老"云云,实在有些言过其实。如果一定要弄个水落石出,这个问题的源头不在年轻人本身,而在于他们的收入水平与市场价格指数的不协调性。2015年底,法国的皮埃尔基金会公布了一份研究报告,披露了法国年青一代具有普遍特征的"啃老"现象。报告指出,法国有450万年轻的成年人住在父母、祖父母或朋友家里,其中有130万人超过了25岁。有一部分是在独立居住之后重返父母家里,这个数字在2002年是28.2万,10多年之后增加到33.8万。为什么呢?因为这一期间法国房地产价格飞涨,还有150万年轻的就业者的工作有不确定性。在西方国家，子女成年独立生活是一种传统，传统被打破了，并不是一句"啃老"所能解释清楚的。

对年青一代以自我为中心的评价，皮尤中心在美国的调查有所涉及，在中国也一直是覆盖在80后特别是90后头上的"云"。是"彩云"还是"乌云"，似乎一下也说不清。但是，生命毕竟是个体的存在形式，因此不能将"自我"与"自私"画等号。当然，人类社会又是无数个个体的集合，必然会有共同的追求和共同的社会发展目标，会有更和谐的人际关系以及对人与自然关系的追求。社会的完整架构不仅需要每个个体维护与建设，个体也需要社会的照料与关爱。中国一直有一条人生成功与否的评价底线，叫作"穷则独善其身，达则兼济天下，"这个"穷"并不一定全是物质生活的局促，更多是指事业发展不顺。当一个生命个体还没有完全进入"达者兼济天下"的时候，你让他如何不去考虑自己的发展呢？新一代人其实也有大视野和有"大我观"的，当他们在为社会分配不公和环境污染问题奔走呼号的时候，谁又能够心安理得地把"以自我为中心"的帽子随意扣在他们的头上？

作为最早的社会关注点和社会经济生活中的主流人群，80后是"出头的椽子"，评价话题由他们引起，对于他们的正确认识也就决定着对他们评价的正确程度。诚然，80后或者90后确乎有过"小皇帝"的童年史，一脉单传，掌上明珠，前呼后拥，缺少兄弟姊妹，养成了"以自我为中心"的生活性格。但是，这是中国长期实行计划生育政策的一种"副产品"，并不是他们自身的"胎记"。

中国的80后、90后和00后作为总体的一代，在步入社会之后，社会人际环境意识不断成长，不仅已经成为当前推动公益事业发展的主流人群，也是环境保护的主力军。即便在消费过程中，他们也显现出远远高于上一代的公益意识和环境保护意识，这是新一代市场人身上最大的闪光点。这些闪光点将会深刻影响社会的总体精神文明水平，形成新的品牌意识和消费意识，为未来节能环保、循环利用的消费社会提供了新的样板。

中国的90后不仅具有集体公益感，也具有爱国热情。2016年1月20日，一些年轻网民在百度李毅吧发起了一场"远征""台独"的网络行动，引起社会关注。他们的网络活动有分工，有节律，有极具创意的表情包、美食、美图、诗歌、散文，还有自己对台湾的情感和寄语，以幽默、个性鲜明的方式表达和宣泄了年青一代的爱国情愫。有人质疑"帝吧出征"是作秀或者广告，但数以十万计的年轻人评论留言，愿意做这次"出征"的"螺丝钉"，表达了两岸统一的强烈愿望,并在两岸年轻人之间讨论美食、风景和心仪的明星,上传了漫画和大陆影视剧。就反对"台独"而言,这次网络行动也许起不了多大的作用,却是一次两岸民众有意义的文化沟通。一位90后大学生评论说,90后无疑是对互联网最熟悉、最玩得转的一代人,处理信息的能力比较强,可以基于更全面的信息作出判断。他说:"我和台湾地区的同学有过交流,发现他们对于国家、爱国以及身份认同等,并没有很清晰的概念。但是,在大陆,随便去大街上问一个年轻人,他绝对会说台湾是中国的一部分。""每一代人都会经历一个从不成熟到成熟的过程。""虽然他们的想法很多元,但总有一种主流思想,那就是对国家的认同和爱国情怀。"他还说:"我对以90后为代表的年青一代的爱国情怀和表现有些惊喜,同时对他们表示由衷的赞赏与肯定。随着他们的成长,他们逐步地把对国家和民族的统一认同以及爱国情怀积累起来,并且爆发出来,成为强大的、自发的捍卫祖国利益的集体行动,足以让他们的哥哥姐姐以及长辈对他们刮目相看。"那种认为"90后等于自私",90后难当大任的标签,是一种偏见。

时代不同,造就了具有不同生活方式与思维表达方式的一代年轻人,也会造成他们之间的差异。2015年9月,美联社报道了皮尤中心的一项关于美国千禧人的民调,共有3147名受访者参加,结论是:美国的千禧一代对自身的看法比较负面。其中59%的千禧人认为他们比较"自私",49%的千禧人认为他们这一代比较"浪费",43%的千禧人给出的自我评价居然是"贪婪",认为自己爱国的只有12%,认为自己有环保意识的竟高达40%。皮尤中心的调查方法大概也是几十年不变,保不齐是美国的千禧人在戏弄这种先入为主的老套民调,你想得到的结论全给你。反观2013年6月Telefonica发布的全球千禧人群调研报告,对"中国千禧人"的调查则显示了另一种积极的色调。该调查的总人数不详,其中中国的调查对象里,有7%被视为"千禧一代领导者",其余为普通千禧人。调查显示,40%的中国"千禧一代领导者"和26%的普通千禧人重视技术包括数字技术,88%的人认为从学校到职场的转换并不困难,72%的"千禧一代领导者"和33%的普通千禧人关注公众事务。超过一半的人对全球经济复苏有信心,94%的人认为自己的生活质量高于父母一代,67%的人关心环境保护问题。超过一半的人在对待不同文化、信仰上更有包容性,表示会和有不同宗教信仰的人结婚。

三
"网生代"文学

　　为什么要关注"网生代"作家群？因为文学艺术是反映时代生活的一面镜子。对80后的文学活动进行评价，正面的符号是"青春文学"，但具体的评论却充满不屑。这是一个令人多思的问题。有人总结了几条：一是速产、高产，谓之"码字之术"；一是消极、迷茫、伤感，代表了青春叙事；一是根基肤浅，人生思考和心灵感悟缺失。此外，还有拜金的嫌疑等。这些评价在总体上无疑有些轻率。

　　大概也是想要洗刷80后背负的叛逆"罪名"，一位著名作家在一次读书会上说："80后是相当懦弱的一代人，没我们以为的那么反叛。"但是，80后对这个"懦弱的一代人"的说法也并不领情。老一代所讲的"懦弱"，也许只是针对他们行为表象"反叛"而言的，并不一定真的要掀起千禧人是"懦弱"还是"反叛"之争。但是，千禧人并不接受这种评价方式。也许是评价坐标与理解坐标体系存在误差，导致了进一步的不理解。发表于2015年8月4日的《北京晚报》的"记者观察"《80后作家真的令人失望吗？》，就是其中的一种声音。这篇文章写得优雅而不乏尖锐，从对80后作家的作品"令人失望"的焦虑感谈起，谈的是文学，其实折射的是对80后的状态评价。所谓失望焦虑，似乎更多来自对80后的文学社会担当，因为80后作品的"轻"文学倾向是十分明显的。其中，最有代表性的是郭敬明的《小时代》。但是，正像《北京晚报》记者在文章中所说，郭敬明的《小时代》为年轻的读者提供了一种新的阅读体验，这种体验用80后的言语来说是一种愉悦，而不是非要引起沉重的思考。或者说，这种思考要自然发生，而不是沉重地发生。这其实也是一种创作方式的追求。说得更远些，这就如同悲剧、喜剧与正剧殊途同归一样，都有各自的价值。80后作家希望自己的作品是同龄人生活状态的展示者，并不是刻意要把大时代换成小时代，而是通过小时代对大时代有所折射。如果我承认文学的第一功能是审美，而后是认识，那么80后的文学更像是文学，而不仅仅是生活的教科书。在局外人看来，《小时代》有些"浅薄、庸俗和无知",而在欢迎它的同代人看来,那是他们的真实生活写照。文章引述了一位80后的文学评论家杨庆祥的阅读感受:"与许多并没有读过《小时代》就开骂的人不同",细读之后"突然明白了《小时代》为什么能够受欢迎",是因为《小时代》"巧妙地将一个大时代中的种种社会问题毫无痛苦感地迷你化","一群年轻人手舞足蹈地向观众走来,历史的种种被刻意轻化了"。也就是说,"小时代"其实并不小,只是把大时代的种种社会问题融了进来,调和成最基本的底色,抑或作为取景的景深,镜头则对准了生活的现场和生活中的人物。这虽然看似是对既有的文学功能的一种建设性的颠覆,但真要拿经典的文学理论"典型环境下的典型性格"来说事,也是完全能够成立的。

如果再要说多一些,作为反映社会生活的镜子,文学作品里表现代际传递矛盾的作品太少了,至少没有多少如《父与子》中的人文描写。即便有《我的儿子很奇葩》这样的作品,也没有引起社会的更大关注。当然,《我的儿子很奇葩》的时代原型是60后,却折射着80后的影子,反映了两代人难以沟通的一种缺憾,也是文学对现实生活反映的一种回避。

近来出现了一部叫《梅子青时》的作品,是"90后"外婆自述,80后写作。此书由外婆在抗战时期的一本毕业赠言册引出,把读者带入另一个时空。作者没有把它写成自述或自传,而是采用了双线结构,一边是外婆的回忆,一边是自己与外婆的交流。这是隔代人文学与思想沟通的成功尝试。隔代题材在文学作品中是一个重要的类型。隔代现象其实是一个深刻的社会现象,其中折射着社会经济生活的剧烈变化,也折射着一种社会经济生活的重要过渡,如何在这种过渡中找到其中的逻辑线是非常值得思考的。

90后与80后的文学也不尽相同,只是80后作家已经形成了一个较大的群体,而90后在涌现出更多作家和作品之前,还没有力量表现他们的文学特质。然而,对80后文学争论的"公案"未停,对90后文学的评论紧随而来,说90后更喜欢阅读被称为"火星文"的东西,而不是80后的"青春文学"。什么是"火星文"? 当然是更加不接地气,因此也更不被看好。按照这种评价逻辑线走下去,《三体》可是蛮带"火星文"气的。人们虽不至于用"垮掉的一代"来形容90后,但至少是下一代的文学垮了。这是真的吗? 真正令人难以理解的是,中国的四大名著在那个已经过去的时代,是不是也曾背负着为主流所不齿的恶名?《红楼梦》算不算古代的青春文学?《西游记》是不是一种古代的"火星文"？还是当年的知青作家张抗抗说得好："青春文学"的发展正处于新的聚变或者裂变之中,将会有更值得期待的前景。80后作家九夜茴则明确地说："每代人的价值取向和生活方式确实在发生巨大变化,各个时代的青春回忆也有不同的表现形式,每代人的青春那么相似又那么不同,相似在于它的美好和最终会逝去的命运,不同是在于不同的时代有它不同的特色,青春写作会涵盖不同时代的相同之处,但是更能打动人心的,还是每个时代所独有的特点。"2015年9月,第九届茅盾文学奖颁布,获奖的老作家李佩甫在领奖之后也说,自己在前几天看到过一篇文章《小鲜肉秒杀老作家》,文章的观点是时代变了,文学的类型化让阅读有了更多的选择,很多人不再看"老作家"们的书,而转向了"小鲜肉"作家。"的确,社会生活的变化令人瞠目结舌,但真正让我纠结的,不是担心被年轻人打败,而是面对变化,我怎么样才能准确地找到表达的方式。"李佩甫的获奖感言表达了对青年人的真切且真实的时代感受,而不是无视它、小视它。

在另一个受访的场合,九夜茴这样说,千禧一代是新中国成立后受过完整教育,从1977年恢复高考后连续接受正规教育的一代,同时也是身为独生子女的一代,注定有一种"孤独感"。他们也是生活在时代变革浪潮之中和面对开放的一代,他们也最有资格被界定为时代的人群。对于千禧一代埋首于手机和网络,她也有同感:"这个也是我经历年代的一个变化。几年前我还觉得没有电脑的生活是不能想象的,但现在基本被手机代替了。"她向媒体坦露,读书、看电影、足球都是她的兴趣,"我是体育迷,最支持的球队是利物浦,四年一度的世界杯还有欧锦赛,都是节日"。她还有一种"恋物癖,非常喜欢买可爱的东西,每次情绪有波动的时候,都爱通过买买买来缓解自己的情绪"。

网生代作家与上一代作家有明显的工作方式的不同,在互联网上写作,也在互联网上寻求读者,多数作品不会出版成书。读者通过互联网付费阅读,写作者直接获得报酬。写作者主要与各个阅读网站签约,而阅读网站一般是大网站的组成"频道"。想想看,这竟如中国近代报纸产生之后,在"新闻纸"之后附出"行情纸",而后附出"副刊"一样,是出版园地的进化。这个网上"副刊"的刊载量近乎无限,是一件大好的事情。为了争抢阅读"粉丝",网站争抢网络写手。据说,网易云阅读有三千多位签约作者,阿里阅读、京东阅读、QQ阅读也不甘落后。为了签到更优秀的网络作家,多数网站开出优厚条件,有的网站对作者甚至是"零分成",而不是一开始的"五五开"。当然,签约之后的版权归网站所有。网上阅读题材虽比较广泛,但主要是接近同代人口味的奇幻、青春爱情、历史穿越题材,有一种类型化创作特点。这种类型化创作也造成了新的"千人一面"。但是,类型的转换随着读者阅读需求不断转换,这与年青一代富于幻想和求新的特点是有一致性的。网上阅读市场规模巨大,手机阅读注册用户动辄超千万,很多网站有超过千部作品在不断推出。有了大量写手与阅读用户,就产生较高的点击量和阅读人气,而真正有价值的作品经过"沙里澄金"的筛选,也就确立了其地位,而网站取得了影视、游戏、出版版权的交易权,影视、戏剧、动漫、游戏等成为一条新的文化创意产业链,形成了新的文化艺术氛围和文化产业。网生代作家在 IP 网络文学时代以 80 后为主,在移动网络文学时代则以 90 后为主。他们一旦走上网络文学的道路,就欲罢不能,为了保持一定的更新量,一天敲字 1 万多,写作 10 多个小时,这就是速产、高产的秘密所在。高产出、高收入的背后,是付出的巨大体力与脑力劳动,说他们是只顾数量而不讲质量的"码字机器",是不知其间的辛苦,说他们的大多文字是过眼云烟,是没有注意到写作本身就是在创作流动中优胜劣汰的过程,最终获得成功的毕竟只是登上金字塔顶的少数作品。

有着大众视角反射功能的电影市场更是如此。关注影视市场者提出了一个问题:在 2015 年暑期的院线上,一向站在金字塔顶的名导们为什么就玩不转眼前的影视市场? 在 2015 年暑期中,6 部电影上映,《捉妖记》《煎饼侠》《大圣归来》票房分别是 20 亿元、10 亿元和 8 亿元,《道士下山》《命中注定》《太平轮·彼岸》的票房分别是 4 亿元、6000 万元和 5000 万元,"票房惨败""口碑失守"一时成为暑期档的另类话题。有人尖锐地指出,主流观众群体发生转移是新老导演电影票房产生明显对比的直接推动力。一些看起来后继乏力的导演,不是其水平出现退化,而是其电影审美趣味与年轻观众之间产生了距离。评论者毫不讳言,《道士下山》的艺术水准未必如一些影评家说得那么糟糕,但其讽世反思的对象如暴力、色情、欲望等,原本在年轻人的审美观里就不占主流。《命中注定》里的"冯氏喜剧"色彩和今天年轻人的趣味也不搭调。《太平轮·彼岸》的悲情故事有些玄远,很难与当前年轻观众的"小情调""小情感"相贴近。反观《捉妖记》,虽是神怪题材,但其中的"二钱天师"的奋斗历程倒很像城市里的"小白领"。一些评论者认为,《捉妖记》《煎饼侠》《大圣归来》把年轻人的感伤、怀旧、青春记忆用各种艺术构思再现出来,引起共鸣,这是它们的成功之处。学者张颐武讲得更明确,这其实反映了一个事实,即"中国电影整体上的换代已经完成"。诚然,票房并不是评论电影成败的唯一标准。但是,电影既然难入年轻人的审美法眼,也就难说有更大的审美价值和认识价值。用更实际的话说,"目标观众不是主流观众,收获的自然不是主流票房"。票房毕竟反映了受众的数量,不能撇撇嘴就算完了。

2015年10月,"文艺25条"公布,其主要内容涉及文艺工作考核等。它把扶持网络文艺社群列入其中,鼓励推出优秀网络原创作品,这是一个新的政策亮点。我们虽不能由此得出"网络+文艺"的说法,但青年人喜欢阅读的网络文学作品终于得到肯定。网络文学的创作是比较"宽口径"的,只要不是错误文艺思潮或不良文艺作品,都应当受到欢迎。中国作协网络文学委员会的成立,是推动网络文学发展的积极信号。

中国网络文学的发展历史并不算长,发轫的最早时间是1998年,当时称为"BBS",写者随意"吐槽",短篇创作较多。从1999年开始,出现了榕树下及收费文学网站博库。2000年,出现大型原创网站,伴随网络文学格式化、体裁化的整合,网络文学创作进入喷发期,出现了痞子蔡、安妮宝贝、宁财神、天下霸唱等大量作者,引起出版界的注意,出版了许多畅销书。高产作家一天可以码三万字,连续三年蝉联网络作家之王的唐家三少创作12年,写下3000万字。值得注意的是,网络写作不仅解放了文学创作生产力,也影响到文学体裁的周期复苏。在网络文学发展初期,短篇小说很多,此后就是长篇盛行并引发了影视界的改编潮。近年来,随着移动互联网时代的到来,诗歌创作回暖,与此同时,文学评论开始走向普通读者。这样一种脉络清晰的变化,会不会预示着文学艺术活动方式的根本变化?这非常值得研究。

完全可以想见,80后、90后的生存环境和写作环境与他们的父辈迥然不同。他们的父辈是事业有成的50后、60后,其各种事业的顶峰出现在中国经济高速发展的年代,经历了时代的波折,也经历了崛起中的磨难。但是,这不是下一代想要复制就可复制的。如果把那些经历说给下一代听,当然有价值,由此就要下一代接受同一种感受与教诲,此时他们宁愿去做自己的事情。因此,在最能反映时代变化的文学创作中,对80后、90后的创作走向表现出某种"失望",自然会招来他们的反对。"恨铁不成钢"似乎是中国老一辈人对下一代的一种传统情愫,他们更愿意用自身跌宕起伏的人生比照下一代人,而这似乎是代际传递中一个永远难解的命题,需要在包容中不断融合。

80后有80后的社会角色和人生使命,老一代的生活代替不了他们的生活。在这一点上,鲁迅先生是最明白的,他是善于做老一代的世上少有的智者。他反对的就是"九斤老太"一代不如一代的评价机理,一直把年轻人看作社会的未来。这也是他一直支持年轻人,甚至受到背叛也恒久未悔的原因。

应当看到,新市场人是新市场时代变化全过程的亲历者,这种变化还在继续。变化来自两个方面:一个是改革开放带来的社会变革,计划经济已经消亡,他们的生活轨迹与父辈一开始就大不相同,市场配置生产要素的方式变了,进入职场的路径也变了。一个是在他们进入而立之年的前后,社会经济经过高速发展期,开始速度上的回调,进入了以"创新、协调、绿色、开放、共享"为发展新理念的中高速发展阶段。经济结构调整带来传统就业机会的不确定性,一度令人趋之若鹜的白领职业也开始退去光环,要么走上自主创业之路,要么安然等待机会。他们没有上一辈略带戏剧性的快速发展运气,在那种运气笼罩中,只要肯干,"傻子瓜子"也赚钱。对他们而言,实现原始积累,掘到人生事业的"第一桶金",是很不容易的目标。他们不可能完全靠老的发展机遇拥有自己的住房和汽车。唯一的办法就是,在自己努力的同时,接受中国长期形成的家庭互助的古老形式。由此说到所谓"啃老",那既是中国式的家庭互助,又是走过艰辛创业道路的父辈有意无意的一种财产安排。不知道"啃老"这个词在当时是怎么蹿红的,是社会学家们的概括,还是X一代的一种"周瑜打黄盖"的自嘲,或者是又一种"泽被后人"的炫耀?用它来描述年青的一代,更像是一种相声艺术语言。

回到网络文学与"网生代"作家的话题,我们似乎也隐约地看到,已经小有气候的80后与初出茅庐的90后开始了文学交集与交替,尽管后者还没有形成自己的阵容,题材的切入也不完全相同。如果说80后多钟情于"穿越",90后更关心自身内心世界的细微变化。例如,1990年出生的年轻作者方慧推出了自己的连锁故事《手机里的男朋友》,对90后的手机生活作了细致的剖析,包括继"网恋"之后出现的"手机恋"以及"微博控"下的"自残",使人看到了移动生活的另一面,也看到了新的文学气场。没有手机等于世界末日,有了手机却丢失了自己。90后敢于直面人生的文学态度令人惊异,也令人起敬。科技从来是把"双刃剑",关键在于如何运用,如何造福于人。当我们刚刚被"卷入"手机生活,或者依然徘徊在手机生活边缘的时候,抱着手机睡觉的90后已经开始探索手机与人的相处之道,这是上一代人未曾想到的。因此,相信他们,相信他们与我们一样,永远会在前进中守护着世界的一切美好。

四
新市场人的职场感

教育。新市场一代的教育水平总体较高。中国结束"文革",恢复高考以来,他们是接受了从幼儿园到大学甚至研究生完整学历教育的一代。在他们之中,有数量庞大的海外留学生,毕业后有的留居海外,成为所在国家研究机构和跨国公司的骨干;有的学成归国,被称为"海归"。据统计,改革开放以来,中国出国留学人数累计350万。截至2014年,从海外归来的留学生约为181万人。《2015年出国留学发展状况报告》称,2014年留学生回国的占到留学生总数的73.5%,其中研究生学历回国的比例是86.6%,本科生是88%,专科生是88.6%。目前,在美国有超过27.5万名留学生,仅在波士顿的大学就有1.3万名,中国留学生占近1/3。中国国际学校的在校学生也创了纪录,2014年为17.74万人。有机构预计,2015年到2018年,中国国际学校的在校学生年复合增长率平均为11%。

教育程度高与智商普遍较高不等同于"死读书"。2015年百度文库和觅题App出炉的《95后高考状元报告》称,人们对新一代学子"神秘、学霸、书呆子、寡言少语、除了学习还是学习"的印象是不准确的。这份抽样报告称,九成95后高考状元来自城市,他们的父母学历也比较高。学习固然是他们的第一要务,亲情关爱与爱情收获也没有被繁重的学业耽误。62.7%的状元有过恋爱经历,73.3%拥有5个以上的好朋友。86.4%的状元并不认同"学霸"的说法。73.3%的状元认为自己的高考成绩发挥正常,并不是"死读书"读来的。他们中的大多数,琴棋书画样样精通。60%的状元在高三都会保有1至3小时的上网时间。对大学毕业后的走向,希望继续深造的状元约为90%。进入2015年,希望继续深造的人数略减,希望就业与创业的人数增多。由于毕业时年龄尚小,其中选择继续深造的仍占多数。

教育程度高,与他们的成长环境和社会教育投入不断提高有关,也与社会的学习风气和教育体系的不断完善有关。新一代人,不论是在国内学习还是留学海外,面对的教育体系和学科设置都比较完整,他们的知识体系和学识眼界都超过了上一代人，尤其对高科技专业、现代金融和工商管理都有浓厚的学习兴趣和比较系统的学养。完整的现代知识体系与较为庞大的在校生和毕业生数量，为中国的劳动力大军提供了有生力量。有报告预测，到2020年，中国将拥有1.95亿大学毕业生，与1999年只有4%的大学适龄青年能够进入大学就读相比，这个变化与变化前景是令人振奋的。无论眼下有没有和有多少人提起"读书无用"的老调子，一个社会共识不会改变，即在现代社会里，接受大学教育的青年人数越多，知识所能发挥的力量越强大。从受高等教育人数增多的发展曲线来看，90后大学毕业生的比例要比80后更高，00后受高等教育的机会几乎会达到80后与90后数量的总和。2015年秋季开学，00后开始亮相高校，清华大学就迎来了6位00后和8对双胞胎。

择业。随着年轻人受高等教育的机会和比例大幅提升，就业结构和专业结构也在不断发生变化。一方面，就业类型在市场化中"下沉"，尤其在多年的应考公务员热有所降温之后，更多大学毕业生选择各类公司。另一方面，由于专业设置滞后，专业对口的就业机会愈来愈少，就业与市场结构靠得更紧，就业观念也随之发生巨大变化。在一般情况下，大学生更注重自我价值的实现，工作兴趣第一，越来越多的人选择自主创业。几年前，大学生卖猪肉、大学生到农村创业是报纸上的新闻，现在屡见不鲜，频繁"跳槽"、"倒炒老板的鱿鱼"也是常见的职场转换现象。

在学校，他们认真学习，因为这是通向就业道路的重要知识阶梯。但是，人们也发现，除了已经当了公务员的，颇有些一条路走到头的准备，职场新人一般并不喜欢一个工作做一辈子。他们不是不能胜任，而是喜欢新的尝试，需要新的职业体验，希望像一个自由职业者那样生活与工作。这自然会招来"见异思迁"的责难，但他们并不一定会理会这种责难。有这样一位千禧人，她给自己在拍卖公司工作十年的"奖励"居然是"辞职旅游"。这个旅游并非单纯的旅游，而是"游学"，要到法国学习红酒品鉴。许多80后都有这样的"游学"心思，想着把"游学"作为休息与"充电"相结合的最佳过渡方式，当作再度开启新职业生涯的"间歇年"。他们到法国学做马卡龙，去英国练习英语口语，去德国学习摄影，还有到哪个国家去学厨艺、学园艺、学瑜伽等，意在锻炼和形成自己的复合技能优势，并在认真却又闲散地打造自身适应市场的多元能力和二次创业能力。

90后对工作也很认真,很在意别人对他们工作成就的认可。步入职场不久,充满工作热情,并不在乎要不要加班,"拼命地工作,拼命地玩",又是他们精力旺盛的表现。与工作负重力相比,他们更在乎肯定工作。事实上,他们的职场道路是宽广的。近年来,国家建立新职业发布制度。新职业"版图"上,2015年版与1999年版相比,减少了547个职业,增加了9个中类、21个小类,标示了127个绿色职业,新增了网络与信息安全管理员、快递员、文化经纪人、动车组制修师、风电机组制造工等。这些职业未必都是他们的首选,但是职业体验本身是有价值的。

在初次职业选择上,80后更像是劳动力市场的自由打工者和职场"游牧人",并不完全受传统就业观念,包括高低贵贱、白领与蓝领的等级束缚。在过去,除了公务员一类的职业,从稳定性上讲,基本就业模式无非就是两种:一种是全日制的固定工,为机构或老板打工;一种是非全日制,也即"打零工"。现在,就业模式又加上两种,或者自己做自己的老板,从自行创业开始;或者与同学和朋友合作,开辟新的职业人生。每个人的选择不尽相同。一些年轻人更倾向于做白领或者担任公务员,因为那意味着福利与社会保障。更多的年轻人则喜欢自己做自己的老板,甚至自己给自己打零工。他们的"前辈"就是近年来名声远播的各种"北漂"。

自主创业不仅是80后改换职场的渠道,也是90后就业的重要渠道。2015年上半年,北京大学市场与媒介研究中心同赶集网研究院联合发布了《互联网+时代就业主力军现状调查》报告,说在"互联网+"时代里,自主创业已经成为90后大学毕业生们的重要职业选择。这份报告同时披露了最新的就业签约数据和就业地域分布。从签约的情况来看,90后毕业生从事销售、自主创业和技术工作的分别占17.3%、15.6%和9.3%。另一份由招聘网发布的分析报告显示,毕业生搜索的热门职业中,前20名集中在金融和互联网两大领域。由于移动互联网的发展和电商潮的兴起,创业门槛也大大降低,许多90后大学毕业生纷纷"下海",自己开网店、做网上代理或者联系合作伙伴搞应用开发。继续按照职场渠道就业的,平均起薪为2687元,不算高,比前两年的师兄师姐涨了568元。从就业行业来看,主要是酒店管理、通信、电子商务类、法律、市场营销、计算机应用、电气自动化、工商管理、机械、物流和环境科学等。值得注意的是,也有进入司机、快递和采购行业的。这些工作的自由度大,收入更高,有的工作月入1万元以上,因此也是讲求实际的一种选择。在就业地域分布上,90后大学毕业生到二线城市就业的比较多,去广东、山东、江苏和北京的比例比较高。这个调查覆盖了北京、上海、广州、深圳等50个大中小城市,反映了90后大学毕业生就业、择业的实际情况,有一定的代表性。

对大学生创业,有人认为成功率不高,还不如静下心来读书。但是,什么是成功率,怎样才是成功?人们的理解并不一样。广东一些高校刚毕业的大学生和在校生已经成为引人注目的创客,专注于O2O领域、物联网类项目甚至高技术壁垒项目。广东工业大学的一位刚毕业的学生带着一批在校生,创办了OYES国际服装采购平台,为高品质小订单用户提供有效的服装采购方案,公司成立一年就开始赢利。广州中医药大学的一些毕业生则创办了"兼职猫"App,为大学生介绍可靠的兼职,在不到半年的时间里,已经面向21个城市开放有关信息。从2013年8月起至2015年6月,"兼职猫"App就拥有了360万用户。这样一些创业成功的案例在其他城市的高校里也并不少见。

"互联网+"给新市场人带来机遇,也给大学生创业带来机遇。"互联网+"强化了新一代就业者择业的灵活性与过渡性,只要有创意,就会像比尔·盖茨当年一样,一往无前地走上自主创业之路。互联网也为进一步提高就业率创造了条件。美国近一两年来一直宣称的就业率大幅回升,真正的原因并不在于它的宏观经济复苏程度,也不在于有多少制造业回流,而是互联网经济帮了大忙,强化了就业、择业的灵活性,直接或间接地提升了就业率。

对兼职感兴趣,这也是新市场人的一种新变化。兼职一般没有职业或行业高低的挑剔,一切以收入为标准。兼职者就是职业劳动的主人。例如,在京东商城和易车网上就活跃着一批社会化兼职的快递员和汽车经纪人。"京东到家"为了适应手机App下单,提供3公里范围内的生鲜、餐饮、鲜花和超市商品的运送业务标的,需要兼职快递员5万人,居然在两个月的时间里就满额了。这些兼职快递员中有公司白领,也有大学生,只要经过实名认证和一定的培训就能上岗。送一单商品有6元钱的"奖励",一个月下来,最少也有五六千元的收入。易车网也有4000名兼职经纪人,其中不乏白领。白领利用业余时间兼份临时工也成为一种风气。有的大学毕业生甚至辞去原来的工作,成为专职快递员。他们说:"上班时间自由是我最喜欢的,累了就去休息。"一种流行的说法是:"我的职场我支配。"

当然,这并不是提倡大学生都去兼职,兼职也并不就是当当快递员或者抽身去做汽车经纪人。更多的技术劳动、艺术劳动和各种咨询服务都需要高学历人群,包括他们的兼职劳动。据美国一家目标管理合伙公司研究,美国现有1800万工薪族中的相当一部分,收入来自传统职业以外的工作,另有1250万人从事独立的兼职工作。金融软件公司英图伊特也对这种职场现象展开研究,认为美国的劳动者有25%至30%是新的"临时工"。到2020年时,这个比例将超过40%。他们对中国的就业市场变化也作了分析,认为中国正在成为"初创企业大国"。自2010年以来,初创企业数量增加了1倍,在"2014年就达到了160.97万家"。这意味着在中国兼职并不像在外国兼职那么简单,就业、择业是与年青一代的创业活动紧密相关的,随着各种制造业、服务业的互动发展,市场用工方式正在发生意想不到的新变化,引起劳动资源重新布局,用工结构重新调整,灵活的职场形式会越来越受到市场的欢迎。

但是,这种变化也提出了新问题:兼职劳动的时间和相应的劳动福利如何解决?如何平衡?对这些问题,正在竞选下一任美国总统的希拉里·克林顿也注意到了,她说:"这种按需的或者所谓的'零工经济'正在创造令人激动的经济体制并释放创造力,但也提出一些严峻的问题,包括职场保障以及未来的好工作的形式。"但是,这些问题更多提示了劳动福利法规调整的紧迫性,而不是用工方式不可改变。对"零工经济"乃至"分享经济"中劳动者的福利如何保障,各界有较多议论,涉及的是社会福利保障制度如何跟进与同步改革完善问题。中国拟允许兼职或者从事自由职业的劳动者缴纳公积金,其中包括无雇主个体劳动者和非全日制从业者的社会福利保障。以社会化、市场化的社会福利保障制度的建设和完善填补制度缺失,是解决相关问题的唯一途径。事实上,任何制度设计和安排都是依据实际变化进行的,即便是在现有雇主组织劳动的形式下,也并不能百分之百地保证不会有个别雇主侵犯和剥夺劳动者合法劳动福利权利的现象出现。

薪酬和消费能力。90后注意前途,也注意"钱途"。前几年,硕士、博士研究生等高学历人才在大学生职场上走俏,大学毕业生报考研究生的就很多。2013年以后,研究生"身价"低了,大学生选择毕业后进一步深造的比例开始下滑。据统计,90后的第一份职业的离职率最高,因为他们的生存压力比80后小一些,更年轻,也更有选择的余地,薪酬高低是一个决定因素。

正如一些分析指出的那样,80后不像70后那样有积蓄、有存款,他们可能会有财富继承,没有更多的兄弟姊妹"竞争",但事实上机会并不均等。他们目前普遍面临着还贷压力,挣钱养家还是日常"功课",因此并不羞于谈报酬。90后对钱的态度是"花了是钱,不花是纸",他们对工资待遇的要求较高,对起薪的要求也超过以往。他们如果对薪酬不满意,并不会委曲求全。他们也已经注意到,中国的劳动力开始出现短缺,特别是体力劳动的价格在不断上升。做一名月嫂,月收入一万元左右。送个餐也能月入五六千元。上门洗车,月薪也会达到五千元。而出租车和专车司机的月收入若低于八千元,也就意味着不能再干下去了。《中国青年报》报道过一则新闻,说南京的一位白领在送菜工送菜的时候随意问了问他的收入,听到送菜工的月薪是1.2万元,顿时惊呆了。但是,听到送菜工说起早贪黑的工作辛劳,这位白领也就释然了。因为与他们付出的劳动相比,上万元的月薪其实是不高的。

在意薪酬和收入水平,并不代表新职场人完全唯收入高低是问。他们认真地比较不同劳动岗位的薪酬,在涉及基本收入水准问题时不口羞、不将就,并不代表缺少事业理想。他们有着关于成功的重要尺度,他们与父母和祖父母一样,希望在自己最看重的事业上获得成功,因此在社会创造力和对自身的塑造力上依然是强大和执着的。只是他们更现实,更知道通过市场选择和自身的历练才能带来成功与财富。

那么,他们的消费态度是怎样的?由于刚进入职场或未入职场,他们的经济来源是有限的,总体上还是比较节俭的。他们有自己必须投入的消费项目,比如旅行,比如购书,比如打车或乘地铁出行,比如观影、观剧,比如出席音乐会和观看球赛,比如约朋友共进晚餐等,在这些项目上出手大方。但是,他们对于非必须项目就会毅然"砍"去。AA制依然流行,他们在没有购买住房的情况下,宁可与人合租小居室,也不会与父母同住。他们喜欢用手机询价,对价格比较敏感。不管经济条件如何,他们并不热衷于铺张。但是,哪怕是长途旅游和价格不菲的健身活动,只要是爱好,他们并不"委屈"自己。他们也很懂得计算。德国媒体报道过一位23岁的女大学生,因为纠结于与房东的关系,购买了可以免费乘坐任意一趟德国铁路列车的套票,在写毕业论文期间,带着背包、洗漱用具和笔记本电脑上路了。她经常在晚上乘坐火车,有时也会到母亲、祖母所在的城市去探望。火车套票价格是380美元,而原先的房租是450美元,省钱,长见识,她把经历写进了论文,论文题目便是"现代人的火车模式"。中国留学生在海外留学，虽很少有这样的火车经历，但也有乘着大巴到处游历的经历。他们懂得性价比，也有自己的市场生活方式和市场价值取向。

职业与事业。 中国的80后、90后是伴随着改革开放一路走来的，在他们开始进入而立之年或刚刚走出大学校门的时候，面对着国力的日益强盛，有着一种从未有过的乐观憧憬，同时也受到了经济转型期的各种困扰，人生机遇与挑战并存，有时还会出现四顾茫然的失落感。但是，他们知道，作为一代真正的市场人，必须在市场经济的道路上前行。80后与90后相比，前者面对的市场更曲折，心理"纠结"也更多一些；后者的心理准备更为从容，回旋余地也要大一些。但是，他们是未来市场的共同开拓者。2015年12月，前程无忧发布《2015年离职与调薪报告》。报告显示，2015年，企业员工整体流动性上升，平均离职率达到17.7%，在过去4年中最高。从行业看，制造业和传统服务业离职的人数增多。离职原因中，薪酬问题从第一位降到第二位，对工作本身的满意度升到第一位。

在"大众创业、万众创新"的浪潮中，新一代企业家正在崛起，虽尚未出现像50后、60后乃至70后中一拨又一拨的功成名就者，但成功者已经开始陆续"浮出水面"。创业与创新必然创造新的人才，这是一条不变的规律。且不说有多少电商正在发展，又有多少新的业态在诞生，就连港澳台地区的青年都在这股创业创新潮里取得了事业的成功。2014年7月，台湾90后女大学生彭少仪从台湾南投来到北京参加"两岸创业论坛"。一年后，她在北京创立的山茗公司已经获得两轮融资，公司估值千万元，她要做的是"属于年轻人的茶"，也是"属于互联网思维的茶"。澳门青年何国涛在北京留学人员创业园里拿出了有着业内最高语音识别率的检索引擎技术，打造了具有世界水平的智能语音分析团队。香港的80后李英豪2012年在北京创立了移动支付公司"钱方"，在互联网金融领域崭露头角。

有研究者曾引用某大学校友会网发布的追踪3000个中国高考状元的调查报告，想从"尖子人群"的从业状况分析中一窥年轻创业者的事业成功率概率，反映的虽是进入职场已有一段时间的80后高考状元的事业状态，但也有一定参考意义。报告统计发现，多数高考状元读完本科后到欧美大学攻读硕士、博士学位，进入职场后，也大多具有高薪职业，在商业方面相对较弱，而在科研领域和文化领域成就颇大。这虽然触及应试教育的缺陷和商业人才培养的实战性，但是从青年才俊的事业发展视野来讲，也还是可圈可点的。

五
新市场人的新特征

新市场人的创新创业精神是十分明显的,因为他们生在一个市场变革的时代和创新创业的时代。中国素来有这样一个关系到成功的古老命题:究竟是"英雄造时势"还是"时势造英雄"?英雄与时势应当是互动的。但是,从事业成功的基础属性来讲,时代的走势更重要。新市场人生逢其时,这个时势给了他们一种从未有过的素质"内存":他们是"网络原住民"和"数字原生代",是新技术的创造者、运用者和敏感的消费者,是趋向于清新生活的追求者和消费时尚的变革者,也是把创意、创业、体验和自助奉为最高生活哲学的行动者。他们将是第一代真正的全球经济人。

数字消费原生代与"手机人"。 人们对新市场人的内在技能素质,特别是大数据视野里的思维状态,有过多种描述,如"网络原住民""数字原生代""鼠标一族"和"手指人",意思大体一样。无论走到哪里,他们关心的第一件事都是有没有Wifi。他们关心PC网络和移动网络,关心网上的社交圈和各种网络新闻。80后也会上网"淘宝",或者打游戏、玩博客。90后更关注微信、App以及与"虚拟社会"的沟通,他们中有很多人还热衷于网上组织的各种活动。有统计说,QQ社群中80%是10岁到29岁的用户,而微信的用户90%以上也是年轻人。鉴于新市场人的这种明显的特征,北京大学新媒体研究院的刘德寰教授使用了"手机人"的概念。他认为,微信从"超级App"发展为"超级平台",渗透到所有的时间、地点与场景,覆盖率达到96.8%。Juniper Research调研公司在2015年底发布报告指出,随着虚拟现实头盔技术(VR)逐步走进主流消费者市场和物联网的发展,通信能力"跨平台整合"也会在2016年成为现实。

中国网络技术的发展和应用规模是惊人的。截至2015年上半年,中国网民数量继续保持增长势头,3G、4G用户总数突破6.7亿,其中4G用户达到2.25亿,光纤用户超过3.3亿,3G、4G基站达到258万个,手机网民规模为5.94亿人。中国信息通信研究院的研究结果显示,2014年全球移动互联网流量是2000年的30倍至40倍,移动应用收入达到1.15万亿美元。国际电信联盟(ITU)发布最新调查报告,认为目前全球有32亿人联网,手机用户达到71亿,覆盖了全球95%的人口。近20年来,中国的互联网发展经历了基础创业期、产业形成期、快速发展期,开始进入融合创新期。据第二届世界互联网大会发布的报告,到2015年7月,中国网民数量已达6.68亿,规模居全球第一,网站数量为413.7万个,域名总数超过2230万个,CN域名数量约1225万个,在全球国家顶级域名中排名第二,已经成为网络大国。

2015年上半年,国家统计局发布了2014年全国电子商务交易情况,交易额为16.39万亿元,同比增长59.4%,其中网络零售额为2.3万亿元,超过了国务院在《关于促进信息消费扩大内需的若干意见》中提出的到2015年底网络零售交易额突破3万亿元目标的一半还多。2015年11月11日,有关部门发布最新消息,中国移动手机用户突破了8.75亿,2015年前10个月网络零售额为2.95万亿元,移动端交易额占比为68%,大大超过PC端,跃居世界首位。2015年底,淘宝发布中国互联网消费趋势报告,通过对2011年至2015年的淘宝数据进行分析,得出这样三个结论:一是"移动电商时代来临",二是网络消费"向三、四线城市下沉",三是"28岁以下网购用户迅速增长"。无论是官方的还是企业的调查与测算都显示,互联网消费已经成为中国消费者的重要消费趋势。

网上消费者主要是年轻的消费人群,他们是网络经济的创造者和支撑者。2015年7月,央视市场研究股份有限公司发布《千禧人的数字移动生活》,这是对迄今为止关于中国千禧人最系统的一次调查。在这份调查报告中,给出了"新市场人"概念,具体是指出生在1980年至2000年的人,数量为3.8亿,占全国总人口的31.8%。这其中并未包括00后。如果再过5年去研究,00后也必然会成为研究对象,这个数字就要大得多。当前,我国PC网民约为3.7亿,移动网民约为3.2亿,占到全国网民总量的70%。该报告对新一代人个性特征的描述是,个性张扬、喜欢运动、有些自我;PC时间分配,主要是导航、门户网站、电子商务、视频和社交,其中电商占16.4%。App时间分配,主要是社交、文体娱乐、通信聊天、实用工具和电子商务,分别占22.5%、16.89%、16.7%、15.5%和6.9%。他们有无须为之隐晦的严重的"手机依赖症",每天上网时间超过4个小时,其中手机上网时间超过3个小时。80后网购更习惯于借助PC端,在PC电商的选择对象上,主要是淘宝网、天猫和京东商城。手机淘宝在生活中也不可或缺。社交中,更多使用App,而微信独大。报告还分析了移动互联网行业历史发展的三个阶段,即从萌芽期的通信与社交到购物与娱乐,再到多元化生活服务三个消费段落。多元化生活服务包括出行、医疗、教育、家政、旅游、餐饮等。线上线下结合与互动成为消费趋势,对许多传统行业形成颠覆性的冲击。报告还指出,移动互联网的马太效应显著,App的推广将会越来越依靠渠道和品牌推广能力。

还有一份名为《移动消费大未来:2015年移动消费者行为》的调查报告称,目前约有58%的移动消费者每天查看手机11至50次,每小时查看不少于1至2次。其中,有20%的人每天查看50次以上,每小时大于3次。这些都是对新市场人当前数字生活的描述。

中国的智能手机普及率高,年轻人对智能手机的要求更高。来自市场研究机构的调查数据显示,2015年,手机市场规模出现6年来的首次下滑,第一季度缩水4%。工信部《2014年手机行业发展回顾与展望》给出的平均利润率只有3.2%,低于电子制造行业平均水平1.7个百分点。对于手机制造商来讲,下一步的目标不仅是如何提高效益,更要在创新中进一步满足消费者数字生活的更高要求,比如芯片的速度、电池的续航能力和扩大存储空间等,而新的"全网通"和"虹膜识别"技术则是智能手机的新突破口。其中,"虹膜识别"是高端手机的一个标志。在快速解锁、快速支付方面,小米、中兴、奇酷先后拿出了自己的产品。这些产品的陆续出现,将会进一步推动移动网络的市场应用。

如果对中国不断升级的网络建设继续作一些展望,人们将会感知到未来更多令人吃惊的变化。在2015年7月于上海举行的世界移动通信大会上,时任中国移动董事长奚国华宣布,到目前为止,中国移动4G用户已达2.5亿,基站数量为94万个,覆盖人口10亿,覆盖城市300个,是全球规模最大的4G网络。他透露,随着全息直播、无人驾驶、超高清视频业务的发展,中国正在研究5G并开始考虑制订相关标准、未来试验以及产品开发和预商用等发展目标。中国未来的5G前景确乎让人憧憬。从概念上讲,5G是继4G之后的第5代移动通信,与4G有质的不同,它不再是一个单一的无线接入技术,而是多种新型无线接入技术演进集成后的总和。5G网络的速度将是4G网络的100倍。差不多每隔10年,移动通信技术就会发生一次巨大变化，从 20 世纪 80 年代第一代移动通信网络诞生起，已经经历了 1990 年的 GSM 网络、2000 年的 3G 网络、2010 年的 4G 网络的演化过程，性能指标不断提升。目前，移动通信还是以音频通话为主，5G 时代将完全进入视频交流阶段。有关机构预计，从 2010 年到 2030 年，中国的移动数据流量将呈爆炸式增长，增长或达 4 万倍。5G 在性能上不仅可以在人员密集和严酷环境下高速上网，更是物联网建设最重要的基础技术支持。5G 让"万物互联"成为现实，而这种巨大的变化将会发生在新市场人和新消费者活跃的一段时间里，再次重塑人们的消费与生产活动。目前，已有多家运营商在测试 5G 网络，包括爱立信、KPN、华为、中兴、软银和 KT 等。完全可以说，用不了多久，中国的 80 后、90 后和 00 后就会成为 5G 人和 5G 消费人。

智能手机技术的发展影响着互联网、物联网以及各种终端连接，具有枢纽性和全局性，因此也代表和影响着中国新市场人和新消费者的科技追求。尽管中国年轻人喜欢苹果，但他们同样钟爱自己的小米。中国智能手机的发展状态特别是运用状况，连苹果的"故乡人"都感到"艳羡"。美国《华尔街日报》网络版于 2015 年 8 月 21 日发表记者乔安娜·斯特恩的文章，题目是《我们为何羡慕中国的智能手机》。起头的导语就是：我们（美国）尚未完全发挥手机的潜能。她说："中国（年轻）人通过智能手机过上了丰富多彩的生活，这让我们艳羡不已。中国的优势是什么？技术往往更便宜，人们可以频繁地换手机。还有，存在世界最大的互联网文化——大约 6.68 亿人上网，其中 89％用手机上网。""手机的功能越来越多，腾讯和阿里巴巴等巨头在移动服务中争夺用户的忠诚度，包括即时通信、购物、视频甚至送餐。"她认为，中国人在手机方面给美国人上了"5 堂课"：一是手机成为生活服务的操作软件系统，从社交到游戏、找歌、预约、叫车和付账，应有尽有，"因此你真的可以活在微信中"。二是"手机事实上是钱包"。三是无须等待就会得到一部新手机，"使人们始终能享用最先进的技术"。四是操作系统越来越好，越来越快。五是手机成了电视机——"中国在保护知识产权方面面临的历史性挑战帮助市场为媒体创造出新的商业模式"。她讲的不是恭维话，是事实。这些事实说明了中国新市场人的幸运，也说明了为什么中国的年轻人对互联网、对高科技如此热情。

是的，我们自己至少能够这样判断：在"万物互联"的 5G 时代，中国新市场人的移动数字生活不仅将有更便捷、更安全的社交环境，市场消费和数字营销也将扩展到生活的方方面面,物流将更通畅、更便捷,App 将带来更多的惊奇与惊喜,生活服务业与工业服务业将渗透到社会物质生产与精神市场的更多活动环节中,真正的网络时代将到来。

2015 年上半年,手机支付、手机网购、手机旅行预订的用户规模分别达到了 2.76 亿人次、2.7 亿人次、1.68 亿人次。在一些商务领域,一站式服务和全产业链商业布局已经开始出现。可以预见,随着 3D 打印、无人机送货、虚拟试衣技术的运用,电商运营模式的发展将进一步加快,影响到更多的消费者与商业和物流配送领域。智能手机的不断进化以及大数据、云计算和 5G 技术的广泛运用,还会大幅度提升数字商业消费的水平。

在中国,大城市的互联网普及率较高。广州市社科院发布的经济蓝皮书显示,广州互联网普及率达到 78.4%,在五大中心城市里居首位。2014 年,广州网民平均每周上网时间为 19.75 小时,其中手机上网的占到 79.2%。上网动机排列顺序是:获取免费信息 65.9%,网上购物 63.2%,获取生活服务资讯 57.7%,网聊 55.1%,影视、音乐 53.0%,网络游戏 35.2%,对外通信联络 35.0%,办事 26.6%,商务 12.2%,炒股、炒汇、炒基金 11.2%,信息发布 9.8%。70% 的网民有过网购经历,21.6% 的网民每月有 3 次网购。这份蓝皮书还显示,广州电子商务交易额过万亿元。

十分有趣的是,移动互联网的影响之大,已经体现在人们意想不到的生活领域。在北京,新一代"互联网+"公厕在房山区出现了,并被称为"第五空间"。这个"第五空间"除了具备基本的厕所功能外,还将提供金融、上网、购物、电动车充电、缴费等多种公共服务。据说这种"第五空间"的成本并不高,单体设备成本可以控制在 20 万元左右,还可以带来一定的服务收益。

移动互联网商业的广泛应用,最终还是来自新市场人的创新和新一代消费者群体内生的消费动力。美国代际动力学研究中心创始人贾森·多尔西说:"不同于以往几代人,千禧人希望按他们的要求接近他们,这意味着社交网络、短信和电子支付体系大量使用。"因此,他们不仅是数字原生代,推动了技术创新,也是新的消费行为和商业模式的践行者。

在 2015 年底举行的第二届世界互联网大会上,许多互联网企业家不约而同地谈到互联网市场的未来。阿里巴巴的马云说,未来 5 至 15 年,消费时代一定会来临。百度的李彦宏说,人工智能将更加深刻地改变世界。滴滴出行的程维则说,10 年之后,大家不会再谈互联网,因为到那时互联网已从新鲜事变得稀松平常。

　　互联网经济的发展自然离不开经济全球化进程的支撑。2015年7月18日,经历了从1997年到2015年的18年时间的断续谈判,世界贸易组织主持的日内瓦信息技术贸易谈判终于在54个成员国间达成协议。该协议可以降低大约200种信息技术产品的关税,贸易额达1万亿美元。新增的免税产品包括电脑软件和软件媒体、电子游戏机、打印机墨盒、全球定位系统设备、医疗设备和下一代半导体。该协议涉及的全球信息产品的价值相当于每年全球钢铁、纺织品和服装贸易的总和。

　　上文已提及,2015年底,以"互联互通·共享共治——构建网络空间命运共同体"为主题的第二届世界互联网大会在中国浙江乌镇举行,来自120个国家和地区,包括20多个国际组织的负责人和600多位互联网企业代表与专家学者与会,8位外国领导人出席,中国国家主席习近平在开幕式上发表了主旨演讲。此次互联网大会的议题不仅包括互联网文化传播以及互联网治理,而且更多地突出了互联网创新发展、数字经济合作和互联网技术标准等热点问题。作为大会永久举办地的乌镇虽不大,但在会议全智能、服务云系统、智能乌镇以及创客空间发展等方面都呈现了互联网发展的国际水平。

　　互联网特别是移动互联网的发展,面临两个问题:一是智能手机本身的发展与革命。这需要等待5G技术的到来。从手机的发展规律来看,模拟手机到数字手机用了20年,功能手机到智能手机经历了15年,苹果公司重新定义智能手机已有8年时间。因此,还会有一个过程,5G技术实现与普及,将会引起智能手机应用新场景的出现。5G不仅意味着速度的成百倍提升,网络无处不在,还将具备低功耗、低时延、万物互联和重构安全的特点。二是继续打通互联网发展的瓶颈,让更多的人进入网络世界。

　　对于后一个问题,即中国互联网包括移动互联网的发展前景,要从两个方面去看,一方面是发展空间很大,另一方面是目前进入了瓶颈期。互联网实验室创始人方兴东在分析CNNIC第37次《中国互联网发展状况统计报告》之后指出,中国网民规模增长进入了瓶颈期。截至2015年12月,中国网民规模达到5.88亿,普及率达到50.3%,这无疑具有里程碑意义。但是,"从另一个角度看,这也说明了,现在的中国人正在分为两大群体,一半是网民,一半是非网民,半斤八两。一条非常泾渭分明的数字鸿沟横亘在我们面前。""如果我们无法通过非常规的战略性决策,将中国的另一半带入网络时代,那么中国互联网将无法顺利跨越发展困境。"

中国在互联网网民数量方面是绝对的世界第一大国,但中国互联网普及率仅仅比全球普及率高 3.9 个百分点。尽管欧盟国家的数字经济推进步伐也在放慢,需要作出新的努力以挖掘数字经济的潜力,但这不是我们满足于现状的理由。在中国,智能手机呈爆炸式发展更多体现在原有 PC 网民的转化升级,并没有引发未上网群体的上网新浪潮。这个空白群体从年龄上划分主要是中老年人,从区域上划分在农村。对前一个空白,年轻人有责任和义务利用商业和非商业模式帮助中老年人"扫盲"。对于深刻体现了城乡二元结构的"数字鸿沟",要在城乡协调发展和老少边穷"脱贫"中着重解决。20 世纪 90 年代是"要想富先修路",现在则是"要想发先触网"。2014 年,中国城镇地区的互联网普及率超过农村地区 34 个百分点,分别为 62.8% 与 28.8%。2015 年,随着农村电商的发展,农村地区的互联网普及率略有增加,但总体上变化幅度不很大。有统计说,欧洲农村地区的互联网普及率为 77.6%,美洲地区为 66.0%,而中国网络最发达的"北上广"也只有 40% 上下的普及率,大致与亚洲多数地区持平。2015 年末,农村网民占全国网民总数 28.4%,规模为 1.95 亿,较前一年增加 1694 万。调查还显示,城乡非网民中只有 11.8% 表示未来可能上网,上网意愿较低,与群体特点、网络技能不足有直接关系。方兴东认为,未来 10 年,中国互联网的基本规律就是"得农村者得天下"。这个判断是准确的。让另一半中国人进入网络时代的主要途径,应当是发展真正的农村电商,而不是仅仅依靠城里人去办农村电商。创制更适应于中老年人和农村人的智能手机,一步到位也许效果更好。这也提出了一个新的问题,即年轻的创业者不仅要瞄准同龄人的网络需求,同时也要把市场目光投向更需要关注的潜在网络群体。

世界银行在其发布的《2016 年世界发展报告:数字红利》中指出,尽管互联网、移动电话和其他数字技术在发展中国家快速推进,预期中的数字红利却没有如期而至。全球 60% 的人口仍置身于不断扩张的数字经济之外,数字红利没有被广泛分享。世界银行提出两个建议:一是普及互联网,缩小"数字鸿沟";二是使劳动者的技能适应新经济的需求。

新技术、新产品的敏感消费者。线上线下融合的商业模式只是解决了渠道问题,并不代表商品本身。千禧一代消费者需要的商品必须有足够的技术含量。如果渠道里只是流着同样的水,甚至是陈旧的水,这样的水是不能反复饮用的。

各类创新产品是新市场消费中最重要的商品元素,也是一些把促销作为最高商业目标的电商需要考虑的关键点。缺乏创新产品、创新服务,终究不会有长久的市场生命力。在一段时间里,消费领域曾经出现引人注目的"淘品牌"。但是,这些"淘品牌"被淘过多次,最终都会"赔钱赚吆喝",甚至销声匿迹。为什么?因为都是老面孔。有些商业分析认为,问题出在品牌推广费用上,那是"丢了西瓜,捡了芝麻"。增加推广费用固然重要,但消费终究不是消费"吆喝",要想引起足够持续的市场消费热点,最重要的因素还是品牌赖以生存的创新价值。

智能手机的功能演进和更新换代本身就是最典型的例子。如果手机一直停留在当年的"大哥大"水平,消费者是要厌倦的。许多年轻的消费者之所以一年半载就要换手机,也是因为移动网络技术不断发展。随着 5G 时代的来临,"万物相联",智能手机功能不断进化与物联网产业突飞猛进相辅相成。虽然带上一张城市卡或佩戴一块智能穿戴手表就可以轻松出行、就医,以及出入超市、餐厅、影院和商场等多种场所消费,体现了物联网的魅力,但是以移动手机为中心的"万物互联"更是一种努力的方向。

在 2015 年柏林国际电子消费展上,各大手机商不仅推出新机型,还纷纷推出许多手机与其他家电设备互联的解决方案。随着芯片和传感器越来越质优价廉,包括音响、门锁、开关、洗碗机、烤箱、智能床、具有除皱功能的衣物护理机等,都可以与手机联网。虽然这一切都还处于开始阶段,智能单品出现较多,能够在多个生活领域提供智慧生活的系统性家电还在发展之中,但是大的家电商都在加紧布局自己的智能家居生态系统。早在 1997 年,比尔·盖茨就用 7 年时间,花费近亿美元,建筑了一套智能住宅,所有家电的设定都是智能调控的,连宅中的一颗老树都配有传感器,根据需水状况实现自动浇灌。比尔·盖茨的智能住宅已经建起了快 20 年,如今智能产业终于开始跨越式发展,并从各个方面出现由初级到中高级、由城市到家庭、由单品到多品的智能交集发展过程。

我们不能低估这些基于互联网技术的"初级物联网"产品的市场投放速度。截至 2014 年,全国城市一卡通互联互通工程已有 50 个城市加入。2015 年,共有 70 个城市加入。全国城市一卡通发行数量已达 5.8 亿张。空调、洗衣机以及越来越多的智能终端正在形成进入物联网门槛的第一波产品"访客",开启了智能生活的第一道大门。应当说,物联网将会在智慧交通、智慧医疗、智慧生活等方面带来层出不穷的新体验,而这种新体验的第一波"主人"正是新一代年轻消费者。

国家金卡工程物联网应用联盟和中国 RFID(射频识别)产业联盟最新的年报显示,2014 年,中国物联网市场规模为 5679 亿元,预计到 2018 年将超过 1.5 万亿元。尤其是"互联网+"推动物联网、大数据运用与现代制造业融合,将会进一步整合电子商务、工业互联网和互联网金融的一体发展,市场前景十分明朗。中国的智能手机产业也有后来居上的发展势头。2015 年,继中兴、小米的品牌手机之后,国产手机 OPPO、魅族、一加也冲刺高端手机阵营,投入新品手机市场。

当前,智能穿戴的"文武场"已经开台,物联网体验正在进入日常生活。例如,智能手表上市,有的智能手表还具有支付功能。智能穿戴设备的发展将会扩展到更多领域,带动物联网产业起步并发展。有数据显示,2015 年,全球可穿戴设备行业各个系统销售额达 624 亿美元,增长率为 29%。2015 年 7 月,首届中国军民融合技术装备博览会开幕,中国国产单兵外骨骼首次曝光。很多人熟悉电影《钢铁侠》,单兵外骨骼就是像钢铁侠行头那样的一种特殊的穿戴装置。单兵外骨骼虽说不上是超级的智能机器,但也是世界制造业界的一个热门。单兵外骨骼或许并不能承担实战火线的任务,但在特殊条件下可以在后勤保障和医疗、探险方面发挥作用。这其实也是可穿戴设备的一个重要领域,与物联网、互联网有着密切的关联,相信会成为青年探险家们的重要装备。还有预测说,智能穿戴不仅进入个人消费市场,也会进入生产企业和服务企业。比如,物流企业为职工配备智能眼镜,可以使商品的拣出效率提高 25%。

汽车产业正在酝酿"无人驾驶"革命。未来的汽车或与我们眼前的汽车截然不同,无须驾驶员去驾驶,其生产商也不完全是传统的汽车制造商。法国《费加罗报》甚至在其评论中说,苹果、谷歌与 Uber 很可能会取代通用、丰田、奔驰与标致,成为"无人驾驶"革命的推动者。现在,苹果已经推出 CarPlay 车载系统,并有 15 个汽车品牌成为该系统的合作伙伴。正在测试的谷歌无人驾驶汽车原型车行驶里程已经超过 160 万公里。在伦敦的希思罗机场,从停车场到候机楼,已经有无人驾驶汽车在为旅客服务。按照最乐观的估计,无人驾驶汽车有可能在 2017 年上路,2020 年前开始普及。Uber 的首席执行官充满信心地说,未来 20 年,无人驾驶汽车将取代传统出租车和大巴车。不少研究者还认为,无人驾驶将会重新定义城市生活。比如,纽约号称"四个汽车轮子上的城市",汽车梦曾是美国梦的一个象征,但汽车数量的激增也带来了一些大城市的世界性拥堵。随着无人驾驶汽车的出现,完全可以用数量少得多的车提供同样水平的交通流动性。哥伦比亚大学的一项研究表明,9000 辆无人驾驶汽车可以代替 13000 辆出租车,而且出行价格低廉,交通事故降低,拥堵消失,停车空间减少。该研究说,自动驾驶可以让更多的人生活在城市中心。喜欢飙车的年轻人可以去赛车场,而更多的年轻人减轻了上下班途中的疲劳。

　　服务机器人正在向人们"招手",在教育、医疗、娱乐、家政等诸多服务领域展现它们的效能。正如一位机器人制造商所言,婴儿出生,有机器人保姆;上学,有教育机器人;在职场上,我们与机器人共同完成工作量;退休后,机器人为我们提供养老服务。除此之外,社交机器人也开始普及,能与人交流互动,甚至解读人类感情。国际机器人联合会(IFR)2014 年发布报告说,个人和家用服务机器人 2013 年的销量已经达到 400 万台,2014 年到 2017 年之间将增加到 3100 万台。目前,欧盟已经启动全球最大的民用机器人研发项目,中国在 2012 年就制定了《服务机器人科技发展"十二五"专项计划》。

　　许多人都相信,未来世界将充斥大量机器人,取代传统的需要人力充当的劳动角色,甚至智力劳动角色。这似乎并不遥远。机器人对社会生活的渗透,比我们想象得更快更早。据估计,2035 年前后,智能型机器人就会被广泛地利用。在此之前,机器人其实已经来到我们的身边,从银行的 ATM 取款机到工厂的机械手,还有参加了《危险边缘》智力问答节目的超级计算机,都是不同形式和不同人工智能的机器人。机器人正在改变我们的生产与生活。以服务机器人为例,就有家庭机器人、教学机器人、公共服务机器人、助残机器人、仿人机器人等。在特种机器人领域,机器人有医疗、太空、水下、军用等用途,其中医疗机器人已经在全球 30 多个国家应用。机构调查显示,在未来的几年里,医疗机器人每年的增长速度为 19%,2016 年的全球市场规模约为 119 亿元。

　　也许有人担心自己的"饭碗"会被机器人抢走,甚至担心未来机器人的智力水平超出人类,导致电脑超过、控制人脑。特别是德国大众发生机器人

"杀死"职工的事件,让这种担心加剧了。一些科幻小说和科幻大片里经常出现未来机器人代替人类接管地球的场景,也加重了这种担忧。甚至连霍金也说,"制造能够思考的机器无疑是对人类自身存在的巨大威胁","当人工智能发展完全,就将是人类的末日"。持有同样观点的计算机科学家库茨韦尔讲得更尖锐,他给出了人工智能超越人脑的时间点,认为2045年将是"跨入高智能机器时代"的关键年。作为顶尖的物理学家,这也许是一种可能的逻辑推理。但是,这个逻辑推理的成立需要一个前提,即机器人的研究发展处在"无政府状态",不受任何限制,没有任何管理和法规。因此,与其说霍金和有关科学家在预测机器人时代的未来,莫如说是一种提醒。就像我们对克隆的研究一样,缺少了法规而随心所欲,当然也会招来生物灾难。研究和应用虽有区别,但任何研究和应用都要有利于人类社会的正常发展。这是必须也是可以做到的。对这个问题,比尔·盖茨讲得更平和一些:"人类应当敬畏人工智能的崛起,人工智能将最终构成一个现实性的威胁,但它在此之前会使我们的生活更轻松。""机器人"的概念出现得很早,"robot"(机器人)源自捷克语,是1921年捷克剧作家卡雷尔·恰佩克在他的剧作品《罗素姆万能机器人》中首先提出来的,意思是"苦力"。在该剧的结尾,不甘于一直做苦力的机器人接管了地球并毁灭了人类。因此,对于人工智能或者电脑"天网"是否会超越人类消灭人类的担忧,在较早的关于机器人的科幻作品里就开始出现了。

关于智能机器人会不会毁灭人类,究竟是天使还是魔鬼,各方看法并不一致。英国牛津大学的哲学教授尼克·博斯特伦认为,机器人还要依赖人类,特别是人类建立的社会关系。他举的例子是,如果将一名母语为英语、从未说过汉语的聪慧女孩关进有大量汉语学习用书的房间里,要求她流利地说汉语,无论她多么聪明、多么努力,也无法达到母语是汉语的人的水平。因为要想熟练地掌握一门语言,关键是与语言流利的人一起交流,人工智能在缺少与人类自然交流的情境下很难达到人类的智能水平。如果居心叵测的人在"无法制状态"下进行研发,也有潜在的危险,因此多名科学界人士呼吁禁止智能机器人的生产。

就经济生活而言,机器人对人类生产生活的意义是显而易见的。比如,2012年亚马逊公司收购的一家自动化物流公司中,机器人成为最优秀的"搬运工",还可以处理法律文件,一个机器人顶500个律师。智能机器人可以做厨师,更可以打理店面,这都不是什么问题。对于这样一种已经看得到的前景,美国物理学家雷哈特·阿尔莱恩称之为"机器人化",也即人类完成的工作被机器取代,取代的不仅是简单劳动,通常只有人才能完成的工作如会计等,也可以交由机器人去完成,甚至一些更复杂的精神劳动如作曲与绘画,也会出现新的创作场景。

还有人担心,如果人工智能发展不合理,也会出现人群的两极化,精英人群控制智能终端,而普通大众的智力则在智能产品的"包围"中逐渐退化,最后沦为社会下层等。对于人工智能带来的究竟是祸还是福,中国科学院院士谭铁牛给出了一个比较辩证的说法,"水能载舟,亦能覆舟",把握得好,人工智能就是天使。在他看来,任何一种高技术都是"双刃剑"。

另一个争论是机器人的发展会不会危及未来年轻人的工作岗位,所给出的初步结论并不一样。日本野村综合研究所与英国牛津大学副教授迈克尔·奥斯本的研究结果是,美国47%和英国35%的劳动者有可能被人工智能和机器人代替,日本近半劳动力将被机器人代替。英国巴克莱银行的研究人士则认为,机器人制造将为英国提供10万多个工作岗位。研究视角不一样,结论不相同。重要的是,就业的市场结构会发生较大的变化。随着服务业的细化发展,服务产业会是一块"大海绵",吸收的社会劳动力接近于无限。在中国,服务业占GDP总值的比重2011年为44%;2014年达到了51%;2015年尽管经济在转型中有波动,但服务业的整体增速却从上半年的8.4%提高到第三季度的8.6%,远高于总体经济6.9%的增长率。

争论无疑还会继续下去,但有几个事实是无可否认的,那就是我们尚处于智能机器人发展的初始阶段,一切都有可塑性。据有关研究,目前机器人的智商只相当于人类4岁时的智商。百度的李彦宏就说,"百度大脑"目前只有3岁小孩的智力。另一个事实是,即使智能机器人发展很快,既阻挡不了,也无须阻挡,唯一重要的事情是一面发展,一面加强规范与立法管理应用活动。发展人工智能是让人的智能延长,并不是以取代人类自身的活动作为目标。显然,要取得这样一种发展中的平衡,所依靠的力量与智慧提供者并不是老一代人,而是千禧人中的科学家和商业应用者。他们既是新技术方面的敏感者与创新者,也是新法则的创立者。

智慧产业的发展是大趋势。尽管智慧产业在中国起步较晚,并存在技术成本高的问题,但发展势头良好,具有自主知识产权的文字识别、语音识别、中文信息处理、智能监控、生物特征识别、工业机器人、服务机器人等科研成果得到广泛应用。2014年,中国市场工业机器人销量猛增54%,达到5.6万台;智能语音交互产业规模达到100亿元;指纹的识别、人脸识别、虹膜识别产业规模达到100亿元。许多互联网产业和传统产业的企业积极布局,如百度的"百度大脑计划"、科大讯飞的"超脑计划"和京东的智能聊天机器人等。"互联网+"和大数据时代的到来,也为人工智能产业的发展带来新的商业机遇,第二次机器革命正在成为现实,人工智能成为创投的下一个"风口"。在国际上,谷歌、IBM等巨头也纷纷抢滩人工智能产业链,大量的大学毕业生与高新技术人才进入人工智能领域。短短的四五年,全球投资就达到1900多万美元。人工智能技术(AI)是未来的标志性技术之一,将对传统制造业和服务业产生颠覆性的影响。恰如"互联网+"一样,"物联网+"和"人工智能+"也会成为一种趋势,在工业、农业、金融业、商业、教育、医疗、公共安全等领域催生新的变革。

目前,美国、中国、日本、德国是主要的机器人市场,占全球销量的70%。机器人分为工业机器人和服务机器人两类。2014年,中国工业机器人销量为5.6万台,在全球占25%。机器人应用目前正在从工业领域向服务领域扩展,服务机器人在全球接近2500万台,约为工业机器人的一半,主要提供家居、医疗康复和教育娱乐服务,包括清洁机器人、烹饪机器人、送餐机器人、迎宾机器人、商业型无人机、救灾机器人和医疗手术机器人等。机器人从外形上说有人形与非人形的区别,也有单功能与相对多功能的区别。目前,功能单一的机器人更多见,如按摩器、扫地机器人等早已进入市场。在短期内,机器人的智能水平不高,生产成本偏高。如一台拥有识别人脸、陪聊、播放音乐、预报天气和查询股票功能的"小智",售价需要5万元,能够跳舞的高达10万元。如果这类机器人批量进入家庭,应该在万元左右。不管这个商业普及的过程有多长,未来的消费类电子产品都会向机器人方向发展。专家们预测,在10年之内,人类将从万物互联时代进入万物智能时代,所有设备都会有传感器,都会与人连接起来。手机将会掌握这把"钥匙"。把智能手机当成第二生命的千禧一代无疑会是机器人的拥趸。

无人机也是一种机器人。大疆公司的无人机载着汪峰送给章子怡的克拉钻,是一种浪漫,也是一个"广告"。大疆公司的确是这个领域的一个成功者,有产业链优势,质量不错,价格低廉,每架无人机在1万元以内。比尔·盖茨也买了一款大疆公司的无人机。大疆公司的无人机占到全球民用小型机市场的70%，销量一直上升，2010年销售额为300万元，2013年为8亿元，2014年爆炸式增长到25亿元。据不完全统计，中国目前有300至400家无人机企业，能够持续生产的有170家，未来产业规模将超过千亿元。与有人驾驶飞机相比，无人机更胜任"三D"（枯燥、肮脏、危险）环境，还能提高效率与节省成本。无人机的生活与工作用途广泛，可拍摄风景、航拍、空中巡逻、监测、送货、农林喷施作业，更可以穿越交通条件不好的地方完成运输任务，获取地理信息和执法取证。此外，对于一些重要的商品物流，无人机可以有效改变电商后续物流服务的被动局面。谷歌就计划在2017年推出无人机配送包裹服务。但是，无人机也会威胁传统航空业的安全，还涉及保护隐私问题。2014年12月28日，北京一家企业的3个员工操纵无人机，导致多机延误，各方面出动1226人参与防范，2架歼击机、2架直升机升空，25部机控雷达开启，出动车辆123台，最后不得不将其击落。无人机在发展，商用无人机起落规则却还没有相关规定，需要建立相应的交通规则。据说，英国的工程师研发了一种盾牌防御系统，能够辨识并控制"流氓"无人机，确保无人机更正常、更优质地为商业服务。近年来，无人机正在与一些新兴技术行业跨界融合，如空中机器人以及让无人机沿着预定的航线在城市道路上方飞行等。这一切无疑会拨动新一代消费者的消费神经。至少，无人机带来的新的摄像功能得到了年青一代消费者的欢迎。大疆公司推出了手持云台相机Osmo，售价不高，同样能实现广角拍摄，受到消费者的青睐。其实，一切都有它的原始形态，无人机的原型说到底就是每个孩童曾经玩过的纸飞机和长大以后制作的航模。

　　诚然，讲技术创新，不能只是机器人和无人机，"互联网＋"的创新力几乎是无限的。如3D打印，在互联网的支持下，可以有许多创意，甚至在文化领域也会制造出惊喜。2015年7月北京出现一个名为"帝都之泪"的众筹项目，是一个虽带有一定的商业特征，但本质上还是3D制作的文化项目。众筹需要借助互联网，3D也要借助互联网。美国国家航空航天博物馆就启动过一个项目，计划筹集50万美元，用来保护登月第一人即前宇航员尼尔·阿姆斯特朗的"标志性"宇航服。这件宇航服弥足珍贵，是有60多年历史的现代文物。一般而言，宇航服的制作材料会随时间破损、老化，因此不得不在2006年停止展出。为了能留住这件不同凡响的宇航服，博物馆借助目前流行的网上众筹方式,用来打造一个温度可控的展示柜。在中国,年轻的创新者在称为"Kickstarter"的众筹平台上取得了类似进展,"帝都之泪"的策划者们拿着一台单反相机,为一些老物件拍摄了许多照片,然后上传至数据库,在一个多小时后就能获得逼真的3D模型。他们开发的是中国传说中"龙生九子"的古建筑构件3D图像模型,吸引了许多热爱中国文化的外国人的目光,十几天里累计募资3000美元,成为首个依托于文物数据的3D项目。这个创客团队叫作"即刻叁"视觉科技有限公司。众筹是手段,3D打印的即时应用是关键。如果只是从筹资角度看"帝都之泪",显然是看低了创客团队的创意,他们是在运用CT数据三维重建技术弘扬中国文化,是在国内尚无先例的情况下,借助电脑、手机的终端设备,调取文物的三维图像,专攻3D模型生成技术,并与他人分享3D文化产品。他们的众筹,筹的是人们对公众文化价值的认同,最终的结果是推动了文物保护与文明的传承。"即刻叁"的创新活动也是新市场人应用高科技的一种创新活动。因此,有评论说,3000美元只是一个象征,弘扬中国文化的意义远远大于推动众筹行动本身。

3D打印,也称"增材制造",实现了制造从等材、减材到增材的转变。等材制造就是铸造、锻打和焊接,减材则是切、铣、磨。3D打印技术可以一次制造任意复杂的零部件,可以轻易地生产出很多传统方法无法制造的产品。它与产品的复杂度关联低,增加了设计的自由度,拓展了创意空间。由于减少了加工工序,缩短了加工周期,个性定制成为可能。同时,由于不需要模具,产品的单价几乎与批量无关,所谓"规模效应"在制造业走向终结,在新产品开发与小批量生产中极具优势,个性化制造成为现实。3D打印契合工业4.0时代制造智能化、资源效率化和产品人性化的理念,因此成为未来的发展重点。随着打印设备和材料技术的突破,成本也会进一步下降,目前在航空航天工业和生物医学领域得到广泛应用,在个人消费市场也极具潜力。我国3D打印产业规模在2014年达到37亿元,未来几年将以30%的增速发展。

人脸识别技术也被纳入互联网应用,常见的考勤机就是其简单形式。该技术可用于登录验证、身份识别,为用户确认相关信息提供解决方案,并在互联网教育领域广泛应用。与消费者关系更密切的是刷脸支付,在支付时不再需要银行卡、存折、密码甚至手机,系统可以在数秒之内完成身份确认、账户读取、转账支付、交易确认等环节。在不久的将来,人们将迎来一个"刷脸时代",生活更智能,在网购的时候,只需对着手机摄像头作个表情就完成支付了。

创新往往是牵一发而动全身的集合行为,需要动用和改造各种有形和无形的资源。坊间有过这样的调侃,在互联网时代,化缘的叫"众筹",算命的叫"分析师",八卦媒体叫"自媒体",统计分析叫"大数据",忽悠叫"互联网思维"。但是,这种调侃代替不了事实。它们之间也许有若干形似之处,但神肯定不似。

年青一代对正在改变他们生活的科技产品有着异乎寻常的热情,他们不仅关注机器人、无人机、更加智能的通信应用程序、新的 USB 接口、电视中的流媒体频道和部分实用的生活物联网,对 2016 年上市的虚拟现实(VR)头盔更是充满期待。在中国,从暴风科技 2014 年推出"暴风魔镜"到腾讯、乐视陆续推出 VR 战略,VR 概念开始被人们接受。虽然还不能说每一个年轻人都会戴一具 VR 头盔,但是在业内人士看来,2016 年将是虚拟现实产业爆发元年,在电游、电影、医疗、旅游和多种消费体验中广泛应用,近期市场规模为 400 亿元左右,长期市场容量将会达到千亿级甚至万亿级。

现代清新生活的追求者。新市场消费的文化含量高,文化消费占很大比例。但是,更多的时候,精神生活与物质生活如影随形,前者甚至更胜一筹。文化消费属于分众消费,消费文化则有共同性。消费素来有品位高尚与低俗之分,也有清新与奢靡的区别,还有分众偏好的特点。网络社交圈决定着消费文化的交流与认同,不同的消费指向和消费文化的认同形成不同的消费圈,总体上有分合,有交叉,有交流,成为一个时代消费文化和商业文化的主流。毋庸置疑,新一代市场人与消费者轻占有而重体验,不只是消费有形的商品,更重视其中的文化含量。他们追求个性而不尚奢靡,朴素简约又充满"高端范儿"。他们所追求的是更加清新、更加健康的消费方式,与绿色环保和循环经济时代的市场消费走向有着更大的契合度。

新市场人有时尚感,却不比吃比穿,而是比兴趣所在。凡是与文化和网络有关的事物,他们都感兴趣。以北京动漫节为例,届届人头攒动,第四届就有 10 万人次参与。动漫节上有产品推介、科技展示、股权交易、信息交汇、动漫迷互动等活动。每个人未必都是动漫迷,但既然是动漫狂欢和新的网络文化消费,那么错失或是一种遗憾。新市场人对诸如此类的文化生活情趣给出一个自褒之词,曰"小清新"。

新一代消费者不仅以"小清新"自况,也已形成自己的文化消费样式和商业圈。80后讲的是80后文学、80后动画、80后美术、80后音乐和80后电影。《80后》便是80后的电影宣言,讲述的是一位失去亲人的80后女孩在爱情和事业上的追求与成功。80后相声演员王自健的《80后脱口秀》占据东方卫视的固定时段,从2012年5月13日开播以来,风头一直未衰。他的节目是中国相声与欧美脱口秀的混搭,却又不是简单混合,充满了中国年轻人的睿智与幽默。他摆脱了百年老相声里镜子只照别人而不照自己,专于拿人取笑的老套路,敢于调侃自身,在现身说法的"黑色幽默"中发人深思。他的相声对社会生活、文化事件、伪时尚潮流从不避讳,又并非锋芒毕露,而是在谈笑之间引入话题,很有些"现代东方朔"的味道。他的话题也很开阔,从当年的利比亚事件到现在的油价涨落,甚至从"药家鑫案"到代沟理解问题,都有涉猎。诸如"房价与房奴""公交让座""夫妻逛街""人性攀比""山寨文化"等话题,都很契合年轻人的社会观察视野。因此,有人称他为"冷面笑将",更有人评价其为"相声时评人"。王自健的脱口秀是我们理解80后的一面镜子。他的表演也有文化时尚感,时有嘉宾出现,又不同于众口相声的嘻哈搭档,勾勒出社会中活脱脱的众生相。

千禧人的旅游爱好是任何一代人都不能相比的。自助、体验、探险和游学成为风尚,参与者越来越多。比如,北京大学有一位常蕾博士,几经波折,获得了南极探险的资格,作为第31次南极考察队的临时成员到了南极,并完成了"极端环境下考察站的管理运行与文化建设研究"项目。人们称这样的旅游者为"旅游达人"。

全球酒店预订专家好订网发布的第四期《中国游客境外旅游调查报告2015》显示,2014年中国境外游人数首次超过1亿,增幅20%,其中年青一代游客是主力。这个新的旅游人群一般在18岁至35岁之间,他们借钱也要出去玩。暑期出游似乎是学生与自由职业者的"功课",缺少资金,就去尝试消费信贷和分期付款。我们以前只听到西方有超前消费,这在今天中国的年轻消费者中也成为一种时尚。艾瑞咨询公布的一份消费金融报告显示,2013年,中国的消费信贷规模为13万亿元,预计到2017年翻一番,达到27万亿元。超前消费已经开始出现井喷式增长,这是典型的千禧人消费现象。

年青一代热衷于旅游消费,并不刻意压抑自身对消费的心理追求。他们不是不大考虑花销,而是对市场的观察与理解更为透彻,有市场头脑,也有更丰富的金融知识。比如,他们知道什么时候出手借贷最适宜,什么时候还贷和如何还贷最划算。中国2015年出国旅游的年轻人最多,为什么?因为美元升息,许多新兴国家包括欧盟国家的货币相对疲软,人民币虽也受影响,但基本保持了币值的稳定。这样,如何换汇、如何省钱就成了学问。一位年轻朋友先在国内银行购汇,带着泰铢去泰国消费,就便宜许多。另一位年轻朋友带着银联借记卡去泰国的取款机上取钱,效果也是一样的。一位老年朋友只是为了图表面上的方便,带着信用卡去消费,总费用多出了不少。但是,因为他没有年轻朋友那么会计算,在泰铢与美元、人民币的倒换过程中,在汇率上损失了不少。买机票和预订旅店也一样,年轻人在淡季与旺季之间选择最佳时间点。互联网平台也给了他们货比三家的更多机会,要去旅游,就会到携程、途牛和去哪儿这几家代表性旅游电商平台上去比较,遇着"牛客贷""牛分期"之类的产品,自然也会考虑。因此,他们不仅爱旅游,也会旅游,自然是带薪休假的热烈拥护者。

新一代消费者是消费时尚的变革者,也是奢靡之风的终结者。近十多年来,"土豪消费"大有席卷市场之势,豪华几乎成为成功的外标志。私人会馆风行,高档餐厅林立,言必尊享,物必专供,众多的奢侈品成为消费市场的品牌明星,许多商家在品牌溢价与国人的盲目追捧中攫取了数倍的超额利润。从2014年下半年开始,奢侈品行业的"劫年"降临,一方面是因为反腐与遏制公款消费使然,另一方面是因为千禧人开始主导消费市场,他们的消费观念与社会上流行的"土豪消费"奢靡消费完全不同。他们也追求名牌,却不会傻追。他们有自己的"酷聪明",不会无缘无故地去当洋品牌的"冤大头"。于是,许多国际名牌的销售业绩疲软了,不得不降低身价进入奥特莱斯。普拉达的利润一度暴跌四成,却又不得不继续降价,因为这样仍有不小的利润空间。此外,香奈儿、迪奥、百达翡丽和古驰这样的国际顶级品牌也都选择了打折。这在两三年前是不可想象的。有人惊呼,品牌为王的时代过去了。这是为什么呢?首先,互联网电商新模式不仅打通了国内C2M(工厂到消费者)的通道,捅破了多达20个环节的流通链和相应的加价环节的秘密,互联网上的越洋代购与海淘也让"舶来品"的本来价格开始变得透明,奢侈品定价的"潜规则"开始失效。原来一件成本不足100元的名牌产品,从生产到销售,竟会有高达10倍到100倍的加价率。理性消费的相对回归宣告了炫富消费心理的破灭,非对称交易越来越难以大行其道。这个变化拜互联网所赐,也拜新一代消费者的消费观所赐。在新一代消费者看来,消费无非是两种模式,一种是盲目攀比,另一种就是高性价比,更重要的是适合不适合自己,能不能穿出、用出自己的风格。他们对生活质量和品牌是在意的,对消费成本也是在意的。他们的消费目标是体验,而不是不顾一切地拥有和占有。他们宁肯借或者租一套笔挺的西装去应聘工作岗位,也不会花大价钱把它压在整理箱里。

新一代消费者与许多奢侈品保持着一定距离。笔者曾在一个随意的场合与两位 90 后女孩展开片段性对话,问她们现在最想要的贵重物品是 iPhone 6 还是钻石。她们不假思索地说都要。笔者问:如果不可兼得呢?她们同样不假思索地说,当然是 iPhone 6。笔者再问:如果有一款苹果,还有性价比更好的小米,要哪一款?她们略有迟疑地说,要看手头紧不紧,小米也是一种好选择。她们考虑时尚,更考虑实际性价比的消费选择,既有对美与品位的追求,更有对品位与实际的考量。当然,她们对手机的选择也给国货发出了同样明确的信号,即只要有质量,有强大的功能,性价比合适,年轻消费者并不会在意是洋货还是国货。有这样超然的市场气度,应当是一件幸事与好事,而我们的智能手机也要不负众望,不断优化市场表现,获得年轻消费者的更多认可。苹果的出货量在 2015 年第一季度还排名第一,在第二季度便被小米与华为迎头赶上,后两者分别占有 15.9% 和 15.7% 的市场份额。

新一代消费者不尚奢华还有一个潜在的原因,那就是他们有着更加强烈的环保意识。奢华不仅浪费资源,也造成大量垃圾污染环境,这是他们崇尚简单、有格调的生活的重要理由。

是消费者,更是创业者。 这给了年青一代在市场上进行角色切换的自由。正像创新工场董事长李开复先生所言,今天创业的主体正趋向于年轻化。几年前的创业主要来自百度、盛大等大公司,现在的创业者越来越年轻,像豆拍、美图秀秀已经是市值 20 多亿美元的公司。他们不再扎堆于热点领域,而是分散在 20 多个不同的产业,有许多是 90 后,甚至有 1995 年后出生的。

微商的大发展是最好的说明。互联网界有句流行语:"站在风口上,猪也能飞起来。"这不完全是玩笑话。微商的大发展引出了"微商时代"的用语,这很容易使人想到中国改革开放之初的创业潮与"下海潮"。在30多年前,第一次创业潮席卷了大半个中国,无论在城市还是农村,只要有胆量,肯实干,解放思想,就能在市场里掘到属于自己的"第一桶金",有的人还成为中国第一代杰出的企业领袖。90年代中期,又一批企业和企业家崛起,构造了更加完整的产业体系。现在,又迎来年轻人的时代,尤其是一批年轻的大学生进入了互联网技术和应用产业的方阵,奠定了中国信息产业持续发展和商业模式变革的基础。现在,凭借着"互联网+",很多人可以重温创业之梦。从一定意义上讲,这一次微商的迅猛发展,也可以称为"第三次创业浪潮"。这一次创业浪潮与前两次有所不同,是从商业与流通领域掀起的,具体的形式就是基于互联网技术发展的各种电商。微商容纳了更多的80后、90后,形成了大众创业和青年就业的新形式,也是扩大消费的新市场力量。这次创业机遇千载难逢,具有轻资产、低门槛的特征,同样可以白手起家。这次创业有两个前所未有的宏观技术条件:首先是数字网络基础建设水平越来越高,计算成本越来越低;其次是风投与众筹紧随跟进,只要有市场需求、有创意,成功率极高。

一种创业现象在开始时很普遍,甚至看上去很轻松,打开微信,刷新朋友圈,服装、食品和化妆品的图片出现在潜在消费者的眼前。有的微商也许就是在做熟人和朋友圈的生意。但是,时间长了,市场半径就逐渐扩大了,这种方法不灵了,还招来朋友圈的"吐槽"。微商并不需要大的商业空间,也不需要考虑租用什么旺铺,一切都在网上网下搞定,其最大资产就是商业"粉丝","粉丝"多少决定着商业社交圈半径的大小。据不完全统计,目前微商群体中80%是女性,而且多数是90后。许多在校学生也进入微商圈,有勤工俭学的一面,也有实践历练的一面。微商团队里不仅有大学生,还有白领、模特儿、务工人员等。他们用一部智能手机"打天下",享受着微商加时尚的经商乐趣。一些实力派微商的月销售额可达数百万甚至上千万元。微商在不经意间崛起,从"玩"到"干",网络社交的文化时尚转为大小众结合的市场消费模式与商业流通模式。值得注意的是,微商虽然开始于个人创业,但是随着一些月销售额过亿元的微商品牌出现,开始向大型化、集团化或团队化的发展走向。从C2C走向B2C,渠道不断丰满,一些线下实体店开始与微商形成紧密型和松散型合作关系,一面继续实体销售,一边通过微信接受订单。一些大的商业公司如同仁堂、百雀羚、中兴、苏宁、哈药、国美等也纷纷进入微商领域,而化妆品行业更是"群雄逐鹿"。这种合作与联合不仅是渠道的互补,同时也是商业资源的互补。

  微商的发展速度令人咋舌,更不可小看。从发展速度上看,微商在2015年一年时间里就达到1000万家的数量级。据不完全统计,全国微商从业者已有超过2000万人。在发展高潮期,每天约有3万人全力或者以部分精力加入微商业务。微商的迅猛发展也不可避免地导致出现管理"跟不上"的"乱象",而这种"跟不上"似乎在每次创业大潮中后都反复出现,这倒是某些经常用"一放就乱,一收就死"说事的政府监管部门需要再深思的问题。这里有诚信问题和"杀熟"带来的负效应,也有售卖"三无"产品甚至搞传销的"伪微商",而多级代理的分销模式本身就留下了诚信缺失的空隙。目前,微商一面在发展,一面在盘整。微商大会在中国互联网大会上首次集体亮相,提出了"戒违规、戒伪劣、戒传销,不乱市、不囤货、不暴利、不刷屏、不杀熟",说明微商逐渐走向成熟。相比之下,最重要的事情还是帮助微商建立行业标准,营造微商发展的更好的网络生态环境,使之成为电子商务真正的生力军。一个共识正在微商群体中逐步形成,即起步靠朋友圈打开,而发展之路在市场。朋友圈不是虚假广告的"法外之地",微商既有人爱也有人恨,有时就是分不清商与友的区别,也不去考虑商誉与朋友之间的信任原本就是同根同源的社会人际关系之树。据粗略统计,微商超过两年的存活率是2.94%。这本身就是商海里大浪淘沙的必然过程,是一种成功,而非失败。很多专业人士认为,微商发展中的低潮,是一种正常的自我调整,存活者往往就是向正规商家转变者,看似潮起潮落,实则蕴藏着更大的商潮,O2O也许就是微商下一步的发展方向。

  微商的迅速发展有其内在的原因,在移动互联网时代,他们很容易在轻模式与重模式创业间取舍。轻模式平台是首选,在初战告捷之后向中高端项目进发,则有可能向轻重模式结合转变。所谓轻模式,就是搭建网络平台,为实体商家提供订单。其优点有三:一是扩张速度快,短期之内占据市场;二是创业成本低,利于中小创业者入局;三是多向合作,比较灵活。其缺点是质量难以把控,商家容易流失,很难做到服务标准统一。比如,饿了么就是轻模式入局,很快占领市场,2015年1月占到全国外卖市场28.4%的份额。云家政也是轻模式,自己不直接做家政,主要提供技术和数据,服务于线下门店。但是,由于国内家政市场不规范,虽然云家政运作得都不错,却也为标准之类的问题烦恼。重模式多有自己的团队,一般是去中介化的,直接对接服务对象。但是,其管理业务重,人力成本和房租费用高,从客户培养和黏性来讲,更适合长期发展。

为了推进"大众创业、万众创新",国务院从2013年起先后发布了22份文件,其中有许多是关于大学毕业生就业和青年农民工返乡创业的,还有关于"宽带中国"、电子商务和具有深远影响的"互联网+"的,为创业者拓宽了创业的政策空间。2015年上半年,全国新登记企业200万户,增长19.4%,平均每天新增1.1万户。截至当年6月底,全国个体私营经济从业人员达到2.64亿人,其中不少是千禧人。据有关统计,仅2014年新登记注册的大学生创业者就达47.8万人,比2013年增长33.3%。

在北京的北新桥,有一家名为"girl up"的创业工厂,这是由90后女孩儿创办的一家具有社群属性的"美女创业孵化器",只为有创业梦想的80后、90后女孩提供服务。这个创业工厂每天都会收到来自全国各地女孩发来的E-mail,通过微信进行交流,帮助她们挑选项目,并在"girl up"平台上协助她们获得投资或者融资。

网上开店的很多是女孩子,用户70%也是女性,其中70%又是18岁至29岁的女青年,常常被称为"网红"。据称,淘宝平台上已有超过千家的"网红"店铺。在服装销售额前10名的店铺中,"网红"的店铺占了7席,年成交额破千万元的并不罕见。

尽管我们可以这样或那样地去评论和预测,也不论在电商大潮里出现的是急流还是浪花,他们都展现了新市场人的一面。所以,老一代的企业家新希望集团董事长刘永好在一个场合感叹:"如果我能选择的话,我希望我再年轻20岁、30岁、40岁、50岁,成为90后也可以,00后也可以。那时我成为新的创业者,在新的格局下,在大众创业、万众创新中成为一个积极的参与者,或许再过10年、20年,我就有了新格局、新的目标出现。"

新市场与新市场人

新市场 新消费

一

消费新潮流

2015年,人们从蕴藏的消费需求里发现了互联网带来的市场创新,新的消费模式出现了,消费开始成为经济增长的首要动力。全年社会消费零售总额达到30万亿元,消费对经济增长的贡献率接近60%。新型消费模式功不可没,电子商务的高速发展让中国成为全球最大的网上零售市场。O2O是电子商务的最大亮点。2015年上半年,生活服务业类O2O市场规模超过3万亿元,同比增长80%。虽然下半年增速有所放缓,但是全年网络零售额超过4万亿元。在网络消费市场里,新一代消费者是市场的主角。

新一代消费者有两个不同的特点:一是不会像上一代普通消费者那么倾向于压抑自己的消费欲望,那么"抠门";也不会像上一代土豪消费者那么一掷千金,相互攀比。二是消费从占有转向体验,消费领域从物的消耗转向服务,前所未有地开始扩大。一方面,他们更会斤斤计较,货比多家,不做盲目消费的"冤大头"。另一方面,他们的消费行为干脆利落,该出手时便出手。前一种消费状态让商家纠结,尤其是过剩产品和奢侈品的经营者感到市场不再而失望。后一种状态却在新商机的出现中重新燃起商家的希望。既然过剩产品和天价奢侈品滞销了,交易相应减少了,但是新的商品包括原来没有想到的服务商品出现了,这并不是消费低落,而是消费转型。从消费转型开始,制造业也会跟着转型,这是经济转型的一个重要传导链条,也是我们所希望出现的。促进消费是经济转型动力的重要含义。

在消费的这种变化中,商品流通的市场交易值会不会随之减少呢?这对于依然故我的传统商家是非常有可能的,即便是使尽了打折促销的全套功夫,仍然不会有令人惊喜的收获;而对于善于开辟电商新领域的新商家,却会有相反的好结果。市场永远是喜新厌旧的,也是无孔不入的,一旦新的市场领域出现在原来不可能出现的空间里,市场惊喜就会大量出现。由此出现的交易数量、交易值的增加,不再是无效刺激下简单的加减,而是乘数乃至几何级的效应。

我们可以回顾一下,从千禧年开始,就曾出现过千禧婚礼、千禧公寓、千禧国际村、千禧俱乐部,并由此出现千禧商标、千禧携程,甚至出现以"千禧"命名的商业机构如京东千禧、苏宁千禧易购等。"快乐消费"成为口号,"千禧消费"成为推销的噱头。但是,千禧消费究竟意味着什么并不十分清晰,热闹一时之后,也就归于沉寂。快乐消费无疑是新一代消费者的一种特质。但是,作为市场的主角,他们对市场的转型与创新并不止于此,在童话世界里游弋一圈之后,终究要面对生活。或者说,他们虽然是弄潮者,但是在本质上还是经济生活中的市场人,他们需要更多的市场服务,需要更合理的市场价格,需要更便捷有效的商业。新的"上帝"发出了新的市场指令,"上帝的奴仆"们就要满足他们需要的一切。商家们的生意经,说穿了也就是这么回事。

从宏观上看,2014年以后,中国的内需消费在拉动经济的"三驾马车"的力道比例上第一次超过了50%。但是,与经济发达国家相比,这依然是一个低状态。经济发达国家如美国的国内消费一般在70%和80%以上,因此内需的进一步增长是国家经济持续稳定发展的主要动力来源。在改革开放的三十多年里,中国从百废待兴到基础设施基本齐备,工业体系基本完善,加大投资在其中起到很大的作用,今后,经济发展欠发达地区如西部地区和老少边穷地区的投资水平依然要继续提升。但是,这毕竟是有限度的。从总体上讲,大规模投资拉动的时代已经开始走向尾声,内需消费拉动经济发展更多地成为常态。但是,告别了短缺经济,迎来的却是过剩经济,这个内需消费拉动的问题如何破解的确很难。

答案很明确,消化过剩产能,淘汰落后产能,开展国际产能合作。然而,要实现这一切,离不开市场的有效运转,从网络建设到发育新商贸载体,从提高居民的购买兴趣力到产品的创新,从政策体系到商业机制的转变,全面推动高起点的市场繁荣。消费的现代化就是市场的现代化,也意味着经济的现代化。适应新市场人的市场需求,创造新市场,应当是必须具有的新的发展意识。

尤其要看到,扩大消费创新市场不仅是中国经济发展的必由之路,也是改变当前全球经济发展状态疲软的必由之路。自从2008年由美国次贷危机引起的全球性经济危机发生以来,全球经济发展步履蹒跚,一方面是经济疲软,经济复苏步伐不一致;另一方面是经济复苏预期指标不断降低,经济全球化陷入欲进却止的境地。2015年,新兴经济体也露出陷入市场衰退的疲态。中国经济虽依然保持中高速发展,但经济下行压力加大,外需增长缓慢。在这样的情况下,提高市场效能,扩大内需消费也就成为经济持续发展中最重要的一步棋。

美国的经济指标有所好转,除了几次货币宽松政策的实施与"页岩气革命"之外,不能不说市场转型确有其功。比如,美国失业率的降低就与网络经济下的"分享经济"的发展有关。在"分享经济"的发展中,大量的兼职机会出现了,"零工就业"也成为比较普遍的现象,失业登记率自然会下降。千禧人的生活状态得到改善,经济复苏的动力加大,这是显而易见的事情。Uber和Airbnb的出现在一定程度上创新了市场模式,刺激了旅游业的复苏,而这一切都拜网络经济的发展所赐。对这种正在发生的市场变化,一些敏感的经济学者看得清,而某些美国政要仅仅把它看成奥巴马任期的政绩,实在是低估了市场转型的力量。

问题还在于,不论是在国外还是在国内,对扩大消费的认识并不是一种新鲜的认识,但多年来喊破了嗓子,这匹"驽马"就是不很给力,想让它"驾辕",既没有冲劲也没有冲力。为什么?原因还在于对市场转型认识不足。搞市场经济,却忽略了市场发育本身,原本就是一个缺憾。这种缺憾被新市场人弥补了,也为促进市场转型的经济政策所确认。2015年国务院办公厅印发的《关于推进线上线下互动加快商贸流通创新发展转型升级的意见》,让扩大消费的愿景有了真切的路径。比如,当前扩大消费和市场转型的痛点还是物流配送滞后,一些地区和一些城市的基础设施,主要是交通网络设施和城市基础设施也需要进一步改造优化,这些问题正在得到重视。空谈"三驾马车"没有多少意义,重要的是如何优化配置市场建设的资源,让经济转型在市场转型中更快更有效地实现。

我们曾经把市场发育的希望寄予城市化或城镇化,这也是不错的。无奈这是个较长期的过程,而且从本质上说,城镇化的真正核心是市场的机会均等化,而不仅仅是随时可以取消的城乡户籍差别。有了"互联网+"这一无处不在的"利器",并在网络经济中实现平等的市场交换,人们身居何处又有什么关系?中国是一个刚刚开始现代化的国家,城市化率相对较低是必然的。但是,长期的城乡差别本质上是信息不均衡的差异,城乡二元经济结构制约了消费与就业市场的统一发展,自给自足的自然经济依旧覆盖着一半以上的人群，他们虽不再是填饱了肚子就算是消费的以食为天的群体，但消费内容、消费结构、消费渠道、消费状态与现代市场相去甚远，市场观念和消费方式也很落后。"养儿防老，积谷防饥"的具体形式虽没有了，但传统的消费意识依然无处不在地体现。中国目前仍旧是世界上储蓄率最高的国家，却又是消费率最低的国家之一，就算是已经城市化的一部分人，身居城市而消费思维还在农村，消费水平总体不高，渠道也过于陈旧。要改变这种重储蓄轻消费、重物质轻服务的自然状态，需要城市化或城镇化，更需要信息均等化下真正的市场化。要让消费力流动起来，首先应让包括货币在内的商品流动起来，而商品的快速流动又取决于信息的快速流动。因此，在"互联网＋"中建设和打造统一、高效率的市场，应当是第一要义。从某种意义上讲，这也是在避免"大城市病"并有序推动城市化或城镇化的真正捷径。

从市场发展层面上看，近十多年来，消费市场也确乎经历了繁荣。但是，这种繁荣有正常的一面，也有畸形的一面。无奇不有的广告"最有发言权"。"土豪消费"、高档消费、公款消费、人情消费、攀比消费和炫富消费活跃了市场，但这些是表层的，随时可以"退潮"。中国人的有钱和消费能力令世界咋舌，但这不是全部中国人的消费行为，那些花样繁多的畸形消费并不代表真正的市场繁荣，至多只是"浪潮市场"，一旦潮水退去，露出的是市场的沙滩。富豪毕竟是少数，公款消费也不合法律法规，更不合公众的意愿，随着反腐和重建规矩，一切都会被大浪淘尽。奢侈品在降价，大量的高尔夫球场在清理，高档酒店在降星，繁荣一时的消费泡沫似乎在破裂，而大众消费市场似乎一直处于平台期，如果没有电子商务的异军突起，事情还真难办。

大众消费市场怎么了？是消费不起还是不会消费？都不是。这是产能过剩惹的祸，而真正惹祸的又是落后产品过剩，此外则是可交换的商品内涵太窄，商业活动被归为服务业，服务商品却没有得到应有的商品地位。落后产品规模化生产，规模化进入市场，形成了不是"跳蚤市场"的"跳蚤市场"。市场出现"跳蚤化"，缺乏创意，缺乏选择，即便是降价降到了一折，也会有价无市。

不知从什么时候起，把提价打折称为"血本无归的推销术"成为一种市场景观，商家大做"尾货生意"，奥特莱斯大行其道，消费者一头雾水，加上伪劣产品不断出现，人们只能在市场里逛来逛去，一直逛到再无兴趣。异军突起的线上销售成为扭转市场局面的一颗新星,引入多种商业服务,冲刷了市场的颓气。电子商务的网上视觉搜索和低价格不仅为年轻消费者所心仪,也会把他们的消费感受直接或间接地传导给经营者与生产厂家,建立了有效的产品升级信息信号链条,市场信息不对称的魔咒被打破了,真实的市场需求在使用反馈、定制服务中出现了。

从目前来看,扩大内需消费面临着巨大的转折。一方面,城镇化继续推进,许多地区都取消了户籍身份的限制,但各地的进展并不平衡,大城市流动人口过多仍然是个棘手问题。另一方面,结构调整和产业升级进程加速,但装备制造业升级快,民生工业的产品升级依然缓慢。最重要的是,"互联网+"的不断全面推进,不仅让电商风生水起,直接疏通了商业流通的渠道,降低了交易成本,加强了服务性、便捷性和市场交换中的信息透明度,提高了交易的频次,增加了交易数量,也给制造业添加了从未有过的创新动力,全面强化了产品从设计、定制、生产、出库、配送到销售、售后服务甚至回收的各个市场价值环链条,并由此派生出大批的生产性服务企业和多种业态的商业流通企业,直接或间接地盘活了市场。

创新有了市场目标,产品的市场吸引力就会大大提升。就拿家电来说,回顾改革开放之初国门打开的市场情景:过惯了定量配给的计划生活的人们,乍一看到从未见过的彩电、空调和电冰箱这"三大件",市场便刮起了"龙卷风"。"三大件"就是那个时代的创新产品。现如今,消费者潜在的消费需求早已超越了"三大件"曾经代表的一般生活功能,要求智能化,要求定制化。只要这些需求不断得到满足,市场就不会一直清淡化,新的市场"龙卷风"将会再来。

但是,再次实现真正的市场繁荣,仅仅有琳琅满目的商品硬件是不够的,同时也要有驱动市场的"软件",一个是不断改变的社会消费观念,一个是主导市场的消费人。消费观念不是那么容易改变的,因为它曾经背负了那么久、那么沉重的"穷怕了"的历史心理负担。消费既是渴求的,又伴随着压抑,甚至一定要把勤与俭直接联系起来,作为持家过日子的一种美德。勤是必要的,而更高的境界是高技术带来的高效率,一般意义上的俭却是一种历史无奈。在生产力低下的时候,不俭又如何?俭与铺张浪费并不必然是相对的。从更准确的含义上讲,俭是物的使用效率,是资源合理利用的最大化,与人的消费需求并不是一回事。量入为出是一种动态的平衡,而不是在事实上抑制消费的理由。能够改变这些历史心理负担的,只有新一代消费者。

不管谁在贬、谁在褒,一个事实是,新一代消费者已经登上市场的中心舞台,他们是新的"上帝"。他们的消费品位和追求,不仅是快乐,还要健康、透明、平等、合理,并具有少浪费资源和少排放污染物的环保意识。他们是新的消费观的实践者。他们在这方面的"任性"是一种"韧性"。他们将彻底改变消费观念与主导运筹市场的角色集于一身,正在不断地改写我们的市场发展史。他们掌握并娴熟地运用新的改变信息不对称的移动商业武器,有自己新的市场交换规则,并首先在电子商务市场上发起了冲锋。他们还会不断改进这个商业武器,向包括工商产业在内的所有的市场价值链发起冲击。在他们看来,电子商务市场的发展不仅要满足市场的即期消费需求,也要不断挖掘市场的潜在消费需求,发挥引导未来消费需求的功能。

在新一轮市场消费中,消费者消费的不只是物质产品,更重要的是社会成员之间的相互服务;消费并不就是对单纯的物的使用价值的数量买卖,更多的是服务消费的交换。物质消费、服务消费与精神文化消费的结合,将会形成一种更为人性化更平等更具选择自由的消费理念。因此,所谓"懒人经济"的说法,如果不是一种调侃,就是只看到了表象。

在这里,需要触及一个在内心思考力上带有某些敏感性的概念,这个概念就是所谓的"消费社会"。"消费社会"一词不见于我们的正式文档,倒是在描述西方国家的市场形态和人生哲学时,常常被用来定义。其贬义居多,但更可以中性客观地去理解。人们惯常用高消费描述"消费社会"的固有特征,有时还用铺天盖地的广告与摇滚乐描述"消费社会"里的商业文化现象,似乎那里充满了腐朽与享乐。但是,高消费之高并不完全是指文化现象,更不是一种必定腐朽的现象,铺天盖地的广告与摇滚乐也未必是消费社会的标签,而只是在描述消费水平所能达到的高度,这就如同我们用"高科技"来概括现代科技所能达到的高度一样。因此,高消费应当是高水平的消费状态,除此以外都不是题中应有之义。我们既不能望文生义地理解消费社会的内涵,也不能随意加上其他外延。从经济着眼,那其实是市场经济的一种基本的实现形式和应当达到的商业发达的境界。我们不是也常常讲社会主义生产的目的就是极大地满足人民群众的物质文化生活需求吗?满足就是消费,极大地满足就是要有更高水平的物质消费与精神消费。

诚然,这种高水平的消费状态是动态的、渐进的,是与社会生产力发展水平相一致的,不能强求,但要追求,更要按照市场经济的规律实现生产与消费的良性循环。尤其是当我们的经济已经发展到一定阶段,工业体系开始完备,正在升级转型,原始积累基本完成,人均GDP逼近8000美元之时,下一步的持续发展需要更多地依靠市场的内生动力,这个内生动力就是通过内需消费拉动经济发展。

高消费也不是炫富性的少数人才能拥有的消费权利,而是社会消费的总和。我们已经告别了温饱时代,踏上了追求生活质量的时代,在居有其屋、行有其便、食要安全、衣有其选的同时,还要有文化消费的追求,以及智能化的便捷与市场人相互提供服务的消费理念。这就是目前我们所能看到的现代消费社会的基本轮廓。

如果说这样一种消费状态在以前是难以想象的,那么现在开始出现了。这不仅是因为我们的经济有了长足的发展,也是因为有了现代科技的巨大进步,有了社会观念划时代的转变。在充裕的市场经济里,消费也应当是生产力,消费的高度与宽度决定着生产能够达到的高度与宽度,我们应当有不断建设新型消费社会的现实追求。

为什么要在"消费社会"前面加上"新型"呢?这并不一定是要区别于西方国家的消费概念,或者要审视其中的利弊得失,而主要是因为时代在变化,消费理念也在变化。

在这个新型消费社会里,物质消费与精神文化消费同等重要,物质商品与社会服务同等重要,服务不再低人一等,而成为相互需求的自觉市场行为。

在这个新型消费社会里,科学与环保是必要的理念,新的智能化产品不断进入人们的消费生活中,但少了浪费和污染,简洁、健康和循环利用将是消费的主旋律。

在这个新型消费社会里,消费的便捷性是必须的,环保与消费质量也是必须的,信用与信誉更是必须的。

在这个新型消费社会里,供给侧的结构性改革和市场需求的发育相辅相成。创新与新产品供给不足是抑制消费的主要症结。中国市场面临的问题并不是似是而非的需求不足,而是供给侧的结构性缺陷。尤其是重复投资带来的低端供给过剩,搞坏了消费者的胃口,低层次的、数量反复的消费供给无法适应居民消费升级的市场需求。因此,未来的市场是求新的市场和个性化丰富的市场。

二

分 享 经 济

分享经济(sharing economy)有各种叫法,如"共享经济""按需经济""普惠经济""协作经济""协同消费"甚至"点对点经济"等,着眼点并不完全一样。有的看到了合作中的资源优化利用,有的看到了协作对企业组织结构的影响,有的看到了低价中的经济实惠,有的看到了它对增加就业的多种影响,因此说法不尽相同。腾讯公司的马化腾这样解释:"普惠经济也是一种集约经济、绿色经济、分享经济。它能高效对接供需资源,提升闲置资产利用率,实现节能环保。"他列举了人们已经耳熟能详的各种"互联网＋"消费,如专车、拼车、房屋互换、二手交易和花样迭出的家政服务,而这些都为优化利用社会闲置资源、实现绿色环保、解决现代城市生活难题带来了新的思路。在他看来,互联网不仅是工具,更是一种能力、一种基因,这种能力和基因渗透和融入各行各业,能够赋予后者新的力量和再生能力,"正在成为中国包容性增长的动力"。错失"互联网＋"如同错失第二次产业革命中的蒸汽机和电能一样,因为"它不是人的湮没,而是人的凸现"。

不管你喜欢不喜欢分享经济,对分享经济中出现的问题又如何去看,它已经客观存在。法新社2015年年终专稿的题目是"2015,共享经济盛行全球",指出:"对交通、住宿以及世界上几乎每种服务而言,这是新曙光。"普华永道会计师事务所的一项研究估计,"到2025年,共享或点对点经济的全球收入将从2014年底的大约150亿美元激增至3250亿美元"。受智能手机和地理定位技术推动发展的共享模式,为消费者提供了扩大选择的范围和往往更低的价格,点对点平台具有"从根本上颠覆我们消费商品的方式以及我们为购买这些商品而工作的方式的潜力"。美国纽约大学专门研究共享经济课题的阿伦·孙达拉教授说:"我认为这代表着数字技术改变我们组织工作进程的一个阶段,这一进程已持续了30年。"

应当说,关于分享经济,至今还没有一个全面、权威的定义。在中国的正式文件行文里,更多出现的是"合作经济"的字样。明确提出"分享经济"概念的是美国移动出行服务公司 Lyft 联合创始人齐莫,他基于自身的业务,特别是千禧人对出行方式和购车意愿的市场影响,得出分享经济的结论。具体地说,他认为,在 5 年之内,美国的年轻人不会热衷于买车与考驾照,尽管拥有私家车一直是"美国梦"的一个象征。其中的潜台词是,既然 Lyft 或者 Uber 已经提供了移动出行的便利与最优化的选择方案和性价比,根本犯不上追求拥有自己的私家车。在年轻人看来,那是个累赘和负担,因为除了买车的花费,每年的养车费用约为 9000 美元,而美国人的平均月薪是 3000 美元。

Lyft 引用了美国一家汽车协会——安全基金会的统计数字,从 2007 年到 2011 年,18 岁至 34 岁的美国年轻人购买汽车的数量下跌了 3 成,他们更愿意乘公交和出租车出行。也是因为这种变化,Lyft 和 Uber 才在新的市场需求中应运而生,才有了自身的发展。这两家公司的市值已经分别超过了 20 亿美元和 400 亿美元。

与 Lyft 有相同见解的美国房屋短租商 Airbnb,适应于美国次贷危机发生后房地产市场的变化和旅游业的发展,一方面盘活闲置或尚未充分利用的房屋资产,推动短期租房业务而让房主获得出租收入;另一方面也为年轻的出游者省去入住高档酒店的大额花销,受到年轻旅游者的欢迎。在一段时间里,每天有 42.5 万人入住 Airbnb 的短期租房,比入住酒店的人数多出 22%。它的最大的优势是价格便宜,通常要比酒店价格便宜 41%。

美国还有服装租赁网站,甚至可以租狗或其他宠物。他们懂得,越来越讲求实际的千禧人不会为了一次应聘或者特殊的场合去购置一套一辈子也不会穿几次的西装。对于女士来讲,包也是可以租借的,婚纱就更不用说了。

对于这样一种从移动出行、旅游到各种设备和物品的短租,普华永道也认同,认为这是一种新兴的分享经济的消费模式。环保人士也认为这值得推行。他们评估了分享经济的规模,目前在美国的产业营收为 150 亿美元,到 2025 年将会飙升到 3350 亿美元。

发源于美国的分享经济近年来在中国落地开花。如小猪短租,已经拥有近 7 万套优质房源,其平台上已经积累超过 300 万活跃用户,2015 年交易额同比 2014 年增长超 500％。在用户整体"画像"上，国内 80 后、90 后城市白领是共享经济的主流群体，占小猪短租客 6 成以上，房客年龄平均为 27 岁。在选择短租的理由上，排名第一的是"厌倦了酒店的千篇一律，更喜欢有人情味儿的住宿方式"，第二是"性价比更高"，第三是"能够交到朋友"。与此同时，一批年收入超 10 万元的个人房东开始涌现。收入最高的一位房东在 2015 年通过小猪短租赚了 52 万元。房客的消费习惯也反映出分享经济在中国逐步从"尝鲜"变为日常。数据显示，高频次使用小猪短租的房客比例增长迅速。

"分享经济"概念的出现，有其深刻的背景。综合起来，有这样几点：一是 2008 年美国次贷危机发生以来，年轻人的就业和收入状态受到直接影响，比起父辈，他们的就业机会少了，可供直接支配的金钱也少了。低就业、低收入和不断上升的债务率使他们更倾向于选择低价格和具有高便利性的市场选项。二是环保意识普及，人们更倾向于简约和资源的多次利用。这两个原因又引出消费文化的变化，那就是如普华永道在其报告中所分析的，相比他们的父辈，千禧一代已经不那么物质主义了。或者说，他们拥有自己的新消费观，消费变得"达人化"。对拥有实物和消费体验，他们更看重后者。有人通过抽样调查得出结论，千禧人中看重消费体验的人是看重实物消费的人的两倍。

赞成分享经济的人经常引用一个故事，说美国的一个年轻人卖掉了自己的宝马汽车，每天叫 Uber 上下班，又把自己的公寓也租给 Airbnb，腾出的车库装成了公寓房。这个故事已经成为分享经济的典型注脚。说得更透彻一些，以前的人注重把稳定的自我服务等同于买入实物，你有他有，莫如自己有，而未来的消费者更看重服务本身。

2015 年 5 月，在美国举行的数字高峰会上，耶利米·欧阳对分享经济作了进一步的评析。他指出，"分享经济"概念是有市场规模依据的。2013 年至 2014 年，分享经济规模增长了近一倍。这种消费分享具有点对点对等交换商品与服务的特征。分享经济越来越火爆，从一开始受到传统企业的质疑和阻击，到现在更多获得了社会与市场的承认。他试图从技术进步的角度定义分享经济："在这种模式中，技术能帮助人们从彼此而不是集中化的机构获得各自需要的东西"，最明显的例子就是 Uber 和 Airbnb。他说，人们世世代代就是这么做的，不同的是引入了技术，特别是数字技术。比如，GPS

系统可以迅速地发出对商品的请求并作出回应,而基于数字技术的互联网的发展是支持分享经济架构的核心部分。参与者分享数据,并根据大数据对闲置资产涉及的多个领域提出建议和作出回应,满足了及时的市场需求,而数据的产能计算、社交媒体的整合以及数字技术的交互这三者加在一起,便使分享经济有了实现的可能。

很显然,这种分析进入了更深一层,触及第一生产力的发展对经济关系变化的决定性影响,但是并没有给出分享经济在市场经济中的本质解释。市场运行的基本规律是价值规律,而价值规律不仅作用于供求关系变化中的价格变化,更需要按照所有权、使用权和产权法则运转。因此,所有权、使用权之间的变化关系就成为观察分享经济的第一个聚焦点。分享的确是自古有之。在生产力十分低下的原始共有制里,分享是个常态,天然合理。在私人占有制出现以后,分享就被颠覆了,虽然也有"公益"和"义举"的概念出现,但是多半是一种社会平衡的砝码,并没有被纳入市场生活的主流,也不会按照市场规则运行。有一种已经被证明无效的分享或者共享,那就是公有制下的计划经济,初衷虽不错,但显然缺少能够运作的机制,在实践尝试中成为穷分享、穷过渡。我们逐步抛弃了计划经济,并开始了社会主义市场经济的实践与探索。

社会主义市场经济也是市场经济,要按照价值规律和市场规律运行。因此,我们同样看到,除了必须有的社会福利和基本社会保障,在公共领域里也有许多资源是按照市场规则分配的,而且一般是依照分享的频次计价。公共交通和廉价公租房是最典型的。我们习见的租赁业甚至典当,其实都是分享模式。这说明,不仅所有权和经营权可以分割分离,所有权和使用权同样可以分割分离。公有制下是这样,私人占有制下也是这样,所有权和使用权并不是天生注定的铁板一块,要么就是楚河汉界,要么只能颠覆。从所有权与使用权的关系变化中透视分享经济的出现及在现代市场中的发展,也就成为最重要的视点和理论切入角度。

对于分享经济,中国智囊管理研究院给的说法是"基于使用权的经济",即通过信息技术调动闲置资源,提高资源利用率,其核心并不是免费和低价,而是"无须拥有"。用 Airbnb 首席执行官布莱恩·切斯基的话来说,就是"使用但不占有"。也就是说,一个人拥有的剩余劳动时间和劳动技能都可以同他人分享,一个人的消费即劳动力再生产的过程也可以在"使用但不占有"的情况下实现。

分享经济并不是市场中自然出现的，必须有两个条件：一是商业法制与商业信用体系完善和有效，二是技术的发展提供可能。前一个是市场的"守护神"，后一个则是分享经济的"接生婆"与"保姆"。没有法制与信用守护神，市场混乱，不可持续，这就是分享经济十分强调资质审核与市场身份认定的原因。但是，没有相应的商业技术，它也难以诞生，难以生存发展。

为什么这样讲呢？因为市场是有缺陷的，这个缺陷就是诺奖得主斯蒂格利茨、斯彭斯和乔治指出的市场信息不对称，占有信息的多少决定了不同交易者的市场博弈地位，也造成了投资、消费、财富占有和服务流向的不均衡。在市场经济发展的几百年里，这是市场与生俱来的一种特征，甚至是信息占有者的财富源泉，只能认天、认命、认机缘。因此，市场信息不对称理论指出，"信息是有价值的"，"信息本身也是市场"，而"市场不是万能的"。市场信息不对称理论催生了行为经济学、信息经济学，也推动了博弈论的发展，并提升了商业道德与经济法制的市场地位。但是，我们也看到，由于技术发展的时代进程的局限，人们没有料到数字技术与互联网、大数据、云计算石破天惊的发展，甚至认为"科技可以解决技术问题，但也只能解决技术问题"，这就造成市场信息不对称理论揭示了事实，却改变不了事实。现在我们看到，科技创新和互联网超几何级数的发展不仅撬开了市场信息不对称的封闭"铁门"，而且在总体上开始解决市场信息不对称的积弊。在信息快速流转和广泛分享的新格局下，分享经济不仅有了可能，而且开始成为市场中一种越来越强的主流形态。从某种意义上讲，提出问题是解决问题的第一步，从信息不对称走向信息相对对称是分享经济得以诞生的基础成果。

对分享经济的长远影响与它的经济学和政治经济学意义，怎么估计也不会过分。分享经济的发展尚处于初始阶段，它对社会经济生活甚至社会政治、经济文化发展和社会经济组织产生的长远影响，还需要深入地去观察分析。但是，从目前的总体优势和总体影响来看，它已经远超"分享"两个字。耗用的资源最少，废弃最少，创业的门槛最低，调整结构的成本最低，综合效益与服务效益最大，是人们从多种视角给分享经济"点赞"的根本原因。诚然，在分享经济发展中也有常见的紊乱，主要问题还是信用体系建设和法制建设的滞后，也有数字技术应用体系的完善与全覆盖问题，相信会有更为快速的跟进。

目前，分享经济已经被市场和各种市场主体不同程度地接纳，不仅在各种租赁市场、物流市场、旅游市场和快消品市场大量涌现，在一向处于高端的金融市场也是风生水起。"互联网＋"以不同的组合和业态席卷了市场，掀起了新的市场风暴，也使分享经济拥有了更丰富的内涵与外延。分享经济能不能直接或间接地影响经济发展方式的转变，能不能影响对经济"新常态"的进一步认知，能不能对经济增长动力来源及其结构作出新的适应，完全可以拭目以待。

对于分享经济，传统大公司的态度也正在发生微妙变化。由于"分享经济"模式及其新型经济体是低资产、高估值的，与原先投入产出的一般法则并不相符，再加上习惯已久的市场惰性，传统公司的第一反应必然是打压。比如，出租车公司对移动出行的经营模式是不是合法提出疑问，酒店业也怀疑 Airbnb 的经营能力。但是，随着时间的推移，前者很快就觉得这些都是站不住脚的，便在市场竞争的压力下开始调整自身的运营策略，甚至开始与后者在一定程度上展开"联姻"与合作。他们已经意识到，分享经济并不是初创公司的独家专利，而是市场的大势所趋，正如无视互联网就意味着消失，不在分享中分享市场也会走上末路。因为这个市场已是互联的市场，是信息开始畅通的市场，市场的主角不仅仅是企业，还有作为个体劳动者和消费者的年轻人。他们因为互联，因为分享与共享，掌握着代表未来市场走向的钥匙。

传统制造业也坐不住了，一面在技术创新中提升产品的竞争力，努力保持自身的品牌优势；一面把产品的规模优势转变为多种消费需求的规模优势。宝马汽车就是个例子。宝马公司在 2014 年就作出决定，启动以其电动汽车为特色的 Drive Non 汽车共享服务。不论是用车一个小时还是一天，只要说出汽车的型号和目的地，就可以就近找车开走，使用完再送回原地或另一个就近地点。宝马公司认为，这是一个新的机遇，必须迎上去。它制定了一辆车共享 1000 次的目标，而不是原先的试图卖出 1000 辆车的销售目标。

资本也敏锐地看到了新机会。据《福布斯》报道，高盛和摩根大通已经向一家在线经济商注入 8600 万美元。在这家类似于 ETF 股票投资组合的经纪人网站上，用户不仅可以购买股票、分享与讨论广泛的投资主题和行业判断，而且把投资目光投向了对企业社会责任和绿色经济的预期。投资者只要缴纳 9.95 美元的交易费，最少投资 250 美元，就可以分享某主题投资组合内所有股票的份额或部分份额。这其实是一种股权众筹。试想,在"分享"概念更多进入投资领域和资本市场的时候,分享经济会产生什么样的效益,又会对社会经济发展产生什么样的颠覆作用?

有意思的是,分享的经济模式,不仅投千禧人消费与投资之所好,也是作为数字原生代的千禧人的创造与创新。他们中的投资执行官们这样说:"我们必须让他们参与其中,这是一种新的模式。"国内外千禧一代的投资专家的座右铭是:"你去安心睡觉吧,让我们来管理你的资产。"

无论多少行当要打"分享经济"的牌,分享经济还是有自己明显的特征,概括起来主要有以下几点:

第一,投资超低门槛化,融资关键化,资本结构轻资产化,管理重量级化。投资超低门槛化,从 Airbnb 的起步中就可以看出。这是两个比比尔·盖茨还要低起步的年轻人。比尔·盖茨当年筹集了 2000 美元,还有一间车库,而这两个人一文不名。2007 年,旧金山的两个年轻人由于付不起租房费,不得不出租房间里的 3 张气垫床,并答应为租客提供早餐。3 位客人上门了,两个年轻人终于有了第一笔 1000 美元的收入,于是网站诞生了,火爆一时。他们成为合伙人,在网站上筹集房源,对接租客。但是,他们一开始并不被认可,得到的不是代理租房订单,而是退信。其中一位创业者不得不去卖麦片,挣到了 3 万美元,总算有了启动资金。他们加入了"孵化项目",又得到 2 万美元的融资,订单开始翻番。他们租来照相机,将房源拍照上网,市场开始打开。但是,他们每天的收入不过 200 美元。于是,关键的一轮融资开始了,融得 1.12 亿美元,增加了评价平台。他们在品牌声名鹊起时完成了又一轮融资,终至估值 255 亿美元,在 190 个国家的 3500 个城市里汇聚了 100 万套房源。他们并不像传统酒店一样,拥有大量房产,也不需要办公大楼,有的只是电脑和网络,因此是轻资产的。他们的注意力不在固定资产上,而是平台品牌的维护,开辟用户和宣传沟通。但是,把筹集到的上百万套房源租出去,平稳运作,这个管理担子是不轻的。最大的问题是认证房东与租客,要进行身份认证、网络身份认证、产权认证,还要确保不是"僵尸账户"。他们经历了 3 次信任危机,在克服危机之后完善制度,推出了针对房东的高达 100 万美元的承诺保证金。信用管理是 Airbnb 管理的核心,Airbnb 已经成为分享经济的代名词。

第二,低价策略。Airbnb 双向收费,对房客是 6%到 12%的服务费,对房东是3%的手续费。低价来自低资产,不需要维修设施和折旧,运营成本低,分摊减少,既可在用户规模效应中扩大现金流,又可降低消费者的消费费用。Uber租车的道理也是一样,起源于同方向拼车出行,在相对规模增大中降低费用。因此,Uber的产品不是代步而是低价出行,其利润来源是集约中的用户规模。Uber每天的司机用户就有百万人,空驶少了,乘客多了,费用自然降低了。Uber在一些城市的乘车费用只是传统出租车的40%到50%。有人用折扣来解释,未必准确,低价可以从制造和推销的产品规模中来,更可以从共同成本的降低中来。正像一种分析中所讲的,世界上有两种商人:一种是不断提高自己的提价能力,或者利用信息不对称"忽悠"顾客,或者囤积居奇,这就是所谓"奸商"本色;另一种则来自资源的集约循环利用。有测算说,在美国,私家车95%是闲置的,打车的后备资源十分丰富。中国的私家车虽不会有那么高的闲置比例,自身利用率比较高,有时还是买个"毛驴"骑到底,但也有大量的闲置。进一步讲,这种低价策略既不是"羊毛出在羊身上",也不完全出在"猪身上",而是移动互联网带来的。

第三,新商业规则出现,老商业规则特别是基本规则依然有用。有四个不变与变:第一个不变的是回头客。建立信任感的顾客就是回头客。变的是回头客更多为一种新拥趸群体与"粉丝"。资源处于平台的统一调配和顾客的比较选择中,从赢得交易到赢得用户,这是一个飞跃,而社群评价又是其中的"万能钥匙"。第二个不变的是购买服务,服务交易也是市场交易。变的是购买服务部分替代了购买实体产品,使用代替了拥有,商品的使用价值高过了整体的交换价值,快捷、便宜、好用与人文关怀成为新的质量标准,不需要那么多看不懂的说明书,也不需要那么多用户指南,一切都在简化。第三个不变的是推销、沟通、宣传,变的是平台换了,方式换了,一是其本身就是中介,过去时代的中介免开尊口;二是从"老王卖瓜"转向了消费者的评论和"点赞",从推销经济走向了粉丝经济,从经营商品走向了经营社群。消费者成为品牌的传播者。第四个不变的是交易,变的是交易方式,昔日的"牙行"华丽转身,袖筒里不再是防止别人看见的不断变化的手指,而是公开亮相的键盘。"买的不如卖的精"的潜规则部分或者全部开始被打破。交易的主导天平向素来弱势的消费者倾斜,信息不对称规律也开始被打破,交易更人性、更平等、更民主。用户权利得到落实,他们真正有了点"上帝"的感觉,而不是口惠实不至的名义感觉。强卖式、填鸭式和忽悠式销售开始告别市场，交易环境更加优化，而诚信作为市场的基础运行"软件"开始逐步成为事实。

对于分享经济目前的交易模式和赢利途径，奥地利因斯布鲁克大学战略管理学教授库尔特·马茨勒作了初步的分类思考，对制造业有一定参考意义。他说，"从根本上改变人们拥有和消费的方式，对既定商业模式带来威胁，也提供了潜在赢利途径"，并不意味着人们不再购买产品。"分享经济将人们联系在一起，为公司带来巨大赢利潜力。"

这些赢利途径是：

第一，出售使用权，而不是仅仅出售产品。多数企业的传统赢利模式是出售物品，这个模式需要改变。库尔特·马茨勒举了与宝马公司相似的戴姆勒公司的案例：戴姆勒公司与出租汽车公司合作，2008年就在德国的乌尔姆开启了用车付款的新支付模式。目前，用户超过60万个，使用了10500辆汽车，包括1200辆电动车。

第二，开展客户转售产品服务。宜家2012年在瑞典推出网络平台，转售客户已经用过的宜家商品，促进了家居消费者的更新换代，同时活跃了二手市场，吸引了具有环保理念的消费者。

第三，像Ainbnb一样利用闲置房屋资源。Ainbnb主要面向房东与游客。作为一家"流动空间集团"，把闲置的办公空间与需要临时办公的企业联系在一起，使闲置空间产生了效益。

第四，提供产品后服务，形成尽可能长的线上线下全服务链。库尔特·马茨勒说，要提供维修和维护服务。他特别提到"百思买"的电脑维修，对一些人来讲，旧不如新；而对另一些人来讲，更习惯于使用旧的，且维修中也有升级，还节省了资源和成本。

此外，库尔特·马茨勒还提出租借、交换问题。特别在经济危机发生期间，人们并不喜欢频繁购买，许多没用过的产品常在同龄人和同辈之间交换与相互馈赠。库尔特·马茨勒很推崇的一家奶牛租赁网站居然一改依靠出售奶酪的商业模式，把150头奶牛全部租了出去，从一季到几年时间不等，客户遍布世界。

分享经济案例

分享模式	案例	应用国家和地区
租借	SOCAR：登记成为用户，便可租借汽车驾驶，鼓励市民以租车代替买车	韩国
	光房：鼓励业主将空置单位以低于市价租予单亲家庭	中国香港
	Roomorama：将空置的房屋及房间租予旅客	伦敦、纽约、巴黎、新加坡、阿姆斯特丹、巴塞罗那等
交换、以物换物	Myflat.hk：可通过邻舍间的不同技能，互相帮助，如照顾邻居家的小朋友、维修家居用品、提供伙食、交换旧玩具等	中国香港
无条件赠送	善淘网：将闲置物品，如衣服、家居摆设、电器等放到网上义卖，所得资金用于慈善用途	中国
共享资源	Tripid：有共同目的地的乘客共乘汽车	菲律宾
	Trip：由当地人个别为旅客度身订造旅程，也可成为专属导游，赚取金钱	印度、马尼拉、柬埔寨、吉隆坡等
	Walking School Bus：由数名家长带领同一社区的儿童上学	美国

(转自《新智囊》2015年总第115期)

租赁当然不是什么新鲜事，通常可租的在租，看上去不可租的也开始租了，包括企业对个人、个人对企业、个人对个人，在第三方平台上开展自由和自愿的交易。生产资料可以租，生活资料可以租，物品可以租，服务商品可以租，空间可以租，甚至人才、人力也可以租。只要不是不可再生、不可复制的资源，不是违反道德法律、污染环境和一切反自然、反人类的东西，都可以在租赁的商务形式下有序地运作并分享。但是，我们也必须承认，三百六十行各有各的行规，各有各的玩法，分享经济生长的沃土是各种服务业，包括生产性服务业。服务业的业态最丰富，需要相互开拓的领域最多，社会信任和商业信用最密集，也最有市场广度与深度。

全球共享经济鼻祖、汽车共享公司Zipcar等多家共享企业的创始人罗宾·蔡斯认为，"共享经济"不是一时流行的泡沫概念，而是因为在三个方面的强力推进：第一，产能过剩使共享具备物质可能。美国、中国这样的城市化水平较高的国家，产能普遍过剩（闲置），且长期封闭于部分个体或群体，为满足需求，人们通常只能购买。汽车、房屋、自行车、书籍、电子设备等，都可被纳入共享范畴，在不增加购买的情况下，可以保障更多人获得相关的体验服务。第二，计算机、互联网技术催生出易用、标准化的共享平台。中国和世界级互联网巨头企业，如谷歌等，都善用过剩产能进行革命性的分割、整合，继而创造出了更大的价值。第三，形成了人人共享和合作关系。从"集体智慧"到定制化"众包"创新，再到小众成果的众筹，人们乐意在人人共享结构中获得自己需要的一致性和质量，享受特殊和特别的服务，并为此共享自己的资源。

  对于"分享经济"这个概念，我们在理论上还是有陌生感的。但是，实践是长青之树，当我们在提倡创新、协调、绿色、开放的发展理念之时，明确提出共享的时候，也就离分享不远了。事实上，"分享经济"概念源自今天的美国也不是偶然的，美国要实现经济复苏，提升就业，不能不重视分享经济的出现，尽管这里还涉及劳动者的社会福利问题，只能在法律层面予以保障。值得注意的是，分享经济模式也开始进入中国香港地区。2015年8月13日，香港互联网注册管理有限公司(HKIRC)公布了名为《共享经济——香港准备好了吗?》的问卷调查结果，在1447名受访互联网用户中，82%的人希望在共享经济模式之下善用闲置资产，包括汽车、房屋等，从拼房、拼车到旅游。但是，大势之下，也有许多"灰色地带"，在方便、便宜、环保之外，也直接"挑战"着商业环境和现有法律体系，比如《旅行代理商条例》《旅馆业条例》等。因此，要想使分享经济落地生根，还有长路要走，还要有试验、试错的空间。但是，分享经济在未来一定会有更广袤的市场。据普华永道发布的报告预测，到2025年，全球核心分享经济行业(包括车辆共享、线上人力共享、影音流媒体、众筹)规模将达到3350亿美元，未来10年的复合增速将达30%。

三

服 务 价 值

  在传统市场里,服务只是营销手段,并没有独立的商品价值,所谓商品主要呈现为具有使用价值的实物形态。在农业社会里,民以食为天,农业产品处在消费链的顶端,商业处在士农工商中的最低端,即便出现了富可敌国的商人,依然不入流品。商业如此,各色服务更要被归入三教九流,混口饭吃已很艰难,何谈创造价值?进入工业社会,制造业产品批量生产,工业产品和农业产品的"剪刀差",使制造业产品一跃而居于消费链的顶端,服务依然是配角。尽管大的服务业即"第三产业"概念提出之后,诸如金融业、商业的地位得到提升,甚至凌驾于制造业之上,但是这并不意味着对服务内涵与外延的普遍价值认可,尤其是对处于服务业低端的一些具体的服务行业,依然以经济生活中的细枝末节视之。"服务"只是一个很好听的词,并未成为经济生活的核心。

  服务创造价值吗?当然创造,因为服务活动是货真价实的劳动,包括脑力劳动与体力劳动。但是,人们在实际经济生活中更看重资本在创造价值和物化的产品创造价值,却忘了在资本运作和产品运作的背后是一种思维含量和技术含量更高一筹的劳动。从这个角度看,服务产品包含一切经济产品,只是因为市场操作的逻辑关系,主要是全产业链的运作逻辑,人们把它们划分为第一产业、第二产业、第三产业。但是,人们也发现,这个第一、二、三产业的边界已经开始变得不十分分明,在更多的情况下分不清谁是谁的上游谁是谁的下游。在中国的农村地区,第一、三产业的融合势头就很明显。

  在"分享经济"的新概念里,其主流就是服务经济的一种集合,即便是物质形态或者货币形态的东西,本质上都是其中的社会消费品,要通过商业化的服务链条传输与传送,实现生产要素的相对优化配置。在"分享经济"中,包括金融、商业在内的服务产品不仅产生价值,也会提升有形物质产品的附加值,即在服务提升商品的使用价值中,改变了交换价值的尺度。有趣的是,交换尺度不是上升了,而是下降了,回归到它的本来面目。这里并不讨论资本影响下的电商如何去玩"打折游戏"和"低价游戏",也不讨论这是一个创牌的商业过程还是一种什么策略,仅从消除流通领域由来已久且层层加码的"明规则"和"潜规则"来看,交换价值与使用价值正在得到新的平衡。服务的路径更直接、更低成本化。这应当是分享经济对价值学说的历史贡献。

人们还看到,这种变化不仅影响到服务作为终端商品的交换路径,也影响到价值的形成与分配,影响到服务劳动与市场的关系。雇佣式劳动不再独霸天下,一种平等互利、精准灵活与自由组合的劳动关系出现了,人们可以自由选择自己感兴趣的工作,自由支配自己的劳动时间,开始彻底告别传统服务商的层层盘剥。所以,一些敏感的管理学家已在谈论,未来的经济细胞不再完全是传统形态的企业,而是作为劳动服务者的个人和与企业具有合约关系的劳动组合。一些传统企业正在变身为"社会企业",履行新的经济功能与资源调度功能。企业的结构既非金字塔形,也非扁平式,而是交互式。平等的劳动和劳务关系成为普遍共识,劳动法规成为经济的基本法,商业信用成为市场的黏合剂,支撑着新的服务商业结构。

有学者强调,在推进商业模式与商业体系重构的同时,也要推进价值的重构。这无疑涉及经济学的核心问题,即由使用价值与交换价值共同形成的价值规律问题。一般而言,交换价值来自于使用价值,不管是在以货易货时代还是货币时代,等价交换与供求关系是不变中的变化,形成了围绕市场交易轴线不断波动的曲线。但是,在服务经济的体系里,创造价值的最高形式就是无处不在的服务劳动。你可以用制造业产品服务,用不断创新的技术服务,也可以用互联网提取的海量信息服务,还可以用金融货币手段和新的更有效的商业模式服务,用不能取代的人文关怀、精神生产服务,甚至还有目前暂时还不能替代的人力服务。但是,离开了相互服务,再好的市场设计也终归是低效和紊乱的。

价值的来源其实就是生产要素的优化组合,除了最活跃的劳动力与劳动技术,还有人类积累的可以不断启动经济活动的资本财富。至于土地,虽然在微观配置上很重要,但是在本质上是自然赐予人的活动空间和目前的生存发展舞台,只要不浪费、不糟蹋,能够优化配置就足够了。如果我们还能看到眼前正在发生的变化,看到未来经济生活的发展走向,"服务经济"的概念也就不会是跃然纸上的问题,而是经济发展模式的一次大的升华。

第一,互联网正在改变世界,而机器人代替传统生产流水线与物联网改变生产和生活的前景越来越明晰。这不仅意味着生产效能得到难以想象的提升,也意味着经济结构翻天覆地的调整。这种调整必然引起劳动职场的变化。当人们在讨论机器人终究会替代大多数人工操作,谈论什么样的职业在兴起,什么样的职业在消失,未来的就业又会是怎么一回事时,事情其实已经有了变化。无论是中国还是美国,尽管就业率都是政府最关心的事,但是压力似乎没有以前那么大。比如,美国的就业率上升,并不完全意味着经济已经摆脱了疲软,回流的实体经济特别是制造业已经创造了大量的就业岗位,而是以各种服务业为主的"零工经济"给力。美国目前约有4000万人正式和兼职从事"自由职业",也就是进入了各种服务行业的"自由职业"。在中国,人们的就业观念也发生了变化,并不一定要去抢那只"铁饭碗",而"大众创业、万众创新"的提出,无异于提出了向服务业进军。完全可以想象,用不了多久,人们的工作走向是遍布城乡的服务业,尤其是新兴服务业。在这种情况下,如果还抱着老的价值观念不放,岂不是既不合时宜也不合实际的吗?

第二,第一、二、三产业的融合趋势也越来越明显,服务业不仅长入第一产业与第二产业,其本身就具有第一产业与第二产业的某些特征。生产性服务企业的价值链嵌入了制造业、种植业、养殖业的价值链,彼此成为各有价值链的"大分子团"。中国引入"生产性服务企业"概念虽是近几年的事,但并不是说过去没有生产性服务企业,而是由于经济体制与企业体制和产业分类的差异,以及经济技术发展的阶段性,并没有得到更为科学的组合。即便在目前,在产业分类上仍然有些头绪纷乱,具体体现在特定的服务产业上,认识并不完全一致。比如,在美国,生产性服务企业的范围很广,不仅包括金融、信息、物流配送、科技服务、房地产、旅游、医疗健康、教育、体育、食品、设计以及互联网、物联网、智能系统、大数据,还包括文化出版、创意产业等。美国把生产性服务企业的发展提高到决定制造业竞争力高低的程度,贯穿在制造业的价值链之中。美国生产性服务企业大规模扩张从20世纪80年代末90年代初就开始了,服务业从GDP占比50%多上升到75%以上。在服务业的增长中,生产性服务业增长了59%。2011年,美国制造业的中间产品有25.3%来自生产性服务企业,在计算机电子行业里更是高达47.6%,几近一半。即使在传统的制造业企业里,从事生产服务的人员至少也有 1/3。显然,生产性服务企业和制造业企业的生产性服务机构容纳的就业人数超过了直接从事工业制造的人数,他们创造的财富与价值并不比后者低。

第三,生活类服务企业也是商品价值链不可或缺的一环。生活类服务企业包括零售业、食品饮料业、旅游业、养老业、餐饮业、婴幼护理、文化演艺、客运与公共交通等,从其本质上讲,是保障劳动力再生产不可缺少的行业,同样提供服务商品,创造使用价值与交换价值,在市场价值链里拥有各自的份额。如旅游消费,是典型的开放性消费、包容性消费,同时也是集多种消费元素于一体的一揽子消费。旅游消费体现了分享经济的一切特征,不求所有,但求所用,重在体验。这种体验中获得的经历感,无论对一掷千金的豪客还是一文不名的背包客甚至"苦行僧"来说,都没有什么两样。即便是商务旅游或者自助游,前者消费更多的服务商品,后者消费得少一些,但是都离不开基本服务。经济全球化打开了人们的生活视野,旅游与旅游业的选择越来越多,服务的链条越来越长,产生的市场价值也越来越大,人流带动了信息流、商品流、资金流。各国都把旅游业看作拉动经济走出疲软的"抓手",看重的就是其中独有的长长的价值链和高高的产品附加值。

服务产生价值,这是对劳动产生价值的正本清源。消费的标的物是有形商品与服务商品的使用价值,当消费活动由数量消费向品质消费方向提升,有形商品与服务商品已经融为一体。有形商品不仅不可能离开消费自动实现价值,甚至后者会成为前者实现溢出价值的前提条件。在传统的自给自足的社会里,贬低服务的价值,有一定的需求上的内在逻辑,是可以理解的。但是,在市场交换的社会里,各种商业服务业成为社会经济发展的基石,否认和压低其产生的市场价值,显然是一种历史偏见。进一步而言,未来的制造业将会是机器人的天下,有形商品的交换价值是由劳动者的间接劳动创造的,劳动者的直接劳动更多地贯穿在生产服务型企业里,间接地体现在劳动者的生活需求里,服务劳动将会成为最主要的价值来源。

目前,我们尚无服务业平均工资的明确数字统计。据英国《经济学人》信息部门的一种测算,中国各行业 2015 年的平均时薪是 4.3 美元,而制造业的平均时薪是 3.27 美元。姑且不去管这个测算是不是符合真实情况,从大致比例上可以看出,服务业的价值创造得到了新的体现。

四

"零工经济"

所谓的"零工经济"来了。"零工经济"依靠数字化而生,其前身就是诸如伊兰斯—奥代特斯一类的网站等。通过这些网站,电脑程序师和设计师可以凭借短期工作谋生,并相应产生了一系列经济活动,比如开办网上商店,在线上出售服饰与首饰,推出租房或酒店销售代理等。诸如此类的工作其实已经很普遍了,而他们的收入并不来自固定渠道。"这种小规模企业行为的爆发让人怀疑我们是否回到了18世纪的经济,正如经济学家亚当·斯密在《国富论》中描述的那样是人们彼此进行个人商业活动的真正的市场经济。""因此,我们似乎创造了新的机构模式——对等网络平台——一种由数字化推动的通过市场激活机构内部组织经济活动的混合物。"

阿伦·孙达拉詹将"零工经济"描述为,人们在新市场的经济活动中已经感受到了,但用目前的管理学、营销学似乎是解释不通的,甚至有违于对商业法规的一般理解。难道自然人和经济人可以混同?这样的事情的确发生了,而且以前就有,于今为烈,大量地发生在新市场人身上。比如上文讲到的快递和经纪人,以及眼前比比皆是的专车、拼车与各种各样的微商、微电商等。

或曰,"零工经济"只是一种小微市场活动,你也可以把它看成上了线的扩大了的"跳蚤市场"。在"零工经济"中,自然人与经济人的界限似乎变得模糊,一切都需要重新厘清。然而,一种新的工作模式出现了,并且最大限度地优化了社会经济资源的配置;一种新的市场经济样式出现了,并且谁也不能泰然处之地说,"零工经济"只会是一种市场补充。

对于"零工经济",美国目标管理合伙公司在2015年9月29日发布了一份调查报告,指出越来越多的美国人正在告别传统职业,转而投身自由职业。目前,全美已有4260万名自由从业者,其中3020万人为全职,1240万人为兼职,此外还有2290万人"偶尔"从事自由职业。这项调查所统计的自由职业,一方面包括传统的教师、医生、编辑、记者、律师、作家、艺术家等,另一方面则是与"按需经济"(分享经济)有关联的新兴行业的灵活从业者。调查特别提到 Uber 司机、上门取件的干洗店服务人员、除草人员、快递员等，有点像中国的个体劳动者。美国目标管理合伙公司的创始人吉恩·扎伊诺说，随着智能手机分享平台的日益发展，越来越多的人借助这类平台灵活联系消费者，从而以自由职业谋生。

该项调查显示，美国 2015 年从事自由职业的人数与 2014 年基本持平，比 2011 年则有显著增长。调查预测，到 2020 年，美国的自由从业者将增至 5400 万人，大约占私营非农业劳动人口的 45%。自由职业正在强有力地助推美国经济，年均总收益达 1.15 万亿美元。调查也提到，一些自由从业者在社保、医保、病假等方面仍然缺乏保障，在福利待遇方面同样如此。但是，从整体而言，自由从业者对自身职业的满意度还是很高的，有大约 80% 的调查对象表示"工作很开心"，大约 45% 的调查对象称单干比入职某公司挣得多。在同一项调查中，传统职业者仅有 47% 对自身的职业状况表示满意。

中国的"自由从业者"是一个几经变化的历史概念，从广义上讲，曾经包含了"自由职业者"，也包括小商小贩与各种手艺人、城市生活的各种服务者。但是，随着新中国的成立、社会主义改造和此后的"街道办工厂"，他们基本全部融入了国有企业和集体企业。近代社会出现的"自由职业者"也开始事业体制化甚至机关化。在改革开放之初，出现了数量庞大的个体劳动者或者个体户，从总体上看，也是一个过渡性的劳动群体。这一方面有效解决了计划经济尚未消失的情况下就业岗位不足的问题，另一方面也对农村剩余劳动力的转移起到了缓冲与过渡的历史作用。在 20 世纪 80 年代，个体劳动者协会遍布省、市、县与国家层面，形成了全面的网络系统，对社会经济发展和市场繁荣起到了很大的作用。进入 90 年代，随着社会经济的快速发展以及多种所有制制造加工业的发展，一部分个体劳动者在自主创业中成为企业的创办者和管理者，一部分个体劳动者包括他们的子女成为进入职场的"打工者"，个体劳动者不再是劳动者的主流。但是，随着市场化改革的深化，尤其是企业与事业单位的改革，用工制度发生新的变化，聘用制成为主要的劳动就业形式，"自由职业者"、自由从业者也就在自主选择的变化中再次出现在职场和劳动市场上。

易观智库发布的《中国互联网兼职招聘市场洞察报告 2016》透露，移动互联网促使中国企业灵活用工与个人兼职机会大增，2015 年末比年初翻了 2

倍。在企业区域性扩张和季节性营销以及创业大潮的带动下,个人为了创收而从事第二职业成为大势所趋。招聘兼职岗位最多的行业集中在餐饮、零售及互联网。餐饮业小时工、外卖占比23%;零售业超市卖场、快消品占比17%;IT业电子商务、互联网金融占比15%,教育占比9%,制造业占比9%。此外,兼职不再是大学生的专利,职场人士也纷纷加入。调查显示,在兼职队伍里,学生占比36.3%,一般社会员工占比37.2%,自由职业、个体户和私营业主占比11.8%。他们普遍认为,在外面做兼职比给所在公司多干活赚得还要多。

然而,这只是一个关于自主择业的历史变化,最重要的变化是代表着新生产力的互联网技术带来的现实与未来的变化。这就是我们已经看到的"分享经济"和"零工经济"带来的就业结构的变化和就业观念的变化。

英国的《每日电讯报》网站报道过美国银行的一份预测报告,指出在未来的10年里,机器人和其他形式的人工智能将会承担制造业45%的工作,将把世界改变到人们几乎认不出来的地步,将以"创造性破坏"的旋风打破旧有商业模式,当然也包括就业模式。这种变化影响到每年30万亿美元的产出。预测报告说,"创造性破坏"的发展速度从线性变成抛物线,"任何国家如果不能利用这场机器人革命,其竞争力排名将迅速下滑并被甩到后面"。这份报告还说,目前韩国制造业每1万名雇员配置440个机器人,领先于日本和德国,英国排名第75位。中国是世界上机器人的最大买主,将占机器人市场的1/4。机器人生产成本在过去10年里下降了27%,未来10年将再下降22%。更重要的是,使用机器人的成本比雇用一位工人的成本要低15%,同时没有雇主与雇员之间那么复杂的劳动关系,由此带来的一个就业后果就是机器人对"人力的取代",而更多的劳动者将会带着他们的机器人伙伴进入"分享经济"和"零工经济"的领域。

10年的时间转瞬就到,机器人和互联网、物联网、人工智能对"人力的取代",不仅意味着劳动者终于从繁重的体力劳动中解放出来,获得了全面发展的时间,获得了知识更新和接受再教育的机会,也意味着各种服务业和灵活的就业成为主流选择。

美国银行的预测报告提出了"后人力服务时代"的概念,区别于旧的"服务业发展时代"。在这个"后人力服务时代"里,服务业是一个最为庞大的产业群,包括了市场越来越细分、业态越来越丰富的生活服务业,也包括了正在发展的生产服务业与多种文化创意产业,而"现在 18 岁至 34 岁的千禧人一代将是首批转入这种后人力服务时代的人群"。

这份预测报告或许使我们感到惊讶,但是我们周围正在发生时而热烈、时而悄然安静的职场变化,"后人力服务时代"的气息已经开始在市场里弥漫。比较年轻的一代对老一辈熟悉的"铁饭碗""大锅饭"不再那么有兴趣,对服务业尤其是生产性服务业的未来更加看好,他们不再像自己的父兄一样纠结于读书有用还是无用,而径直走上"大众创业、万众创新"的自主择业之路,不断地接受职场"再教育"成为人生常态。他们没有固定工、临时工、服务工种和"蓝领""白领"的虚荣概念,把寻找事业、机遇统统当成一种历练和增加收入的一个临时的渠道。他们已经自觉不自觉地汇入"后人力服务时代的人群",成为新市场、新时代的劳动大军和后备军。

"零工经济"的概念虽未必全面准确,也未必能够"横扫"所有市场,但它提示了市场的流动性和职场观念的变化,灵活自主择业和兼职的确是非常重要的劳动形态。

五
消费与幸福指数

年轻人对幸福既敏感也不敏感。对于幸福,不同的社会环境和不同的生活境遇之下会有不同的感知标准,不同的人和人群也有不同的认知标准。乔布斯有这样一段流传甚广的遗言:在病床上,我频繁地回忆起我自己的一生,发现曾经让我感到无限得意的所有名誉和财富,在即将到来的死亡面前已全部变得暗淡无光,毫无意义了……现在我明白了,人的一生只要有够用的财富,就该去追求其他与财富无关的,应该是更重要的东西。也许是感情,也许是健康,也许是艺术,也许是儿时的梦想。乔布斯的大彻大悟其实也是许多事业成功者的最后彻悟,其中又充满许多人百思不得其解的谜团。如果说幸福与财富没有一点关系,那不是事实;而若把幸福与财富画等号,同样不是事实。

有关研究机构公布了一份《2015年中国幸福小康指数调查》,超过半数的受访者认为金钱与幸福程度"没有必然联系",不过也有三成多受访者觉得"钱越多越幸福",只有12.4%的受访者觉得"钱越少越幸福"。在"影响国人幸福感的十大因素"榜单上,收入排在首位。有四成受访者坦承"提高工资水平"对幸福感的提升帮助最大,收入越高的人的职业幸福感越高。公众眼中最具幸福感的职业,"前十位依次是:自由职业者、教师、政府官员、艺术工作者、普通公务员、导游、民营企业家、健身教练、演员、创业者"。且不论这份调查选择的受访对象怎样,有两点似乎是明晰的:其一是职业对比兼及劳动收入;其二是年轻受访者居多,因此具有一定的感性色彩。

有趣的是,路透社在此前也报道过英国统计局2015年9月公布的以家庭为单位的研究结果(使用的是2011年到2012年的数据):与有无住房和汽车相比,英国人更在意的是银行账户余额,其生活满意度、价值感和幸福感随着家庭财富增加而增加,反倒是"净财产"和养老金与英国人个人幸福没有太大关联。具体地说,只有1/5的英国人对拥有汽车、艺术品、古董感到满意。英国人认为家庭收入高虽能提高满意度,但不能减少焦虑感与提高自尊感。为什么呢？在英国人的心目中，住房和汽车都是耐用消费品，几乎家家都有，养老金也相对有保障。但是，挥之不去的经济危机却给他们的生活预期罩上了阴影。现在的英国人更关心的是现实的收入多寡，这恐怕也与对经济衰退的担忧和对长期没有普遍加薪的不快有关。在这种情况下，可支配收入的多少也就必然地与幸福感联系起来。但是，这毕竟是 4/5 的人即大多数人的感觉，另外 1/5 的人则与他们的感觉不一样。这说明，财富对于幸福指数也是一个相对的东西，一边是在可比半径中的相互比较，一边是个体的追求与认知。

幸福观尤其是人的物质生活状态产生的幸福感探讨，已经成为当代社会心理学中的显学。尤其是美国心理学家马丁·塞利格曼的积极心理学成为主流学派以后，人们更多地从追求心理健康而不是心理压抑的方向，甚至解释精神疾病的方向去研究幸福。幸福虽要有一定的物质支撑，但这是不是构成幸福感的唯一或全部，的确值得研究。幸福有比较中的相对性，也有信息不对称中的自我感知，还有多种文化因素，否则我们就难以解释：地处喜马拉雅山南麓的尼泊尔，人均 GDP 并不高，其国民的幸福指数却是世界各国中最高的。

塞利格曼的积极心理学并不抽象，更没有刻意回避市场经济中影响幸福感的各种因素，而是在通常的资本运作之外，别开生面地提出了社会互动中积累出的"社交资本"以及从祖先那里继承来的"文化资本"和有可能获得的"心理资本"。那么，这种心理资本又是如何获得的？他说："当我们在做愉悦的事情时，我们很可能是在消费，香水的味道、草莓的新鲜滋味、按摩头皮的舒服带给我们暂时的幸福感，但是它对未来没有任何帮助。相反，当我们体验心流时，我们在构建未来的心理资本……我们正在为未来储备资源。这样，我们可以认为愉悦是生理上的满足，而满意是心理上的成长。"

如何理解他的话呢？我们需要解释一下什么是"心流"和心流的测定。这实际上是另一位心理学家希斯赞特米哈伊和他的团队做过的更客观、更严密的一种心理素质的抽样调查。收集的样本有 100 万个，包括不同年龄、种族、国家的人。在这个研究中，希斯赞特米哈伊追踪了 250 名"高心流"和 250 名"低心流"的青少年。那些"低心流"的青少年大多是在大卖场闲逛的孩子，他们每天看很多电视；而那些"高心流"的孩子都有自己的爱好，他们喜欢打球，花很多时间做功课，虽然也认为眼前所做的并不是"享受"，但是相信将来会享受到现在辛苦的回报。塞利格曼说,"高心流"的孩子日后上大学的比率高,有良好的社会人际关系,未来的生活也会比较成功,因为他积累了自己的"心理资本",最后的命题则是投资幸福还是消费幸福。

"高心流"其实就是我们常常讲到的"励志",也是我们现在提倡的"正能量",一个心理正能量高的人无疑是幸福指数高的人。

塞利格曼十分强调,在社会发展到一定富裕水平的时候,金钱也就开始丧失其生活力量,"更多的金钱只能增加一点或完全不能增加幸福感"。他说,在过去30年中,美国人的平均收入增加了16%,但是认为自己很幸福的人却从36%降到29%。"我们的社会正快速地从金钱经济转型到满意经济。"

"满意经济",这又是对时代经济生活特征的一种描述。当我们的耳朵已经灌满了诸如"懒人经济""零工经济""共享经济""普惠经济"的时候,又如何接纳这样一个概念呢?其实也很好解释,这些概念的提出并不是别出心裁,它们从不同的研究领域透视着正在发生的时代变化,而"满意经济"出自塞利格曼这位心理学巨匠之口,倒是切中了身在市场而心在江湖的新市场人的主观心态。从这个角度来讲,我们对千禧人群的消费和市场行为也就更能看得明白。也就是说,他们中的绝大部分人有着积极的幸福追求,追求满意胜过更多的金钱,追求品味胜过品位。在这个问题上,塞利格曼非常推崇品味学的创始人布赖恩特和维洛夫,后者曾经测试过数千名大学生,发现了以下几个提升品位的方法:与别人分享,建构记忆,祝贺自己,使知觉敏锐和专注,而这些正是千禧人群最可贵的品质。

对于幸福,着眼点不同,看法不同,关键是什么占据主流。这表现在消费中,即主流是完全的物质主义还是物质消费与精神消费的平衡。"土豪消费"往往把物质消费看成幸福的最高境界,即便进入精神文化领域,也充满了物的烙印和占有欲望,常常搞出附庸风雅的笑话。

有报道说,德国正在流行一种"极简主义",为了生活得更幸福,有意减少自己的东西。什么让自己更幸福?这个问题对他们来讲更重要。他们试图减少不需要的物品,一开始只是为了清理,现在成了一种生活态度和另类生活方式,高大的衣橱、太多的装饰都让他们感觉不幸福。"极简主义"不是停止买东西,而是应当买一些更耐用和适用、更环保、设计更巧妙的东西。"你买的东西很重要,不只是因为买得起就买。""极简主义"的出现和流行,也许是对毫无目的的占有和消费的反驳,说明年青一代的消费心理发生了变化,他们并不认为消费多、占有多就是幸福。他们在物质生活中寻找着新的理性平衡。这样的幸福感的改变,对传统的扩大消费的做法也许是一种更大的挑战。我们不妨细看细想,不仅在我们的居室里堆满了无用的家庭垃圾,市场上也到处是同质的形同垃圾的商品。这样的消费难道真能给人带来幸福?

在日本,也出现了由家政整理引发的关于幸福的讨论与相关书籍的出版。两代人常常因为过度购物引起冲突,显示的却是物质过度占有引起的麻烦与对幸福感的不同感受。这种探讨是非常有意义的,表明更多的新一代消费者已经开始告别物质占有欲对幸福的根深蒂固的影响,回归幸福理性。这种幸福理性不是什么"禁欲主义",而是更多的占有欲,走向分享与共享。

人的全面发展,人的潜能的最大发挥,是幸福感与幸福指数提升的最重要的来源,而积极心理学提出的"社交资本""文化资本"和"心理资本"理论,不仅对复杂的心理走向和行为选择作了比较科学的依据分析,对我们理解以千禧人为主的新市场人也是大有帮助的。

对于幸福与幸福感,从本质上讲,其实未必要与物质消费完全等同起来。日本京都大学的研究人员做了一项临床试验,要求51名志愿者给自己的幸福程度打分,然后扫描这些人的大脑,寻找快乐的人与忧郁的人是否存在差异。他们发现,自我感觉幸福的人的大脑中,一块名为"楔前叶"的区域比较大,"楔前叶"所含能够生长的灰质也比较多。在51名志愿者里,"楔前叶"体积相差15%。也就是说,主观幸福感是一种生理现象。但是,我们可以通过有效的心理训练如打坐冥想等,促进"楔前叶"灰质的生长。这或许可以再一次解释前文提到的多数习惯于打坐冥想的尼泊尔人为什么主观幸福感比较强。

还有一种"圣诞神经"说的报道。哥本哈根医学研究人员通过功能性磁共振成像技术发现,所谓"圣诞神经",即西方人对圣诞节的过节反应,其实是大脑中积淀形成的关于节日的一种网络信号,用来刻录对节日愉悦的回忆。研究者发现,习惯于庆祝圣诞节的人,额前运动皮层、体感皮层和顶叶附近的大脑活动有所增加。由于自愿参与这项研究的人只有20个,因此很难评估它的科研价值。尽管如此,人们还是倾向于认为节日回忆对人的自我情绪有一种深刻的影响,这是从神经反应角度对人的情绪所受影响的一种探索。

过节是一种社会人群的集中文化行为,更是一种集中的物质消费行为。文化行为与物质消费行为在一年里约定俗成的时段发生交集,出现了集中的"幸福时光",可以成为研究幸福感的典型素材。但是,这只是典型环境里的典型感觉,一当人们进入消费时代,各种此起彼伏的"商业节"撩动着人们的神经,人们的感觉又是怎样的?进一步说,当网络消费已经成为一种潮流、一种时尚,"天天都在过节"的时候,人们的感觉又是怎样的?

网络流行语"剁手党"大约会给我们一种解释,或者说提供了研究的一个切入点。"剁手党"一词的出现,意在提醒消费者需要理性消费,同时对"网购成瘾"给予了心理过程的概括。"成瘾"未必就是精神医学问题,网购时的快乐与难以控制的渴求心理却是"成瘾"的心理原因。许多年轻的网购达人"网购成瘾",通常是因为方便快捷、价格便宜,有时也有一种莫名其妙的以自我为中心的发泄心理或者"帅哥美女"的代入感,网购后又因为代入感消失,失落感增强,不厌其烦地要求退货。这期间的心理变化曲线,不仅引发"剁手"的心理落差,其实也显示消费带来的幸福是一次性的,并不是持久幸福感的真正来源。尤其是对无止境占有的追求,远不如对使用和体验来得更恰到好处。这是我们理解物质与感观幸福关系的一个重要的切入点。

完全可以这样讲,消费带来的幸福感是瞬间的幸福和满足,甚至金钱与物质财富带来的幸福也不会长久。基于消费带来的幸福感的分析只能定位在消费的时段里,人生的幸福则需要在更大的社会半径和人生成功的半径里去寻求。

2016年初,美国《华盛顿邮报》网站发表了一篇题为《美国和其他国家的幸福观有何不同》的文章。文章说,每年都有大批社会学家和资料收集人员前往不同国家,了解那里人们的幸福观。诸如皮尤中心的"生活阶梯"、世界价值观调查以及联合国的《世界幸福报告》等,意在调查、衡量各国的幸福程度并进行排名。他们使用的主要方法和比较标准是GDP。但是,许多批评者认为,这个标准无法区分砍伐热带雨林赚取1000万美元和投放抗癌新药赚取1000万美元之间的差别。这些调查的结论往往是,幸福的最主要构件是财富。联合国《世界幸福报告》中的"幸福地图"也显示,许多"最幸福"的国家是比较发达的国家。但是,通过对各国幸福程度的比较会发现,人们越来越重视经济指标之外的东西,比如可持续环境、社会进步、个人成长等。文章说,这些调查面临挑战,"对于社会学家来讲,适于世界各国的幸福标准就像是圣杯,大家都在寻找,但很少能找到"。不同的调查有时会得出迥然不同甚至令人惊讶的结果,以至于让人质疑到底是衡量幸福还是别的什么。比如,调查结论可以是"丹麦是全世界最幸福的国家",也可以是"哥伦比亚是全世界最幸福的国家"。

　　文章的作者安娜·斯旺森说,也许最大的问题是,在不同的文化和语言中,幸福的含义不同。例如,在英国,它可以指别人送你一件礼物时的感受,也可以指对自身生活的满意程度。对美国人来讲,追求幸福往往与个人自由和"个人主义"有关。在中国和其他一些国家,家庭是至关重要的幸福要素,即便对年轻人也不例外。"而从其他方面看,年轻人的消费主义倾向和城市生活与西方青年没什么两样。""在中国和其他国家,西方手法未必能有效地衡量幸福,因为在这里,对家庭的关切往往超过对个人的关切。"安娜·斯旺森对不同语言关于幸福概念的表达不同,给出一种令人信服的新的解释视角。比如,用莎士比亚和乔叟时代的英语都无法正确地提出"你有多幸福"这个问题。丹麦人的"幸福"一词常常用于描述日常快乐,甚至是一杯美味的咖啡和一片面包加奶酪。在许多语言中,"幸福"这个字眼更多地指运气或者命运。安娜·斯旺森对美籍华人学者贝姬·许对中国"幸福"的一种"三维度"调查持肯定态度,即把"幸福"分为三个层面:好心情、美好的生活和人生意义。这些不同层面的含义往往在英语中"遭到忽视"。

六

脉 冲 消 费

　　大千禧与小千禧似乎不一样,主要是兴奋点不一样,但是都有脉冲消费的特征。以"双11"网民狂欢节为例,这个互联网打造的节日甚至成为电商的"晴雨表",原本带有一点黑色幽默的青年人的另类节日"光棍节"变成了商品节。这其实是一种消费天性的释放,与千禧人的欢乐需求正好契合,因此是成功的。"光棍节"起源于20世纪90年代末的南京高校校园,青年学子在学余时间,由形及意,选取了阿拉伯数字1,先后演绎出1月1日(小光棍节)、1月11日和11月1日(中光棍节)、11月11日(光棍节),以此为单身者的聚会日,并迅速通过网络传播于社会。在这四天,有许多单身青年以光棍的名义举办各种聚会活动,甚至选择以此作为结束单身生活的结婚日,而那个代表光棍的四个1也就派生出"一心一意,一生一世"的新含义。年轻人的生活本来就充满幽默甚至带有"恶作剧"的意味,他们的消费也是简单、即时和脉冲的。电商们看到了其中的商机,从2009年开始将"双11"推向了市场,而2009年的第一个"双11"还带有"光棍节大促销"这样明显的商业口号印记。经过一年年的发酵,形成了如今以欢乐消费为特征的节日市场。

　　阿里巴巴的淘宝商城最初介入"双11",考虑的是10月有黄金周,12月有年末促销,11月换季需求旺盛,却没有大的销售节点,"光棍节"的出现自然是个不大不小的弥补。但是,没想到这个年轻人自发创造的节日,一发而不可收地收获了新一代消费者的网上购物热情。发展到后来,"双11"不仅不再是淘宝与天猫的拿手好戏,京东、当当、我买网等B2C平台和众多的O2O电商以及更多的实体店争相进入,同时也成为国际性的电子商业盛事,其规模与影响超过了美国的"黑色星期五"和"网络星期一"。每逢"双11"俄罗斯民众期待大促销,欧美商家争抢大商机。正像俄罗斯《新消息报》所报道的,俄罗斯网上外国商品销售额约有70%来自中国电商。2014年"双11"中,俄罗斯人在中国电商平台上的网购额是从中国实体店全年购买额的12倍,接收的中国网店包裹比2013年增加了1倍,达到5000万个。2015年的

"双11"中,俄罗斯人的网购需求增加约20倍。正像美国咨询企业莫登喜公司创始人布莱恩·布赫瓦尔德所说的,"双11"是零售商瞄准年轻消费群体的一种方式,对外国零售商来说,是网上衡量品牌知名度的机会,"我们看到,欧洲和北美的大型零售商和大品牌开始聚焦这一商业盛事"。他还说,"光棍节"正在经历"一场令人瞩目的革命",它在中国诞生,眼下已摇身一变成了国际性的电子商务盛事,美国的"网络星期一"也要相形见绌。2015年时,英国巴克莱银行和法国巴黎银行曾预测,鉴于中国人的强大购买力以及电子商务在中国日渐红火,"双11"会逆经济放缓趋势而行,超过2014年的交易额记录。

2009年,淘宝商城联合27个品牌商家打折促销,成交额仅为5000万元人民币。在2014年"双11"的24个小时里,消费者仅在阿里巴巴的销售平台上就花掉了571亿元。这个数字比美国消费者在"黑色星期五"和"网络星期一"加在一起花的钱还要多。2015年,这个数字超过800亿元。从总体上看,中国消费者已经成为全球最大的网上购物群体,拥有3.61亿网上购物者,电子商务规模很快会突破1万亿美元。更重要的是,"双11"网上购物不再是中国消费者独享的节日,也已经成为全球最大的电子商务固定节日,这个节日通过全球速卖通在线交易平台走向了国际化。

2015年"双11"前,毕马威就预计销售额将超历届。2014年,阿里巴巴的网络平台首次在全球200多个国家和地区组织推广"双11"活动,24个小时里完成680万笔海外订单,俄罗斯居于首位。2015年,"双11"进入第七届,再次风靡全球,销售额达到912亿元。海外的买家中,美国和中国的香港、台湾地区居于前3位。据台湾"资策会"统计,台湾网友在"双11"当天网购金额人均高达5000元。受"双11"的影响,有人也建议设立12月1日购物节。"双11"首次登陆日本后,日本商家纷纷推出重磅促销活动,日本的青年消费者也开始称之为"购物好日子"。英国《每日电讯报》预测,5年内,中国将成为全球最大的进口商品市场。也有其他外国传媒预测,跨境电商是"双11"的新引擎,2016年的光棍节将会席卷欧陆各国首都。

在每届"双11"到来之前,各方都提前"备战"。尤其是快递业,不断自我挑战。在前几次"双11"活动中,人们对"爆仓"的噩梦一直记忆犹新。如今,"双11"的全球化程度更高,考验的不仅是快递的"内家功夫",还有外向功夫。"双11"中会不会再次"爆仓",是快递业的痛点,也是难点。在线上线下的商业互动中，物流业一直是关键项，也一直是弱项，快递件秒秒涌来，分分散去，运力紧张，仓满为患，最是煞风景。每一年的"双11"都是快递业的"宿命"挑战和软硬件被迫升级的时候。这几年，快递业的底气来自两个方面：一个是凭借快递业自身的"互联网＋"，不再是拼车辆、拼人力、拼仓储，而是依靠大数据分析优化快递业的生产方式，减轻压力，并使这个劳动密集型行业有所改观。另一个是中国快递业市场高速增长，为快递业本身的发展提供了天时和地利。从2014年起，快递业加速进行跨境业务布局，北京的快递八巨头EMS、顺丰、申通、百世汇通、韵达、宅急送、中通、圆通都实现了跨境出海，但布局并不平衡。万国邮联组织成员EMS，就成为应对全球化业务遍及200多个国家与地区的"双11全球狂欢节"的主力。菜鸟网先后与新加坡邮政、澳洲邮政、巴西邮政达成合作。阿里巴巴还投资了新加坡邮政，看重的是其物流配送能力和清关资源能力。阿里旗下的速卖通和菜鸟网还推出了"AliExpress无忧物流"服务，向售卖商品至全球的国内企业提供包括揽收、配送、追踪、纠纷处理、售后赔付在内的一揽子解决方案。

但是，这些毕竟是技术环节，人们在更多关注这个出自年轻人自发与首创的民间消费节日的同时，也会想到"双11"购物狂欢能不能形成长久的气候，甚至会不会约定俗成地成为中国与各国共同拥有的狂欢消费节日，还要不断地努力。对于"双11"的长远发展前景，人们尽可以想象，其中有两点值得关注：一是能不能持之以恒，不断地发展壮大；二是能不能不断地创新内容与形式，全面地发挥其拉动中国与全球消费的商业能量，从而成为以年轻消费者为主、更多人参与的无国界消费活动与多种商业文化相互融合的跨国市场活动。

对于前一点，各大电商是有信心的。连续举办7年，"双11"活动在国际和国内消费市场声名鹊起，并从"群欢乐"与"穷欢乐"走向了商品促销，又从商品促销走向了消费与文化创意活动紧密互动，规模越来越大，声势与底气也越来越足。2015年，阿里巴巴启动"双11·全球网民狂欢节"，邀请著名导演冯小刚执导首届"双11晚会"，进行全球同步直播，力图通过文化元素扩大"双11"的商业影响力。这场晚会长达4个小时，多位重量级嘉宾出席，这无疑是"双11"的一个大的文化跨越。在阿里巴巴推出"双11晚会"的同时，另一个"双11"商业"台柱"京东也联合灿星，制作"百大品牌打造11.11'京'喜夜大型竞歌晚会"，在电视台播出。

为了体现"双11"全球化、全渠道、全面文化盛典的新特点,阿里巴巴还与世界著名零售贸易集团麦德龙达成战略合作,并与几乎所有的世界级商业巨头达成各种合作意向。麦德龙的官方旗舰店入住天猫国际,麦阿联手,展开在商品供应链、跨境电商销售以及大数据开发中的紧密合作。韩国的电商也启动了专为中国消费者提供韩国商品的"盼达网",从11月9日到14日优惠销售各种人气商品;曾在2014年"双11"销售额高达平日5倍的OK-DGG网站2015年"双11"优惠价格低至1.2折。阿里巴巴与国内的银泰、苏宁"全渠道"合作也是其中的"重头戏","10万家线下实体店联动",从营销、用户管理、售后到物流,喊出了"万店同庆"的口号。"万店同庆"的含义是什么?就是线上线下的商家都参与。这打破了历届"双11"更多以电商为主角、实体店为配角的格局,众多的实体店成为"双11"的一道靓丽风景线。2015年"双11",实际加入的商业机构有国内330个城市和地区的18万家商业体。这为电商与实体商店的进一步融合,在更大层面上实现线上线下的商业互动,提供了更大的舞台空间。在跨境电商方面,至少有5000个商家和5000万件商品参加"全球卖"。阿里巴巴的"速卖通"在俄罗斯、西班牙、巴西等国举办当地买家参与的线下活动。

对后一点,需要进一步思索。2015年的"双11"更有"网民化"的时代特色,这无论对电商的发展还是"互联网+"对各行各业的多重影响以及网络事业的提升,都具有更为全面的意义。因此,"双11"的内涵应当进一步扩大,除了文化狂欢晚会盛典,也要更多地加大与青年消费者的互动,让青年见证与分享科技发展和生活品质提升所带来的喜悦。

虽然也不能让"双11"载负太多的直接商业活动之外的节日使命,但是创新本身就是发明与市场的结合,缺少商业与市场推广的气场,消费指数不会牛气冲天。因此,科技活动和新产品的推广应当是"双11"的题中应有之义。劳动与消费向来是一对"双胞胎",尤其牵动着年轻人的神经。"互联网+"为年轻人提供了最大的舞台,与此有关的"猎头"活动、"猎创意"活动、"大众创业、万众创业"活动应当是一个重要的节日旋律。

在第七届"双11"前,发生了京东实名举报阿里巴巴的事件,主要缘起于阿里系的"当日购当日用"的夸大用语,国家工商总局也受理了有关举报。透过这件事情,人们看到的不只是在统一开放市场的商业竞争如何更好地去实现,更重要的是如何在竞争合作中共同"做大蛋糕"。如果"双11"的舞台空间开辟得更大,更有利于总体架构的提升,谁也无法包揽一切,相信市场的力量和市场的正能量会造成市场竞合的新格局。

对于"双11"这样的青年人首创、企业自发举办、层次不断提升的民间商业节,政府市场管理部门给予了支持。国家邮政局也发出文件,根据预测的"双11"快递邮件的增加数量,全力推动快递业发展,为"双11"也为未来网上消费打通"最后1公里路"进行行政指导。毫无疑问,对于这样一个具有现实和潜在未来影响的民间商业节,政府要提供多种公共服务。但是,办好"双11"还在于企业自身的努力。"双11"的可贵之处就在于民间和企业直接推动商业文化发展的首创精神,这是我们发展市场经济最稀缺的资源。

由此说到近年来各地出现的各种各样的商业节,在一个时期里纷纷出现,大至某个领域的会展与博览,小至一种土特产品,无不挂上了商业节的"背板",无一例外地称为"政府搭台,企业唱戏"。"政府搭台,企业唱戏"也还说得过去,另一种更为响亮的"政府搭台,经济唱戏"则多少有些为官员们"创造"政绩的嫌疑。且不说行政投入会有多大,由于地域影响的有限、消费市场的单一以及政府主导而不是企业与市场共同主导,实际效果差强人意,多数办办停停,或者昙花一现,赢得了一些传播未远的知名度,很难产生长久的商业影响,更谈不上植根商业消费文化土壤的节庆市场依据。

节庆是重要的商业消费与文化消费的时间与空间载体,其出现和约定俗成与自然经济规律有着天然的联系,如中国的四时八节。但是,也有在人文节日里加载经济与市场内容,以适应人们的多方面物质需求和立体文化需求,如圣诞节。还有许多是完全的商业节,如南美国家的狂欢节、澳大利亚的"节礼日"(圣诞节后第一个工作日)以及欧美的"黑色星期五"(感恩节次日)与"网络星期一"。

节庆催生了节庆市场与节庆经济,经济与人文的交互性和目标结构的多重性,使之成为推动消费的"第三级火箭",具有冲击"市场太空"的无限能量。节庆市场与节庆经济的这种由来已久的重要性,也是经济统计部门在分析市场零售额增减曲线时常把节庆消费当成重要参数的一个原因。

中国的四时八节是非常重要的,春节就是全面拉动探亲旅游市场和食品餐饮等市场节日消费的集中时段。对中国人来讲,"双11"是人造的商业节,一年一度的春节才是最大、最全面的消费节日。这个节日不仅造成了最大的商品零售规模,也拉动了出行市场、餐饮市场和文化市场的兴旺,以至于媒体在春节期间也要马不停蹄地访查新兴的O2O市场。一般地说,在过节的几天里,许多行业因为休假几近"瘫痪",而外卖与餐饮依然是频次最高的O2O业务。从一、二线城市到三、四线城市,几乎都被外卖平台覆盖,其中大众点评、饿了么、美团外卖、百度外卖和口碑网开通的业务最广。除了外卖,还有文化市场、鲜花配送等。相比之下,节前市场是最热闹红火的市场。猴年春节前的一大市场新景观是用手机App拼车回家过年。大年夜到初五甚至正月十五元宵节,则是搭上智能手机的科技"高铁"抢"红包"。

用手机App寻找拼车伙伴一起回家,费用一起分担,这对大多数人而言是一个全新的概念。手机App软件给了人们在昂贵的机票和一票难求的火车以外的另一个选择,同时在客观上缓解了春运压力。滴滴出行推出的春运顺风车服务在春运的第一周里就有30万用户。抢"红包"来自过年期间长者给小辈发"红包"的传统习俗,在新人结婚和小孩子庆生时家人和亲朋也会送"红包",现在则成为网民在各种社群里祝贺节日的象征性和竞争性的社交游戏活动。电子红包又称"虚拟红包",其创意来自腾讯公司运营的微信。这是一种即时通信系统,拥有6.5亿用户。在猴年除夕当天,微信红包收发总量就达到惊人的80.8亿个,是羊年的8倍。对网友来讲,抢"红包"是游戏;对网络支付市场来讲,则是一场商业大战。"虚拟红包"的流行使商家为自己的第三方支付平台赢得了新用户。阿里巴巴与中央电视台达成合作协议,成为春晚发送"红包"的官方平台。其实,"红包"的最大赢家还是腾讯,它的软件成为最常用的收发"红包"的软件。互联网巨头们也用"真金白银"发"红包",其性质与"烧钱补贴"一样,意在开拓市场疆土。阿里巴巴的支付宝在央视推出"五福临门"的新玩法,抢的是每轮1亿元的"拼手气红包"。从春节前10天起,用户只要在支付宝上添加10名好友,即可获赠3张福卡,其目的是推动支付宝社交化应用。目前,新版支付宝"生活圈"内,用户可以分享视频或照片,此举在支付场景之外强化了社交功能。有评论说,互联网巨头挥金"围猎"移动支付,主要是因为有众多品牌商的赞助,众安保险、民生保险、华为和复兴集团等给了大量资金支持,因此也可以视为一种直接或间接的广告。

在欧美国家,虽不会有这样的场景,但每年的圣诞节也是商家拉动探亲旅游市场和礼品市场消费的集中时段。无论是中国的四时八节和春节,还是欧美的圣诞节和多数国家公认的新年,对现代人市场消费的拉动毕竟是有时段局限和消费局限的,尤其对消费力与购买力相对旺盛的年轻人,远远不能满足。这些节日中程式化的消费内容与范式虽有各自的文化意义,却同样不能满足年轻人更多的群体需求。需求创造了市场,许多以商业为主导的商业节日也就应运而生了。在欧美和南美洲国家,目标主要对准青年消费者的狂欢节寓商业于娱乐之中,形成国际性的市场影响。在中国,由于市场经济刚刚发育,这样的商业节日一直阙如。在一段时间里,中国的年轻人之所以把欧美的圣诞节当成自己的消费文化节日,甚至有点乐此不疲,说穿了并不是因为喜欢基督教文化,而是缘于其中包含的那些现代市场消费元素。他们一旦拥有了自己的消费狂欢节,并且与国际市场接轨,自然就会声动八方,全情投入。

对于2015年"双11",市场观察家给出了一种"四维"描述:一是备货全球海选,二是360度平台,三是配送秒杀,四是支付闭环。有的商家半年前就开始备货,最大限度避免断货、断码。例如,汇美集团备货规模达到10亿元。主攻海外奢侈品的走秀网接洽了2000个国际品牌的16万款海外商品。唯品会通过上千个买手即时更新货品。京东推出内部风险控制"天网"系统,在保证货源物流方便的同时,防控"黄牛"屯货、卖家刷单和伪造评论等。大的电商都有规模化技术团队,测试压力,提升仓储与物流配送水平。苏宁还以海量商品与消费数据为基础,打造可视化比价工具系统。"双11"共有3000多家国内外物流仓储公司参与,约有200架飞机、17.6万个物流快递网点、23万辆快递车、3万个"菜鸟驿站"和170万名快递员。11日零点30分,苏宁第一单送到用户的手中。

银行业也在应战支付"洪峰","双11"当天的交易量数十倍于日常交易量,网络支付不能"大塞车",尤其是11日零点之后的半个小时里,每秒都会有数以万计的支付信息同时提交。2014年"双11"线上交易高峰时段,每分钟交易量为300万笔。提高快速支付能力,成为对银行的考验。互联网金融也推出了新产品,蚂蚁金服旗下的消费信贷"花呗"推出100万款免息分期商品,涵盖家电、数码等10多个类目。在支付方面,京东"白条"向4亿多用户提供京东商城全场24期分期免息优惠。蚂蚁"花呗"则推出"女王日",从11月3日到8日给女性用户派发额度不等的消费额度。此外,蚂蚁金服和京东金融推出了各类保险产品。商业银行也是受益者,招商银行"挑灯夜战";光大银行"双11"单日网上支付交易额达20亿元,是平日的两倍以上。

在"双11"中,营销对垒、商家博弈和所谓"市场保卫战"也打得如火如荼,促销低价和巨大的广告支出造成了商家的营销自残,以至于财经作家吴晓波发出《我们真的还需要"双11"吗?》的"质疑"。他"质疑"的并非"双11"本身,因为中国的年轻消费者需要"双11",中国市场需要"双11",世界经济复苏也需要"双11"。但是,在两强对阵的商战格局下,也会出现始所料又未全料的问题,也会是一个事关"双11"能不能更好地持续发展的大问题。一个牵动全球商业企业竞争神经的超大型网购消费节发展到今天,应当由各路商家共同自治的平台通力合作,筹划协调,至少要有"三国演义"和多强并立的一些味道,让网购消费者得到实惠,也让更多的电商与实体商赚钱。利益平衡,共商、共建、共享,不仅是国际经济合作的逻辑,也是办好一切商事的要理。既要办大也要办好、办长"双11",才能对得起最初"发明"它的年轻的原创者和忠实的消费者。

至于低价促销,也非中国市场所特有。正如马云所言,如果觉得2015年的"双11"还是以促销为卖点就错了,"跟以往有很大差异,厂家基本拿出的是新产品,而不是存货,如果不把最创新的商品拿出来,基本没法卖了。10年到20年,'双11'还会保留便宜的特质,但我希望出现无数创新的东西,不愿意'双11'变成拼价格的地方,而是拼价值,拼创新"。他敢于喊出"双11"要做100年,还有93年要做,这才刚刚开始,也是基于对产品创新的信心与希望。有媒体给出了对"双11""六个化"的评价:"寡头化"(天猫+苏宁PK腾讯+京东)、移动化(68%)、O2O化(同时、同款、同价)、娱乐化(晚会)、全球化(跨境电商)、金融化(消费金融),如此描述虽未必都准确,但大体没有走样。

尽管如此,预料中的退货小浪潮还是如期而至,一方面是网购者情绪化购买的必然反映,另一方面也提出一个老问题:电商们究竟靠什么迎接下一个"双11"?说是"二选一"站队还是选择"全渠道",不在点上,而把重点放在刷单拼业绩上还是品质提升上,则是点到了痛处。宣传造势是需要的,毕竟是一个节,只靠一两台晚会是不够的。外国的狂欢节与中国的传统社火是有经验可借鉴的,至于是宣传说话还是商品说话,后一个才是"硬道理"。

不管怎么讲,2015年"双11"在智能手机里静悄悄地沸腾了。据澎湃新闻报道,11日零点钟声敲响后1分12秒,天猫交易额超10亿元;12分28秒,超100亿元;1时15分,达到300亿元。截至1时,移动交易占比最高达到 90%，4500 万人同时在线购物。同样截至 1 时，苏宁全网销售订单量同比增长 389%，电商"汽车之家"的订购总量为 16457 辆。据《手机报》报道，截至 11 日上午 11:49，天猫交易额超过 571 亿元，打破 2014 年当天全天的交易纪录，广东省高居榜首。京东商城 10 小时订单量超过 1000 万单，同比增长 180%。截至 12 时，物流订单达到 2.78 亿单。新浪发布的"你双 11 花了多少钱网购"调查显示，有 37.4% 的网友花了 1000 元至 5000 元，31.4% 的网友花了 500 元以下，18.5% 的网友花了 500 元到 1000 元，12.9% 的网友花了 5000 元以上。支付宝发布的数据显示，2015 年支付最忙时刻是凌晨 5 分 01 秒，是 2014 年峰值每秒 3.85 万笔的 2.23 倍。这一数值让支付宝超越 Visa，成为全球处理能力最强的支付平台。

尽管如此，还是有网友"吐槽"网络瘫痪导致支付失败，"购物车"里的商品被"卡"到售空。带有自嘲意味的"吃土"成为网络流行词，指的是明知网购超出预算，还是网购了。这个现象其实并不限于网购后的一般消费心理。在消费社会里，普遍出现家庭与个人消费品同质过剩问题，由此引出了一种被称为"自我启发手段"的家务"整理学"，代表作品是《家事的抚慰》《忧伤的时候到厨房去》《断舍离》。中国的报刊上也出现了《剁手后悔指南》《有啥买了就蒙灰》一类的文章。《断舍离》的作者山下英子在 50 岁之前根本不知道如何收拾房间，她的母亲特别喜欢购物，买一堆把家弄得乱七八糟的东西。她在 50 岁后写出自己的整理学，得出一个结论：应该整理的不只是物品，而是我们的心。"断舍离"出自《老子》第三十八章，"为学日益，为道日损，损之又损，以至于无为"，为学为道如此，消费何尝不是如此？但是，从另一个角度看，家庭与个人消费品同质过剩，来自消费产品的同质或略有改进就匆忙上市，夸大其词地引诱消费者购买。因此，问题并不在于"双 11"，而是产品创新不足，缺少真正的使用价值与交换价值。对诸如此类的问题，人们将会不断地讨论。人们看到的市场中的一幕是，更多的消费者在"双 11"过后，又紧盯临近新年的"双 12"和另一个国际化消费节日"黑色星期五"。2015 年"双 12"当天，邮递企业和快递企业揽收了 1.3 亿件包裹，比 2014 年同比增长 60%，也是 2015 年日常处理量的 2 倍。

根据电子商务交易技术国家工程实验室的监测，2015 年"双 11"的销售额为 1200 亿元，其中 35% 左右是刷单或有退货，有效成交额约为 800 多亿元。

七

另类消费

对中国新一代消费者，英国《金融时报》的一位记者在其网站上发表了一篇很生动的报道，题目是《无论是剪头发还是吃鳗鱼，中国人都乐于用手机支付》。这里不妨先引述一段：

> 我感觉自己像个女王：只要愿意，我在上海生活完全不用带钱，连信用卡也不用。中国的消费者几乎可以用手机支付一切。一日三餐不在话下。手机就像魔杖，只要轻轻一点，美食就会搭乘电动车而来。再晃动一下手机，就会出现一辆车费优惠的出租车。手机再一点，就可以接通医生的电话。这就是 O2O 商务。据瑞士信贷银行估算，从现在起到 2017 年，该业务在中国的复合增长率是 63%……在中国东部浙江省温州市一个菜市场，人们已开始用手机扫描各种商品，并用支付宝支付。上海也计划效仿这种做法，届时人们无论买鳗鱼还是猪蹄都不必掏钱包。

这显然是东部发达地区的消费市场景象，而且市场里的主角是年青一代消费者。但是，如果认为手机支付仅仅是年轻人的专利，不会影响到老一代消费者，恐怕也不很确切。由于智能手机的普及，越来越多的老年人也开始追新，从打车到就餐，再到预约医生，都开始意识到智能手机的不可缺少。

社会关系、亲情关系需要网络化、智能化。虽然社会在不断呼吁做子女的要"常回家看看"，但是毕竟各有各的忙碌，除了节假日经常聚在一起，或者身体不适时需要探望，用手机保持密切的亲情关系是一种更为有效的渠道。移动互联网增加了亲情系数，手指一点就是一次"请安"，问好之外还会转发新闻和趣闻，把亲情关系拉得更近。

在老一辈人的退休生活中，除了子女的关心，还需要"急救和娱乐五个按钮，也就是自我服务的五个指令 e 健通"这样的网络设备，内容包括亲情呼叫、医疗咨询、家政服务等。除了这些"傻瓜"装置，最终离不开的还是智能手机,而手把手教给老一辈人这些新本领的"启蒙老师"正是他们的千禧人子女。

智能手机确实是一只"魔杖",一旦拿在手中就难以放弃。人们看到,越来越多的中老年人开始使用更多的手机功能,从手机叫买到刷二维码,从手机扫货到手机支付,已经不再是个别现象。终究还会有习惯于现金交易的人,在一些商业场合也需要刷各种卡,手机支付将成为市场交易的主流。如果考虑到将出现在市场上的物联网生活设备,越来越具有更多功能的智能手机几乎关涉生活细节中的一切,不会熟练运用手机,也就丧失了更多的生活能力,而教会中老年人更新生活本领的"启蒙老师"依然是他们的千禧人子女。

由于长期以来实行独生子女政策,中国出现的"421"亲情结构影响到社会一般家庭结构与亲情结构,从上往下是6对1,从中间向两端是2对5。现在实行放开二胎政策,也就出现了"422"结构,无论是家族成员的交流还是相互交融的市场消费,几代人的互动更加频繁,市场消费也会有更多的叠加效应。

对于年龄最小的一代,人们自然是不用担心的,他们一生下来就似乎懂得,手机是上天给予的第一份厚礼。有的孩子刚会爬,已经会用小指头刷动机屏。他们会是爸妈的"学生",也会是爸妈未来的"老师"。

诚然,不同人群对智能事物的敏感度是有接受时间差异的,农村中的留守者与进城者就不一样。但是,随着农村网络设施的普及,农村的留守儿童将是首先运用智能手机与他们同在城里讨生活的父母沟通的人,手机也会是他们了解外部世界和准备未来创业的工具。他们也会影响爷爷奶奶,一道面对新的市场环境,改变自己的生活环境。

新市场人的人际链条里,更重要的是社交圈与朋友圈,并由此出现了不同的差异化、个性化市场需求圈。社交圈里少不了信息沟通与信息消费。在这里,信息犹如空气,谁也离不开,离开就会憋气。即使是打个哈哈,说"天气真好",也会在无信息中透露一种活动着的信息。如果不愿意接受,关闭就是,除非这种信息是有害的、欺诈的、妨害公共安全法则的。但是,在有一定私密性的网络社交圈里,选择性与自主性将会最大限度地避免交友不慎带来的负面效果。

网上社交中,微信是个大发明,既有选择机制、退出机制,又有沟通的自主性，还有转发与评论的空间，对于信息沟通无疑是极具效率的，对于市场和某种产品也有评论功能，在社交人的不同社交圈里勾连、叠加，从而直接或间接地影响到市场和企业，作出主动或者被动的程度不一的反应。事实上，网上的社交圈不仅是网友们沟通信息、进行交流的平台，也会在不经意中成为一种商业气场。网友推荐一本书，你就会去网购一本书；网友评论一部戏，你也许会去网购几张戏票，如此等等，看似孤立封闭的社交圈并不孤立封闭，同样可以产生"蝴蝶效应"，对市场和消费对象产生影响。

　　这可归功于互联网信息流通的穿透性与渗透性。在网上社区里，每个人都是具有社交能力的社交公民，可以消费信息，也可以消费服务与商品，只不过有付费的，有免费的。微信里的信息消费是免费的，其他渠道多数是收费的，但是都受商品规律的制约，都有服务商品有形、无形的支撑。在市场里，社交消费是社会消费的"导航器"，精神消费与物质消费都可以获得指向，让人们的非理性消费走向理性消费。

　　社交圈很容易成为消费群体，最典型的例子就是"驴友"和户外运动者，他们经常谈论自己的旅游体验，讨论运动装备的性能，也就自然而然地成为运动设备商最好的用户。精明的商人往往会进入这样那样的社交圈，虽不一定刻意推销什么，但最后会成为其商品的提供者和重要的服务商。这就是为什么一些厂商为了增加潜在用户的黏性，乐此不疲地搭建社交平台，在一起谈论一些与商品无关的话题。

　　对于社交圈里存在的市场因素，人们普遍是憎恶的。尤其是微商初起时，一些人利用微信推销劣质产品，毁坏了正常的人际关系，也差点毁坏了微商的名声。但是，不能由此就得出结论，说在社交圈里不兴谈论消费产品，而移动社交只是清谈与情绪发散的地方。当然，社交有社交的规则，一是"己所不欲，勿施于人"，一是不要破坏了社交的氛围。人以"群"分，物以"类"聚，在这些相对封闭的网络社交圈里，最重要的是对彼此的话题有没有共同兴趣，是不是形成网友们共同关注的焦点。网络社交圈里可以"海阔天空"，沟通的内容是多方面的、有场合性、即时性的。但是，共同关注往往是社交圈能够产生人气气场并持续的原因，否则你就难以解释，在年轻母亲的社交圈里，不是在没完没了地相互"晒娃"，就是在喋喋不休地相互交换购买婴儿用品的相关信息。

　　在现代社会里，人的市场消费行为经常出现在一些意想不到的领域。

在日本，有一种持续不衰的"猫咪经济"。所谓"猫咪经济"，是说日本民众对猫和有猫元素的产品有着异乎寻常的市场热情，从销量可观的"猫书"到"猫动画"，无一不受到光顾与追捧。在日本，养猫绝对是一种高消费，一只最便宜的猫也值1000元人民币。养猫者还会给猫购买保险，猫医院、猫美容店和"宠物旅馆"是街头的一大景观。甚至有猫陪伴客人的咖啡馆，一小时的基础消费是9美元。在寺院里，还有"猫葬礼""猫冢"。在日本商业中，猫元素到处可见，俨然形成了一条产业链和社交中的另类气场。对于这样一种颇为独特的"猫咪经济"现象，研究者给出了解释：其一，日本素来有浓厚的"猫文化"。在历史上，由中国传入日本的猫只有皇室成员才能饲养，是高贵的象征，因此也是日本人的主要宠物。其二，快节奏的社会生活需要一种悠闲的心理对照和精神寄托。其三，猫的外形与日本的卡哇伊文化特点相类，"猫咪文化"转化为"猫咪经济"，产生庞大的市场需求，也是必然的事情。

养猫也是当今日本年轻人的一种癖好，网络上不仅有养猫的大量文字与图片，猫友社交圈也应运而生。由此看来，诸如"猫咪经济"现象并不能以闲散怪异视之，其实是情感需求与精神审美的一种市场反映。中国也有庞大的宠物市场，如宠物狗、各种观赏鱼类与小动物，同样也形成了一条不长不短的产业链，猫咖啡店之类的商业活动开始在一些大城市里流行起来。

比另类市场更重要的是小众市场与大众市场的关系。对于大众市场，我们过去和现在都是持肯定态度的，认为有普惠性。但是，从另一个角度讲，这也是生产商用来支持他们一成不变的规模生产的理论，而大量企业利润来源也就出现在这种生产格局里。事实上，这不仅阻碍了技术进步与产品更新换代的速度，也无法满足市场的多样化需求。大众产品的明显局限不但无视消费市场细分的事实，也在事实上成为企业因循守旧的借口。与此同时，也必然产生了与创客理论互为补充的小众行为学甚至小众经济学理论。美国学者詹姆斯·哈金推出了《小众行为学》一书，认为随着互联网的出现，一切都在改变。他解释了一个现代消费中看似矛盾的现象，即新一代消费者有时出手很大方，有时却明显"抠门儿"，这似乎给扩大消费带来了阴影。他引用了波士顿咨询公司对美国消费者的调查结果，认为新一代消费者不再是盲目的大众消费者，他们尽可能压缩自己在一般消费品上的开支，也争取用更多的钱去购买独特的、高品质的商品。他说："如今的消费方式更像是具有探索精神的淘宝。"他把这种消费模式称为"掠食性"消费。

"现在的消费者会主动选择,自己确立自己的群体,传统的商业巨头们已经不可能找到一种大小通吃的消费口味。"

小众市场行为的分析其实也是对大众行为的细描画,唯有无数的小众,才有大众。这或者是大千世界和现代消费文化多样化的事实依据,同时也是创客之所以能够踌躇满志地行走于市场的根本理由。著名企业管理专家熊彼特对创新有一个比较经典的定义:创新需要发明,但并不等于发明,创新是"发明与市场的结合"。这是创客们的真正价值所在。一般劳动密集型的产品都是低创新性的,也是低附加值的。但是,创客们的劳动是复杂的智力劳动,因此形成的产品又是具有高创新性和高附加值的。这使消费者得到了商品使用价值与交换价值的消费心理平衡,也使制造商、服务商们在左冲右突而百思不得其解中找到新的利润之源。

小众产品数量虽小,但质量比数量更重要。可以说,小众产品更贴近市场需求。与此相关的是定制个性化需求。定制产品与服务的用户满意度更高,附加值更明显。"定制"是新概念,也是老概念。从某种意义上讲,手工业的发生和发展是与消费定制分不开的。服装定制是个传统,私家菜谱与私人厨师是饮食定制的最高形式,家具与摆设更是离不开定制。定制催生了三百六十行的工艺,也推出了"行行出状元"的手艺人。一直到现在,这些工艺和手艺人仍然在传承,有的还被列入世界非物质文化遗产。但是,由于市场短缺下的机会不均等,财富权利的社会分化带来服务权利异化,以及尚未被规模工业替代的手工业下的制作条件和服务条件,使这种要求不可能以市场的形式普遍实现。更多的人只能在自给自出的状态下自我定制,自己做鞋,自己做衣,那只是一种原始的定制,纳入不了社会服务系统,也无须纳入。大工业的规模生产虽改变了这一切,但千人一面、万人趋同的消费也出现了,谈不上合适、合用,更谈不上消费享受与消费质量。给什么吃什么,给什么用什么,尽管也有花色与品种的变化,也有服务的不时改进,但是总体上还是一种"大概其"。互联网改变了这种"大概其",看上去是传统消费的一种回归,却是在新的社会化工业与服务业结构中实现的,是消费质的飞跃。

以家具为例,2000 年,法国索菲亚以入墙壁柜和移动门进入中国,揭开了定制家具的一幕。2004 年,广州尚品推出顾客化定制、数码云设计、店网一体化。2009 年,飞美家具推出了板式定制家具,到现在已经成为流行趋势。定制其实不是尺寸问题和花色品种那么简单,涵盖了设计布置和制作工艺的精准和一次成型,其中涉及数据系统。对于许多厂商来讲,还处于炒概念和博关注的阶段。但是,这是一个基本的走向。与此同时存在的问题是家居电商们面对的挑战,即"编码问题"。食品编码虽然并不完善,毕竟还有阵容,一般的家居卖场要补上这一课。尤其是易腐商品,更要不厌其烦地补上这一课。这同样涉及互联网营销的基本概念。互联网营销即电子商务是传统商务的电子化与网络化,是指在互联网、企业局域网和增值网上以电子方式进行交易活动,也即通常所说的O2O。但是,O2O的基础是数据一元化,要实现所有店面的数据统一,线上线下数据统一,卖场与品牌商户数据统一。因此,实现家居产品的统一编码就成为一个基础工程。这是建立完整数据库的基础。标准化的物品编码是大数据分析的依据,也是新一代消费的一个基本要求。

新市场与新市场人

新市场中的品牌观

一
后品牌时代来临

品牌是什么？品牌是知识产权的最高商业形式。它是一切自然人与法人的重要无形资产，也是商品内含的使用价值与交换价值的外显。唯其如此，品牌可以估价，可以增值，也可以减值。品牌同时也是商品和商品生产者、销售者获得议价能力和溢价权利的重要来源。品牌如此重要，也就成为生产厂家、经销者的共同战略和消费者共同追逐的目标。

在中国，生产者和产品流通者形成对品牌的重视，消费者对品牌有更多的认同，或者说现代品牌概念比较完整地进入市场，迄今只有20多年的历史。中国一开始虽提出了品牌战略，但更多地处于简单等同于"驰名商标"、商品短缺时期的"名牌"甚至"老字号"概念阶段。随着市场开放程度增大，外商品牌不断涌入市场，以及中国制造业产品不断丰富，品牌成为国内国际市场竞争的利器，品牌竞争开始真正升级为品牌战略，品牌建设成为企业的基本功，成为消费者识别与消费的市场向导，其内涵与外延逐步扩大。

这是一个全球化下品牌大战的时代，也是品牌与"伪品牌"相互交锋的时代。有价值、有影响的品牌在鱼龙混杂中开始胜出，从区域性品牌开始向全球性品牌迈进。中国已有200多种产品的产量居世界第一，虽然因为缺少核心技术与品牌优势，总体上依然处于全球产业分工"微笑曲线"的底部，是产品大国而非品牌大国，但是也形成了高铁、核电、航天、航空、电子、电信、电力、建材、纺织等优势行业与产业。中国高铁世界领先，大疆无人机占全球市场份额50%，全世界17%的太阳能装机在中国，全世界风力发电装置3个里有1个在中国，全世界在建的67个核反应堆有23个在中国。中国的能源结构61%来自化石能源，21%来自水电，8%来自风能与其他可再生能源。在生活消费类里，比亚迪汽车行销美、德、英、荷、日、波兰、丹麦等100多个国家或地区，华为的通信设备也进入100多个国家或地区，与西门子、索尼三足鼎立的海尔白色家电则在全球建立了21个工业园、24个制造厂和10个研发中心，就连"老干妈"和"辣条"也进入了全球市场。习近平主席2014年5

月在考察河南省时提出，要推动中国制造向中国创造转变、中国速度向中国质量转变、中国产品向中国品牌转变，再造中国制造的新优势，培育国际知名品牌，增强参与全球价值链的广度与深度，形成一批具有国际知名度和影响力的跨国公司，已经成为中国未来10年的核心目标。在这个目标体系里，我们看到，商业品牌不仅涉及企业，也涉及企业的产品，而产品质量与相应的市场占有率和影响力是品牌得以成功的基础。

但是，我们进入互联网时代以后，市场在迅速变化，品牌的内涵与外延也发生了变化。品牌的整合分化以及新品牌概念的出现，拉开了后品牌阶段的大幕。

在后品牌阶段，品牌的内涵与外延扩大了。在商品体系里，有实体产品品牌，也有越来越重要的服务产品品牌。在企业里，单一品牌形式变为全息品牌。互联网开始品牌化，有线上销售品牌，也有线下销售品牌，虚拟的品牌体验甚至所谓"自品牌"与真实的品牌体验相互印证，正在改变人们对品牌一成不变的印象。品牌的内涵与外延的扩大方面，亚马逊可能是一个颇具代表性的案例。亚马逊是电商，现在是最大的云计算商，其市盈率达到1000倍。圣诞节前后，向来是商家特别是电商"长袖善舞"的舞台。圣诞节消费过后，大批设备闲置，而所发出的海量商品代码本身就是可研究的稀有资源，于是亚马逊进行云储存，一种云计算的新业务机会出现了。现在，亚马逊与IBM和谷歌三足鼎立，占有世界市场份额的80%，新的品牌扩张在业务衍生中诞生。一般地讲，任何具体业务都会遭遇自身的"天花板"，向左、向右的空间是巨大的，总会在这个空间里找到新的资源链。这种"天花板"下的空间资源利用奇迹也发生在中国的成功电商身上。因此，我们就会理解，为什么阿里巴巴的马云一会儿说他们不是电商，一会儿说他们不是互联网企业。不是他们跨界跨晕了，真实的事实很可能是，他们是"互联网＋"里的超级商人和商人集团。

在后品牌阶段，品牌的稳定性受到信息不对称被打破以后新的市场考验。伴随着互联网、物联网新技术的出现与应用的普及，商品创新与技术创新催生新的产品品牌和企业品牌，品牌的整合分化不断出现。

在后品牌阶段，许多老的品牌随着企业的重组与合并，事实上也进入重塑阶段。例如，陶氏化学与杜邦宣布合并，市值提高到600亿美元，至于品牌是否水涨船高，还要再看。在中国，国企也进入重组高发时期，资产并购转让频繁,原来的经营结构发生了较大变化。2015年底,南光集团与珠海振戎集团、中国五矿集团与冶金科工集团、中远与中海实施战略合并重组,互联网金融企业蚂蚁金服入股中国人民邮储银行,阿里巴巴与五矿集团合资钢铁电商等,都会影响到品牌不同程度的重塑与重构。

在后品牌阶段,品牌的最大变化还有两个方面:

第一,消费者的品牌追求开始理性化,更具标准化和体验化,品牌不再是企业的专利工具,而是企业与消费者互动的约定。在新一代消费者眼里,品牌的知名度有正有负,美誉度也有正有负,以知名度和美誉度博得的忠诚度更不是什么顺理成章的事情。企业追求的品牌忠诚度被动地变成了企业及其产品对消费者的黏性。品牌忠诚度与品牌黏性的本质区别是,前者以自我追求为中心打造,后者以用户为中心实现。因此,一般品牌学说把品牌建设分为识别阶段、价值阶段、体验阶段有一定道理,其中真正的价值阶段目标的实现是与用户的体验分不开的。如果更科学地进行定义,需要把品牌建设分为品牌识别推广、品牌营销和初步价值检验、用户体验和实现品牌价值三个阶段,这样更合理一些。

品牌识别很重要,但也只是一种技术。说它重要,是因为品牌标识相当于一种法人权利符号,同时具有品牌识别的基本功能。互联网时代被广泛运用的二维码与沿袭已久的Logo和外形设计,就是识别技术。

品牌营销与推广也很重要。获得品牌的知名度并不难,或许就在App上而不是广告中。做广告需要投入大量的经费。一般情况下,品牌产品和品牌企业比其他产品和企业更有比较完全的信息。在同质的情况下,大做广告的企业产品比不做广告的企业产品提供的信息更多,更易影响消费者的消费行为。但是,广告充其量也只是识别与推广行为,并不能替代体验。在新一代消费者身上,体验就是选择,盲目的"终身客户"概念终结了。App则是一柄"双刃剑",一方面直接带来销售量,另一方面也给了消费者体验的话语权。在消费者话语权面前,品牌的美誉度遇到了空前挑战,在线上线下的交易互动中,无边界的互联网联结消费者的渠道通畅了,推广成本低了,机会成本却高了,品牌评价在虚拟中扩张,没有牢固根基的品牌更易失败,出现了效果不同的机遇感和危机感。在这种情况下,企业要么玩真的,要么只能使出浑身解数,将自身单方面追求的品牌忠诚度让位给企业对消费者的黏度。说黏度,不是说品牌效应没有了,而是对品牌的价值衡量标准提高了,品牌的识别形式也更丰富了。在品牌的大千世界里,没有品牌就没有脱颖而出的机会,有了品牌也不能保证在市场中常胜不衰。

对新一代市场人和消费者来讲,他们的多样化消费需求和个性化消费特征,将使他们对品牌更加挑剔。如果只有一种或几种规模化的产品,甚至产品模式一成不变,又缺少周到的售前和售后服务,他们绝对是品牌的"移情者",至少不会完全认同对品牌的所谓"忠诚度",或者"忠诚度"大打折扣,用"回头客"甚至"终身客户"去描述他们也有些一厢情愿。新一代消费者在市场中同时扮演着两个角色,一是消费者的角色,二是品牌评论者与自媒体的角色。在这种情况下,品牌面临着从来未有的考验,品牌的损毁在手指之间。企业只有把品牌的忠诚度变成了品牌黏性,通过消费沟通与日常的营销和服务予以维持,才会从品牌的识别和鉴别比较中给出壮大品牌的机会。巴望着一次或几次大投入、大推广,用震耳欲聋的宣传造成品牌识别效应,不是不能收到任何效果,却是一种老旧的"笨伯"办法。"将军三箭定天山",三箭定不了市场。老王卖瓜式地炒作品牌,然后坐收品牌溢价的长远利益,那是信息不对称时代的招商模式,"互联网+"商业已经从根本上颠覆了这一切。正所谓"创业难守成更难",创牌难,守牌难上加难。

品牌本来就是"易碎品",也有自身的生命周期,是特定消费时代的消费现象。在信息不对称的状况下,品牌会是年年不变的童颜鹤发的"圣诞老人",信息屏障被打破了,它也会回到凡人世界中去,用真诚的、美好的商业服务博得消费者的喝彩。因此,打造品牌和维持品牌效应,还要从品牌经营的大处落墨,从细处落笔,要在质量诚信、服务诚信和企业社会责任上下功夫。

新一代消费者虽也会有"品牌崇拜",但在互联网信息相对对称的情况下,崇拜感总体减弱。新一代消费者要的是透明和自身的消费体验结果,要求品牌忠诚于其商业承诺,让消费者对品牌忠诚的愿景转化为企业对客户忠诚的愿景。消费者与企业的传统商业博弈关系完全改变了。当然,缺少"品牌崇拜"和品牌忠诚度不等于没有品牌消费偏好。但是,这种偏好除了消费习惯以及与消费有关的多样文化心理需求之外,仍然来自于企业与产品品牌对消费者的黏度。

问题在于,黏度并不是那么好黏的。许多品牌打造者还在执着地研究一个问题:如何提升老品牌,塑造新品牌? 在他们看来,品牌之战的"战场"

已经转移到互联网而不是平面媒体,工具与"武器"不同了,当下最需要的是把握"粉丝"传播的新机遇。然而,他们自己也知道,现实中,App 的品牌挑战是"用户失联,粉丝难觅",信息湮没,信号微弱。就像一些业内人士所讲的,你的微信账号有 5 万个"粉丝"似乎没有太大的商业意义,有 1000 万个"粉丝"才有成功的希望。有些人把"粉丝"传播视为品牌传播的第一路径。那么,这条路径的入口究竟在哪里?"粉丝"传播在产品同质的时代里或有效果,但是当创新活动拉大同质化的距离,用户的选择窗口又会在哪里?因此,客户的体验最终是至高无上的。尤其在互联网时代,企业和企业产品品牌的一切都是裸露的,会被人赞扬或诟病、评论与取舍。这是品牌推广面临的现实。中兴通讯公司的一位副总裁在一次会上坦陈:"现在品牌的决定权不是在品牌主,而是在消费者,如果我们错失了抓住消费者心的机会,最终就会被消费者抛弃。"中兴通讯公司知道,自己已经进入品牌体验阶段,要靠创新,要关注客户的品牌体验,"给客户带来价值,这才是品牌的魅力"。

第二,品牌多维化,除了线下品牌,还有线上品牌。同时线上品牌仅有识别是不够的,要展示自己的商品,出现了精心设计的 App 品牌与全息品牌。互联网品牌化也是"互联网+"时代的一大特征,意味着互联网已经不再是单纯的信息中介,走上了与商业伴行的品牌全球扩张之路,并在技术上完善了品牌的产地原则、可追溯原则和品牌产品编码原则。二维码无处不在,形成了全息品牌体系,也使知识产权保护成为品牌真正的"保护神",成为品牌建设的新支柱。品牌效应开始年轻化,主要在 15 岁至 35 岁的消费者和潜在消费者中发生作用。"自品牌"的概念也出现了,虽无确切定义,但理解它的客观存在性和客观展示性仍有必要。

互联网品牌化与品牌互联网化相伴相生。贝恩公司与阿里巴巴研究院联合推出的 2025 年中国电商报告《互联网品牌化与品牌互联网化》显示,2014 年,中国线上零售的渗透率达到 11%,总价值 2.9 万亿元;预计到 2020 年,渗透率将达到 22%,增加 1 倍,总价值 10 万亿元,B2C、移动电商和跨境电商将是未来增长的主要推动力。报告还显示,互联网品牌化率在过去 3 年里提高了 7%,新增加 1 万亿品牌产品线上销售,相当于中国零售市场总额的 4%。因此,线下品牌也迫切需要进一步打通线上线下全价值链,全面开启品牌的互联网化转型。贝恩公司是最早观察到互联网品牌变化趋势的咨询机构。互联网品牌化不仅意味着自身的品牌提升,更意味着通过互联网推动品牌升级。消费者追求优质品牌和产品的意识在不断增强。但是,中国电商在发展的初期更多以C2C(消费者对消费者)模式而不是B2C(企业对消费者)为主导,消费者更多地关注价格,产品也有不少是小商品和无品牌产品。这正是网上"价格战"和错误理解网上低价打折销售的根源。互联网销售应当是品牌的"门神","真神"请进来,"假神"免进去,将"大鬼小鬼"屏之门外。这对互联网电商也是个自我挑战。报告还提出,中国电商与经济发达国家电商的差异就在品牌上。品牌在发达国家的电商领域扮演着支配性角色,而在中国的电商市场里,唱主角的还不是大品牌,目前暂时领先的是中小品牌,包括区域性品牌、非知名品牌和所谓"淘品牌"。它们在阿里巴巴商品交易额中的比重在过去3年里提升了10%。

如何看待这个现象?一方面,我们的品牌消费还没有成熟。另一方面,这也说明,中国的品牌成长有提升的空间。无品牌产品与"伪品牌"产品不应当登上电商舞台,而中小品牌和区域性品牌却需要市场的扶持,其中区域性品牌会在自身的发展中成长为国际品牌,中小品牌会成长为大品牌。"江山代有才人出",这是电商需要确立的信念。有品位、有品牌的电商应当是中国品牌的"接生婆",这是电商的历史使命。

值得强调的是,在中国大的电商逐渐承担起发展中国品牌事业历史使命的同时,人们注意到了"网红经济"现象。所谓"网红经济",是指一些新起的电商凭借时尚的眼光和选款能力,经营有术,收入轻松过亿元,从而成为"网络店铺红人",引起更多的市场关注。有这样一家网名为"吾喜欢的衣橱"的淘宝店铺,从2014年5月开业到2015年10月,店主的微博链接中,"粉丝"量已经超过326万,每天发布的新款服饰图有多达上万条评论与转发。"吾喜欢的衣橱"只是"网红经济"的一个缩影,在淘宝平台上汇聚着一千多家这样的店铺,它们在短短的时间里就能达到"皇冠"级,收入可观。"网红经济"依附于"粉丝经济",在85后和90后成为消费主力的市场走势里,有非常大的竞争力。从供应侧看,常规服装电商一般经过选款、上新、销售获得流量,最后进行尾款处理;而"网红店铺"则通过样衣拍照、"粉丝"互动反馈、投产、销售的流程,把定制定向与规模销售结合起来,服装上新周期短、销售快、减少了积压。在2014年"双11"中,"网红店铺"通过淘宝平台导入流量,放大"粉丝"效应。其经营秘诀在于,一是注重流行化、个性化品牌,甚至是"街头潮牌"和设计独特的小众品牌,受到年轻消费者的追捧。二是成立自己的工作室和研发小团队，完善自主供应链，从最初的买手制到自建工厂打版生产，走向自主品牌化。"网红经济"酝酿着一场产业变革，不仅在静悄悄地改变"打折促销"的经年销售陋习，也会在一些产业领域里催生新的、有希望的品牌。也有人认为，相比大品牌，此类"网红店铺"总体数量尚少，而且主要集中在服装行业，在品类、管理和规模上并不占有优势，以"粉丝"群体为基础走向品牌化的可能性很小，在渠道、管理乃至品牌推广方面还有长路要走。但是，不能忽视这样几点：其一，在"互联网＋"时代里，传统的道路并不是一条高速路，西方的大品牌之路是按照那时的情况设计的，他们的渠道、管理和品牌推广也是彼时有效的方式，不可以低估他们的经验价值，也不可以原样复制。其二，西方很多品牌也是在市场中摸爬滚打建立起来的，有了品牌的幼芽，才有追肥管理，才有参天大树。把后程序当作前程序的设限条件，这在品牌发展的逻辑上是讲不通的。其三，"网红经济"主要发生在服装销售行业，在交通出行服务行业也发生了，食与住行业虽然慢一些，但是也在寻找自己的转型道路，并在一些领域出现了不同程度的突破。"衣食住行"是最具刚性的基础消费，基础变化将会引出更多的业态变化，这正是"网红经济"带来的最大希望。我们还看到，目前一些O2O品牌正在自发地制订自己的行业标准，连餐饮、家政和美容行业也动了起来，开始朝着品牌透明化方向发展，被人诟病一时的微商也在发力向品牌化转身。可见网络有非常大的改造商业服务业乃至制造业的威力。轻资产经营与重资产经营是相对的，而投入产出的比较永远是一种商理。在这方面，企业家们知道轻重，知道什么时候该怎么做，互联网使他们更加聪明。

在"网红店铺"里还有为数不少的娱乐圈明星和明星女友。娱乐圈中人开网店并不是新闻，他们的知名度确实带来了生意，要比普通人更容易受到关注。比如赵薇从2015年"双11"开始进驻某电商平台，主营法国酒庄红酒，平均每天接单约3万元。据说，某电商栏目"星店"之下，有320位艺人入驻，其中包括孙俪、佟丽娅、周笔畅和徐峥等。据了解，"网红"在淘宝平台就有数百家，拥有约5000万"粉丝"。但是，也不能高估"网红"依靠社交网络或以小清新为卖点经营的持久性。一些"网红"重复演绎着"国际范儿"的生活格调，迅速把人气兑换成经济效益，但在短期"爆炒"之后也会归于平淡。这是因为，真正的商业成功来自商品与服务品牌，来自可持续性营销。

"网红经济"是依靠社交网络引进时尚风潮的一种成功，但不会是品牌推广成功的普遍形式。多数成功的品牌还要依靠品牌成长的内在商业逻辑。非常典型的品牌成功例子如多年低调的"老干妈"。在许多企业为了增添自身品牌的光彩而到处自我渲染的时候,"老干妈"辣酱却在默默无言中成为一个令人瞩目的国际品牌。陶华碧是位农村妇女,42岁创业,68岁坐拥70亿元财富。"老干妈"的日均销量约为130万瓶,不仅是有华人的地方就有"老干妈",华人圈之外也都知道"老干妈"的大名。陶华碧凭着"我有多大本事就做多大事,踏踏实实,不欠别人一分钱,这样才能持久"的理念做企业,带动上百万农民发展种植业,15年里企业生产规模增长了74倍,最近5年纳税约22亿元。产品无论大小,关键是要做得精彩。也许有人认为"老干妈"不现代,企业一不上市,二不贷款,但又有多少上市公司做得过它?质量信誉、市场信誉是"老干妈"的品牌支柱。陶华碧叫得上60%以上职工的名字,年轻人结婚她都去做证婚人。这样人性化的企业文化氛围自然也是"老干妈"品牌的又一个支柱。"老干妈"的成功,也说明了一个道理:品牌并非虚名,而是真正的名副其实。因此,我们在看到互联网放大市场效应的同时,也要看到品牌最实在的根基所在。

二

品牌核心价值凸显

在后品牌时代,最重要的变化是品牌核心价值进一步凸显。《福布斯》杂志在2016年16大趋势的预测中,把企业社会责任作为企业与产品的"区分因素","众多公司将用社会责任让自己与众不同"。在网络时代,品牌的第一社会与商业要素依然是诚信。与此同时,企业社会责任也从柔性要求上升到刚性要求。在商品交换发展的初始阶段,生产者普遍缺乏品牌意识,商品种类也不十分丰富,不会有主动的品牌宣传与彰显行为,更不会有什么品牌营销战略。但是,品牌事实同样存在,主要表现为技术含量和工艺质量,因此必然地与其原创者联系起来,形成商品品牌最基础的要素,即质量原则、技术创新原则和产出地原则。这些原则如今仍然有效,是品牌的原生属性。在交换环节,购买者和消费者主要是识货不识货的问题,销售者则是会不会出现"劣币驱逐良币"、品牌调包和"假冒伪劣"的问题。诚信,自古皆然,所谓"百年老店"都有这样的特征。去伪存真是最基本的品牌要求,也是最难做到的品牌要求。就连大众汽车这样的大品牌也陷入"汽车尾气造假"门,这无疑是一个令人难以置信的品牌事件。尽管大众汽车后来调低了汽车尾气造假数量,由最初的80万辆下降到3.6万辆,而且直接责任人是个别工程师,但这并不能改变品牌受损的事实。为了重塑品牌形象,大众汽车毅然放弃从2007年就与大众标志一同出现的广告用语"Das Auto"(意即汽车),只用更平实的公司名称"Volkswagen"(大众)。

大众汽车输了诚信,也连带涉及纳税问题,最终输的还是环保责任。环保是全社会共同关注的问题,也是现代企业必须承担的涉及公众利益的"企业社会责任"(CSR)中最具刚性的问题。企业能否承担企业社会责任,尤其是环保责任,必然会成为企业品牌极其重要的内涵。

自20世纪末联合国雇主组织明确提出"企业社会责任"这一重要概念以来,它已经成为社会经济发展的普遍理念,并被纳入企业发展战略之中。但是,在一开始,它在一些企业里仅指慈善事业。企业关注与从事慈善事业固然不错,在回馈社会这一点上显然有"知恩图报"的意味,也与企业品牌的形象外化有关。但是,随着企业的发展与社会观念的进步,"企业社会责任"的内涵与外延越来越丰富,也越来越明确,既包含了雇主与员工的内部劳动雇佣关系,也包含了绿色环保的外部生态关系。尤其是在"企业社会公民"概念提出之后,"企业社会责任"上升到社会伦理甚至法理的高度,越来越具有约束性与刚性。企业能否承担必须承担的社会责任,已经与企业的可持续发展和品牌建设有生死攸关的直接联系。甚至可以这样讲,一个不能很好承担社会责任的企业,不会有将来,也无真正的品牌可言。2015 年,比尔·盖茨联合马克·扎克伯格与马云,共同宣布成立"突破能源联盟",致力于清洁能源的推广开发。互联网巨头要在与他们所在行业没有直接关联的能源环保上作出如此巨大的努力,不啻是在传递一个重要的品牌信号,"企业社会责任"不再是企业的外延,而是企业的发展内涵。

企业和企业家热衷于公益慈善事业值得肯定。比如,Facebook 的创始人马克·扎克伯格在孩子出生后,"裸捐"了相当于他在 Facebook 99%的股份 450 亿美元,获得了网民的"点赞"。尽管也有这是善举还是商业举动的个别疑问,但是如同美国《时代》周刊网站的一位记者所计算的,这笔钱可以为6000 多万儿童提供食物,也可以为缺少饮用水的人打 640 万口水井。因此,把慈善看成一种作秀并不公平。2015 年底,中国社会科学院企业社会责任研究中心发布报告说,在中国,企业与企业家还需要开启"公益自觉"。研究人员研究了中国"财富榜"前 100 名"富豪"企业家的捐赠额,他们对社会捐赠的总量为 165.59 亿元,只占其财富总额 40430 亿元的 0.41%。其中,捐赠额最高的是马云,达 146.48 亿元;有 74 位企业家被讥为"一毛不拔"。这种状况显示了企业和企业家的公益意识尚未成熟,应当得到更多的社会鼓励。

但是,以富豪为标杆衡量企业的社会公益并不能全面透视企业的社会公益行为,那只能体现富豪的个人价值观与境界。在中国,民营企业崛起的时间比较晚,却也出现了许多自发自觉地开展公益事业的企业。2015 年 9 月 9 日,腾讯联合数百家企业,共同发起全国首个企业公益日——"99 公益日"。早在 2007 年,腾讯就首次设立了互联网公益慈善基金会。腾讯一开始只是简单地想着每年拿出一些企业利润捐助社会公益项目,现在则想挖掘互联网携带的"社交基因",设计一种公益平台,把"少数人的事"变为多数人的事,成为一种生活方式。在"99 公益日"里,不仅有资金捐赠,还有"捐步",

号召公民通过步行实践他们包括康体、减少用车的公益梦想。短短一个月时间,网友们"捐出"376亿步,相当于绕地球563圈,打破了对公益的一般理解。

这当然不是说,热衷于多种公益慈善事业是企业和企业家主动承担企业社会责任的全部内容。正如企业管理专家迈克尔·波特在哥本哈根商学院的一次访谈中所说,企业热心公益、服务社会的举动无可厚非,但这"并不是问题的关键"。"在这个问题上,(一些)企业的领导者们无不大唱高调,但他们并不真正理解其意义。"波特说,"企业社会责任"是指"企业在从事的各种活动当中,应当对所有利益相关者承担相应的责任,以求不仅在经济方面,更在社会、环境等领域获得可持续发展的能力。所谓利益相关者,是指本地与世界各地受到企业决策与活动的影响,同时又能影响企业决策与活动的各利益群体。商业上的利益相关者包括员工、客户、供应商、社会团体、各下属与分支机构、合资伙伴、当地临近社群以及环境因素等等。"他还说:"现在,人们越来越关注企业的社会角色问题。这主要是由于人们对社会伦理越来越敏感。各种导致消费者利益损失或危险的环境污染和假货等问题频频在媒体上曝光。投资者在制定决策时,除了追求纯粹的经济利益,也开始关注其社会效益。顾客在购买企业的产品和服务时,对企业的社会行为也越来越关注。这些来自行业内外的因素迫使企业在经营中坚持在经济、社会与环境方面选择可持续的发展道路。"

提出企业承担社会责任,并非对企业的苛求,这不仅是因为企业在创造社会财富的同时,有意无意地透支了社会成本,并在自然环境的改变中造成了社会经济发展的许多不可持续因素。企业的部分社会行为已经超越甚至凌驾于社会公民的一般行为权利之上,形成权利与责任事实上的不对称。法制是全面的法制,道德也是所有社会公民应当遵循的全面的道德,一旦把企业纳入社会公民的范畴,企业社会责任就成为企业不可避免的刚性义务。这里不必多谈某些企业污染水源、土壤,引起社会舆论的揭露与批评,也不必多谈企业废气排放导致地球变暖带来的世纪性后果,仅仅是通过媒体报道的许多零星案例,人们就已经看到,企业面临着诞生以来最为严峻的自我挑战,也面临着市场对企业品牌的认真考问。年轻人自发组织的环保志愿者队伍在不断壮大,他们有明确的环保主张,对企业和企业家有明确的环保要求。一个为人们广泛引证的例子,就是在"企业社会责任"概念提出不久,一位居住在美国加州的18岁女孩亚历克·韦尔斯,因为了解到原来使用的洗衣液曾经在动物身上做过试验,就立刻换了一个牌子。她十分在意产品的生产过程,拒买童工生产出来的服装,对不使用再生材料的产品也表示了不满。她利用假期到印度开展学前教育,刚踏入大学校门就选择了环保专业。

韦尔斯现象是新一代消费者身上普遍发生的现象,也是新一代市场人的品牌态度。汤普森公司曾经对1800个千禧人进行访问调查,61%的人感到个人对世界有责任,81%的人参加义务劳动,69%的人表示在购买时考虑公司是否履行了社会责任。

对企业社会责任的关注,是新市场人的特质,不管他们是消费者还是消费服务的提供者,多数都有这种执着。在他们面前,伪品牌和以牺牲环境换取的品牌将不会有更多的"容身之地"。他们会运用网络技术去伪存真,用他们的市场态度不断地清理品牌的"门户",使市场变得越来越干净。对于这一点,很善于"变通"和主张"事不关己,高高挂起"的商业与制造业的过来人,应当把后来人当成一面镜子,看到自身染有的惰性,而不是一味责怪他们的"任性"。我们大声呼唤品牌、享用品牌的时候,真正维护品牌的正是他们。

新市场人是无处不在的。他们既维护商业世界中品牌的社会责任的核心价值,也维护新兴网络世界中的网络品牌。在网络世界里,也有我们看不到的黑暗。一些似乎是不谙社交、缺乏"社会责任"的孤僻的"网络客"和"极客"常常引起老一代人的普遍担忧,认为他们染上了网癖,是一些缺少社会性的"离群孤雁"。但是,有"黑客",也有"逆其道而行之者"。他们中有不少人是"白帽黑客",即以发现和改善网络安全弱点为己任的人。一些人还成立了网络安全公司,成为苹果、华为这样的技术巨头的顾问。

在人们的印象里,网络在某种意义上更像一个江湖,有自己的"地下王国",甚至是犯罪的世界。这在加拿大的恐怖系列剧《暗网》里有令人吃惊的描写,那里的地下数字世界是一个"灰色地带"。正如江湖里也有侠客,"白帽黑客"就是这样一些担当网络道义的人。据中国国家互联网应急中心统计,2014年,中国发生9068起网络漏洞事件,数量是2013年的3倍,而企业是最大的受害者。尽管许多企业把升级网络安全当作重要业务,但确实有些防不胜防。正是这样一些不同于网络警察的"白帽黑客",帮助企业排查隐患。据不完全统计,单是在奇虎平台上注册的帮助企业排查网络系统隐患的"白帽黑客"就从 2014 年的 2490 人增加到 2015 年中期的 13812 人。其中,90 后占 63.8%,80 后占 34.4%,其余年龄组占 1.6%。他们还举办了引人注目的国际网络安全极客竞赛。

新一代市场人和新一代消费者也是志愿者的主力,在各种志愿者队伍里都有他们的身影,在随机的场合里扶危救困的依然是他们。他们没有那么世故,努力维护着企业社会责任的尊严与品牌的含金量。也正是他们通过互联网在做市场调查,鉴别品牌,评论品牌,并选择自己的消费取向。他们在社群交流中消费,也会在消费体验和消费背景的认真考察中不断评估和重新建立他们与品牌的联系。面对着这样一些品牌的敏感者,企业依旧是在一板三眼地念老一套的品牌经,是把品牌仅仅当成推销术,还是把企业社会责任当成立企的根本和品牌的价值来源,应当是最明白不过的一件事了。

这只是体现了市场对企业履行社会责任挑战的一面,体现了新市场人对品牌的苛求。如果从另一面看,企业履行社会责任,其实是同企业发展利益具有一致性的。美国的埃森哲公司在 2015 年底发布了一份《减少碳排放的数字因素》报告,从另一个角度提出一种分析,即由于数字化转型,到 2030 年,低碳经济将在减少 120 亿吨二氧化碳排放量的同时,为全球企业带来 11.4 万亿美元的收益。也就是说,企业的数字化转型不仅具有补偿或中和新的污染排放的能力,改变 GDP 每增长 1% 碳排放就会随之上升 0.5% 的"公式",还可以在商业模式、工业模式的创新中优化转变利用资源的方式,降低经济活动中的"碳足迹",并在提高运营效率、减少运营成本、增加新服务项目和进入新市场中创造新的经济效益。

这种分析是独特的,也是有眼光的。一些企业看到了履行企业社会责任的投入、成本和面临的新压力,却没有看到数字转型和低碳经济带来的新商机,这无疑是一种短见。从这个角度讲,在数字转型和低碳经济转变中履行企业社会责任,不仅会在不自觉中避免品牌的减损,也会在自觉中获得品牌的更大收益。

三
去Logo？去品牌？

2015年7月，可口可乐公司把一直使用的"Coca-Cola"图标取消了，但仍然使用弧形瓶以及印有波浪形白道的红罐。可口可乐的弧形瓶已有一百多年的历史，并在1950年登上了《时代》杂志的封面，成为首个获得这一殊荣的商业产品。这个瓶形是一家玻璃制品公司设计的，其灵感来自可可树豆荚的弧形形状，设计本身就很独特，在黑暗中仅凭触觉就可以判断这是可口可乐。据说，这种瓶装可口可乐在全世界卖出了三千多亿瓶。印有波浪形白道的红罐，其图案其实也是弧形瓶的平面视觉变形。设计人员的独特设计不仅为他们所在的玻璃公司赢得了一笔大生意，也获得了在当时不算小的一笔500美元的奖金。这个图标设计一直被称为经典设计，被认为是完美地烙上了产品的美学印记。现在，弧形瓶以及印有波浪形白道的红罐被保留，"Coca-Cola"的企业和产品名称去掉了。于是，有人评论说，像可口可乐这样的大品牌已经不需要Logo了，只要一看瓶形和罐上的波浪形白道就知道是什么。也许出于同样一种考虑，越来越多的大企业都不同程度地放弃了直接打出标识的营销策略，多数还是弱化企业名称，突出特色图案，如巴宝莉的格子图案和米色风衣、爱马仕的橙色包装盒、缺口苹果的苹果手机和电脑产品等。谷歌公司研究了这种现象，认为从2008年开始，使用了几十年的Logo概念用得越来越少，同时得出结论，即对老的品牌企业及其产品来讲，全面标识已经不再是必需的了，它们已经超越了未来时代。只要有一点暗示和隐喻，品牌即在其中。如可口可乐董事长伍德拉夫所讲，就算有一天可口可乐在大火中被烧成灰烬，第二天早上全世界新闻媒体的头条消息将是各大银行争着向可口可乐贷款。也许与这样的品牌自信有关联，一种"去Logo""去品牌"的说法不胫而走。甚至为了佐证这一点，有的人还举出中国的例子，即著名的互联网电商企业腾讯也开始有意识地在WE会议场合弱化企业的名称。但是，这似乎是两码事，腾讯是在承办WE会议，会议的主题是"向未来，共生长"。其初衷是体现会议不以企业意志为主导，不搞产品宣传，不炫耀自己拥有的技术，办会就是办会，不带企业的商业色彩，弱化企业名称，与"去 Logo ""去品牌"并不搭界。

"去 Logo ""去品牌"也许更多的是消费者说法或者消费心理的一种变化。这是因为，第一，他们面对的 Logo 与品牌已经多到数不清，就像如今的 App 如过江之鲫，或者像漫天飞舞的蝴蝶，看着心喜，逮起来眼累。第二，即便是再大的牌儿，也不能天天抓在手，时间长了，也会出现"品牌疲劳"。因此，求新，求个性化，求多样化，也就成为不同时期消费选择的一种规律。但是，企业不能这么看，Logo 也好，品牌也好，不仅是一种市场识别，也意味着市场责任和企业的权利。事实上，可口可乐或者巴宝莉、爱马仕不过是去掉了企业名称，那个同样是标识的弧形瓶、白色波浪形红罐、格子图案以及醒目的橙色是永远不会变的。苹果的 Logo 很简洁，有创牌时的含义，一开始就是如此，所以并不能用来当成"去 Logo ""去品牌"的动向。对于这一点，乔布斯曾经的女友克里斯安·布伦南在《苹果上的缺口》一书里有所介绍。乔布斯曾经拿各种字体写的苹果单词和十多个苹果图形征询布伦南的意见，她选择了带有水平彩虹条的设计，并顺便给了乔布斯一个建议："对人们来说这个图形就足够让人们记住你的公司，不用加上苹果的字样。"布伦南与乔布斯的意见不谋而合，即使在乔布斯伤了自尊、发了脾气之后，也还是用了至今独一无二的没有任何文字表述的苹果标志。文字表达名称是一种符号，Logo 也是一种符号，甚至二维码、App 以及产品编码都是符号。无论是老牌企业还是正在创牌或创业的产品和企业，在识别上从来没有什么区别，所不同的是知名度，而知名度并不一定是美誉度，更不一定会带来永远的"忠诚度"。说白了，市场交换是地位平等的交换，无论什么企业、什么品牌，既不能低估消费者的智商，也不能高估自己的智商，除了刻意追求突出自身商务需求的场合之外，还是老老实实地递上自己的市场名片，那是对消费者和"衣食父母"的一种尊重。

然而，这终归是令人多思的一种现象。对于老品牌来讲，熟脸熟牌，确乎需要删繁就简，就像昔日的族徽、家徽和某种含义的符号至今仍在运用中。好的 Logo 具有极简性、区别性和一目了然性，其他的识别形式也莫不如此。除此之外，还有什么原因呢？这似乎需要从互联网引起的一系列商业变化中去寻找。互联网的基础语言是二进位的数字，数字世界包罗万象，蕴含海量的信息，也由此引出了市场的新变化，包括品牌形式的变化。二维码也好，App也好，无一不有极简性、区别性和一目了然性的新特征，这不能不影响到品牌的识别形式。也就是说，只有保持简约中的独特，才能从浩如烟海的品牌识别系统中显出亮色。

毋庸置疑，品牌世界是一个令人眼花缭乱的世界。新老品牌的竞争已经相当激烈，而跨界品牌的出现以及品牌内涵的自我提升，更使品牌的舞台上弥漫着一种目不暇接的感觉。然而，我们还是可以从市场内外找寻到存在新的危机的一些蛛丝马迹。但是，存在危机并不意味着品牌本身出了问题，相反线上销售更要仰仗于品牌的知名度与美誉度。

一是一些企业正在转型或者基本完成转型。产品和企业的品牌定位发生了新的变化。在国外，比较典型的是"花花公子"，它也有自己的服饰品牌，但从根本上讲，还是代表了美国商业文化的一本杂志，是几乎可与可口可乐并肩的美国商业文化的象征。现在，它彻底放弃了原来的品牌形象，启动商品购物网站，其赖以成名的杂志成为网站的配角，并决定不再使用裸照。这是一个从商业模式到经营内容上的巨大转变，可以称之为"品牌重塑"，它唯一保留的是名称和白色大耳的兔子Logo，可谓抽象的品牌继承、具体的品牌颠覆。在中国，我们也看到一些著名的房地产商在转型，或者向社区服务商靠拢，或者进入文化产业和旅游产业，较具代表性的就是万达集团。万达从商业地产业进入文化产业已有时日，而在国内转型为旅游企业的一系列举措，却是最近的大事情。王建林断然地说，万达将不再是一家房地产企业，而要成为亚洲"最大的旅游企业"。万达同样保留了企业的名称与标识。转型影响到品牌的发展在服装企业里也很明显，比如国内有名的雅戈尔和波司登，前者已经不再是服装制造商，后者正在经历一场品牌危机。

二是跨界尤其是互联网企业的跨界，也使品牌的行业定位发生了新的变化。国内一些大的互联网企业进入了电商之外的多种行业，以至于自己也说不清自己是什么企业，并且为此不断地"说明"和"澄清"，在事实上却形成了品牌的多种内涵。著名的互联网企业亚马逊是国际电商兼大数据提供商，同样也促成了跨界品牌的诞生。

三是品牌核心价值目标进一步凸显。如上文所述，一些有名的品牌受到前所未有的考验，从而引起品牌榜上品牌企业的震动与震撼。

以上只是我们看到的正常与反常的品牌变化因素，这种变化也许并不剧烈,却预示着品牌发展进入了一个不稳定期,甚至开始出现一轮新的"洗牌"。从新一代消费者文化心理去透视品牌的"洗牌"或将要"洗牌",并非危言耸听。且不说很多人挂在嘴上的"品牌疲劳",品牌愈来愈凸显的社会价值因素也暂时不去深究,百度新闻试验室 2015 年 11 月下旬发布的 95 后使用手机调查报告、《知心姐姐》杂志教育服务中心发布的中国孩子精神成长的渴望诉求以及 90 后代表人物对同代人的描述,从另一个角度提出了问题。他们为什么要调查 90 后乃至 95 后? 因为 95 后人口约为 1 亿,如果向两头各延伸 5 年,人数翻一番还要多。他们是未来 10 年的市场消费主角,他们的消费态度和对品牌的态度决定了品牌的发展曲线:哪一些会继续胜出? 哪一些会流于平庸? 哪一些会消失? 胜出的又如何拥有"粉丝"? "粉丝"是小众还是依然故我的大众?

百度的报告内容比较平实,主要是 95 后用什么网络系统、上网和下载的偏好以及多少人有手机购物的经验等。比较有商业参考价值的是,95 后下载 App 的比例高,对手机的依赖性更强,这对未来的网络购物都是利好。《知心姐姐》的报告除了得出孩子渴望得到父母足够的倾听、在校获得友谊和希望拥有体验和实践的机会的结论外,最主要的是八成青少年"希望拥有自己的想法,能为自己的生活和未来做主"。这使人想到一位拥有两家公司的成功创业者与媒体人的对话,这位标准的 90 后直率地说,90 后的偶像观断裂化、小众化、圈层化、个性化、去中心化,甚至没有偶像。这是他们与前一代的偶像观迥然不同的特点。说没有偶像,其实也不尽然,只是更趋向于个性选择。其中的深层原因并不是他们的思维基因变了,而是信息占有量大了,视野开阔了,不会再以他人的经验为自己的经验,去搞"排浪式"的偶像崇拜。

偶像崇拜与品牌营销有关系吗? 当然有。在知名度与美誉度这一点上,偶像崇拜与品牌的打造与营销,其实走的是同一条成名之路,它们都有自己的成功之道,有自身的巨大付出和应当得到的回报。但是,成为大牌是一回事,自身不断创新又是一回事,在品牌场上从来都是"长江后浪推前浪",这也是一个商业法则。尤其是在不同的消费群体面前,在日益碎片化的营销环境中,几十年一贯制的是赢家通吃,那是极为罕见的。唯一的办法就是紧跟市场需求,不断地创新,不断地提升,不断地更新自身的品牌形象,赢得一代又一代消费者的认可。

因此，可以说，由于品牌本身所具有的创新本质的要求，尤其是市场发生的巨大变化，品牌体系也不会故步自封，一直按着老的评价体系进行。至少我们已经看到，由于电商方式的兴起，App作为新的电子Logo大量出现，它们代表了一种新的商业方式，极大地影响到品牌的形成与品牌的传播，影响到品牌内容和要素的构成。2015年底，敏感的北商研究院就生活类智能App品牌举行了一次试验性的网上"全民评选"，公开、透明，把智能App品牌的评价话语权交给了消费者，更贴近品牌应当具有的消费体验感与口碑效应。这次网上"全民评选"虽集中在商务端，体现在生活服务领域，但对其他商业领域品牌评价的影响是不可小看的。这种"全民评选"也许缺少专业的品牌价值计算，缺少更多的品牌评价依据，但突出消费者在评价论坛中的权重，要比用几个算式计算出来后再做"摆样子"的品牌"公示"更接市场的地气。

四
重塑品牌体系

论及品牌评价,不能不谈到近年来的品牌推广与各种品牌榜。品牌推广、品牌榜的品牌评选与第三方发布,是一种历史性的市场进步。品牌作为企业极为重要的无形资产,需要综合评估。企业品牌也要建立相应的评估或评价标准,甚至还有随之出现的虚拟品牌资产数量,代表着企业品牌的品牌市值。这种评估显然是有意义的,至少反映了企业开拓市场的能力和对市场的影响力。

但是,品牌的市场估值似乎更多地体现了一种市场荣誉,或者在企业并购中作为参考因素,或者在企业上市之后增添股市表现的预期值,此外并没有更多的市场意义。对于品牌,人们无法给它加上在市场价值以外的其他因素。

人们看到,以往的品牌评价体系有几个明显的弱点:一是企业大,必然也是强品牌。这使人们很难区别世界 500 强、中国 500 强与各种品牌榜的异同,有时候干脆就把它们当成一回事,或者只是评价名目上的不同表述。因此,人们普遍认为,500 强就是 500 大,谁的规模大,谁就是大品牌。为了弥补这样一个明显的缺憾,管理学界也曾推崇过"企业小巨人"的比较概念。但是,"企业小巨人"始终只是一个现象的描述,并没有进入企业品牌的评价体系。二是对强势企业品牌的评价更偏重于市场占有率和销售业绩,而对它们的区域影响与产品和服务的创新度并没有详尽地进行评估。三是品牌评价的重点更偏重于制造业企业、基础产业企业、金融企业和连锁商业企业,覆盖面并不完整。四是评估信息有欠缺,容易量化的量化比较了,一些量化比较复杂的品牌要素几乎是空白。如企业的社会责任,即在产品制造与服务过程中的减排水平、产品的"绿色"标准等方面,基本没有涉及。五是对品牌概念的理论认同与实际使用的评价标准基本是各说各话,这也是最重要的一点。比如,知名度与识别度如何体现,美誉度与所谓"品牌忠诚度"又如何进行比较等,都存在大而化之的评价弊病。这样一些问题叠加起来,也就形成了谁的"嗓门"大谁的知名度就高,谁敢于"自我表扬"谁就有"美誉度"的舆论抬升现象,从而使品牌评价缺乏更多的可信度。

应当说,品牌评价是一个比企业业绩评价更有难度的问题。尤其是在互联网技术不普及、信息不对称的时代,品牌评价是一个边缘模糊的事情。但是,在互联网普遍进入商业领域并直接影响到商业行为的时代,品牌评价的透明化就成为必须也能够做到的事情。且不说未来大数据的全面应用将会造成关于品牌的一种透明场,至少可以在目前进行的消费者多方面的商业评价中建立一种更接近于真实的评价体系。

比如,北京某媒体在2015年底开展了"购物电商·智能App全民评选"活动,评选分为购物类电商品牌以及衣食住行和"海淘类"、拍摄类、手机支付、健康医疗、婚恋交友、金融理财方面经常使用的App品牌。这种评选虽仅局限于生活购物类电商领域,一些品牌也未必是产生了国际和国内市场影响的大品牌,但与居民消费体验密切相关,消费者最有权作出全面的市场评价。在品牌评价方面颇有影响的中国品牌产业联盟也在2015年底对互联网金融企业作出评价的努力,同样着眼于新业态引起的品牌新变化,反映了品牌体系变化引起的评价角度变化。

伴随着"互联网+"市场一系列商业模式的创新,许多新兴行业也开始自发地从行业标准与市场评价体系入手,进行自我品牌建设的探索。由北商院牵头,业内机构制定了国内首个生活服务O2O评价指标体系,把行业和消费者最关心的企业运营状况、服务满意度和企业专业水平作为一级指标和更加详尽的二级指标、三级指标,引起各方面的注意。企业运营状况包括成立时间、人员规模、业绩数据与融资情况;服务满意度包括售后服务、服务完善程度、信息安全、支付便利性、App便捷度、业务创新与市场覆盖率;企业专业水平包括管理水平、配送和营销创新。这个自我评价体系虽有行业的局限性,是针对新兴O2O电商制定的,社会责任指标也有所缺失,并不完全适用于更大范围和多行业、多业态的品牌评价与比较,但它的一个明显的特点就是以消费者为中心,而不是以企业为中心,其中很多评价角度也值得第三方评价借鉴。

当前,品牌评价系统面临着重塑与重构,主要原因不仅在于品牌评价系统发生了微妙的变化,也在于出现了以下几个方面的因素:

第一,企业出现了多品牌与单品牌的分化,同时也出现了跨界品牌与品牌的线上和线下融合中的区分。从制造业到商业服务业,从线上到线下,品牌的跨界融合出现多维的新特点。随着企业业态的复杂化与复合化,一牌多面与一企多牌的局面出现了,它们的注册机构与监管机构也或有不同。新的品牌竞争概念随之出现。跨界品牌主要发生在互联网企业向电商概念的延伸中,多品牌则大量发生在传统企业品牌的转型中。在跨界品牌的管理中,一般用"旗下"的概念描述,其品牌的价值虽可以用综合价值计算,但各自的价值轻重不同。未来品牌发展中,将会出现母品牌与子品牌的联系与区分。发展到一定阶段,究竟是母品牌大于子品牌,还是子品牌盖过母品牌,还要留待观察。多品牌的例子如酒店业中的华住酒店集团,既有加盟连锁店,也有直营店,还有经济型酒店中相对高、中、低档的区分。我们尽管仍旧可以把不同档的酒店称为"经济型酒店",但是它们的经营方向有了分化。由于多数传统企业都在互联网冲击下转型或试水新的业态,品牌出现了或明或暗的变化。

第二,由于品牌多维化现象的出现,品牌推广与品牌营销方向出现了分化,不同的业态有不同的推广营销方式,也有不同的推广营销团队。同时,由于品牌多维化,不仅企业内部出现了自身的品牌系统,单一的品牌推广与品牌营销将会让位于"品牌管理"等更重要的概念,品牌的知识产权内涵得到提升。线上线下品牌让人眼花缭乱的情景将会让品牌体系面临从未有过的复杂性。

第三,品牌市场分布版图也在新的市场竞争中不断改变。除了我们已经熟悉的跨国品牌与区域性品牌这样按市场影响范围所作的区分,还出现了小众品牌与大众品牌的区分、线上虚拟市场品牌与实体市场品牌的区分;服务业品牌与制造业品牌开始"分庭抗礼",精神产品市场品牌与物质产品市场品牌以及终端产品市场品牌与中间产品市场品牌"分道而行"。更重要的是,在市场创新中,传统市场品牌与创新产品市场品牌在互动中不断"洗牌",为未来品牌体系的重塑与重构增添了许多新的不确定因素。尤其是在"互联网+"的时代,企业将要通过新的技术和市场标准与更为严密的专利实施和保护,不断提升品牌的核心竞争力,在品牌去同质化中提升品牌的市场含量,新兴品牌不断崛起,品牌竞争进入了新的阶段。

第四,品牌评价指标体系将会发生变化。企业社会责任指标将在量化中进一步凸显,技术因素和专业度将会提升品牌的使用价值,消费者消费体验评价也会进一步增加品牌评价的权重。即便需要展示证明商品服务资质的各种专业证书以及企业品牌营销效果，也即知名度、识别度和品牌推广传播等仍然占有一定分量，市场黏度即市场占有率和消费频次、数量依然是重要的评价依据，评价体系需要更立体、更严密。

第五，品牌体系一直是一个制造业品牌占统治地位的比较评价体系，虽然后来添加了服务业，但是由于业态不同，比较起来有难度，尤其在一些市场领域里，几乎处于无评价的空白状态。且不讲近来开始受到重视的互联网电商企业与互联网金融企业，在中国，已经有些历史的资本市场就是品牌世界的空白点。券商们或有业内的品牌关注，上市公司的资本市场品牌建设则基本缺失，真正能够赢得投资者广泛认同并且经得起"牛市""熊市"周期检验的资本品牌公司并不多，这是股市炒"概念"、炒"政策"在"瞎子摸象"中波动的一个重要原因。许多上市公司并不关心品牌建设，只关心圈钱。因此，加大对资本品牌建设的研究，就成为品牌体系建设的重要方面。

基于以上诸多变量因素，我们可以得出品牌体系需要重塑与重构的初步结论。如果进一步研究与综合，正面的品牌评价大体上需要这样几大新老评价因素：产品营销与市场占有率评价、产品创新度评价、消费者评价、产品绿色环保评价、企业服务效率评价和社会公益评价。反向的评价则应包括产品与服务的投诉率、网民的评价、企业内部员工的评价以及重大市场事故的一票否决等。

诚然，不同角度的品牌评价有不同的侧重点，在实际操作应用中并不能要求所有的企业品牌在各方面都尽善尽美。因此，同行业品牌竞争更有市场价值，也更有可比性。我们常常把企业品牌竞争比作奥运会，奥运会有国别、地区的团体计牌荣誉，更有分项计名次的荣耀。除此之外，各大类的国际竞赛同样引人注目，并不见囊括所有的混搭赛。至少，诸如世界品牌100强、全国品牌100强的评价比较应当慎之又慎，即使要比较，也要有产业特性或同项比较评价。品牌强并不等于企业强，更不等于企业大，品牌评价要有自身更为准确的标准。

五
与消费者共同打造品牌

品牌是企业的专利,也是消费者消费的专利。离开消费者,品牌一钱不值。以客户而不是企业自身为中心,是品牌取得持续成功的关键。让企业员工与消费者互动,甚至让消费者在定制中参与公司的研发,在与消费者共同评价品牌的同时,也与消费者共同打造品牌,将会成为品牌成长的新路径。2015年7月14日,中兴通讯美国公司宣布,在美国市场投放新一代智能手机Axon。这款手机是由美国人主导设计并参与开发的,也是第一款用户全程参加开发、测试与交付的智能手机。Axon应用了57项专属于该机的专利技术,在功能与设计方面专注于美国主流消费者的休闲娱乐与保健需求,是中兴为美国市场量身定制的手机。所谓Axon,意为神经系统中的"轴突",即中枢神经系统的主要信号传递器。在未来互联互通的智能生活中,Axon需要担负智能指挥中枢的角色。中兴通讯美国公司的本地化程度很高,员工中80%是当地人。

中兴推出Axon,不仅意在打造新一代手机,也需要了解美国消费者对高档手机的个性化要求,贴近未来国际化消费群体的需求。这个消费群体无疑是美国的千禧一代。这款手机研发了两年,有5798名当地人士参与测试、定义与反馈。对中兴来讲,这不仅是打造产品本地化"生态群",也在打造未来"生态群",其投资者是设立在硅谷的中兴创新风险投资基金。中兴还与一些无线运营商共同开发了美国第一种航空无线网络Gogo In-flight,与美国公司合作成立了智能语音联盟,推出了相关的手机"星星3号"。值得注意的是,中兴注重参与社区活动,包括慈善公益活动,努力提高知名度。这一切使得中兴在美业务量在5年里提高了20倍。据2014年的市场调查,美国市场销售的中兴手机有66款。随着Axon投放市场,中兴有可能在2017年成为美国市场的第三大手机制造商。

把消费者与客户放在中心位置,是中兴的品牌经验,也应当是中国制造品牌在国际化进程中必须经历的发展路程。打造国际化品牌是企业的共同追求。随着中国企业走向国际市场,品牌的国际市场影响力和竞争力必然得到逐步提升。华为品牌在国际市场的蹿升,更是一个具有雄辩说服力的例证。人们现在开始把华为与苹果放在一起比较,尽管两者的业务方向并不完全相同。中国人在买 iPhone 的时候,为什么欧洲人在买华为?如果仅从销售业绩上看,华为 2015 年第三季度的智能手机出货量是 2740 万台,在欧洲市场的增长率为 98%。但是,这不妨碍欧洲人在购买华为手机的同时购买 iPhone,关键在于华为品牌具有更大的内涵。华为不仅有智能手机,还有位列世界前茅的通信技术和通信产品,同时具有基于客户需求导向的"静水潜流"服务文化和以客户为中心的普世商业价值观。

自 2009 年开始,华为先后在地中海、马六甲、塔斯曼海和鄂霍次克海赢得了海底光缆工程大单。2015 年又击败众多国际行业巨头,取得了马来西亚—柬埔寨—泰国海底光缆系统工程与喀麦隆—巴西跨大西洋海底光缆系统,成为全球瞩目的国际通信企业巨头。2010 年,华为进入《财富》世界 500 强,是中国进入该排行榜的唯一一家民营企业;2014 年,华为实现销售收入 2890 亿元,实现利润 260 亿元;20 多年来,华为累计纳税约 1200 亿元,直接或间接带动社会就业数百万人。华为的产品和电信解决方案已经应用于全球 150 多个国家和地区,服务于全球 1/3 的人口,其产品内容包括无线接入、固定接入、核心网、传送网、数据通信、能源与基础设施、软件、OSS、安全储存、华为终端十大方面,提供端到端的全系统服务。

华为品牌的成功,更取决于成功的企业品牌文化。华为的公司定位和"华为使命"是"聚焦客户关注的挑战和压力,提供有竞争力的通信解决方案和服务,持续为客户创造最大价值的通信设备服务商",坚持不做资本投机,全力维护经营生态。客户是华为之魂,服务是华为之本。华为的掌门人任正非认为,华为的文化就是服务文化,只有服务才能换来商业利益,"有一天不服务了,也就要关门破产了"。他还说,不能赚客户的钱的企业没有价值。谁能让客户自愿自觉地掏腰包,让更多的客户掏腰包,谁就有可能变得伟大。百年西方管理学的核心思想,绕来绕去还是离不开一个根本:如何围绕消费者的需求,为公司定位,为管理者定位,为公司产品定位。对于企业来讲,政府向它要税收,员工向它要薪酬,供应商向它要货款,只有一个"傻"的客户为企业送钱。但是,客户并不是施舍者,他只向那些真诚地提供优质、低价产品和服务的企业付出。所以,以客户为中心永远没错。"我们是为客户奋斗""为客户产生价值""华为是生存在客户价值链上的,华为的价值只是客户价值链上的一环,只有以客户的价值观为准则,华为才可以持续存活"。

基于这样一种深刻的认知,华为不仅提出"永远的乙方"的经营理念,甚至提出了"眼睛盯着客户,屁股对着老板"这样语惊四座的说法。以客户为中心是华为持续壮大的公开秘密,是华为创造世界级品牌的公开秘密,也是华为同客户与消费者共同打造品牌的一种秘境。

对于多数企业来讲,品牌提升的速度,从来都是取决于品牌与客户的关系。中兴和华为的品牌之路是它们的选择,也是后来的中国企业要面临的市场选择。这样一个前有"顾客是上帝"、后有"永远的乙方"表述的经商之道,说来简单,做来并不容易,这是类似品牌还不够多的原因。《财富》杂志公布的 2014 年全球企业 100 强里,中国企业占据了 16 席;但在全球品牌 100 强里,中国品牌只有 1 家华为。中国企业的实力并不弱,但品牌价值远远赶不上世界知名品牌企业。我们需要更多的华为品牌,需要更多的企业实现华为的品牌主张。可以预见,在中国,品牌战略最终会被提升到国家战略高度,因为那是国家综合实力的象征。

说到品牌打造,必然要说到品牌营销。如果把特定企业直呼为"品牌"或者"牌子",那么可以将"品牌营销"当成"企业营销"的同义语。但是,不知从什么时候起,"品牌营销"成为一个含义不清的流行词,并且堂而皇之地进入了营销学。如果"品牌营销"只是指产品和产品系列的营销也就罢了,把企业品牌当成营销的对象,则容易引起歧义。这是因为,企业品牌包括产品品牌,而且与产品品牌有着天然的一致性,而产品品牌则包含不了企业品牌。企业品牌的创始者、经营者可以运用品牌的力量在市场上"开疆拓土",也可以通过广告"占领"消费者的选择空间,甚至可以通过将市场占有率换算成企业的无形资产,使之成为排行榜上排名的依据,但是其本身不能成为营销的标的物。这是因为,品牌的无形资产不仅是后天得来的,其价值也来自于消费者的消费与市场认同。离开消费者与消费市场,企业的品牌一钱不值,此其一。其二,企业品牌的本质是商誉,也就是知名度与美誉度,而商誉是不可营销也营销不了的,只能不断地在打造中增值或者在磨损中贬值。如果一定要大力营销商誉,也就会出现"盛名之下,其实难副"的局面,蒙人一时,蒙不了一世。这是一些品牌企业"其兴也勃,其衰也忽"的道理。

那么,打造企业品牌不需要投入吗?自然不是。品牌也是一种市场要素,品牌投入不仅取决于传播投入,更要有技术创新、管理创新的投入以及人才培养的投入。此外,还要有商誉的投入和履行企业社会责任的投入。

是否可以这样讲,产品营销是形而下的品牌营销,产品品牌的营销是一门实际的营销学问,而企业品牌是形而上的命题,不可以随意营销,但可以大力推广?品牌推广包括市场推广,也包括企业文化的内向和外向的渗透。品牌是企业的灵魂,人在做,天在看,这个"天"就是消费者。

六
互联网广告的传播价值

　　随着互联网的产业渗透力不断加大,互联网传媒广告开始大行其道,纸质传媒流量减少,传统媒体广告效果有所减弱,广告营收业绩下滑,再加上传统媒体受众的分流,构成了平面媒体纷纷转型网络传媒或者网报高度融合的主要原因。据不完全统计,中国互联网广告营业额2014年达到1500亿元,近年来每年的增速为40%。中国互联网广告营业额的高速增长态势从2011年就开始了,当年的市场规模是512.9亿元,2012年上升到800亿元,第一次超过了报纸、杂志的平面广告额的总和。

　　但是,广告业的这种变化是相对的。英国《金融时报》对本国的印刷媒体作了大范围的分析,过去10年,发行量减半;过去5年,广告减少了1/3,市场萎缩了9亿美元。美国与澳大利亚也有类似情况。但是,数字媒体也有数字媒体的痛点,那就是量升价降。有人称之为"什一"现象,即印刷媒体的广告挣1美元,数字媒体的广告只挣10美分,媒体收入的两个来源并不能完全相互复制。

　　广告业的这种变化并不是突然而至的,有一条清晰的变化线可见:第一阶段是新媒体与传统媒体的市场争夺,形同拔河,在"拉锯战"中胶着,互有胜负。传统广告不仅是纸媒广告,还有依然强大的广播电视广告与街边实体画面广告。从更大的广告经营视角上看,新媒体广告的市场占有率并不像人们所说的那么大,新媒体"弹出式"广告一直也为受众所诟病,信息搜索又被杂乱无章的"海量信息"淹没,检索起来并不方便,因此,新媒体广告也面临着自身发展的困境。但是,基于互联网技术的发展,新媒体跨界进入商业服务业领域,形成了无所不在的电商潮流,广告业也在跨界融合中迎来了第二个发展阶段。平面纸媒的广告信息传播优势开始更多地丧失,广播电视广告传播优势开始缩小,广告业随之进入电商时代。正如一些研究者所言,由于受众从PC到移动化的接受信息的倾向越来越明显,商业服务业的去"中介化"走向也越来越明显,传统广告业走到了十字路口,要么在网报融合中进行电子商务,要么就被边缘化。从 PC 端到移动端,从 B2B、B2C、C2C 到 O2O,各有各的广告传播路数,引起了广告业的"结构性崩陷"。

说得更明确一点,所向披靡的互联网广告并不是我们寻常可见的"弹出式"广告和 App 里的实物商品展示那么简单。伴随着电商的崛起,处于电商产业链夹缝中的广告业也进入了电商经营时代。

美国的品牌营销专家罗恩·阿姆拉姆具有几十年的品牌营销经验,曾经担任过美国斯普林特预付费手机部门的媒体主管。他提出了"是谁在看网络广告"的研究课题。他说,在 2000 年时,美国电视广告的效果最好。但是,到了 2005 年,情况发生了变化,网络广告同样可以得到电视广告的受众,同时价格比后者低许多。2013 年,阿姆拉姆与他的同事参加了在纽约举行的一次关于广告业绩分析的报告会,得出的结论是:网络广告的投资回报率为 2 比 1,即投入 1 元,获得 2 元的营收涨幅,电视则是 6 比 1。电视尚且如此,平面媒体就更不在话下了。然而令人惊讶的是,在他们投放的广告中,只有 20% 被人看到。如何解释这个现象呢?一种说法是,网络广告中存在欺诈,就如美国广告商协会在 2014 年发布的报告所称,"11% 的显示广告和 25% 的视频广告是由软件而非真人看到的",这种技术欺诈给广告商带来 63 亿美元的损失。另一种看法则相反,并提出一个疑问:如果存在欺诈,那么 2 比 1 与 6 比 1 的营销效果比较又是怎么来的?

商业信息的生命在于真实,然后才是快捷与打眼。电商中有欺诈,网络广告中也少不了欺诈,这其实是无须争论的。需要讨论的有两个问题:其一,网络广告为什么大行其道?其二,如何进一步发展网络广告并使它更正常、更规范地发展?第一个问题的答案很简单,当消费者转向线上,广告受众也一道转向线上的时候,网络广告自然就会成为广告视觉中心。尽管街边广告与平面媒体广告并不会就此消亡,但充其量只是一种随机提示,欲知详情还要回到线上来。如果人们把注意力放在 App 上,信息会更周全。第二个问题就复杂了许多,其中有市场成熟度的问题,有"劣币驱逐良币"的问题,还有互联网广告交易技术的问题。

在网络展示广告领域,近期出现了 DSP 概念,即广告需求方平台,是 "Demand Side Platform"的缩写。广告需求方平台与广告交易平台(Ad Exchange)和实时竞价(RTB)组成了广告业务链,有效地推动了网络展示广告业的发展。根据艾瑞咨询发布的《2014 年—2015 年中国 DSP 行业研究报告》,2015年,中国DSP广告投放市场规模达68.9万亿元,环比增长97.9%。借助DSP广告,京东在当年"618"期间的销售额比平日提升了20倍。目前,DSP业内有易博、悠易互通等企业,正在推进DSP与非DSP广告流量整合,优化对接供应方、需求方,及时提供覆盖PC、平板电脑、手机、视频、视窗、富媒体、画中画、横幅等广告流量,不断建立完整的DSP产品体系。在DSP业务的发展中,虽然也会有这样那样的问题出现,但是在便捷、整合规范的广告流程中,往日令广告业界头疼的大量存在的宣传不实、吃回扣等"灰色区域"减少了,广告的流转效率提升了,广告业在"互联网+"下走上了透明和高效率的经营道路。

更重要的是,网络广告的发展正在进入大数据营销时代,基于云储存、云计算技术,逐步大数据化的DSP将能通过数据优化手段,在碎片化的市场环境中,更加精准地按照广告的目标受众投放广告。DSP广告营销将会迎来黄金发展期。即便是传统的平面媒体,发布广告是老本行,也要通过"互联网+"获得营销广告的新路径,或者在DSP广告营销中"切得一点蛋糕"。

与此相关的一个问题是,一段时间里,无处不讲"去中介化",却又脱离"去中介化"的确切含义到处去套用,"去中介化"成为一个并不确实的命题。广告业和传播业是典型的中介,永远是去不掉的,所不同的是技术方式、连接的路径和效能,是架床叠屋还是直奔主题。即便在未来的物联网时代,万物互联,也只意味着以更直接的甚至是一体化的中介方式出现。这是由消费程序逻辑所决定的。所谓"去中介化",第一是指信息不对称下的商品和信息流通环节太多,这些都是互联网运用进入商业操作之前无可奈何的"寄生环节",必将消失;第二是指陈旧的中介手段阻滞商品与信息的流通,必须在互联网引起的变革中发生颠覆性的改变。

从一定意义上讲,移动互联网就是最现代化的中介工具,目前的App、二维码就是中介形式。互联网信息的对称性、效率和透明度在目前几乎是无与伦比的,它的数据化、即时化、互动化和社会生活方式化最大限度地缩短了人为的中介距离。互联网技术还会创造更多、更有效、更直接的中介方式,这是无须怀疑的。要说有什么问题需要注意,那就是要防止互联网中介技术运用中的趋同化。这种趋同不仅会出现在新的商业模式里,也会出现在包括广告业在内的新的互联网中介行业里。

人们注意到,"互联网+"企业一方面呈现爆炸式增长,另一方面也出现了"烧钱"烧到接近自焚的程度。这在互联网中介企业中并不鲜见。以某网络房地产中介企业为例,进驻北京二手房市场的声势颇大,一年内获得3次融资,推广费就高达数千万元,但由于服务意识不完全到位,行业管理也跟不上去,与也在"互联网+"中不断创新升级的传统中介企业竞争,营收状况并不理想。这样气势大过业绩的互联网中介企业还有不少。应当看到,在许多生活服务领域,O2O品牌正在形成,一些互联网中介企业对行业"痛点"不能完全把握,仅仅把注意力放在通过"烧钱"推广抢占市场上,是很难达到快速发展目标的。"低价"入市只是管理低成本形成的一个卖点,而不是拉住用户与顾客的唯一手段。互联网中介企业进入相关中介行业,要有相关行业的人才准备,也要有几年磨一剑的思维准备。此外,互联网中介企业进入具体行业,也要吃透具体行业的营销规律。互联网虽是"神器",但术业有专攻,行业的上下游链条控制决定了,跨界不可能跨到无边界,跨界经营是相对的。就信息传播、文化传播和产品推广广告业务来讲,恐怕其他行业的人都不如这一行业的人"门儿清",从具体产业链构成的实际出发,找准自身的位置,发挥自身的优势,永远是一个硬道理。

与广告业有关联的传播形式问题还有三点需要研究:一是所谓"原生广告"问题;二是广告的公共产品空间属性和商业消费私人空间属性的平衡问题;三是广告业的业务创新问题。如果我们只是在占有广告份额多寡的数字比较里兜圈子,永远会陷于"切蛋糕"的"话牢"里。广告作为传播活动的重要商业分支,其天地要比我们眼前看到的宽得多。

据说,"原生广告"来自美国的《华盛顿邮报》和《纽约时报》在2013年至2014年改版上网之时,后来也进入中国的新媒体,比较有名的是凤凰网和腾讯的"智慧堆"。对于"原生广告"是什么,至今没有明确的说法。有业内人士给出了一个解释,即通过非商业手段达到商业传播目的的传播形式,都可以归为"原生广告"。说得更明白一点,这是一种另类的广告传播形式,很像前几年平面媒体上盛行的"软文"和广播电视中的"软广告"。"原生"实际上应当是原生态,并没有经过刻意的广告素材的提炼,有一种不经意中出现的流出感,从而达到引起消费者注意的效果。因为它毕竟不是新闻,不完全具有客观报道性,所以还要归于广告范畴。平面媒体和广播电视媒体中的信息专版、专页和栏目、频道都可归于这种"原生广告"的大家族。问题在于,平面媒体的版面有限,是以"新闻纸"立身,以"行情纸"和广告专页立命的。

立命固然重要,而身之不立,也就谈不上命的附着了。广播电视媒体也有频道的时空限制。因此,不管是什么样的"原生广告",都不能反客为主,甚至鸠占鹊巢,将新闻媒体变得不是它自己。与此相关的还有"泛媒体"的说法,如果从传播的总体概念上讲,也许没有什么大错,但传播市场也是细分的。当然,我们也看到,互联网技术的发展为所谓"原生广告"提供了发展的最大可能,至少是在时间和空间上给出了巨大的弹性,可以略无限制地上传。这正是《华盛顿邮报》和《纽约时报》在改版上网时推出"原生广告"的契机与原因。但是,我们也看到,无节制、无条件的"原生广告"也会坏了受众的"胃口",微商发展初期,滥用社交微信的功能,以及太多的渠道、太多的场景与信息让人无从选择,也会带来新的尴尬。适度与恰到好处应当是一切商业广告传播的追求,广告信息给予的"营养过剩"也会带来"痛风"甚至"中风"。所以,人们更倾向于进行有关消费的话题讨论和线上线下的体验,而这也涉及我们要谈论的第二个问题,即广告的公共产品空间属性和商业消费私人空间属性之间的平衡。

在互联网中,公共空间和私人空间是分明的。商业消费既有公共空间的属性,也有私人空间的属性。因此,广告信息既是公共产品也有私人使用的性质。如何做到广告的公共产品空间属性和商业消费私人空间属性的平衡,是广告产业经营者必须考虑的前提性问题。无论是电商的自营广告,还是借助传媒或第三方传播中介,这永远是一个敏感的"压痛点",而没有"压痛点"的产业几乎是不存在的。

那么,这是不是说广告业发展的空间是有限的?恰恰相反,作为互联网时代的广告业产业,面临新的黄金发展机遇期。只是,我们的视野并不能局限在历史的经营结构里,要用互联网思维整合大数据下的大广告业,从单一媒介载体中解放出来,重新全视角地去界定广告主、媒体和用户的商业关系,并把产品营销、品牌推广、传播咨询以及企业的社会公共关系等各层面的业务融合在一起,开创互联网时代的广告新业态。

广告的发展有其信息传播的历史规律,从最初的口传广告到实物广告,再到随近代报刊出现的"行情纸"和广播电视的声音、图像,已经走过了一个历史轮回,现在又在螺旋式上升中走入互联网的发展时代。如今最原始的口传形态演化成供需双向的即时口碑评论,精准信息投放改变了强制"填鸭式"的信息灌输与浪费,大媒体、大制作少了,广告传播成本降了,广告业作为生产性服务行业将会在自身的创新中迎来新的天地。

较典型的例证是滴滴出行的广告营销。当人们正在为O2O"烧钱"而担忧的时候,广告业居然是斜里杀出的"一彪援军",滴滴出行的三大产业除了O2O出行系列和与汽车相关的产业生态链外,居然还有弹屏里蹦出的广告业。据粗略统计,滴滴出行已与北汽汽车、本田汽车、东风标致、华为荣耀、酷派等一干品牌企业合作,推出App弹屏广告。这种被称为"闭环广告"的3秒弹屏展示,其价位据称超过100万元/天。出行企业的这笔广告"横财",还不包括存在一定隐性风险的红包分享带来的广告展示。这可真是应了"羊毛出在猪身上,狗来埋单"的新商业机理。

此外,外卖O2O、团购O2O、洗衣O2O也都陆续成为广告的渠道与窗口,它们在主营业务上不急不缓地向消费者让利,在广告营销和各种增值服务上却不手软。但是,广告业"移花接木"必须有一个条件,那就是商家要有主业消费流量。有了海量的市场流量,"互联网＋"企业就会变成广告的"吸铁石"。

新市场与新市场人

新市场人改变商业

一
新市场人群改变商业模式

商业模式的剧烈变化,是一个不争的事实。正如美国学者蒂尔与马斯特斯在《从0到1》一书中所言,在传统时代,成功的商业模式是从1到N的积累过程,在发展的台阶上复制之前的经验,通过市场竞争不断扩大自身的市场影响力;而在互联网时代,成功的企业却会从无到有,从0到1,创造市场。

网购已经成为一种商业趋势,尽管它并不能完全取代实体店购物。欧盟统计局发布于2015年网上购物消费者比例,统计范围在16岁至74岁之间。统计结果是,网购比例已经从2007年的30%提高到2015年的53%,超过了欧盟数字议程中2015年达到50%的目标。70%的受访者对网上购物表示满意。统计还显示,经济发达程度越高的国家,网购比例越高,英国为81%,丹麦为79%,卢森堡为78%,德国为73%,荷兰为71%。网购比例低的三国是罗马尼亚(11%)、保加利亚(18%)和塞浦路斯(28%)。年轻人更喜欢网上购物。2015年,年龄在25岁至35岁之间的网购者比例为66%。相比之下,年龄在65岁至74岁之间的网购者比例只有25%。欧盟统计局的报告还在网购项目上做了调查,网购服装和体育运动用品最高(60%),旅游度假住宿次之(52%),家居用品和玩具第三(41%),活动门票第四(37%),报刊书籍第五(33%)。

互联网改变了商业,这是一个不争的事实,而从人的角度讲,是新市场人群改变了商业。从2014年起,中国电商模式发生了显著的迭代变化,基于移动互联网营销的O2O出现,派生出令人眼花缭乱的消费方式,"刷一刷"二维码已经成为网购的标配动作。

网购的快速发展更是市场变化的显著标志。2015年,中国电子商务市场整体交易规模达到16万亿元以上,其中企业网购接近13万亿元,占到电子商务市场整体交易规模的80%,同比增长27.2%。未来3年,企业网购将会呈几何级数增长。2016年到2018年,年均增长率将保持在30%以上。也就是说，2018年将达到28万亿元以上。按照商业模式分类，中国企业网购分为开放式与自营式。开放式企业网购是走完全线上渠道，对商品缺少把控。自营式企业网购形成了从商品选购到支付、物流的在线交易完整流程，是主要的网购形式。在2015年自营式企业网购市场里，京东、阿里巴巴、苏宁易购、国美在线和亚马逊中国是主要的竞争者，京东占有39.4%的市场份额，阿里巴巴、苏宁易购分别占到18.1%和10.9%。亚马逊中国提前布局中国"黑五"。"黑五"起源于美国，已有半个多世纪的历史，在中国言必称红火的商市、商节在美国用黑色来描述。这其实来自不同的记录习惯，在西方一般用红字表示亏损，故有"赤字"之说，黑字则表示赢利，因此"黑五"也就是大赚的日子。2014年，亚马逊中国首次将"黑五"引入中国，成为进入中国的最大生活类跨境电商。"黑五"跨境电商在中国的销售额与美国"黑五"的总销售额超过500亿美元不是一个等量级，与中国的"双11"也很难相比。但是，"黑五"在中国的本土化同样意义重大。其一，推动中国跨境电商的发展，在进一步借鉴发达国家节日市场的经验中提升中国电商的运作水平。其二，亚马逊已经认识到中国市场的举足轻重。2015年，亚马逊的中国市场呈井喷式增长，中国消费者在亚马逊中国上的花费要比2014年增长6倍多，仅在2015年前10个月就超过过去的总和。

2007年是中国电商的出发标志年。这一年，阿里巴巴以B2B模式在香港上市。此次上市并不比后来在美国上市的重要性小，此时的阿里巴巴已进入创业后的第八个年头，当时的主要业务是网上淘宝。到了2014年，O2O火了起来，移动互联网完全刷新了电商的商业模式。不管是早期的淘宝电商，还是目前的O2O电商，各种模式的转换，都是一步一步为新消费者千禧人群量身定制的。一种电商模式火爆一时，说明互联网企业找到了市场的"阿是穴"，也找到了新消费人群的"压痛点"。一种模式不可持续了，则说明需要继续寻找新的市场敏感点。在接续模式的转换中，有着互联网技术发展的轨迹与逻辑线，让它们从根本上区别于更老更旧的商业模式。

回顾电商发展历程，几乎是一至二年就会发生演进。2003年中国多个地区受到"非典"影响，人们出门购物不便，于是网购成为一时之选。阿里巴巴看到了互联网的应用商机，顺势推出了淘宝网。隔了一年，阿里巴巴收购了雅虎中国，京东开始了从线下到线上的转型。又隔了两年，网购市场迎来大爆发，市场规模达到561亿元，B2C模式出现。2010年，电商进入线上线下早期物流遭遇战,苏宁易购也开始上线。接着,第三方平台开始出现。从2013年起,随着智能手机的普及和移动互联网的发展,移动电商和手机支付又迎来爆发性增长。在这个变化过程中,线下销售和线上销售发生交汇,金融与商业和社交媒体出现跨界融合。变化节奏虽令人眼花缭乱,但有一条转轴始终未变,那就是具有互联网语言体系的年轻消费者与基本年轻的市场开拓者之间的商业默契轴。这条默契轴,一端是年轻消费者的新消费流,一端是互联网包括移动互联网的普及和由此产生的迅速便捷的供给流。这两端犹如电棒的阴极与阳极,一触即发,擦出市场耀眼的火花。

2014年,中国手机网购增加63%,手机支付增加73.2%,手机银行增加69.2%。2015年前四个月,网销增加40.9%。这是传统零售业整体向互联网转移的结果。美国的媒体也注意到,中国社交电子商务已经领先全球。他们说,上网时使用汉语的人数现在第一次超过了使用英语的人数。中国是最大的智能手机市场,也会是最大的电子商务市场。他们估计,在通过社交网络进行购买和销售的电子商务模式方面,中国领先西方10年,那些已经为此作好准备的品牌将占据优势。

美国《福布斯》双周刊网站也举出了中国电商领先全球的六个例子:一是巴宝莉服装公司在2011年进入中国,发现它的"粉丝"比在其他市场年轻得多,因此采用了更年轻、更时尚的样式和感观,改变店铺布局,配备数字标牌,走了一条不同于其他奢侈品花哨路线的新路线,新鲜、现代,吸引新客户。二是阿里巴巴在移动商务上加倍投入,并且开发买不起台式电脑和笔记本电脑的农村地区的电子商务,与中国电信合作销售价格低至299元(49美元)的智能手机。三是2014年8月,在微信上,Smart汽车举行了一次限时抢购,3分钟卖出388辆汽车,反映了消费者对网购的偏爱和对微信电商简便的偏好。四是天猫商城在中国在线购物市场份额庞大,越来越多的购买通过手机进行。五是中国"双11"的销售额是美国"网络星期一"的357%。六是社交购物要求零售商负起社会责任。尼尔森公司调查结果显示,40%的网购者乐于网购体验评价,糟糕的零售商有可能消失。

2015年5月27日,美国《福布斯》双周刊发表了马丽·米克的互联网报告。马丽·米克被誉为"互联网女皇",她说,中国是技术创新领袖,印度将是下一个。中国也是最大的互联网市场,用户增幅为7%。中国以5.13亿个智能手机名列第一;印度目前是1.5亿个,2014年的增长速度为55%,其互联网用户增长到2.23亿,是世界第三大互联网市场。印度的移动平台互联网流量的65%来自移动设备,中国是30%,美国是22%。

目前,中国互联网普及率为48.8%。2015年7月23日,中国互联网信息中心(CNNIC)发布第36次《中国互联网发展状况统计报告》,到当年6月,中国网民规模达6.68亿,互联网普及率为48.8%。男女网民比为55.1∶44.9。手机网民规模为5.94亿,网络购物用户有3.61亿,同比增长19.7%。手机支付、手机旅行比较普遍,搜索引擎、网络新闻的基础应用使用率为80%。数据也显示,第三方电子商务交易总额达到7.26万亿元,占全部电商平台交易额的44.3%。交易集中度也进一步提高,淘宝、天猫、京东等排名前20的第三方平台共实现交易额6.22万亿元,约占全部第三方平台交易额的90%。电子商务的发展,带动了金融网络支付、物流快递等相关产业的发展。2014年,快递业务量达140亿件,同比增长51.9%。

2015年前9个月,全国网上零售额达到2.6万亿元,同比增长36.2%,约占全社会消费品零售额的12%。网上零售额的增长与电商的迅速崛起以及O2O新商业模式的爆发式发展有着直接的关系。O2O新商业模式的形成,线上与线下的融合是必由之路。但是,O2O新商业模式形成潮流也会出现模仿中的同质竞争问题,出现诸如低价竞争、免费增加客户黏性和"烧钱大战"的现象。此外,为消费者所诟病的微商诚信问题突现。国家工商总局的抽查结果显示,2014年,网购正品率只有58.7%,投诉案7.78万件,比上年增长了356.6%。消协受理的2万件远程购物投诉中,非正品问题也占到92.3%。这些问题汇集在一起,必然导致新商业平台面临优胜劣汰的市场"洗牌",出现许多退出者,也出现新的电商巨头。这些问题发生的原因和性质不一样,市场"洗牌"的结果也不尽相同。比如,诚信问题事涉经营红线与底线,是自绝商路。免费与低价补贴以及由此引出的"烧钱",就要看能不能撑得住,出此策者大都属于创牌心切。电商上线容易,而线下服务成本具有一定的刚性。无论是商品消费还是服务消费,也无论是金融服务还是内容使用,在入市之初,都要解决品牌知名度和用户习惯培养问题。通过类似"大酬宾"的方法,用高性价比培养用户黏性,是一种惯常的商业策略。然而,"流量换广告"是有时限的,收支悬殊太大,终究会陷入弹尽粮绝的困境,一旦资金链发生断裂,只能收场或者及时改变策略。如微信转账,在一定额度条件下免费最终转向收费,就是见好就收的策略调整。网络视频和在线音乐网站也结束了免费的"蜜月期",大抵是同样一个思路。

不管怎么调整,移动互联网技术的发展会不断为消费者带来惊喜,也会推动电商不断改进自身的数字营销战略,并且不断推出新的产品,在市场上掀起新的消费风暴。尤其是有实力的大电商,各有各的市场"杀手锏"。例如,百度投入200亿元打造成立5年的"糯米",利用百度手机搜索、外卖等资源,利用语音识别、图像识别、自然语言理解人工智能和大数据分析,建立自己的"搜索加服务加支付"的全方位O2O消费体验,打通商家CRM系统,构建基于新会员体系的商家自营销平台,从而解决团购的单次消费问题,在提高顾客黏性中努力实现商家与平台共赢。在李彦宏看来,在O2O市场里,不仅要连接人与信息,也要连接人与服务。他把这一点称为"百度转型的要义"。另一些大的电商如腾讯与国际百货的实体公司百盛进行战略合作;而阿里巴巴则在与实体公司合作的同时入资美团网,设立外卖配送事业群和酒店旅游事业群,在2015年开始新一轮的探索。

新兴制造业也在发展,尤其是作为电商工具的智能手机制造业,颇有些一枝独秀。它们在创业初期都有低价的特征。对于这种低价比策略,有人以"山寨品牌"视之,甚至认为中国的制造业就是山寨制造业。这是夸大其词,甚至还有恶意攻击的味道。在吸收消化新技术的一段时间里,在企业品牌并不是十分知名的情况下,低价策略不失为一种选择。让市场去做价廉物美的广告要比支出高额广告费打开市场更为合算。事实上,在智能手机制造中国制造品牌的市场境遇已经开始出现高性价比的变化,中国制造业的发展节奏已经开始影响到世界制造业的发展节奏。在20世纪90年代,全球移动通信的领头羊还是诺基亚、爱立信和西门子。但是,现在它们不是退出就是转移,代之而起的不仅有美、韩的品牌,还有中国的华为、中兴和小米等。中国的智能手机约有150多个品牌,全球销售的手机有一半来自中国。中兴在全球有18个研发中心,仅在上海就有5000多名工作人员。他们将10%的营收投入研发,到2014年底,已经拥有6万个专利。他们不仅带动移动网络的超前发展,最终也会拥有对市场价格体系的发言权。

曾有人揶揄,现代人有暴富病、炒股综合征、自拍症、手机依赖症、拖延症,并列出了不同的年龄段。这其实是一种"酱缸子"分析,说年轻人都有自拍症,说过头了;手机依赖症是真有,却未必就是病,而是数字原生代的数字行为选择。因此,电商虽还要纠结于自身的商业流程细节,但真正要关注的问题是移动网络效率本身。移动网络效率才是商业灵感的技术来源。

  2015年底,国家工信部推动手机流量和宽带降费30%,这对市场和消费者是一个福音。真正的福音是互联网改变了时代,改变了商业规则。这些规则也许还没有全面准确地被人们提炼出来,但以下六个关键词是少不了的,它们来自新一代消费者的市场诉求:便捷、体验、好用、新颖、口碑与低价。这六个关键词在传统商业模式下做不到或不能全部做到,而在互联网商业"出场"以后,一切易如反掌。智能手机的App客户端可以把网络销售的能力发挥到极致。不仅是消费者,企业公民也在大量进入社交网。有的电商明确提出"全网营销",这是对的,也是敏锐的。提出"全网营销"概念,考虑到了多种电商模式的共生状态,其中移动营销即手机营销将是主流,而台式电脑营销则将逐步式微。目前,美国依然是以台式电脑营销为主,同时还在不断研究推出适用于台式电脑营销的程序和服务。

  电子商务是未来消费市场的主流模式,这是毋庸置疑的。国家统计局相关数据显示,2015年前7个月,全国网上零售额19363亿元,同比增长37.7%。其中,实物商品网上零售额16141亿元,增长37%,占社会消费品零售总额的将近10%。电子商务正在逐步成为拉动消费的主力军。

  移动终端技术得到发展,基础设施达到了一定水平,大的电商平台也提供了在线支付技术,解决了网上交易的关键问题,线上订购、线下物流的格局形成,人们在网上购物的习惯逐步养成。尤其是便捷的支付技术和迅猛发展的快递物流,构成了比较完善、有效率的商业循环链,"互联网+"催生的商业模式具有可持续性。目前,电子商务集中爆发地区还在较大城市。随着互联网的进一步普及和电商的市场拓展,三四线城市和广大农村潜力更大,预示着电子商务前途无量。企业"触网"普遍,尤其是小企微企,缺少互联网经营将很难生存。这不是变不变的问题,必须改换思维和手段,否则就会被打回冷兵器时代。企业"触网"中常见的现象是在营销中加入网络元素,结合公共账号和一些知名的App互推,拓宽市场渠道。即使是这样一种简单的链接,也会使零售企业的一般营业额上升20%左右。企业"触网"的另一个重要形式是通过互联网众筹模式开店,其前提是足够有创意,足够公益,否则就会无人问津。因此,昭示电子商务前景的,不仅在于它几乎无处不在、水银泻地的行业渗透力,更在于它所催生的业态丰富的电子营销。

  下面是生活服务O2O的一些案例,这些案例并非所有都是成功的,也不是最著名的,有的甚至陷入困境。但是,它们启动得比较早,从不同的侧面显示了 O2O 崛起与发展的轨迹。

案例 1 爱草媒

2015 年,杭州出现了"第二淘宝网"爱草媒,这是移商的又一次商业模式创新。爱草媒是一个商业网络平台,它有三个特点:一是在平台上消费可享优惠。二是消费返佣。这些都不新鲜。三是关键的创意所在,加入平台的消费返佣是全口径的,属于二次分配。即在特定的消费区域半径里,如一个区、一个县,不仅商家加入平台,任君选购,所有消费额都要按一定比例返还给加入的消费者。这就意味着三赢,商家在促销中赢了,平台赢了,加入的消费者也赢了。这对商家来说是创收。根据有关调查,一般商家的销售额能提升 20% 左右。对网络平台来讲,有稳定的现金流量和服务收入。对加入的消费者而言,在自身参与的消费互动中,不仅有了经常性的收益,而且有了新的创业机会。这个创业机会就是更重要的第四个特点:加入者在事实上成为网络公司的股东和事业合伙人,一俟公司做大上市,新的创业者在股权配置中将会全面胜出。据了解,他们的计划是"千人集团"。他们把这种实现用户创业、商户创收的双向商业导入模式称为"超级 App"。在实际运转中,商户入驻爱草媒平台,消费者浏览商户,进行选购。这是第一环节。第二环节是消费与全口径返佣同时互动,第三环节则是网络公司的上市。他们也把这种新模式称作"B2N",替代了传统的 O2O 模式。后者只是重视用户到平台,平台到商户,商户再到平台的中介互动,并没有打通用户与平台的真正关节,也缺乏相应的激励机制。B2N 打造了用户、平台、商户的市场生态链,无疑又是移商的一次革命。对于千禧人最关注的创业,爱草媒给出了诱人的分析。即按总销售额的 2% 计提,设若一个特定地区的年消费总额为 1500 亿元,其中网上消费为 10%,而爱草媒只占网上消费的 1%,其实现销售额就是 1.5 亿元,二次分配的数量是 1500 万,这还不算广告营收。这对一个千人团队来说,从现实和发展前景来看都是合适的选择。

有人从技术资本融资角度对爱草媒进行评析,这显然是不够的。市场的撬动力是更稀缺的资源,也是一种资本力。这种资本力在一般情况下是散射的,需要聚集,而网络既是它的聚焦器,也是它的放大器。

案例 2　Avocado 牛油旅行

传统的旅游网站销售分为几大类，一是销售机票和预订酒店，一是销售旅游线路，一是推荐旅游攻略，一是做旅游社区，各干各的。如何把线路销售与攻略结合在一起，玩得更有创意？一个名为"Avocado 牛油旅行"的旅游社交 App 软件出现了。该项目获得了 500 万元天使投资，整合了包括英国、德国、日本和意大利在内的 50 多条旅游线路，分别开展诸如"童话之旅""英国摇滚之旅"的特色旅游，可以自主约伴，也可以报名组团，提供签证、机票、酒店入住等一系列服务，让旅友肆意挥洒青春，"在路上阅读生命"。该项目已经启动了微信公众号，陆续开展线上服务。

案例 3　木鸟短租

随着旅游产业的爆发性发展，房屋短租成为一种与高档酒店相抗衡的旅游入住方式。尤其是随着国外 Airbnb 模式的出现以及 Airbnb 进入中国，短租市场迅速发育，出现了木鸟短租、蚂蚁短租、小猪短租、游天下短租等。木鸟短租经营了 4 年，目前占有 20% 的市场份额。它已开通了 392 个国内城市的短租业务，积累了 5.6 万套房源，努力适应游客从别墅、公寓到民居的多样化定制选择。短租盘活了闲置资产，解决了旅游目的地住宿贵的问题，受到普遍欢迎。短租目前也面临几个问题：一是房源的可靠性和入住安全性，二是租客支付的金融安全与保障机制。随着互联网金融政策的出台，这些问题逐步得到解决。此外，就是信息透明，以及延伸服务如租车、景点票务、保洁、保险、智能锁门等。木鸟短租提出，在纳税方面自我规范，在房东、房客和平台之间建立更规范、更有相互信任感的商业人际关系，这是其持续发展的关键所在。

案例 4　滴滴出行

滴滴打车轰动一时，改变了汽车出租既有的游戏规则。滴滴成立 4 年多，估值已经超过 150 亿元。2012 年 5 月，滴滴打车成立。2013 年 9 月，租车业务上线。2014 年，专车业务上线。2015 年，快车、顺风车、代驾业务上线并融资 20 亿美元。滴滴可以说是六大业务皆有，七个 App 齐全，发展势头迅猛。滴滴董事长陈维曾经用"国营招待所""三星酒店""经济酒店""家庭旅馆"和"五星酒店"来比喻滴滴功能的演进和发展，最终的目标是要用一个 App 整合所有功能。有关数据表明，在国内 O2O 移动应用规模排列中，滴滴列在第三，仅次于支付宝和美团。《2015 年移动出行应用市场研究报告》显示，截至 2015 年 6 月，滴滴专车占全国专车服务订单量的 80.2%。"每天为 3000 万乘客服务，在任何地方 3 分钟就有车来接，平均等待时间约为 6 分钟。"滴滴做的是行业内的全品牌。滴滴融资的速度也是创纪录的，前后只用了 2 周时间。其未来的目标是建立滴滴"生态圈"，呼应出行人群和车主人群的全口径服务需求，包括物流、汽车服务、地图技术、位置服务和汽车金融等。在广告推送方面，滴滴也在努力实现精准化和定制化。但是，滴滴专车也面临一个坎和一个坑。一个坎其实有普遍性，那就是零工的合法性问题，比如跑外卖的有的是无照派送，做零工的也有随机性，福利保障很难落实。跑专车的，保险理赔问题面临窘境，收入是否达到纳税标准似乎也不好核查。一个坑关系到新创企业的存续发展问题。价格优惠是必须的，钱也可以"烧"，但不能把"烧钱"当本事。从北京市互联网专车发展来看，为了抢客源，票价一度低至 1 分钱，最终是走不过价格大战这个无底坑的。因此，2015 年 8 月以后，不论是合并后的滴滴快的还是神州租车，返券 1 元成为新常态，"充 100 返 100"的做法也不得不取消。2015 年，Uber 进入中国市场，除了其本身"水土不服"和有关税收监管存在一些问题，也受到"价格战"的影响。然而，不管是本土的还是外来的，出行服务平台的出现与发展不仅解决了"打车难"与"打车贵"的问题，也推动了出租车行业和公交行业的改革。多地出租车改革中引入专车公司，共建信息服务平台。2015 年底，滴滴日订单创新高，17 个小时突破 503 万单。滴滴出行平台上拥有出租车司机 135 万，专车司机 400 万，顺风车司机 550 万，代驾司机 150 万，司机总人数达到 1235 万名，可以说是全球最大的线上出行企业。

案例 5　香蕉皮网

在中国，走街串巷是电子垃圾的主要回收经营方式，虽有专营公司，但一直依靠游商小贩，有回收资质的回收企业反而被边缘化。电子商务的兴起改变了这一种落后的传统回收业态。香蕉皮网作为中国首个互联网回收平台，开创了回收行业的新纪元。

香蕉皮网于 2013 年 6 月正式上线,公众只需在网上填报信息,工作人员 24 小时内上门回收,检验后"按质"论积分换新。香蕉皮网是公众环保意识提高的产物,是目前符合环保要求的规范回收渠道,回收的电子垃圾都会交由有资质的拆解企业无害化处理,符合千禧人的理念。香蕉皮网使用的是自身的物流系统,因此在成本上还有问题,不像遍布街头的小贩在回收成本和时效上那么有优势。鉴于回收电子垃圾的公益性,需要更多的政策予以支持,也需要线上线下新的物流设计,还需要年轻的志愿者。香蕉皮网在新的回收模式里开启了新的道路,不仅值得肯定,也会迎来新的机会。

电子产品回收一直是个新课题。尤其是智能手机更新换代加速,引出一波又一波换机潮,由于二手机市场与回收市场交叉以及市场本身的不透明,形成了许多新的问题,同时也为二手机 O2O 回收市场提供了新的发展空间。有关市场研究机构如 Gartner 测算,到 2017 年,全球二手机市场规模将达 1.2 亿部,销售额将达 140 亿美元之多。传统手机回收有两个坎:一是卖不上价钱,二是担心信息泄露,因此闲置在家的和转赠的多,回收量并不很大。对于回收游商来说,有翻新后到三四线城市的黑市上牟利的,也有拆解零件转卖的,基本属于"地下经济"。O2O 回收市场的最大利好是服务流程公开透明,通过反复格式化保护隐私,安全性好。如果保留发票、包装盒和购买小票,还可以卖出好一些的价钱。经营者有回收数码产品和智能手机的资质,如爱回收、回购网等,打通了手机回收的通道。较早时候,京东商城入局爱回收,主要是开展以旧换新商业模式。不少手机卖场跟进,也与 O2O 网站合作,开展手机回收业务。在深圳,O2O 分类回收垃圾模式正式上线,回收人员加盟后进行类似滴滴打车的"抢单",上门回收垃圾。一家名为"回收哥"的平台整合了 200 多名回收人员,计划扩充到 2 万人。这是国内首个全方位 O2O 分类回收平台。这种模式实现多方收益,一个三口之家由此可增加千元以上的年收入。

卖场回收,厂商也可以介入回收业,至少可以建立自己的专业回收网。在这方面,市场空间与制造业产品空间在理论上是对等的。也就是说,无论是电子垃圾还是其他工业垃圾回收利用,都是一个与制造业如影随形的巨大产业,甚至可以说是制造业的对冲产业。各种资源的有限性和环境对制造业越来越严格的要求,决定了这样一个资源循环利用的逻辑。正如在废品回收家庭里长大的美国记者亚当·明特在他写的《废物星球》中所讲:"相比其他任何全球产业,当今回收业所具有的风险相比即便不会更高,也算旗鼓相当。如硅谷一般令人吃惊的巨额财富之所以能积累起来,便是因为人们找到了方法,把回收箱里的废旧报纸送到最需要它们的国家。"他算了一笔账,2012 年,美国共回收了 4635 万吨报纸和纸板,节省了 11.7 亿立方米垃圾填埋空间;7519 万吨回收钢铁节省了 0.8 亿吨铁矿和 0.4 亿吨煤炭;545 万吨回收铝节省了 7600 兆瓦时发电量。他还根据中国有色金属工业协会的统计资料得出结论,2001 年至 2011 年,金属回收为中国节省了 1.1 亿吨煤,并减少了 90 亿吨矿产资源开采。同样在这 10 年里,中国大力回收铝废料,因此减少释放 5.52 亿吨二氧化碳。中国是世界上最大的铜消费国,整整一半的铜需求均通过回收再利用满足。

案例 6 汽车后市场

《2013—2017 中国汽车后市场蓝皮书》披露,中国汽车后市场 2015 年市场规模为 7000 亿元,2020 年有可能超过 4 万亿元。O2O 带来了整合连锁的新机遇。2015 年上半年,仅北京就有 70 多家汽车后市场 O2O 项目冒了出来,全国则更多。包括 e 洗车、e 代驾、e 保养、车点点等,免费洗车、1 元洗车、上门维修、上门保养,招数很多。洗车 App、维修保养 App 和汽配用品垂直 App 是主要的形式。总的来看,2014 年是个高峰年。2015 年下半年以后,技术含量低的将会关闭和被并购一批,市场"洗牌"不可避免。

案例 7 多洗洗衣

洗衣门店一般很传统,等客上门,至多增加上门服务。有的洗衣门店联合第三方洗衣门店,形成"轻模式"。多洗洗衣则发力自营洗衣厂加物流团队,在京郊地区联合数家"中央洗衣厂",实现线上订单、"中央洗衣厂"洗衣、物流团队上门的模式。线上订单便捷且压缩了时空距离,有利于在线上品牌影响力的扩大中扩大客户群,改变了洗衣行业分散经营和连锁经营中相对"重资产"的状态。"中央洗衣厂"可以缩短洗衣时间,保证洗衣质量和多重环境卫生要求,他们在河北的燕郊和北京的大兴区、昌平区建成自营"中央洗衣厂"和合作"中央洗衣厂",在得到创投机构投融之后进入快速发展期。这种模式的难点同样在于物流。他们的思路是自建物流,同时与全时便利店合作。多洗洗衣用线上方式降低了洗衣行业的平均单价,同时打造了适应年轻消费者生活节奏的洗衣业互联网品牌。

案例 8　美时美刻

美时美刻创始人宋涛说,3 年之后,传统摄影行业会逐步瓦解。这显然是因为摄影 O2O 的出现。2015 年 8 月初,这个成立仅一年的摄影 O2O 宣布完成第一轮 1.2 亿元的融资,这也是迄今为止互联网摄影行业的最大单笔融资案例。影楼是典型的"门板生意",美时美刻首次去门店化,将摄影师从"打工者"身份解放出来,成为平台的合作手艺人,提供 LBS 即时摄影服务。用户的付费只相当于在影楼摄影的 6 折,摄影师的收入却是原来的 6 倍。宋涛曾经一手创办了儿童摄影品牌"小鬼当佳",这使他进入摄影行业收入前 10 名。但是,他认为,那仍旧属于旧模式。他把转型的重点聚焦在摄影师上,对摄影师低到提成只占 2%、3% 的收入分配"开了刀"。由于用户可以通过 App 在线下载,房租成本从占比 30% 降到 10%,销售成本和管理成本也分别从原来的 15% 降到零,这三项合起来就减低成本一半,自然就会给人工让出了收入增加的最大余地。这只是一个方面。美时美刻成立不到一年,月订单量就达到 5000。融资完成以后,摄影 O2O 模式将在 20 个城市快速扩张。他们测算,以在京摄影师 50 名计,在全国可以"养活"10 万名摄影师。如果在儿童摄影之外拓展婚纱写真、旅行摄影、商务摄影,数字十分庞大。同时,他们还要在 O2O 平台上打造摄影师个人品牌,建设具有高服务性价比的线上服务平台。美时美刻正在掀起业内的一场革命。

案例 9　到家美食会

这是一个 7 个人跑出来的外卖平台。创业灵感来自一种观察,经历过创业失败的孙浩"误入"外卖行,他很快观察到,自己身边的年轻人是不做饭的,下馆子叫外卖是日常的吃饭方式。2010 年 4 月,美食会外卖平台诞生了,他们到处寻找合作者。但是,较大的餐饮企业当时并不屑于与他们合作,只有较早开放 O2O 的"眉州东坡"给了他们配送的机会。后来,他们选择了以自营的方式为消费者提供外卖服务,上线没几天,日订单已经突破 100 单。外卖平台有轻重模式之分,刚创业的到家美食会主营餐饮派送,就是只管"跑腿",没有自己的厨店设施,因此是一种轻模式;后来转为自营,则是重模式,也是典型的餐饮O2O。外卖在国外被戏称"懒人经济",主要是为图便捷的年轻白领和打工者提供盒装餐饮,后来扩大到懒得到餐馆就餐的家庭。外卖服务火爆,还是因为城市员工工作节奏紧张,交通拥堵,并不能完全以"懒人经济"释之。根据易观智库的不完全调查,2015年第一季度,外卖成交订单高达1.76亿单,同比增长了340.8%。一家名为"品途咨询"的O2O研究与咨询机构研究了2014年中国餐饮业O2O市场规模,用户达到1.98亿,营销额943.7亿元,后者比2013年增加51.5%。外卖营销额预计到2017年将会突破2000亿元。外卖市场潜力如此之大,也吸引了大的电商。阿里巴巴在2013年就成立了自己的外卖"淘点点",而由两名大学生于2009年创立的"饿了么"订餐网也做得风生水起,细分为校园、白领与家庭外卖,覆盖了超过200个城市,日均订单超过100万,校园外卖占到一半。"饿了么"订餐网2014年5月获得8000万美元的第一笔战略融资,2015年1月获得了第二笔3.5亿美元融资,2015年8月又完成了6.3亿美元融资。这一方面显示了外卖市场发展的潜力,另一方面也面临着与打车App一样的"烧钱"抢客源的隐患。外卖便宜是一种低价竞争策略,若养成市场习惯,也会伤及外卖产业本身的存续发展。

外卖在大学校园里很有市场。2015年秋季开学,外卖订单增加了1/3。高校传媒联盟作了一个调查,有35.12%的学生用户表示叫外卖是为了节省时间,有33.8%的学生表示是为了省钱。

在餐饮B2B企业中,覆盖国内一二线城市的有生活半径、易淘食等。百度外卖覆盖了京、沪等70多个城市。此外,还有一亩田、众美联、美菜网,都是重模式餐饮食材配送平台。一亩田曾经创造过月交易额100亿元的业绩。众美联由50个城市的300多家餐饮企业共同发起。美菜网在2014年上线,日订单过万,日流水近千万元,市场覆盖20多个一二线城市,并在当年融资近2亿美元。一亩田的发展也遭遇了"烧钱"和物流配送门槛高的瓶颈,出现了裁员危机。但是,餐饮市场十分庞大,全国餐饮企业超过300万家,营业规模超过6亿元,产业上下游从业人员1亿多,已成为继房地产、汽车产业之后最大规模的产业。食材采购在2014年就超过了3万亿元,2015年突破5万亿元。但是,食材采购市场的电商渗透率目前不到1%,亟待第三方平台将分散的资源整合起来。

案例 10　安楞山货铺

2013年,地处甘肃陇南的成县县委书记李祥在网上叫卖核桃,引起轰动与关注,"电商扶贫"的概念浮现出来。在陇南的大山深处,开网店已经成为一道风景。成县索池乡安楞村的大学生村官冯育芳注册了安楞山货铺,在网上销售山货。她卖核桃、卖挂面,一个冬天就卖出挂面4000斤。陇南的特色农业超过1000万亩,有11个农产品通过了国家地理标志产品认证,量大质优却处于积压状态。安楞山货铺给出了一条电商致富的思路。陇南开辟出了发展农产品电子商务的"陇南模式"。截至2015年6月,陇南开办网店6312家,实现农产品网络销售6.63亿元,建立了市、县、乡三级电商服务中心,创建和加盟电商平台26个,带动就业5000人。

案例 11　高思K12教育

在"互联网＋"的风潮中,教育O2O也在不断发展,"闭环教育"成为热词。教育培训是服务业,但教育不是制造产品,也不是线上代替线下那么简单。《2014年中国基础教育白皮书》显示,全国有2.2亿学生,课外教育市场规模6502亿元。但是,师资力量总体不够,质量也跟不上去。解决短板问题,要靠标准化而不是"圈粉丝"。但是,标准化能不能完全解决问题,这是一个复杂的问题。2015年8月,传统线下培训机构高思获得4亿元投资,开始进一步布局K12教育。投资者投资拥有互联网概念的在线教育产品,目标是冲着挂牌新三板或者上市去的。高思通过网络平台共享教育资源,提高课程研发能力,为包括三四线城市在内的更多培训机构提供标准课件和讲义,从而整合线下培训机构,是教育O2O的一个尝试。

案例 12　聚爱财 Plus

这是一款手机上出现的互联网金融资产管理类理财App,根据用户的期望收益自动推荐理财组合。在传统金融里,跨类金融资产量化配置一般服务于高净值人群,聚爱财Plus却在移动网络上使之成为更多人的理财帮手。在聚爱财Plus上,人们可以买到平时很少看到的基金、期权、期货、美国股票和香港股票等理财工具。聚爱财Plus将银行、保险、小额担保等固定收益理财,与证券公司、基金公司的高风险、高收益的产品进行量化组合,对冲风险。这是互联网金融尝试混业经营的一个理财创新。

案例 13 中国工商银行"融 e 购"

跨境电商风生水起。中国工商银行建立"融 e 购"电商平台,先从与西班牙公司合作做起,起步就有 200 家西班牙公司上线。中国消费者在线上下订单,通过国际航班进入杭州保税库,然后通过线下物流管道直送消费者。中国工商银行经营跨境电商平台有独特的优势,具备资质资信,国际支付管道通畅,只要在线上线下往前跨一步,也就万事俱备了。这种跨境电商业务兴起与国内自贸区和保税仓库的建设有直接关系。近年来,杭州与宁波分别建设了 4 万平方米和 2.6 万平方米的保税仓库,依托保税功能区与机场口岸的无缝对接,普通货物平均报关时间缩短到 2 个小时到 6 个小时,最快的半个小时就能完成。因此,跨境 O2O 电商平台成为一般消费品最靠谱的一桩业务。据淘宝网《10 年海淘报告》统计,仅 2015 年上半年,海淘商户就增加了 30%,在售的商品总量 200 万件。

案例 14 开元金融卡车租赁

开元金融公司总部设在石家庄,1994 年就开展了全国性的卡车租赁业务,拥有 550 家直营店,有庞大的潜在客户群,同时也面临个体户和"夫妻店"的竞争。通过把线上线下的租赁和融资结合起来,不仅招徕更多司机客户,也与"夫妻店"建立合作关系,使一度利润下滑的开元金融公司"枯木逢春"。开元金融公司的再生有以下两点启示:一是诸如此类的空白市场很多,如小汽车网上租赁和游艇网上租赁,还有尚未启动的私人飞机租赁等;二是互联网带来的机会很有可能产生大的连锁性的服务企业,甚至新的跨国公司。大约也是基于这样一个原因,美国短租鼻祖 Airbnb 联合红杉资本中国与宽带资本,计划搭建中国本土化管理团队,强势入局中国相关市场。

案例 15 QQ 的 3.0 时代

人人用微信,微信的"老前辈"QQ 在移动时代如何生存?腾讯 QQ 发布了新定位:依托 QQ 群、兴趣部落、QQ 公众号。其业务掌门人汤道生说,这是因为中国互联网的历史就是社群演进的历史。从最早的 BBS、QQ 群到贴吧、豆瓣、SNS、微博、微信，社群已经进入"连接一切"的 3.0 时代。也因此，需要内容提供商与应用开发商携起手，"为不同社群提供更丰富的内容与工具，共同探索社群商业化的新蓝海"。腾讯从 2002 年推出 QQ 群聊服务，拥有数百万个母婴群和行业交流群，数千万个同学群和运动群。办公群覆盖了超过 30 万个企业。在这些社群背后，存在着大量商业机会。比如，日均游戏下载量数十万次，每天有上亿购物链接在 QQ 群内分享。重新打造 QQ 群、群应用、兴趣部落、公众号相互叠加的新的社群生态体系，在实现人的聚合的同时，实现信息、服务、商业内容的聚合，从而实现大规模的商业化，这是 QQ 在互联网社交舞台华丽转身的基本思路。QQ 3.0 计划有很大的成功可能，因为 QQ 积累的人脉资产太庞大了，任谁也难以抗衡。吴晓波把移动社群分为产品型社群、兴趣型社群、品牌型社群、知识型社群、工具型社群等，其实展示的是社会人和相应社群的多面，其中的一面常常隐含了多面，可以在社交生态群中得到系统的开发。值得一提的还有同时推出的"变现"措施，即 QQ 社群伙伴分成计划：接入 QQ 钱包支付，群内应用支付平台零分成，收益全部归开发者所有；接入广告投放，与 QQ 社群伙伴共享广告收益。这无疑对 QQ 社群伙伴有新的吸引力和延续而来的凝聚力。

案例 16 福丽特邮币交易平台

福丽特邮币交易平台是全国最大的邮币卡现货交易市场，实行电子盘交易模式，让传统收藏与现代投资、理财概念结合起来。该交易平台推动邮币收藏市场发展，市值达到 40 亿元，日成交额 2 亿元，交易会员 10 万人。渠道扶持重要，风险控制更重要，该交易平台引入专业鉴定机构，实现现货交割，最大限度地降低投资风险。

案例 17 腾讯社交效果广告

腾讯的传统营收亮点是游戏，即便在目前，网络游戏收入仍占其增值服务业收入的 70% 左右。作为国内的实力派互联网公司，腾讯的社交效果广告与视频广告异军突起。在社交效果广告中，最引人注目的是朋友圈广告，被业界称为"印钞机"。2015 年上半年，腾讯网络广告同比增长 97%，其中社交效果广告同比增长196%,这主要受惠于移动端社交效果广告特别是微信朋友圈广告的大幅增长。微信朋友圈广告是2015年初上线的,一开始就显示了微信商业化的威力,这显然与千禧人重视微信朋友圈口碑相传的消费趋向有着直接的关联度。

案例18 Dmall

Dmall是一家正在发展的城市物流型的O2O,在线上接单,在线下"跑腿",2015年上半年成立。目前主要在北京为超市提供配送物流服务,目标是一二线城市连锁,超市与社区"通吃"。Dmall要做全国品类最全、规模最大的生鲜电商。Dmall目前虽还是面对超市,但已经引起投资商的注意,引进1亿美元的天使投资,职工1300多人,用户200多万人次,日均销售额600多万元。生鲜物流难度较大,电商的难度就更不用说了。但是,这是物流市场空白较多的商业地带,关键在于线上线下的即时衔接和调度管理。国内为超市代购配送的O2O公司还有好几家,而以生鲜为主打的只此一家。连接超市与社区的线下送货业务,是社区居民的痛,也是大型超市的痛。痛点也就是需求点,天使投资看到了这一点,毅然出手相助。超市代购比较有规模的还有小e到家、即买送。送货到家是未来生活的一种常态,工作繁忙与交通问题都造就了线上下单、送货上门的商机。

案例19 花样年等

在社区这块净土上,O2O也来了,花样年、万科和阿里巴巴以及民生银行、兴业银行先后进入了社区生活O2O。其中,最先进入的是花样年。什么是社区生活O2O?用户可以直接通过App实现网上购物、缴费、维修等日常活动,未来的目标是成为智慧社区。2015年,保利也发布App战略,推出"若比邻1+X",1是"比邻超市",X代表洗衣、药品、面包、快餐、健身、美容美发、儿童娱乐、家政服务、五金维修、银行等。相比之下,电商在社区的布局才开始。房地产商布局社区O2O有优势,把部分卖底商变成了O2O,改变了以前只管开发,把社区服务交给低水平的物业公司的老套路。小米也出手了,投资1亿元在一家国际青年公寓里打造"年轻人线下社交平台"。百度牵手万科,腾讯入股华南城,都有社区O2O的影子在晃动。一家"聚邻"社区信息服务消费中心开展跨地区连锁经营,一口气在厦门、泉州、成都、上海、济南等地开了 7 个此类社区店,除了上述功能,还代为去医院挂号。社区 O2O 的赢利模式已不是物业管理和物业费,最终是多方共赢的商业生态系统。社区 O2O 商机巨大。目前,国内的小区大多是封闭的,社区 O2O 推动了居民消费升级。全国住宅物业面积预计在 2020 年达到 300 亿平方米,社区 O2O 社区服务消费将超过 1 万亿元。有人算过这样的账,城市的三口之家,每月的社区消费都在 2000 元至 1 万元,一年各种消费加起来,就算 3 万元,毛利 20% 就是 6000 元,主办者即便只拿 1% 的佣金,也有 300 元,1 万户的服务半径,少说也是 3000 万元到几亿元。有人这样预测,从出现商品房概念到出现社区商业,再到社区 O2O,是三级跳,下一步就是物联网商业时代,商机更是无可估量。当然,社区 O2O 的成功与否同社区的主要居民类型差别有关,以青年为主的社区成功几率最大。北京的绿地集团在 2009 年以 30.25 亿元争得大兴区的"地王"之后,在推出绿地缤纷城的同时,布局了绿地商业管理有限公司,意欲引导社区消费,引入一批高端消费品牌。作为社区购物中心,绿地缤纷城的客户群是家庭消费者,因此组合了娱乐休闲项目,尽力打造聚客厅式购物消费气氛,增设儿童绘画展、老物件展、原创动漫展甚至展演折子戏。

案例 20 百度"度秘"

在 2015 年百度世界大会上,百度宣布,在百度手机 6.8 版本中推出机器人助理"度秘",将人工智能引入商业生活服务中,加码 O2O。"度秘"将以语音互动中自然问答的方式完成订餐、宠物美容和购买电影票等秘书化服务,并逐步延伸到美甲、代驾、教育、医疗、金融行业。"度秘"是聊天机器人、搜索引擎与 O2O 的结合。百度下一步计划将"度秘"的服务能力全面开放给所有的 App。用 BAT(中国互联网公司三大巨头百度、阿里巴巴、腾讯英文首字母缩写)争夺 O2O,这是第一例。人们看到,在网络三巨头手里,各有各的法宝。百度玩的是交互技能,阿里巴巴"使唤"的是淘交易,而腾讯用的是微信支付的社交平台。

案例 21 云农场

云农场是中国首家集农资电商、农产品定制与交易、农村物流、农业科技服务以及农村金融为一体的农业互联网综合服务商。它在网上分销农资,开通了从厂家直接到农户的一站式服务模式。产后,它为农户提供农产品在线交易,让农户与采购企业直接对接。产中,它在技术普及、测土配肥、物流、保险以及授信贷款等多个环节实行全方位服务。云农场拥有县服务中心数百家、村级服务站上万个,所实施的农资定制、农产品定制具有示范意义。国内首个O2O农村物流平台"乡间货的"整合车主、货主资源,有效解决了农村物流难的问题。

案例22　红领服饰

红领服饰在青岛,其使用的缝纫机从外形上看与其他服装公司并没有两样,但是装备了液晶设备,工人按照电脑上传输的设计信息加工制作衣服。为了构建这个量身定做的系统,红领服饰对国内外220万人的体型进行研究,提取了1000万个数据,形成了100万个服装模型,顾客可以在网上进行选择并传到生产线上,或手工制作,或电脑制作。制衣经历了从手工到机器批量制造时代,现在又进入定制时代。虽然定制产品价格较高,但是红领服饰在定制和规模之间取得新的平衡,其产品品质不亚于名牌,价格只有名牌的1/10,其赢利在2014年就增长了150%。红领服饰把这种模式称为"C2M",顾客与工厂线上线下交易,使较低价格与个性化制造得到更符合市场需求的整合。

案例23　蜜淘全球购

蜜淘是跨境电商,目前专营韩国进口商品。蜜淘在2015年进行了调整,主打"韩国免税商品"概念,特别是女装与化妆品。聚焦韩国产品,是呼应中韩贸易协定签订后贸易的持续升温,同时也避免多个热点中力不从心的资金和人力投入。蜜淘走的是"小而专"的路线,而不是"大而全"的路径,可以带来更高的效率和对供应链更完整的把控。

案例24　蚂蚁金服

蚂蚁金服是阿里巴巴旗下的金融集团。2015年中,蚂蚁金服推出"互联网推进计划",这是阿里巴巴大平台战略的一部分,也是继支付宝、余额宝之后的一大互联网金融力量。"互联网推进计划"计划在 5 年内助力上千家金融机构转型,与合作伙伴共享平台,因此被业界称为"金融版淘宝"。2014 年 9 月,阿里巴巴在纽交所上市,曾令马云一度成为亚洲首富。但是,随着股价"腰斩",阿里巴巴压力陡增。蚂蚁金服将成为阿里系再起的"异军"。马云认为,互联网金融从来不是传统金融的对立面,可以互相参股。在国企改革的大背景下,蚂蚁金服将会迎来较大的发展机遇。目前,阿里巴巴已经推出支付宝、支付宝钱包、余额宝、招财宝、蚂蚁小货、网商银行、芝麻信用,蚂蚁金服也会涵盖支付、基金、理财、小额信贷等领域。

案例 25　全家便利店

全家便利店是进入北京市场的外资便利店,只有不到 20 家分店,大半开通了外送业务。由于外送成本高,与三方平台或者物流公司合作是必要的营销路径。全家便利店 30 元起送,不收外送费,但限制范围和时段。送货服务以办公商圈、居民社区为主。在北京,最早开展外送业务的便利店是全时便利店,此外还有物美便利店。便利店外送开始成为行业的选择,范围一般在 500 米半径之内,目前的问题主要是商品品类扩充问题。同时,还存在一个问题,即便利店服务的社区居民不全是年轻人,许多年龄较大的顾客并不会用手机下单。例如,一家社区电商"社区 001",70% 的订单还是通过电话或者 PC 端。因此,完全用 O2O 模式是不现实的,要有一个新旧模式混合交替的过渡过程。这也直接影响到超市,当它们在与便利店联手或者自建 O2O 模式和配送团队的时候,也会面临同样的窘境,成本累加而效果不佳,需要寻求综合营销方式,进行综合平衡。

案例 26　LOHO

眼镜零售行业也出现了 O2O。LOHO 和亿超先后完成 B 轮、A 轮融资。眼镜行业是低频领域,能够得到资本的垂青不是一件容易事。在一些人看来,眼镜行业拥抱互联网无非是增加用户的购买渠道。但是,眼镜 O2O 又是不可缺少的,不仅能够让消费者方便地查询门店、预约配镜、获得上门服务,也可以让企业及时了解用户的多元化需求,将储存的数据及时反馈给设计和生产环节,有助于新产品的研发。LOHO 是快时尚商品经营体,低价与相对高频经营是其追求的经营目标。眼镜行业一向被视为暴利行业。但是,眼镜从出厂到上架,有多个流转环节,日益上涨的房租和人工费用也是抬高价格的因素。眼镜O2O与传统眼镜店铺相比,在固定资产和人力成本上可以节省80%。眼镜O2O虽也避免不了一般O2O特有的"烧钱"问题,但相对不严重,企业毛利可达50%。LOHO拥有多家代工厂,在O2O营销中减少了中间环节,减低了消费成本,增加了企业利润,这是它被资本看好的一个原因。更重要的是,互联网与O2O改变了眼镜零售行业的模式,依靠互联网可以发掘更多的用户需求和眼镜产品的附加值。眼镜业O2O的出现,意味着更多的行业在认真地思考企业的明天。

案例 27 "收益捐"

2015年下半年,支付宝上线"收益捐",最初的20天里就有5万人参与其中,每天从理财收益里捐出1分钱,资助中国扶贫基金会的"爱心包裹"。这种捐助形式可以化零为整,每捐满100元,就有一个"爱心包裹"送到贫困孩子的手里。这是互联网金融与公益事业接入的尝试,可以促进"人人做公益"风气的形成,也是公益事业力量加强的一个新途径。

案例 28 百度"医疗＋互联网联盟"

百度"医疗＋互联网联盟"并不是投资或者建设医疗实体,而是用户提供"秘书化"服务,即利用大数据技术构建医疗体系,完善互联网服务能力,满足用户的多种医疗需求。百度曾经提出"连接3600行"的口号,并提出医患双选"百度医生",即通过定位技术、搜索技术帮助每个人找到最适合自己的医生。百度已经开通近2000家医院,入住医生13万人,日均预约量2万人次,在2015年底成为国内最大的预约号源平台。这个"互联网＋"联盟包括预约挂号、保险、可穿戴健康设备、健康服务等多个领域。

2015年10月中,阿里健康、滴滴出行、手术预约O2O平台"名医主刀"联手医疗机构发起"滴滴医生"公益活动,在北京、上海、南京和杭州4个城市开展"滴滴出行App"呼叫,距离最近的"滴滴医生"第一时间上门问诊。且不论这种方式能不能缓解就医难问题或者是否只对行动不便的老年患者更有意义,它毕竟是有益的尝试。从技术层面上讲,这主要是因为全科医生资源稀缺;从医疗体制改革层面上看,移动医疗能不能实现,涉及现有体制与医疗责任问题,需要在真正的市场取向的改革中不断磨合与推进。

案例29 闲鱼

闲鱼是淘宝旗下的二手货交易平台,为个人和家庭闲置生活资源找到网上交易的出路,是"跳蚤市场"的电商化。每天挂牌的商品超过1600万件,上网"捡漏"成交的人一天也有二三百人。交易物品有的是用过但符合交易标准的,有的是刚刚购得但又要放弃。前期开展交易的是一些零碎杂物,后来二手家具、二手电器甚至二手车也出现在网上。目前,由于二手货的质量认定相对复杂,所以交易只在同城开展。赶集网旗下的瓜子二手车直卖网覆盖了40个城市,占了C2C 80%的市场份额,涉及新车、租赁、配件、保养与维修,更像是汽车后服务市场。汽车二手交易比较复杂,一般"跳蚤市场"的二手商品市场有巨大的潜力,需要有诸如典当寄卖经验的人才进入其中。

以上一些案例只是电子商务渗透传统市场的一部分,应当说,除了一些管制较严的特殊行业,如文玩、卷烟、某些酒品等,还有相应的问题需要研究,更多的领域尚待网上开拓。还有一些行业涉及公共资源,有的需要在相对自然垄断经营中加快线上服务和智能化服务步伐,有的也要在"互联网+"中取得突破。如停车产业,既是城市交通、城市建设中的"老大难"问题,也是最迫切需要解决的问题。这里有供地、市场准入和投资问题,同时也有"触网"与智能化问题。目前的"触网"与智能化尚属"小打小闹",需要在政府规划协调下运用PPP模式大力开发,形成停车App,在线上形成停车查询、车位预订、自动支付等智能停车方式,这是真正解决城市停车难问题的途径。

二
O2O 全渠道融合

全渠道融合将是新电商发展的显著趋势。从 2004 年"网商"概念被提出起,电商步入新的发展阶段。阿里研究院与"天下网商""淘宝用研"发布的《2015 年网商发展研究报告》提出,新网商已经成为经济新常态下的新引擎,呈现出六大趋势:一是 O2O 全渠道融合,O2O 成为线上线下整合的最有效手段,实物与信息之间、线上线下联系更紧密。二是业务数据化与数据业务化,大数据可以预测客户的真实市场需求。三是与工业时代的传统企业制度显著不同,合伙人制度和其他协同创业制度、内部创业创新制度更重要。此外,信息优势的消融,也会导致雇佣关系的变化,各利益主体在合约层面趋于权利义务平等。四是产品微创新、快迭代,呈细分化。五是品牌与服务成为商家标配。六是生态化治理模式成为可能。该报告预测,中国电子商务市场规模 2018 年将达 24.2 万亿元,是 2014 年 12.3 万亿元的几乎 1 倍。网商或说电商已经成为国内市场的最大"商帮",从业者有几千万人,新的商业活动渗透到经济生活的各个方面。在这里,O2O 全渠道融合已经是正在发生的事实。在商业快速适应互联网和大数据的大格局下,有效选择和运用各类电子商务及互联网工具,将会在数据管理、社会协作、组织变革、产品创新、品牌营销和客户服务等方面发生变化。O2O 全渠道融合应当有两层含义:一是就其覆盖的广泛性而言;二是渠道的交叉性和行业的重新连接,如打车与送外卖原本风马牛不相及,却可以在城市物流圈的线下服务与线上定制中完美地结合在一起。

进入互联网时代以来,商业模式层出不穷,但市场的主角无非是这样一组"生旦净末丑":制造业企业、流通和零售企业、消费者和消费者组合、政府,在不同的平台上上演了许多"连台本大戏",人物不同,情节可以归类,并由此出现不同的模式组合,按交易对象可分为:

B2B(Business to Business):企业对企业;

B2C(Business to Customer):企业对消费者;

B2F：企业对家庭；

P2C 或 C2M：厂家对消费者或消费者对厂家，即直销或者生活服务平台；

B2B 或 B2C：企业对企业或企业对消费者的多链条销售；

B2S：分享式、体验式商务；

C2C：消费者对消费者；

C2B：消费者集合购买，即团购；

O2O：线下商务与线上交易结合，互联网成为交易前台；

P2P：个人通过第三方平台，在收取一定费用的前提下向其他人提供小额贷款，俗称"网贷"和"P2P理财"；

B2G：政府采购；

G2B：政府抛售或拍卖。

在这里，除了政府采购和政府抛售，基本上是制造商、分销商与消费者的组合与博弈，体现了从生产、流通到消费的一般商业规律。但是，进入网络时代以后，出现了更高效率的网络平台，商业模式发生了变化，令人眼花缭乱。

首先是 M-B，即移动电子商务出现，紧接着 O2O 线上线下相结合，二维码营销大行其道。平台服务（Paas）、基础服务（Faas）等随之出现，P2P（Peer to Peer，即渠道对渠道）、点对点（个人对个人）的金融模式也出现了，一般是通过第三方平台（P2P 公司）的收费服务实现的。手段变化了，市场角色多了一个互联网，制造商、分销商与消费者之间的博弈从三角变为平行交叉的四角，效率大大提升。

O2O 的概念来自美国，一开始是作为团购的形式引进的。O2O 商家一般有实体店，线上线下结合。实施 O2O 商务需具备四个条件：一要有独立网上商城，二要有网站认证，三要有在线网络广告营销，四要有全面的社交媒体与客户线上互动。有人认为，O2O 也是 B2C 的一种线上线下结合的特殊形式。但是，B2C 更侧重于购物消费，O2O 侧重于服务消费。

O2O 商业模式的效果是明显的。对商家来讲，可实现精准销售，降低对店铺地理位置的依赖，从而降低租金成本。对消费者来讲，可在及时提供折扣信息的基础上享受到价格实惠，并可追踪。对服务提供商来讲，可带来大批"粉丝"，从而能争取更多资源。据了解，中国 O2O 市场规模 2011 年为

562亿元,2012年就达到986亿元,增长率为75.5%。

O2O对商家的线下服务能力是个考验,定制商品与消费者的预期能否相合也关系到信誉。

各界对O2O有不同声音,主要是担心O2O的滥用。O2O在国外也称"请求应答市场模式"或"全栈式初创公司",还没有一个明确的定义,每人都想从中分一杯羹,难免泥沙俱下。对网络公司来讲,目标是吸收网上订单,增加与线下公司谈判的底气,此外则是获得从订单到安排服务,再到处理支付的全程商务权。这里需要处理好不同商务主体之间的法律关系,首先是互联网企业和零售企业的关系。"互联网+"是手段而不是目的。有不少人提出还要有"+互联网",其实反映了不同主体的这种矛盾。在中国,15个使用最频繁的手机应用程序即App,有14个属于百度、阿里巴巴和腾讯这三大互联网企业,一些专业性App也被大互联网企业纳入旗下。集中度高一些是好事,但也不能因过高的集中度而抑制新的创新活动。全栈式和全程序也是相对的,金融的最终保管权是不能放的,不同的App平台的功能也应当有不同的侧重和组合。

但是,人们看到,从B2B、B2C乃至C2C到O2O,终究是个大飞跃。消费由原来的"实景剧"变成了"魔幻剧",效益提升了,消费规模扩大了。各种商业模式结合在一起,发生了新的市场效应和商业反应。B2B的新主角有阿里巴巴、中国制造网和中国供应网等;C2C有淘宝、易趣和推推网等;B2C以天猫、京东、凡客为代表,把网上零售、网上支付结合在一起,是商业模式最剧烈的跨界整合。

各界对于O2O也有不同看法,主要是适用范围有多大、是不是近乎于无限以及会不会危及商业信誉。比如,有专家建议,O2O在垂直行业、大行业细分、整合闲置资源以及"轻决策"领域更合适。有一个事实是清楚的,即线上线下相结合虽对不同行业的适应程度不同,但通过促销、打折提供信息是网络的基本功能,如何结合和规范是另一个问题。

各界也有关系到基本原理的争论,如规模效应,一直是一条制造业和商业规律。也就是说,制造业和商业的规模与收益和利润是成正比的。但是,规模效应现在却受到个性化制造与服务的威胁。网络平台的大行其道与此又是怎样的一种关系?从根本上讲,个性化制造与服务的确造成了传统制造业和商业的一种困境,人们不禁要问:我们是否要回到手工业时代?规模效应是不是消失或失效了？同质化原有的规模效应确乎失效了，却不是消失了，而是更多地转入线上，通过个性化的定制服务扩大了。谁拥有更多的网上用户，谁就拥有进行新的规模化经营的更大优势。同时，这种转移不仅不是规模效应的消失，恰恰是消解个性化制造与服务时代制造业与服务业面临的深刻矛盾，使规模效应与多样需求统一起来。

正是在这样的背景下，零售电商在2015年中开始了一轮竞争合作的新浪潮，曾经互相"打脸"的竞争对手开始走到一起。先是电商巨头京东以43亿元投资永辉超市，后是阿里巴巴斥资283亿美元入股苏宁云商，这是两个标志性的商业竞合事件。零售也开始出现传统零售与电商线下线上互融互通的新格局。阿里巴巴与苏宁云商将在供应链、门店、互联网金融、物流以及农村市场和跨境业务等领域开展多方面合作。京东与永辉超市则进一步拓展门店，建设物流配送中心和生鲜冷链物流系统。

对于零售电商的新竞合，不可轻看。在"互联网+"的时代里，对于零售商业，要改变的是渠道的单一和老化，不变的是商业的服务性质。互联网极大地降低了交易成本，正在颠覆财富积累的传统方式，商业、物流甚至制造业都会由此实现第二次腾飞。对互联网平台来讲，必须与实体经济结合在一起，最大限度地发挥互联网的加速效应和放大效应，使实体经济走上新的发展道路。在这个融合的过程中，最不变的是资本的运转和连接纽带。

对于O2O，国家层面下发的《关于推进线上线下互动加快商贸流通创新发展转型升级的意见》给予了鼓励与力挺，为O2O的进一步发展提供了更好的条件与空间。该意见鼓励实体店通过互联网与消费者建立全渠道、全天候互动，增强体验功能，发展体验消费；鼓励消费者通过互联网建立直接联系，开展合作消费，提高闲置资源配置使用效率。同时，该意见主张加快移动互联网、大数据、物联网、云计算、北斗导航、地理位置服务、生物识别等现代信息技术在认证、交易、支付、物流等商务环节的应用推广。该意见不仅强调物流行业的智能化问题，也提出市场广阔的农村电商化、社区商业便民化、交易市场园区化、生活服务在线化、商圈消费智能化和产品开发个性化。该意见尤其提出了第三方平台与制造业合作，利用电子商务优化供应链和服务链体系，其意义已经超出商贸服务业本身，将会极大地推动制造业的转型升级。O2O的发展前景可期。

然而，O2O之路并不平坦。当前社会消费增幅虽主要来自电商，如在北京这样的大城市增幅的 80% 来自电商，但在 O2O 发展到一定阶段之后，创业公司出现"冰火两重天"的市场景象。比如，全国最大的 O2O 洗车服务平台 E 洗车濒临倒闭，其他 O2O 创业公司处于类似状态的并不少。"冰火两重天"，有正常的一面，即考验市场选择；也有明显的负面因素，最大的问题是"烧钱"引起的资金链断裂。有的 O2O 公司一个月的用户补贴费用达上亿元，这甚至使提倡创互联网免费"玩法"的人都大呼"看不懂"。许多业内人士指出，前一轮 O2O 主要是花钱买流量，免费就是倒贴，用倒贴买不来黏度与市场转化率，而且这是不可持续的。在通常的情况下，当 App 将用户与实体商家联系在一起的时候，商家获得全额支付，差额要由 App 运营商填补。那么需要填补的资金从哪里来？只能是风险投资基金。无止无休的补贴是风险投资基金所不能承受的，"烧钱时代"随之结束。O2O 的下一步是建立自己的商业生态圈，其中最核心的是用户与订单以及真正的市场机制的形成。人们也看到，在许多 O2O 公司由于资金链断裂而倒闭的同时，BAT 这样的大互联网公司的业务却在上升，在 O2O 领域里不断扩张，继续发力，并开始一轮市场整合，如阿里巴巴和腾讯入股快的、滴滴，美团与大众点评网合并。BAT 在出行、餐饮、电影等细分市场领域都形成了一定的领先优势。百度也拿出数百亿元布局 O2O 市场。应当看到，未来移动互联网的最大商机就在 O2O，从信息搜索到交易，再到支付，是一个天然的商业闭环，加上大数据分析技术，是传统商业服务业不可相比的。O2O 中的 App 只是一个入口，更重要的服务环节是线下的用户体验。O2O 有自身的市场生态逻辑，违背了这个逻辑，就会南辕北辙，走向失败。

2015 年下半年，是 O2O 全渠道融合的一个高峰期。许多 O2O 企业受到资本的追捧，也普遍地经历了"烧钱"的"快乐"与"痛"，同时也有物流配送不能完全给力的遗憾。究竟如何做到全渠道融合，又在实际经营中赢利？这是谁都回避不了的永恒的市场课题。2015 年底，许多 O2O 商家又把注意力转向了线下，不仅是由线上向下"逆袭"的当当网、亚马逊这样的图书电商，以小米、魅族为代表的智能手机品牌以及互联网电视第一品牌乐视，也开始纷纷布局实体店铺。曾几何时，大讲"轻资产经营"的电商再次向线下扩张，这又是为什么呢？

说 O2O 在"退潮"，物联网＋商业服务业要走回头路，是不准确的。互联网销售已经根深蒂固地植入了生活类商业服务业市场，走上了一条不归路，重新重视实体店并不是后退,而是在不断地完善O2O的多种消费体验。一段时间里,人们谈论消费体验,无非是指从支付到购买的快速便捷性,这是非常重要的。但是,全面的消费体验永远排除不了消费者对实际消费效果的满意,尤其是需要试衣的服装业,电商成交转化率低于实体店,此其一。其二,在一些电商的实际运营中,低价补贴始终是一个"烧钱"的"黑洞",顾客黏性成本不断上升。据测算,2011年"黏住"一位顾客约需80元,2013年以后增加到300元,这是商家难以持续承受的。只有行商、店商与电商有机结合,才能提供更全面的消费体验,实现更高的成交转化率。这是O2O全渠道融合中必然发生的新的业态平衡。

三
App 营销

无论是第三方平台还是全渠道融合的 O2O，App 营销是共同的第一入口，也就是客户端。App 也叫"程序营销"，是通过手机、社区、SNS 等平台上线运行的应用程序开展营销活动。智能手机应用程序是其主流平台，这个平台不会自动启动，需要消费者从应用商店下载应用程序即 App。目前，在程序系统方面，美国有 Google Play 与苹果 App Store，前者的下载量是后者的两倍，但是后者的效益比前者多 80%。与美国只有两个程序系统不同，中国移动应用分发渠道有豌豆荚、乐视应用商以及百度、360 公司和各运营商的应用商店。在美国，与 Google Play 相比，苹果 App Store 用户的平均交易额更高，从技术层面上看，得益于其系统的统一，应用更便捷，同时各有各的适用性。有人打了个比方，iOS 注重"深耕"，Android 可以"广种"。2008 年 7 月，苹果 App Store 开始上线，分为游戏、社交、摄影摄像、体育、健康、旅游、儿童等 24 项内容。截至 2015 年，它在 7 年里为开发者带来 300 亿美元的收入，其中有 100 亿美元是在 2014 年实现的。其中，中国用户的下载数量超过美国，居于全球第一。诸如此类的营销程序应用系统组成了一个个"应用商店经济圈"，刷新了市场的面貌。

必须承认，眼下我们还处在互联网技术发展的第一个发展阶段的中后期。这个发展阶段带来的变化已经令人头晕目眩。"商业颠覆"成为高频率的热词，商业模式从初期的 B2B，发展到 C2C、B2C 和 B2B2C，再到 O2O。一种模式还没有走到头，新模式又来了。其实，最早的商业颠覆在互联网甫一问世就开始了，真正的商业颠覆还在后面。从商业模式上看，最早是"小步颠 WAP"，即免费服务网上营销，俗称"网上开店"，之后很快就进入 App。什么是 App？App 是"Application"的简称，就是通过定制手机软件、SNS 以及社区平台上运行的应用程序开展营销活动的总称，主要通过第三方智能移动平台进行。从行业上看，在中国，App 商业一开始主要在餐饮业流行，后来逐渐扩展到多个商业领域。智能手机的应用无处不在，决定了 App 在商业服务业中无处不在。接着,随着淘宝网开放有关平台、腾讯开发了微博平台以及百度推出应用平台,各大电商都开始拥有自己的客户端,App 在井喷中成为营销主流。App 营销渠道是一个开放的闭合系统,包括线上线下相互整合的商店、广告联盟、手机应用媒体以及手机应用论坛等,影响到千家万户,特别是新一代消费者的商业购买和消费行为。一些商业调查显示,智能手机的商业应用,在家中为 66%,在旅途中为 59%,在交通工具上为 52%,在餐厅为 38%,在商场为 30%。这是 App 的魅力和功力所在。

App 方兴未艾。在美国,有超过 110 万部智能手机在应用,中型以上企业都拥有自己的移动应用程序,世界 500 强企业都拥有自己的品牌 App,消费者也期望每个企业都能提供 App。从全球来看,2011 年的有关下载量是 382 亿,2015 年上升到 1827 亿。在中国,移动互联网和 App 的发展潜力更为巨大,主要表现在两个方面:一是农村网民增速高于城市网民。在新增网民中,农村网民占 48%。这种速度的提升,缘于上网成本降低,手机价格和使用成本也走低。城乡之间的数字鸿沟依然存在,其普及率分别为 64.2% 和 30.1%,而这同时也预示着更大的发展空间。二是移动互联网商务应用仍然处于开始阶段,主要由千禧人带动,不断地向不同年龄段的消费者渗透。传统的商业消费者认识到,移动互联网即时、便捷的特点契合普遍的消费需求,在拉动信息消费的同时,也会成为商品与服务消费不可避免的主流方式。他们在自己的千禧人子女的影响和帮助下,终究会汇入移动网络消费一族。

手机 App 营销是品牌与用户形成市场关系的渠道,也是连接线上与线下的枢纽。手机 App 营销成为程序营销的主流,是因为它与 PC 版普通网站相比具有更大的优势,设计简洁,访问快速,互动性强,增加了客户的黏度。它可以立体展示产品,虚拟产品体验,传递感情,进行时尚社交。登陆二维码可以称为"秒杀",因此成为新市场人认同的商业沟通工具。

就商家而言,App 营销推广渠道有多种,可以是微博推广、口碑推广、刷屏推广、付费广告、免费发放以及视频营销和社区营销等。就消费者而言,在"时间碎片化"中浏览手机,随时获得商业信息与产品信息,并随机支付,购买商品与服务。App 营销的这种多渠道、便利化的营销与消费特征,决定了它长久不衰的市场吸引力和各路商家对 App 市场的争夺,谁拥有更多的用户数量,谁就立于不败之地。2013 年,国内 App 应用量过亿的有微信、新浪微博、手机淘宝、UC浏览器、高德地图等10家。2013年后，App营销开始呈现多元化发展，进行跨平台布局，营销与用户并重。可以预见，由于App营销的持续性强、成本低、信息全面加上扫码的便捷，将会成为更多企业营销的营销利器和营销常态。

App营销有多种模式，植入性广告是寻常可见的模式，也有商品内容植入、用户营销和购物网站模式等。购物网站模式是将购物网站移植到手机上，这种模式内容丰富，一般带有购物优惠措施，对于直奔购物主题的消费者和倾向于直销的厂家，是一个常见的选择。但是，在强手如林的App营销阵营里，要使自己的App产品脱颖而出，少不了利用社会媒体进行推广，包括搜索引擎推广、视频推广、论坛发帖推广和新闻推广，以增加知名度与透明度。新市场人特别是年轻消费者的话题中少不了对日常生活购物的议论与评论，而且经常出现在微信朋友圈里，这就是为什么微电商们开始时常常利用微信营销的原因。这种带有急功近利色彩的方式一般会有负面影响，特别是出现伪劣商品的时候，毁了社交圈，也毁了电商的商誉，经常为消费者所诟病。对于App营销来讲，商誉好坏是一个生死底线。成功的App营销首要的是要讲规矩，要坦坦荡荡地接受社会化论坛的检验，并在人气营销中扩大市场影响。

在App营销中，最关键的是找准和稳定App营销客户，而这主要借助于二维码与LBS位置定位。二维码是一种黑白相间的几何图案，用以记录数据信息，即使用与二进制相对应的几何图形表示数字信息，并可以通过光电扫描自动扫描以实现信息自动处理。扫描二维码可以进行网上购物，建立朋友圈，是App营销最便捷的切入点。二维码已经成为广告的标配，只要用智能手机扫描二维码就可以轻松地访问营销页面，进入消费程序。二维码最早是堆叠式的，目前主要是矩阵式的。二维码加快了移动上网消费的普及率，拓展了消费市场，既可以跨媒体平台整合营销，也有移动营销目标的精准性，因此具有无可替代的营销价值。作为消费信息互动的最佳方式，扫描二维码与一般商品的宣传服务方式相比，更能引起消费者的兴趣。二维码营销的成本低，效果好，易识别，信息容量大，应用范围广，除了营销，还是一种用途广泛的管理工具，也是商品和产品编码系统的构成基础，甚至可以用来载示声音、语言、文字、签字和指纹。它的误码率不超过千万分之一，容错能力与纠错能力也很强，具有极强的识别能力。

LBS 是基于位置的服务方式,其最大的优势是直接拉近与用户的距离,推动用户消费。星巴克的咖啡配送就是利用这样一个优势。许多"街旁"App 也是利用这个原理。在许多行业如生活服务、交通、住宿、休闲、娱乐、旅游,以及场所固定的教育机构、办公机构、社区住宅和餐饮店,都需要 LBS 营销。为了引导顾客上门,商家还会制发自己的"徽章",鼓励"签到"。LBS 营销目前也是 App 营销的标配,随着移动互联网生态圈的形成,将给互联网、无线通信、物联网带来更大的变化,开辟出更为广阔的商业蓝海。

讲营销商品,也要讲服务,讲社会心理沟通,这是青年消费者很在意的一种文化分享。在这方面,一些企业有其独到之处:

案例 1 长虹微信聊天

长虹在 20 世纪是知名的彩电生产制造商,是同时集军工、消费电子、核心元器件研发制造于一体的综合性企业。长虹集团与腾讯合作,推出了微信机器人。这些机器人可以通过自由设置的关键词回复微信"粉丝"的问题,进行点对点的对话聊天,具备了物联网的某些功能性质。长虹微信聊天不仅涉及公司产品,更多的是生活话题和心情的交流。微信聊天的营销效果是"润物细无声",并不急功近利,却增加客户的黏度,让客户增加信任感和安全感。对制造商来说,这无疑是一种 App 软营销。

案例 2 联想售后服务

联想售后服务一直与时俱进,它的客服中心也很有特色,主要是用户与工程师之间的沟通工具。同样是微信聊天,用户可以选择多种形式,既可以是文字、语音,也可以是视频,还可以发送图片、位置等信息,更加随意、便捷。微信售后服务避免了电话咨询讲述不清或者接听模糊的弊病,用户可以更明确地描述电脑设备的故障,也不用担心电话沟通中发生的各种错误的理解,效率很高。这种针对性较强的服务方式完全适用于医生的远程诊疗和上门看病前的及时沟通。有趣的是,微信沟通还带有发送表情符号的情绪表达方式,更具人性化。

案例 3 南航微信精品

2013 年,南方航空公司(简称"南航")在国内首家推出微信值机服务,用户只需要登录微信或者扫描二维码，就能用智能手机选座和获取登机牌。这种服务模式在各大机场与航空公司普遍推广，成为新的常规服务。南航的微信服务不断完善，增加机票预订、航班动态查询、里程查询与兑换、出行指南、城市气候查询、机票验真等，受到好评。不到半年，微信用户就达到20万人。随着微信用户的增多，选择南航的旅客也开始增加。南航微信账号推广只通过官方微博、官网等进行，为了避免打扰用户，对于群发持慎重态度。这是对用户权益的一种尊重，也应当是微信服务以用户为本的运用原则。

案例4 1号店有奖竞猜

1号店基于微信的互动功能，开展互动竞猜小游戏活动，借助小奖品引起用户的兴趣，保持与微信用户和潜在客户的沟通联络，最终达到品牌植入与吸引用户眼球的效果。这种竞猜奖励活动无伤大雅，激活了用户情绪，以小成本带来大量与商品推广有关的流量。竞猜方式也适合在智能手机屏上出现，信息互动交换感性、直接，碎片化特征明显，名目是"我画你猜"。手机微信传递的形式很重要，对有些冗长的展示方式需要慎用，因为那会占用用户太多的时间，引起各种情况下的不耐烦，减弱传播的效果。

案例5 "熊猫博士"

"熊猫博士"是世界第三大儿童游戏开发商。2013年到2015年，该公司在中国的收入增长6倍，在全球的收入增长3倍，中国市场的收入占其总收入的10%强，全部来自有收费系统支持的iOS平台。在全球，"熊猫博士"的收入70%来自iOS平台，20%来自安卓支持系统，10%来自亚马逊。该公司的App紧抓儿童的性格特点，系统平台更多选择iOS，因为它能更好地支持音乐与动画的播放与下载，产生炫酷的娱乐体验，界面也比较简洁、直观。

案例6 "好大夫在线"

"好大夫在线"创立于2006年，目前有4万名专家和30万各科医生，经历了从PC网站到移动互联网的发展过程。"好大夫在线"从2013年开始在其手机App中增加LBS功能，让线上订单在精准定位中流转得更快，从而实现 O2O 的良性互动，从对话式搜索咨询到寻医、就医，实现一站式服务。"好大夫在线"已经形成完整的医疗解决方案闭环与互动评价体系。

诚然，在一开始的智能化、网络化阶段，企业的 App 也会出现安全陷阱和漏洞，这无疑是一个严重的信息安全问题。企业发生信息被盗和流失，一是因为有"黑客"蓄意实施网络犯罪；二是因为技术水平良莠不齐的软件开发商制造了"伪智能化"产品，在控制手机和设计 App 客户端的同时，并没有同步提供保护信息安全的功能。所谓"伪智能化"产品，说白了就是缺乏大数据支撑下的智能不到位和技术提供商本身缺乏信息安全人才造成的。据《中国信息安全专业人才调研报告》透露，中国目前培养的信息安全人才只有大约 5 万，人才缺口是 50 万，能达到"极客"级水平的更是凤毛麟角。这个缺口随着产业和事业的发展还会扩大，每年递增 2 万人。一家自媒体平台"安全牛"也对业内人士做了问卷调查，结论是目前国内信息安全人才的市场需求在 14.5 万左右，而每年从高校毕业的专业学生只有 2 万人。许多企业几乎年年都去清华、北大和浙大等高校"抢人"。这种信息安全人才紧缺的状况与 App 的大量应用形成巨大的反差，也是真正制约 App 营销的一大瓶颈。

《第 36 次中国互联网络发展状况统计报告》表明，中国网民手机上网率高达 88.9%。但是，2014 年全年，存在安全漏洞的网站有 61.7 万个，占到扫描网站总数的 37.6%。有业内人士感慨地说，很多风险还在路上，而大多数人当然也包括企业还不知道要"买伞"，这是 App 应用中比"应用商店经济圈"还重要的问题。

信息安全呼喊"极客"，而"极客"是稀有资源。"极客"稀有，是因为具有顶尖智商和能力者稀有。有人以多次获得世界级"黑客大赛"奖金的 Keen 团队为例，其成员一半以上是"高考状元"，另一半则来自微软等大型网络公司。对这些"极客"或"黑客"，人们冠之以"白帽黑客"的昵称，他们是年轻的网络"守门人"，是保护新商业模式安全运转的最珍贵的人才资源。2014 年 10 月 24 日，一场不寻常的展示网络信息安全问题的"极棒"（GeekPwn）大赛在上海拉开帷幕，这对企业的网络建设是不可或缺的，是又一门"商业必修课"。

四

大数据市场

最早提出"大数据时代"概念的是麦肯锡咨询公司,该公司指出:"数据已经渗透到当今每一个行业和业务职能领域,成为重要的生产因素。人们对于海量数据的挖掘与运用,预示着新一波生产率增长和消费盈余浪潮的到来。"数据已经成为最重要的资产,数据整合分析能力正在成为竞争力,许多国家把大数据上升为国家战略。美国将大数据称为"未来的新石油",认为拥有的数据规模和分析运用能力将是综合国力的一部分,是国家的核心资产和基础资源。2012年联合国发布的《大数据政务白皮书》也指出,大数据对联合国和各国政府来说是个历史机遇,对极为丰富的数据资源进行实时分析,可以更好地实施社会管理和经济运行。

为什么说大数据是一种基础资源呢?因为大数据是生产力要素之一信息的最高形态。在大数据时代,生产方式和商业模式必然会发生根本变革。大数据挖掘与分析运用,要解决的是一直以来信息共享的难题:在生产组织过程的诸种要素里,最模糊也是最具猜想性的就是信息的精准性,这种要素会直接或间接地影响到其他有形要素配置的有效与无效,甚至会带来反效果。由于人类长期以来的经济活动一直笼罩在厚厚的、神秘的"信息云层"之下,看不透,猜不准,信息不仅不对称,甚至常常是扭曲的,以至于我们将其称为市场"看不见的手"。正是由于这只"看不见的手"是如此"诡秘",不仅成为经济周期性波动的直接来源,甚至成为历次经济危机的根源,所谓"多了多了少了少"的"咏叹调",便成了此前人们对市场无可奈何的哀叹。

为什么传统"计划"经济会归于失败?因为它无视也无法获取正确的信息。为什么市场会有缺陷,这种缺陷又是什么?因为它一直在信息试错或试对的"鬼打墙"中"兜圈子"。互联网与大数据运用的"横空出世"终于使人们明白,平面的信息猜测和检测是远远不够的,必须穿透头顶上厚厚的"信息云层",在全息整合中打破信息的不对称规律。因此,尽管我们可以用各种概念来描述所面临的社会,但是最终还是要回到托夫勒在《第三次浪潮》

中所说的信息革命中来,而掌控大数据无疑处于信息革命的顶端。

从市场即商业活动的层面上看,商业信息不对称正是某些传统商业获取高额利润的秘密。这不是说信息不对称规律被打破之后,商业从此无利可图,而是强调商业要回归服务流通的本质,尽可能从旧的信息不对称规律下的赢利模式中解放出来,回归服务价值;同时,尽可能从看重"砸钱"的轻服务重资产模式中解放出来,实现新的商业模式。如果说未来制造业的高额利润要从创新的稀缺性中来,那么商业的高额利润只能从优化服务和提高投入产出比中来。实现新的产业发展和商业变革模式,必然要对云量数据的存储、传输、处理、分析提出更高的要求。说得更准确一些,不仅要挖掘大数据,存储、传输大数据,更要有处理、分析大数据的能力与人才。后者才是大数据价值运用的核心,而云计算作为大数据深加工也就成为一种必然。打个比方,大数据是信息的无尽矿藏,开采是第一个环节,挖掘水平决定着是富资源还是贫资源,然后就是加工环节,如果加工水平不高,则依然处于信息产业链的末端。

大数据"矿藏"与其他有形矿藏的分布有明显的不同,并不属于自然资源禀赋,更多地属于市场禀赋,随着市场的流动性扩大而无限扩大。在经济全球化的背景下,经济信息的数据流通不可避免,是市场进化的基本要求,这也是中国在第二届世界互联网大会上提出"共同构建网络空间命运共同体"的重要原因。在这个世界上,无论是制造业的创新与绿色发展,还是商业服务业流通的精准提供,都离不开大数据与云计算。

计算机与网络引发了商业革命,进而推动了工业革命进入新的境界,最终的目标是智能化,而智能化本身不会孤立地出现,必须通过互联互通的数据云计算过程全面实现。因此,眼前的变革应当说是刚刚开始,经历了计算机研发阶段、计算机联网即 PC 互联网阶段和移动互联网商业应用阶段,现在开始进入大数据云计算的商业工业和城市发展全面整合的第四阶段。在这个新的阶段,商业服务业方面是云计算下的精准销售与配送,工业方面根据新商业模式提供的数据信息作出相对灵敏的市场反应,而机器人与物联网则是相应出现的智能工具与智能产品。在这里,大数据云计算"君临"市场之上,覆盖广义媒体、通信、IT、互联网终端。在云计算智能时代,每个人都是数据人,每个市场主体都是数据主体,整个世界都可以用数据描述与联通,进入了智能世界。

当前,全球大数据、云计算处于发展初期,抓住大数据、云计算技术,创新商业机遇,具有进一步推动商业变革与工业变革的方向性意义。大数据、云计算应用可以推动互联网金融、互联网交通、互联网医疗、互联网教育以及各种互联网消费的进一步发展,并且不断地渗透在第一产业和第二产业中,成为市场的"最高服务产业"。越来越多的企业选择把信息系统建在"云端",通过智能城乡和智能企业的市场网络连接,延伸到每个潜在的消费者与用户,在大数据市场实现大数据营销服务。

中国的"互联网+"正在各行各业迅猛发展,大数据、云计算也进入了发展的档口期。《2015 年中国大数据发展调查报告》显示,2015 年,中国大数据市场规模达到 115.9 亿元,增速为 38%。大数据在中国已经具备从概念到应用的基本条件,将会在改善社会治理、强化民生服务、调控经济运行、推动创新活动、建立产业发展新生态等方面发挥越来越大的作用。发展大数据,目前可以看到的,一是发展自主可控的大数据、云计算核心平台;二是推动大数据、云计算与相关产业融合发展;三是鼓励大企业、大机构开放平台,提供便利的云计算服务,改变单打独斗、各自为政的狭小竞争格局。

在国家层面上,发展基于公共服务和商业服务业发展的公共云计算,是首要的基础建设。2015 年 9 月初,国务院印发了《促进大数据发展行动纲要》,第一次把发展大数据上升为国家战略。该纲要提出,要全面推进大数据发展和应用,加快政府数据开放共享,2017 年底前形成跨部门数据资源共享格局,2018 年底前建成国家政府数据统一开放平台。各级政府占有 80%的公共信息资源,政府大数据共享将会在更大半径里降低社会信息获取成本,有力支持教育文化、健康医疗等民生市场资源分配的机会均等,更会在新的消费热点和新的商业服务模式不断培育中推动电子商务、工业制造和现代农业发展。前者以医疗为例,数据开放共享可以使相关单位多渠道获取个人的健康信息,将职业、行为数据与医疗数据联系在一起,开展更全面的健康信息分析,实施精准医疗。后者以农村电商为例,大数据云计算不仅使山区的农产品及时对接城市市场,也使长期受到困扰的种植业、养殖业摆脱了信息阻滞的生产状态。大数据产业本身的发展自然也是人们关注的重点。2014 年,中国大数据市场规模已经近百亿元,相比 2013 年的增长率为 37.7%。有预计指出,2015 年到 2017 年,大数据云计算产业的复合增长率将达到 33.3%。

也许是因为大数据、云计算决定着市场变化的最终结果，城市与企业争相抢夺这个制高点，视之为走向真正蓝海的制海权。在全球，微软、亚马逊、谷歌、Facebook 都在竞争云计算运营商的席位。在中国，不仅有北京的"祥云计划"、上海的"云海计划"，移动电信的三大运营商、阿里巴巴和腾讯也展开了竞争。企业的发展模式各自不同。例如，微软偏重于整合所有资源，亚马逊则偏重于整合商业链。互联网公司对大数据、云计算在发展战略高度上予以重视，它们争相为自己定位。在 2015 年 9 月于北京举行的全球互联网大会上，阿里巴巴甚至表示，自己既不是互联网公司也不是电商，而是一家数据公司。阿里巴巴副总裁刘泳在大会的高峰论坛上这样憧憬："手机、电脑等智能设备把我们很多的日常活动、行为都沉淀在互联网上，2014 年人类一共增加了 24 亿台计算设备，这只是一个开始而已，到 2020 年会有超过 500 亿台计算设备会上到互联网上，大量的人与物交付同样海量的数据，变成生产资料。"这会使人想到马云曾经提到的"人类正从 IT 时代走向 DT 时代"，也想到马化腾在 2014 年提出的同样著名的"连接一切"的观点。在许多专家看来，"如果有一个词更能定义未来社会，那就是数据社会。未来 3 到 5 年，数据会影响到工业、农业、交通、生物、医药、教育、娱乐甚至社会服务"。有学者以康体运动为例进行分析：现在中国的运动人群占全国总人口的 30%，5 年后为 50%。但是，现在的统计只限于心率、计步，今后会统计血压、血糖、脂肪含量等，可提供的服务更加细化。事实上，云计算、云服务在生活中已经大量存在，如百度的搜索、移动的短信、腾讯的即时通讯等，关键是今后如何整合、提升，形成更大的产业气候。

发展大数据和云计算产业，究竟应从哪里切入？大的思路是清晰的。一个重点是着眼于公共资源配置和行政管理的新型智慧城市建设，另一个重点是更多着眼于初创企业与大数据产业本身发展的智慧产业。在中国，新型智慧城市建设，上海动作得最早，川沙镇结合迪士尼乐园的建设，从 2013 年就开始了规模试点。其他城市一路跟进，甚至处在西部地区的城市也不甘落后。目前，中国约有 500 个城市在不同起点上展开了试点建设。智慧城市的本质是信息覆盖、网络支持、数据运用，建设为社会经济服务的"宽带"网络体系。它并不是效率的"橱窗"，而是实实在在的虚拟世界与真实世界融合的社会经济生活系统。这样的系统已经在交通、医疗和政务管理中取得了突破，并且还有许多领域需要进入。从中国建设智慧城市的进程来看,从2012年国家住建部提出试点智慧城市,到2014年8月国家发改委等8部门颁布《关于促进智慧城市建设的指导意见》,参与试点的城市有193个,另有333个地级城市开展了数字地理空间框架建设,380个县级城市也开始动作。目前,已经有70多个城市开通了"城市微信服务",包括手机预约挂号、查询社保、公路缴费、水电费缴纳等,据说总数超过3600项,涉及公安、交管、医疗、教育、住房、民政、气象、文化生活等27个领域,服务用户达到2.58亿人。智慧城市建设将会产生巨大的社会效益和经济效益。据世界银行测算:一座百万人口的城市实施全方位的智慧管理,在投入不变的情况下,发展红利将增加3倍。在乌镇举行的第二届世界互联网大会上,由中国电子科工集团、腾讯、百度、神州数码等20余家企业和高校发起成立了新型智慧城市建设企业联盟,中国电子科工集团还同深圳、福州、嘉兴的城市签署了新型智慧城市战略合作协议。

对于什么是智慧城市,以及智慧城市与数字城市有什么异同,各方似乎有异议。美国前副总统戈尔在1998年首先提出"数字地球"的概念。2006年,欧盟发起成立了欧洲Living Lab总部,开始建设欧洲智慧城市,这是智慧城市实践的开始。紧接着,新加坡启动"智慧国2015",就其范围而言也是一个城市。2008年,IBM提出了"智慧地球"。2009年,美国的迪比克市与IBM合作,宣布建成了美国第一个智慧城市。欧盟对智慧城市的定义是智慧经济、智慧环境、智慧治理、智慧机动性、智慧居住与智慧人。显然,智慧城市的内涵与外延更广,涉及产业、环境、行政治理、居民生活和素质等一揽子变化,也包罗了互联网、物联网、现代通信等智能响应。这不仅是一个培育的过程,也会各有切入点与试点形式。从基础设施和从智慧产业切入都是需要的,而且不论怎样切入,都离不开大数据。

在中国,大数据和云计算发展更大、更现实的意义在于推动企业转型升级和大众创业,而不仅仅是建立几个"智慧孤岛"。在大数据条件下的"互联网+"企业和"互联网+"初创企业,才会有自己的智慧城市。大数据本身就具有多方面的市场细分机会,包括数据软硬件技术产业、数据采集产业、数据加工产业等,是互联网发展新阶段的尖端产业,也是建设智慧城市的基石。目前,国内许多地方形成的"互联网+"企业孵化平台、创业社区和创业媒体,共同扩展大数据、云计算背景下新的创新创业空间,是更为坚实的一步。在第二届世界互联网大会互联网创新论坛上,人们对初创企业在互联网发展中的成长机遇与挑战给出足够的重视。雅虎的创始人杨致远和一些互联网人士就说，这"会给初创企业带来发展潜力"，"几乎人手一台移动终端的流动性，结合云计算，可以创新出一些很棒的事物"。

应当看到，在未来，虚拟世界与现实世界的边界将消失或者互相变化，这是大数据时代的新特征。在互联网经济发展的新阶段，越来越多的实体、个人和设备都连接在一起，互联网已不再是虚拟经济，而是经济社会不可分割的一部分。每一个人和每一个社会经济细胞都同互联网连接，而连接本身就是互联网的使命。无论建设智慧城市还是发展智慧产业，最终就是共享数字化的经济社会成果。

2015年"双12"这一天，中关村首次对外发布了大数据产业发展路线图和产业分布图，提出到2020年将中关村建成大数据创新中心，形成面向全球的大数据创业和人才、技术、资本、数据资源汇集地，带动形成3万亿元产业规模和完整产业链的大数据产业群。具体地说，中关村计划引进100个大数据顶尖人才、100个创业团队以及50家有规模的大数据创投基金，落地5家一流研究机构和5家交易评估机构，建设30个大数据应用平台和20个创业孵化平台以及3个大数据产业园和50个大数据产业项目。此外，中关村还要培育600家拥有关键技术和6000家具有应用能力的大数据企业，培养15万大数据技能型人才，以及建设以"中关村数据研发服务—张家口、承德数据储存—天津数据装备制造"为布局主线的"京津冀大数据走廊"。目前，中关村已经汇聚了百度、京东、小米、滴滴、金山、亚信、用友、曙光等300多家致力于大数据创新的企业，基于大数据和人工智能技术的人机交互、虚拟现实、无人机、智能机器人等产品应用成果也在涌现，其中有210家企业的产品亮相了中关村大数据展。中关村的发展模式与其他地区殊途同归，共同推动互联网经济与社会的发展。

大数据看似"高大上"，其实并不神秘，甚至就像空气一样存在于我们的社会经济生活中。新华社报道了三一重工成为一种大数据提供者的"传奇"，三一重工不仅生产了占全国挖掘机市场40%以上的挖掘机械，也报出全国基建市场开工动态的大数据。这个数据每半个月一报，直接报到国务院，成为判断全国基建投资运作的重要参数，被称为"挖掘机指数"。"挖掘机指数"的诞生出于无心，成于有意。以前，若挖掘机出现故障，需要工程师前去监测。现在互联网技术可以实时传回"故障"数据，工程师给出方案，就近维修,互联网监测成为日常业务。日积月累,三一重工不仅拥有了海量数据,而且可以判断全国各地开工的总体状况。三一重工的数据要比所谓"抽样调查"准确得多,更比层层上报的数据准确,因此更有指数意义。e代驾基于对全国24个主要城市市民酒后使用代驾的大数据的研究以及5000多份调查问卷,发布了《2015年中国城市应酬指数报告》,得出北京以83.2位居第一,上海、沈阳分列第二、第三,而全国平均应酬指数为67.8,比2014年下降5%的结论,无疑也是对反腐成果的一种实时反映。他们在大数据上取得的突破,不仅在互联网工具运用上给人启示,也使人联想到亚马逊成为大数据公司并不复杂的过程。

这一切意味着,第一,只要有覆盖面广的互联网业务,就可能成为某方面的大数据公司或从事大数据业务。第二,具有创意的大数据分析人才更重要。第三,无论是什么样的大企业,在"互联网+"中都有发展大数据产业的部分机会,重要的是互联互通的互联网思维。乌镇会议的精髓是"互联互通、共享共治——构建网络空间命运共同体",竞合不仅是互联网的发展常态,更是大数据产业发展的必由之路。

大数据产业的发展还有两个市场条件:第一,公共数据开放共享,有效打破信息"孤岛",推动全社会对信息资源的充分利用。此外,就是企业与行业组织自行产生的可公开信息的互联互通。信息安全与信息共享好比一枚硬币的两面,寻找两者的平衡点是关键。第二,建立大数据市场,促进商业数据产品流通。2015年4月,全球首家大数据交易所贵阳大数据交易所挂牌。当年下半年,又有长江大数据交易所、东湖大数据交易中心和江苏大数据交易中心上线运营。截至2015年底,贵阳大数据交易所交易金额已突破6000万元,接入数据源公司100家,数据类型包括了贸易通关、专利、企业征信和工商数据等。在大数据市场建设中,电子商务、物流配送、互联网金融方面的数据流通依然需要努力。

五
O2O 市场简析

O2O 市场正在发展,进入 2015 年,主要在生活服务业中流行起来。2015 年上半年出现资本追逐的融资潮,这股融资潮虽在下半年有所放缓,但依然"波涛翻滚"。有关部门把 O2O 初步定位为"零售业发展趋势",视野虽窄了一些,但 O2O 首先激活了零售业也是事实。其实,在许多服务行业,甚至旅游、物流和多种多样的生产性服务业,都有 O2O 的身影。所以,"需要精准服务"完全正确。需要"明晰的赢利模式",而不能只靠"烧钱"与"价格大战",更是完全正确。但是,提出"回归商业本质",多少有些不知所云。如果有资本看好,那更是商业本事。一般地讲,没有资本的支撑,任何商业活动都行而未远。任何一种商业模式都不是万能的,有的看似不可能,却很可能;有的看似可能,却未必经得起推敲。一种情况是看频次多少以及是否为刚需;一种情况则是特殊服务,很难规模化。前者如社区 O2O,甚至是垃圾回收。后者如婚介,甚至是家教和培训教育 O2O。婚介看的是缘分,没有必成的道理。教育对象毕竟是人,成年人的继续学习还可以。家教靠如制造产品一样的标准化,至于靠不靠谱,还要研究。

1. 快消市场(FMCG)

中国的快速消费品市场(简称"快消市场")正在变化,这种变化主要是跨国公司市场份额在缩小,本土品牌在扩大。有统计说,包括个人护理、家庭护理、饮料和包装食品四大类,本土产品占了七成,跨国公司的溢价优势正在消失。这也许是事实,但从跨国经营和本土经营的角度看变化,是一个表象的看法。在经济全球化的大趋势下,商业竞争并不是爱不爱国的同义语,主要还是品牌竞争和商业模式的变化。大有大的优势,大有大的难处,在"互联网+"风起云涌之时,已经形成销售定式的大跨国企业转型缓慢,它们中许多就是不适应原在国剧烈的商业转型而向新兴经济体市场寻找最后机遇者。但是,互联网不仅改变了发达国家的市场,也在快速改变新兴市场,因此问题还是出在商业模式的变化上。事实上,国外一些大品牌的经营也在发生变化。如美国的 GAP，要关一百多家门店，以减轻其重资产的经营倾向；宝洁也在出售部分美容护肤产品和香水销售业务。它们已经意识到，要遏制销售业绩下滑，重获增长，必须与消费口味和消费取向发生变化的消费者建立更密切的联系。据尼尔森发布的《全球电商和新零售报告》分析，线上线下结合的电子商务模式已经成为主流。即便是实体店铺，也会利用线上服务提升营销业绩，其主要途径有二：一是登录店铺网页、扫描二维码通过店内电脑获取产品信息，二是选择网购送货。

在这种情况下，连锁超市也开始寻求新的出路。从便利性上讲，小超市和便利店胜过了大超市，超市行业需要调动各种方式以重塑消费者的全渠道购物体验。诸如欢乐购、一元秒、闪购、网订店的形式都出现了，移动支付和微信公众号也都成为超市的标配。诚然，数字化对超市原有的商业模式是一种挑战，采购、库存管理和消费者服务都需要在数字化流程中再造，既然迈出了第一步，也就会有下一步。

目前，电子商务增长在快消品增长中虽只占 30%，但增长率达到了 34%。这是了不起的。快消品大大小小有 26 类之多，国产品牌目前占 70% 的市场，质量提高是一个原因，有更多的物流配送系统是一个原因，电子商务也功不可没。相比之下，跨国公司行动比较缓慢。据贝恩和凯度消费者指数公司发布的报告，按价值计算，其增速从 2012 年的近 12% 放缓到 2015 年第一季度的 4.4%。2014 年的整体销量与 2013 年持平，价格有升。这并不完全是因为经济减速，还由于继续走主要在大超市销售的老路子。大超市不如小超市，便利化不够，网络加配送发展不够，大超市最终还是要走线上线下结合的新路子。比如，沃尔玛旗下 1 号店悄然上线之后，又在 400 多家中国门店全面接入了支付宝。物美、永辉、华润等也陆续开始了电商销售。在全国有 300 多家分店的大润发与飞牛网合作，进入了 O2O。在线上销售中，很多超市电商都与社区配送企业建立了合作关系。

包装食品和饮料是快消品的大宗，线上销售要比线下更便捷。2015 年中秋，广式月饼线上销售额首次超过线下市场，除了因为价格打八折，还因为能直接送到家。新的《食品安全法》实施以后，网售食品和饮料都要实名登记；网售食品如出现问题，可找第三方平台索赔。这样一些监管措施进一步确保了食品安全。食品和饮料市场竞争激烈，各种广告铺天盖地，宣传渠道不尽相同。比如，"加多宝"与"王老吉"的商标之争是一段时间里的热点新闻。加多宝与王老吉都在发展,所走的路线并不相同。王老吉凉茶已经有180多年的历史。正如营销大师艾·里斯所言,王老吉是"一个在历史长度、行业地位和影响力方面可以与可口可乐媲美的饮料品牌",很有希望成为蕴含中国传统文化精髓的健康植物饮料而风靡全球。但是,王老吉的做法传统了一些,除了主要是借助"中华老字号"、老品牌的长久影响外,重点打造中国凉茶行业的文化纪录片,网台联动播出,传播凉茶文化。加多宝则更多瞄准年轻的消费者,在打造"金罐凉茶"的同时,进入网络营销和微信资源的开发,并开展了与电视、电影发行的跨界合作,借助《中国好声音》,扩大营销,同样有强大的竞争力。王老吉也开始急起直追,打破单一产品营销格局,借助新模式进入多种饮料产品营销,甚至进入饮用水、石榴汁和口香糖市场领域。

百货业是快消品和零售业的传统"大本营"。在超市、电商以及便利店的连续冲击下,百货业陷入经营困境,试水电商新模式并不理想。如著名的王府井百货,从2013年起就开通了微信服务号、互联网金融会员卡和王府井App服务平台,并依托网上商城开拓新的营销渠道,但是其2015年上半年线上平台营业收入只有2681万元。这与它庞杂的商品体系和重资产模式有关系,先前的优势变成了劣势。因此,如何在经营结构和体制、机制上全面调整,杀出营销"围城",是首先要解决的问题。目前,王府井百货正式宣布进行业态调整,由大型综合百货向分类购物中心转型,小型的变为主题百货,部分门店向城市奥特莱斯转变。购物中心正尝试轻资产经营并引入合伙人机制,电商板块承担渠道开放功能,实现互动消费。相关人士指出,百货业正在进入第三次创业,必须全面转型,在目前立足于实体零售的基础上逐步构建互联网条件下的新商业模式。要经营商品,更要经营顾客。目前,百货业除了加快体制与机制调整,也有一个新的动向,即由步步高百货牵头,6大区域的20多个国内零售商共同建立了全球联合采购众筹平台。这一举措不仅是为了扩大优质商品来源,弱化原来层层代理的旧联营模式,探索建立新的采购模式。全球联合采购众筹平台就是从工厂到零售商再到消费者的F2B2C模式,减少中间商,再加上项目众筹,其商业意义并不比O2O小。该平台在一开始需要依靠国际买手的合作,成熟之后依然离不开线上经营。在有关百货论坛上,有心的企业家举出一例:在德国科隆食品展上展出的一种土耳其产330ml矿泉水,采购价为0.08欧元,到仓价为1.03元人民币,中国上市价为 2 元,毛利预计为 48%。这样高性价比的国际商品并不少。大型零售商联合走出国门,不仅可以采购到高性价比的商品,甚至可以拥有一线代理权,获得相对定价权。

传统零售商"触网"有深有浅,"互联网+"却变化无穷,一些带有文化元素的品牌专营快消行业,如老字号茶商吴裕泰等,也在线上线下"游走",增加客户的黏性和文化沟通。

还要看到,随着定制日渐替代批量制造,在网络互动中逐渐形成的个性化设计和个性化消费将成为一种潮流。这会给传统零售业的业态继续带来新的挑战。当然,对新一代消费者来讲,全面消费体验还是十分重要的,特别是游、玩、购与休闲结合的综合商城仍会是他们的一种选择。如经过升级的奥特莱斯,不只是扫打折货的去处,也应当是消费体验的场所。2015 年 7 月底,苏宁易购云店在北京开张,是集全品展示、咨询评价、大数据采集、互动体验、休闲娱乐、购物服务为一体的 O2O。它通过"POS 开票——体化收银—易付宝扫码支付"模式实现轻松购物,把大量时间让给"一元"玩乐消费,吸引了许多年轻的消费者。

2. 家居市场

家居市场是伴随着房地产业高速发展而不断壮大的一个市场,与房地产市场有着密切的关联。由于家居消费品的流行与时尚性,也因为家居产品多数处于耐用与不耐用的消费周期之中,因此家居市场也有自身的市场销售规律。2002—2012 年,以居然之家、红星美凯龙为代表,瑞典的宜家家居跟进,家居流通企业进入了扩张期,在国内大规模设立连锁店,迎来了开业就赚钱的粗放发展时代。但是,从 2012 年开始,随着房地产业进入下行阶段,作为房地产市场上下游的家居市场受到牵连,居然之家和红星美凯龙开始减缩销售店面,宜家家居也调整了策略,同一个城市里只设立一家。

家居市场超常规发展的一幕不复出现,并不意味着行业没有新的发展突破口,一面是在家具建材和布艺用品的产品升级中大打"绿色牌"和"套餐牌",一面是从 2015 年开始走上"互联网+"的道路。进入互联网销售的企业来自两个路径:一是互联网企业跨界进入,如天猫家装亮相,鹰来网也打造了国内首个"互联网装修 O2O 电商综合服务平台",金色家园推出"全球首家家庭生活消费 O2O 综合服务平台",东易日盛作出了 1 小时放贷的承诺。这些是家居行业出现的"黑马"。二是传统企业开始转型。奥普集团联合线下

100多家集成吊顶专营店,率先推出线上购买、线下体验,为消费者提供免费设计、免费测量、免费安装、免费配送、免费辅料五项业务。华日家具、顾家家居也与O2O合作开辟新的渠道。老牌的居然之家重磅推出O2O线上线下一体化服务。家居市场的互联网化虽然刚刚开始,但是很有气势。全国家居行业电商交易规模2013年为700亿元,2014年增长到1197亿元,2015年增长到2050亿元,是2013年的近3倍。

目前,家装企业也借势O2O推出了大型体验馆,被称为"风口大战"。家居产业言必互联网,先有产品、后有设计的模式被颠覆了,先有工厂、后有市场的模式也被颠覆了,各种家装包、家具包乃至家电包蜂拥而至。但是,如何在互联网上展示自己的品牌,获得消费者的更多认同,依然考验着互联网家装家居企业。

智能家居是未来家居市场发展的大趋势。美的与小米的合作是制造业与互联网的"联姻",也在智能家居领域作出尝试。它们推出的i空调可以实现智能家居的App控制,这是物联网的日常生活应用。在这方面,市场很广阔,也极富想象力。从家用电器的智能化到居家安全,需要一种系统化改造,这既是移动互联网的软件创新点,也是家用制造业"突围"于同质化的唯一途径。产能过剩其实是产品雷同,解决这个问题更需要有互联网这个"颠覆者"。从这个角度讲,是不能把互联网仅仅看作一种商品销售的连接器的。在互联网进入物联时代,商品的升级和真正的更新换代要依仗互联网与物联网技术的发展,这已经是可以预见的事情了。对于这一点,新一代消费者绝对是最大的拥趸,他们有着对智能家居的巨大市场追求。

3. 智能穿戴市场

智能穿戴市场是新兴市场。腾讯ISUX网上调查显示,网民期待的可穿戴设备中,健康类约为27%,身份验证类包括解锁手机、支付验证为21%,消息通知为20%,工具类如时间与导航为11%,娱乐类为10%,运动健身类为9%。这其实属于目前手机功能最简单的概念延伸,随着功能需求的扩大,诸如门卫钥匙、家居报警等都会成为时尚产品。从某种意义上讲,可穿戴产品是未来各种日常智能生活用品的第一产品梯队和核心产品。这是因为,一切日常生活活动都离不开人的感知和适时指令。可穿戴产品组成了一个人生活的"司令部",要有情报来源,要有指挥系统,还要有及时的反馈与应对选项的迅速传递等。目前,第一波"袭来"的可穿戴产品主要是智能手表、智能手环以及运动相机,其在 2015 年的市场认知率分别为:智能手表达到 52%,智能手环达到 40%,运动相机为 15%。可穿戴产品总的市场认知率为 55% 以上。有机构预测,2017 年,仅在中国,其市场规模就会达到 300 亿元。在全球,仅健康医疗级可穿戴产品的规模就在百亿美元以上,慢性病管理产品的规模可达 1000 亿美元左右。

可穿戴产品的业内风向标还是美国的苹果系,苹果旗下的 Apple Watch 2015 年销量约为 400 万只左右,在美国的日销量约为 1 万至 2 万只,其售价在 500 美元之内。2014 年 7 月,小米公司选择了另一种款型路径,推出了智能手环,从当年 7 月到 2015 年 6 月的出货量为 600 万件,市场热度高于 Apple Watch。华为也于 2014 年推出了自己的首款智能穿戴产品,月销 50 万台,2015 年底达到 300 万台左右。2015 年是国内智能穿戴产品开始爆发的一年,尤其是儿童智能定位手表,一时出现了断货的情况。这其实是智能玩具与适用的结合,如果还能与儿童启蒙教育相结合,寓教于乐,则其市场前途不可限量。广州的羊城通公司还把羊城通卡与可穿戴设备融为一体,推出了羊城通手表、羊城通手环,售价分别为 300 元、168 元左右。这两个产品目前具有查询余额和消费记录、计步与监测睡眠功能。据美国趣味科学网站报道,科研人员尝试把电子器件做得像布纤维一样,从 0 到 9 及星号键都可以缝制在衣服袖子上,即便经过千次拉伸,导电性仍旧可以达到设计的 90%。这种物型键盘织物还可以嵌入家具、墙纸和其他介质,改变我们与计算机的互动方式。

智能服饰将会在运动健身领域广泛流行,可以在运动中收集相关数据,根据运动的类型与强度,调整锻炼的时间效果,如德国企业研制的智能运动服,可以使锻炼者用 20 分钟的运动时间取得通常需要 3 个小时锻炼的效果。智能服饰商品,无论是 T 恤衫、智能袜子还是头部设备,都会配置捕捉身体动作的传感器,提供运动反馈,这对于喜欢运动但工作紧张的年轻人是颇具吸引力的。

4. 智能家电

消费电子、智能家电产品虽还没有出现系列化和大格局突破,但离这一步为时不远。智能门锁就是一个巨大的市场需求,需要与身份验证技术相结合。当每个居室与工作空间都要换一种新的安全概念的时候,看似走到尽头的家居市场会迎来什么情景?这很可能是全面开启智能家居时代的第一道"大门"。但是,这是一个特殊的市场,需要得到保安部门的支持和认定。智能家居最终要颠覆目前的家电行业,使人们的衣食住行方式发生巨大的改变。"物联网+"已经不只是家电制造业的产业共识,也是人们的生活共识。智能家居将会重塑家居市场,就像改革开放之初各种家电初入寻常百姓家一样,开启了一个新的消费时代。根据有关数据,到2020年,中国智能家电整体市场规模将会突破万亿级,其中智能硬件产值就有6000亿元。部分智能家居的渗透率将进一步增长,智能洗衣机为55％,智能电冰箱为38％,智能空调为55％。这是一次仅次于20世纪80年代末抢购家用电器的一次大的商业机遇。在衣食住行中,交通的地位愈发上升,智能交通不仅意味着智能汽车的出现,更意味着交通系统的智能整合快时尚。

5. 服饰市场

近来,在百货商店、服装店与购物中心出现了"快时尚"商品概念。这类商品价廉物美,样式更新快,代表性的国际品牌如优衣库、H&M和Zara等,对奢侈品和大品牌是个冲击。但是,快时尚表面上人气在实体店,旺销却还在网上。有评论说,实体店成了试衣间,试过以后拍下来,还是要到网上下单。实体店或许具有一种不可缺少的橱窗功能吧。

在服饰市场,流行体验型服务,同时时装订制大量出现。时装最早的也是最符合个性化需求的消费方式就是量身订制。现代职业装的兴起,使工业规模方式成为大众消费的主流,但是不能代替日常着装消费。随着着装文化的回归与不同场合的需要,服装业更多具有原本的文化属性,也会有许多新的科技含量。生活美学和不同的生活场景融合在一起,是人的生活体验的源泉。

2015年是快消市场总体呈网络化的一年,许多超市先后接入新商业模式,就连沃尔玛也在中国400多家门店全面接入了支付宝。就在线上线下交互创新商业模式的情况下,新的业态也在不断刷新市场的面貌,最惹眼的就是生活集合店的出现。生活集合店也叫"10元店",起源于中国义乌的小商品市场,曾风靡于日本,现在又在中国的许多城市里"开花",有的商品价格低至10元,成为各个步行街的一道风景线。它们一般位于购物中心周边,有较大的客流,迎合了年轻消费者"买了不心疼,丢了不可惜"的随意购物心态,其销售客单的总价并不低。生活集合店低门槛、高回报,发展很快。以名创优品为例,其在华店面从2013年的27家增加到近千家,形成了一种灵活的商业连锁形式。当然,也有一些百货商在店面数量收缩之后继续坚持下来。例如,英国的百货巨头二代玛莎在关闭部分中国门店之后转战北京,但是否线上线下结合,还是有很大想象余地的。

6. 旅游市场

从2007年起,旅游业就出现了B2B平台,2013年开始火爆,2014年达到高潮。旅游B2B是在散客化与互联网化背景下产生的。一批创业公司兴起,大型旅游公司也设立了相关平台,投资者先后进来。应当说,比较完整的赢利模式尚未形成。火热的打车软件与O2O送餐一样,优惠补贴是常见的模式,这为日后埋下隐患。因此,在满足千禧热消费的同时,投资方式和经营方式也需要调整。

旅游业在"一带一路"和千禧消费潮的双重利好中迎来新的发展机遇。旅游业发展明显高于经济整体发展水平。2015年第一季度,中国实现旅游总收入同比增长14.7%,超出同期社会消费品零售总额增速5.3个百分点。国家旅游局相关数据也显示,2015年全年旅游直接投资将达1万亿元,此后3年将超过3万亿元。2015年7月28日,国务院常务会议确定,国家将支持加强中西部地区旅游设施建设,鼓励采取App模式投资建设和运营旅游项目,并鼓励发展个性化、特色化乡村旅游。国家将放宽在线度假租赁、旅游租车等"互联网+"新业态的准入与经营许可;在发展老年旅游的同时,发展研学旅游、健康旅游和邮轮经济。

商务旅游在旅游市场占有很大份额。据全球商务旅行协会基金预测,2016年,中国国内国际商务旅行支出将会超过美国的3010亿美元,达到3220亿美元。

乡村旅游是国内旅游的"主战场",也是千禧人休闲创业的新天地。据国家旅游局统计,目前全国城市居民周末与节假日出游,70%以上选择周边的乡村旅游点,乡村旅游接待人数年增长率平均高于20%。许多欠发达地区通过乡村旅游较快实现了脱贫致富,如河南的种渡沟村89%的农户经营"农家乐",旅游年收入占到农民年总收入的95%。正在推进的"百万乡村旅游创客行动"计划在3年内引导和支持100万名大学毕业生、返乡农民工、城镇退休职工、艺术家等,通过开展乡村旅游实现自主创业。根据国务院办公厅的有关意见,到2020年,全国将建成6000个乡村旅游示范村,形成10万个休闲农业和乡村旅游特色村、300万家"农家乐",乡村年接待游客超过20

亿人次,受益农民达 5000 万人。

千禧人是旅游业的直接推动者,他们对旅游的态度是必需而不是休息与奢侈消费。旅游也是他们的社交与学习途径。在他们看来,旅游有时比升职和拥有一套大的住房更重要。

在欧洲,年轻时的游学使人们对旅游产生终身兴趣。在美国,年轻时忙于职业生涯,待退休后再享受生活的传统也被打破,新一代旅游者开始迈出步伐。

千禧一代对文化的旅游内涵更看重,他们不再感动于自然风光,不会去住昂贵的酒店,不会在所谓的必看景点浪费时间,文化感受是第一位的。

旅游业的发展并不受经济放缓的影响,人们有自己的应对办法。为了促进旅游业发展,国务院不仅鼓励每周周末休息两天半,还在 2015 年 8 月 11 日发布了《关于进一步促进旅游投资和消费的若干意见》,提出发行实名制国民旅游卡,落实法定优惠政策,实行特惠商户折扣。推广国民旅游卡的基础是互联网。国民旅游卡承担着旅游消费记录和旅游支付的双重功能,也有利于打破地区之间的旅游消费壁垒,便于旅游者的消费。目前,旅游市场已有三种不同形式的旅游卡:一种是一些旅行社推出的折扣型旅游卡,兼有旅游储值的一定功能。也有区域性的旅游卡,如京津冀旅游一卡通,兼有借记卡功能。还有各地政府主导的旅游卡,兼有日常生活服务功能,如广东的旅游休闲卡、杭州的旅游消费卡、贵州旅游卡等。2012 年,国家旅游局与中国银联推出中国旅游卡,整合了全国与境外旅游,为持卡人提供系列折扣优惠。不论是多渠道还是相对整合渠道,国民旅游卡都要借力互联网的技术优势和渠道优势,打造跨界融合平台,为游客和旅游企业提供便利化服务。

目前,越来越多的旅游 App 进入我们的生活。劲旅咨询发布的《2015 年 6 月国内旅游类应用(App)市场监测报告》显示,旅游 App 已有近百家。排名第一的是"携程旅行 App",下载量为 71431 万次。排名第二的是"去哪儿旅行 App",下载量为 69782.8 万次。排名前 38 位的 App 下载量均达到千万级以上。根据同程旅游的数据,使用旅游 App 的产品预订量为近 7 成。包括机票订单、酒店订单等。旅游 App 开始替代传统的门店、电脑或电话预订。App 不断完善,如"携程旅行 App"可以通过手机 App 代顾客申办一些国家和地区的旅游签证。在国外,手机移动端 App 也渗透到旅客搭乘飞机的各个阶段,研发一款解决订票与登机的 App 正在席卷全球的航空业。旅客还可以使用航空公司的 App 应用程序获取当天航班变动的信息。在中国,手机预订机票的规模在 2014 年已达 1.34 亿人次。

2015 年旅游 App 发展中的一件大事是携程网与去哪儿网的股权置换,而在此前携程网已经持股途牛网。这不是洗牌,而是重组。在与旅游有关的酒店预订行业里,携程网是老大,途牛网居老二,市值 53 亿元的携程网与市值 104 亿元的去哪儿合并,进一步使业内的三强格局变成有持股关系的两强格局,这对日益标准化发展的旅游业是一个利好。

从 2012 年开始,中国已经超过美国与德国,成为世界最大的国际旅游消费国,出境游人数与购买力连续 3 年居世界第一。2015 年,中国出境游人次首次突破 1.2 亿。据英国《金融时报》的"中国投资参考"计算,2014 年中国游客出境游总支出 3.1 万亿元,约合 4980 亿美元。这个计算主要包括住行与购物,过亿人次的出境游还带去 10 亿人次的就餐需求。仅这一项,2014 年就为旅游目的地国家或地区带去 2000 亿元的餐饮市场规模,2015 年增加到 2500 亿元。

2015 年底,联合国大会通过决议,将 2017 年定为"国际可持续旅游发展年"。为此,中国国家旅游局于 2016 年 5 月举办首届世界旅游大会,并推出绿色旅游发展行动方案。首届世界旅游大会的主题是"旅游促进和平发展"。国际可持续旅游发展年将为旅游产业发展提供机遇,同时提高人们对旅游产业真实体量的再认识。

7. 体育健身市场

国家体育总局预测,到 2020 年,中国体育产业总规模将达 3 万亿元,占 GDP 比重为 1%。中国是体育竞技强国,却不是全民体育大国。相关统计数据显示,中国体育运动人口约为 6.8 亿人,体育市场规模为 3563 亿元,仅占 GDP 总量的 0.6%,与世界发达国家 2% 的比重相比,还有较大差距,因此发展空间很大。"互联网+"体育不仅扩大运动市场规模,也大量吸引资本进场。尤其是中国承办冬奥会和世界男篮锦标赛等大型国际比赛,为体育产业的大发展奠定了新的基础。乐视体育获得英超 2016—2019 年 3 个赛季的独家转播权益。腾讯投资 5 亿美元取得未来 5 年中国大陆地区 NBA 独家的网络播放权。阿里巴巴成立体育集团,正式进军体育产业,并在 2015 年底宣布,与国际足联达成一项为期 8 年的合作协议,取代丰田冠名国际足联俱乐部世界杯。这些赛事对体育迷们具有极高的黏性,独家版权让用户与竞赛平台紧密地联系在一起,也让体育赛事、体育服务以及个人运动健康连接起来。对于体育迷们来说,除了传统的观看体验外,还可以在线预约教练、预订场地、召集队友,并进行在线支付。

许多地方出台了体育产业发展规划,其中不乏 2015 年规模超千亿元的计划。比如,安徽就提出总规模 2000 亿元、经常锻炼人数达到 3000 万的目标。作为改革开放最前沿的广州,体育运动成为"生活必需品",各种体育场馆天天爆满,许多国际流行的运动如现代足球、网球等都是由此"登陆",然后风靡全国的,是一个名副其实的体育都市。许多城市提出发展户外运动,打造体育旅游产业,体育健身产业与旅游业不断融合。中国的冰雪运动和大球运动也出现新的机遇。据不完全统计,2014 年,中国滑雪市场规模约为 120 亿元,增速保持在 10% 以上。全国雪场总数 458 家,滑雪人次突破 1000 万,31 个省份里有 29 个开展了滑雪运动。冰雪体育市场是 2022 年北京冬奥会最直接的受益者。据不完全统计,目前中国滑雪市场产业规模约为 120 亿元,参与滑雪运动的人有 1000 万,仅相当于美国 20 世纪 70 年代的水平,产业规模也只有后者的 1/10。目前美国参与滑雪运动的人约为 6000 万,人口占比为 2.51%。如果中国参与滑雪运动的人口占比达到同一水平,冰雪市场的规模也会增加近 10 倍。数据还显示,目前国外滑雪器材品牌占有 85% 的国内市场份额,随着国内户外品牌更多切入冰雪产业,其发展前景更被看好。

体育市场的主角也是千禧人。有研究报道说,中国的祖父母喂胖了"小皇帝",其实也喂胖了千禧人。不仅是祖父母一代,连仍旧带着童年饥饿记忆的父母也在无形中喂胖了下一代,当他们从温饱型社会走过来的时候,就以不同的体育健身方式掀起康体与体育锻炼热潮。他们对各项体育运动都较有兴趣,其中很多女性对瑜伽有着超乎异常的热情。

全民对体育产品的消费热,推动了资本的竞相进入。2015 年初,万达集团出资收购西班牙马德里竞技足球俱乐部 20% 的股权,并购瑞士盈方 100% 的股权,并购美国世界铁人公司 100% 的股权,这是中国资本规模进入国际体育市场的开端。与此同时,阿里巴巴投资广州恒大足球俱乐部,成立阿里体育集团并控股新浪体育。乐视体育收购了 2017—2020 年亚足联旗下的所有赛事。另据称,乐视体育买下了从自行车到高尔夫等多达 250 余项赛事的版权。2015 年,体奥动力以 80 亿元购买中超联赛未来 5 年的电视及在线播放权。资本开始大举进入国内、国际体育市场,多路资本腾挪扩张,体育产业风口成为巨大的风口。

8. 短租市场

旅游业的发展带活了短租市场。与国外的 Airbnb 和 HomeAway 相比,中国的短租市场虽发育较晚,但也有自己的特色。2004 年,中国就有领先于 Airbnb 4 年的 HomeAway 进入市场。2011 年,途家入市。2012 年,小猪、蚂蚁、木鸟、住百家陆续进入市场。易观发布的《中国在线度假租赁市场 2015 年上半年专题盘点报告》指出,国内在线度假租赁行业主要分为四种模式:大平台、C2C 分享、自营、合作派单,分别以途家、小猪、自如友家、安途为代表。途家原来以 B2C 为主,后来也向 C2C 方向发力。B2C 与 C2C 的选择,主要是房源数量不同。小猪的 C2C 分享与美国的 Airbnb 相类。还有一些企业注重于增值服务。至于以时间长短、租赁目的划分的经营方式,也催生了度假租赁和非标准住房的各种形式。中国短租市场的复杂性来自度假制度的不健全,旅游有脉冲性,度假消费不发达,因此要有一个发展进化的过程。Airbnb 一度"试水"中国,也没有取得理想的业绩。Airbnb 引入红杉资本和宽带资本,宣布正式进入中国市场。途家也完成第一轮融资,推出"途家战略",进入新一轮的发展。它们都看到中国的休假制度改革开始"进入跑道",未雨绸缪地提前布局,这是个明智的选择。

中国的短租市场仍处于培育期,相关法律规定缺失,资源分布也相对复杂,市场开发的种种条件远未形成,但提前布局是必要的。在短租市场的发展中,与国外成熟企业如 Airbnb 合作也是一个路径。毕竟,短租需要的法律适应性和信用指数是最高的,要想跨越式发展,就不能走常规的路子。此外,随着老年休闲活动的增多,非标准租房需求也在增多。短租市场不能只盯着节假日,低价酒店如何转型也需要考虑。海外度假也是一个开拓方向,完全可以同旅游业和海外包车联合,同海外短租市场打通,形成一条龙服务。但是,短租市场在一些国家和地区受到法律的限制。比如,在美国纽约、法国巴黎的大部分地区,Airbnb 民宿服务依然被视为违法。在那里,房东招待旅客需要获得相关执照。

短租市场也直接影响到酒店业,特别是其中的经济型酒店业。一些酒店开始推出长租产品,涉足公寓项目。如家酒店动作比较迅速,主要方式是自建。还有的酒店选择社区加盟形式。长租市场每年也有约 8000 亿元的市场潜力,酒店做长租也有一定的行业优势。尤其是在老龄化趋向明显的时代里,许多退休家庭过起了南北迁移的"候鸟生活",比经济酒店还要便宜的长租公寓是他们不错的选择。

在北欧,20世纪80年代末还出现一种"患者旅馆"。第一家"患者旅馆"是由瑞典的隆德大学医院开设的,向前来就诊的患者开放床位。后起的诺兰提亚酒店集团是北欧最大的"患者旅馆"连锁企业,目前在瑞典、挪威和芬兰经营了六家同样的旅馆。在北欧,病人的住院费用是由国民保险负担的,"患者旅馆"为国家资助的医院系统节约了开支,一间旅馆房间的开支仅相当于医院床位费用的1/3。"患者旅馆"里不仅有护士和营养师,还配备了便于患者与医护人员联系的通信系统和防止传染的设施。由"患者旅馆"可以设想,有些酒店完全可以市场专业化,一改只有商务与旅游的不变的面孔。

9. 餐饮及外卖市场

中国餐饮市场总体规模约为3万亿元,是一个稳定的超级市场。由于餐饮行业利润持续下降,传统餐饮企业转型迫在眉睫,从在线预订、团购优惠、线下送餐、微信排队延伸到手机支付、网络点菜、餐位管理,都在智能化。越来越多的传统餐饮企业开始使用餐饮O2O,许多老字号餐饮企业也陆续加入互联网化的队伍。餐饮O2O迅速发展,在2015年达到近1400亿元的规模,相比2014年增长46.8%;在过去5年的发展时间里,规模扩大了10倍。2015年,餐饮支付方式也开始全面电子化,素有"餐饮一哥"之称的全聚德全面接入了支付宝,一直拒绝接入POS机的肯德基、麦当劳也开始进入移动支付时代。2016年,微信支付或将覆盖约2200家麦当劳餐厅。

餐饮业的业态很多,主要是店内消费、外卖市场和食材配送。当前,外卖与菜谱App产业链给高端餐饮带来巨大压力,许多门店门可罗雀,不得不转型为大众餐饮。在外卖、菜谱App和大众餐饮之外,被称为"第四种就餐方式"的厨师上门O2O也出现了,这是高档餐饮服务的新形式,适合家宴和纪念场合。还有一种"阿姨厨房",可外卖,可上门做菜。据说,阿姨的月收入可达2万元。"阿姨厨房"更适合小团队,而非家庭与个人。小团队不需要请大厨,却需要有一定水准的家庭式餐饮服务。

餐饮外卖虽面临经营压力,但毕竟有来自年轻消费者的较大需求。因此,阿里巴巴继续看好餐饮外卖市场,出资15亿美元,收购饿了么30%的股份。

也有推行中高端外卖的,着眼的不是低价折扣餐饮,也不是就餐的便利性。就餐在解决果腹问题之外,毕竟还是一个重要的饮食文化市场,与人际交往、亲朋相处及礼仪有着密切的关系。因此，外卖也是中国传统餐饮业由来已久的经营亮点。北京麻辣诱惑酒楼推出麻小O2O，核心产品就是麻辣小龙虾，平均270元一单。它奉行"产品主义"，致力于口味新鲜与食品安全，计划拓展到20个城市去。在餐饮外卖等新餐饮业态的冲击下，传统自助餐也开始"变脸"，探寻不同经营形式与品牌定位，有的丰富品类，有的推行单点式自助，有的淡化自助而转向特色餐厅，力求满足顾客的多样化用餐需求。

此外，休闲、社交甚至非正式的工作沟通衍生出大量的快餐、茶室、酒吧与咖啡店，与洋快餐、本土快餐以及大排档形成餐饮业的一种市场链条。有消息说，由于下午茶开始成为年轻人的流行生活时尚，英国的百年老茶店切尔西惠塔德公司在关闭一系列亏损门店之后，也要进入中国市场，开设实体店与天猫网店。

"互联网＋"已经成为餐饮企业转型的主要抓手，从团购、外卖到自建平台，都离不开互联网。业内总结了十大经营项目，比如互联网早餐、主题餐吧、创意餐厅、创新火锅等，互联网餐饮思路多种多样。各方虽也在谈论餐饮业文化氛围和互联网应用的环节问题，但互联网对餐饮业的影响已经渗透在业务之内。餐饮业是个大产业，中国餐饮企业约有300万家，从业人员约1亿人，年复合增长率达到15.1％。新的移动互联网餐饮模式不断出现，目前主要在营销层面上火爆，如何深度融合，又如何在质量提升上满足消费者的深层需求，是需要讨论的重点。餐饮企业的经营者以80后为主，具有创新的特质，"双创"资本也开始进入餐饮业，未来的发展是可预期的。

人们也看到，餐饮O2O、"外卖大战"进行得如火如荼，一是洋外卖超人"暂时中止"中国业务，国内外卖企业也有一些"败下阵来"；二是竞争由餐饮本身进入前端的食材采购供应链，形成了采购B2B的又一场"大战"。这个市场年规模超过1万亿元，餐饮市场规模三分天下有其一，自然引来激烈竞争。食材供应从田头到厨房，中间环节的加价率超过100％。从2014年开始，一批互联网企业迅速进入，然后餐饮集团又联合发起上线平台，外卖企业也纷纷开展食材B2B经营业务，其中专注于区域和市场细分的食材B2B平台更多，一时间成为风投的风口。传统的食材批发商也不甘落后，加快了从线下到线上的转型。食材B2B降低了采购成本，主要的市场对象是中小餐饮企业，而大型餐饮企业依然维持自身的采购系统。这样的格局使得配送成本居高不下,"烧钱刷单"的问题接踵而来。同时,B2B 的直供模式并没有完全摆脱传统批发商的分拣、分流环节,物流配送成为最大的痛点,一不留神自己也会成为中间环节。食材品类繁杂,价格波动性大,保鲜度要求高,耗损率也很高,完全不同于快消品与服装市场,整合供应链的难度是很大的,更多地寄希望于传统批发商的转型与整合成功。

10. 影视文化市场

2015 年中,"大圣归来"现象引领文化艺术类、电影等文化产业与数字技术、电子信息和互联网深度融合。《大圣归来》是 2015 年暑期推出的一部动画片,主要投资人是路伟。路伟是中国动画电影最早的投资人之一,2002 年就投资了环球数码制作的第一部 3D 动画电影《魔比斯环》。该片虽表现平平,但他认定了这条路。他曾经说,为了搞清 17 岁至 21 岁这部分观影人群对动画片的需求,足足花了一年时间学习"二次元"。他一直在坚持,"把互联网新生代定为第一核心用户"。他投资《大圣归来》6000 万元,心里还是没底,以为有过亿元的票房就很不错了。想不到电影一上映就成了一匹黑马,票房直逼 5.4 亿元,总销售额可达 6 亿元以上。秘诀是什么呢?除了电影本身,主要是因为调动了各种互联网资源,包括微信口碑、互联网联合发行甚至票补等。在哔哩哔哩弹幕网上出现 20 万流量,甚至有"水军"组织了众筹,让《大圣归来》上微博头条。剧组为了筹钱,也尝试了类似于股权众筹的活动,以 10 万元为一个单位,居然筹到了 700 万元。有商业评论说,这不是黑马现象,是互联网级现象。互联网营销不仅成本低,也有互动口碑传播的优势,有市场筹资的新途径。

同期推出的《捉妖记》票房居首,《栀子花开》和《小时代 4》也是风头甚健,都有互联网的参与。据有关机构分析,2015 年上半年,在线出票量达到 50%,互联网发行改变和重建了产业链格局。腾讯和万达跟投的"微影时代"于 2013 年底成立,从 2014 年 1 月卖出第一张票起,每个月的增速为 30%,业绩一年增长 40 倍,每天可卖出 40 万张票。全片成本只有 5000 万元的《煎饼侠》票房达到 11 亿元。有关数据显示,2014 年,中国电影票房收入增长 30%,达到 401 亿元人民币;美国电影票房收入约为 103 亿美元,同比下滑 5%。有国外院线机构预测,2017 年,中国将超越美国成为全球最大的电影市场。

这种状况才刚开始,未来利用大数据选片和用户数据挖掘将成为精准操作的标配。2015年8月,微影时代与蒙牛乳业联手投资10亿元,启动"蒙牛幸福电影俱乐部",意在利用互联网的价值放大效应,为国内电影产业注入新的能量,开展电影基金、主题活动"约票活动"和主题牛奶活动"电影红包",包括设计、研发、生产和运营。

2015年,互联网营销搞火了电影,也引出一股"互联网+"电影的投资热。阿里影业一马当先;百度影业强势跟进;腾讯继上一年投资新丽和华谊后,又投资了柠萌并成立了腾讯影业和企鹅影业;万达院线、欢瑞世纪、新文化A股公司也纷纷投资,整个电影产业链都与互联网发生了联系。从版权、投资到制作、营销推广,再到电影衍生品的销售,互联网都渗透其中,投资总额达数十亿元。有统计,2011年至2014年,网络文学共有162部作品售出影视版权。2015年,网络文学作品的综合产值突破70亿元。也有预测,中国电影市场未来年增速将为30%,2015年为500亿元,2017年将达700亿元,超过北美市场。从市场运行来看,目前还是投入阶段,赢利模式仍在探索中。尤其是低价电影票,一如专车与外卖和其他的"O2O圈地战"一样,赢利模式受到"烧钱模式"的制约,如何发掘用户群背后蕴藏的附加价值是最大的考验。美国电影产业,衍生品的收入占到电影总收入的70%,是票房的2倍多。以《冰雪奇缘》为例,该片不仅为迪士尼带来12.7亿美元的票房收入,大量的衍生品催生的玩偶有数百种,其中Anna和Elsa的吸引力超过了历史悠久的芭比娃娃。电影中Anna和Elsa所穿的公主裙在美国卖出300多万条,每条149.95美元,仅这一项就让迪士尼卖了4亿美元。除了玩具和服装,迪士尼还推出16款主题食品和医疗保健品。真人版的舞台表演与冰上音乐剧、系列图书也带来了不菲的收入。

互联网不仅改变了影业格局,也影响到电视台的综艺节目。有新闻报道说,一度靠买韩版节目的电视台快扛不住了,原因不只是版权费用高昂,许多真人秀节目的明星出场费飙升也造成了预算超出。与此同时,网站节目也在"碾压"卫视,它们有了一定的财力,更有即时互动性。比如,乐视网推出自制综艺节目《一周嫁出去》,未播先火,其内容是将第一届超女冠军安又琪嫁出去,从征婚、约会、领证到举办婚礼,网友都全程参与投票互动。视频网站的这种互动优势是电视台所无法比拟的。这个节目先在乐视网直播,两天后在安徽卫视播出。值得注意的是,有些转型的P2P平台也踏上了娱乐圈,如陆金所与脱口秀节目《罗辑思维》合作,宜人贷与《开心麻花》牵手,金融工厂成为芒果 TV 的合作伙伴等。对 P2P 平台来讲,意在锻造品牌和锁定目标人群;对综艺节目来讲,则得到了资金。

11. 电游市场

电游市场在 2014 年也进入了千亿元时代,目前是电影票房规模的三倍,但增长速率低于电影市场。电游分为客户端游戏、网页游戏、社交游戏、移动游戏、单机游戏、电视游戏和 VR 等,其中客户端游戏和移动游戏是主力。移动游戏也称"手游",占到 34% 的份额。据国家新闻出版广电总局发布的数据,2015 年,中国游戏用户达到 5.34 亿人,同比增长 3.3%,市场收入 1407 亿元,其中客户端游戏 611.6 亿元,网页游戏 219.6 亿元,移动游戏 514.6 亿元,单机游戏和电视游戏分别为 1.4 亿元和 2.2 亿元。也有统计比较了手游与客户端游戏的发展状态,手游市场规模从 2013 年上半年的 24 亿元增长到 2014 年上半年的 125 亿元,游戏人次从 4500 万上升到 3.66 亿;客户端游戏从 2011 年以来则一直在 1.1 亿到 1.34 亿人次间徘徊。2015 年 8 月,中国国际数码互动娱乐展在上海开幕,推出手游、端游、动画、小说、影视等跨界产品概念。新一代消费者不仅是游戏产业的消费主力,也是产业发展的主力,仅上海一地就有约 7 万名平均年龄为 27 岁的网络游戏从业者。在游戏企业中,上市公司达到 170 多家,产品创新速度也在不断提高,客户端游戏的开发周期已从 3—5 年缩短到几个月,投资成本从上千万元降低到几百万元。

游戏产业的市场潜力是比较大的。在中国,上海是业界首屈一指的互动娱乐创新创业基地,2014 年网游销售收入为 377 亿元,占到全国的 32.9%。上海自主研发的网游产品销售年增长率更是高达 78.2%。之所以出现这样惊人的速度,一是需求惊人,二是创新迭出,而这些都是千禧人直接推动的。据统计,2015 年,中国网游用户数达到 5.34 亿,同比增加 3.3%,包括客户端游戏、社交游戏、手机游戏、电视游戏等的市场销售收入达到 1407 亿元,同比增长 22.9%。

目前,视频游戏机与云服务结合正在成为电游发展的新动向。虽然一时还做不到基于云端的电游,但是任天堂正在开发下一代游戏系统,预示着电游市场的新走向。

12. 出行市场

滴滴和 Uber 的进入,无疑对除轨道交通外的中国城市交通是一个大冲击,一方面对传统出租汽车行业的改革起到推动作用,另一方面也使汽车租赁跨地区业务进一步充裕发展,完善了从航空、高铁到各种形式的公路人流运送,交通服务进一步便捷化,服务质量大大提升。中国打车软件应用市场竞争激烈,滴滴和 Uber 都在不断争取融资。Uber 要将业务范围覆盖到 100 多个中国城市,Uber 说自己 2015 年初在中国只有 1% 的市场份额,9 个月后就达到 30% 以上。滴滴不以为然,认为 80% 的市场还在自己手里。Uber 有百度在参投,滴滴则有腾讯与阿里巴巴的支持。美国的有线电视新闻评论二者的市场争夺好似在进行"军备竞赛"。二者之间的竞争还扩展到外卖市场,Uber 推出外卖,滴滴开始与饿了么接触。打车软件应用市场与外卖市场都涉及同城物流、人流,Uber 的创始人就提出过"城市物流网络"的概念,认为这个城市网络应当包括外卖、包裹快递与送货上门的百货,并在美国和欧洲一些城市上线。按照这样一个业务链设计,打车软件应用市场很可能在未来进入城市物流的大部分环节,对装备简陋的快递业和送货人队伍构成较大的压力。在这种情况下,交通已经不是人的交通,而是包括乘客在内的综合性大人流和大物流。

在竞争中,国内出行市场正在形成优胜劣汰的"融资赛",目前除滴滴、Uber、神州专车、易到用车四强外,国有企业首汽集团和祥龙公司推出的"首汽约车"也是一匹黑马,它可以向打车人提供统一的北京出租汽车发票,也有足够的市场开拓力量。

2015 年 10 月,交通部公布了有关专车的新规,承认了专车的合理性。但是,许多规定也在客观上限制了专车市场的发展。新规好的一面是注意到居民出行的安全,加强了行业管理,而在盘活闲置资源方面则走向了对立面。这使资源分享与"合作经济"陷入了尴尬,因此还需要多方面的权衡。在新规面前,许多新生的出行行业企业面临困境,这是与改革的目标不相一致的。但是,新的出行模式既然出现了,也不可能几个回合就"败下阵来",出行市场还会有一些波澜起伏。

在国内打车行业风生水起之时,境外中文包车业务也在发展。随着境外旅游的高速发展,境外中文包车市场迅速扩大,比较有代表性的是"皇包车"。"皇包车"专营包车旅游,得到 4800 万元的 A 轮融资。境外中文包车业务的火爆,吸引了旅游业企业纷纷入市。但是,出境游市场终究是有限度的,各种交通工具都会分割"市场蛋糕",因此不会容纳更多的中文包车,最好的组合是同旅游业和酒店业结合起来,使游客更舒适,更能享受境外旅游的乐趣。

据了解,Uber进入土耳其市场后,很快推出"Uber专船"。这个创意缘于伊斯坦布尔的交通拥堵,尤其是穿越博斯普鲁斯海峡大桥,乘车水泄不通,打车一个半小时,乘船只要5分钟,"Uber专船"应运而生。在美国本土Uber还与无障碍面包车租赁公司合作,推出了"残疾人专车",可将轮椅放在车上,方便残疾人出行。

对出行市场,各国政府和投资者都比较关注。2015年,拼车企业BlaBlaCar(独角兽一员)成为法国技术的象征,获得2亿美元的融资,一跃成为法国为数不多的估值超过10亿美元的非上市初创企业。新的融资有助于企业的国际化运营,独角兽在三大洲的19个国家或地区拥有超过2000万用户,并在俄罗斯、土耳其、印度、墨西哥、巴西等新兴经济体占领市场。

出行市场需要监管。2015年中秋节之后,中国交通运输部与有关部门联合下发了《网络预约出租汽车经营服务管理暂行办法》,提出运营平台、车辆和司机准入等有关规定,要求平台具有信息数据交互处理能力,司机具有上岗证,车辆获得营运证,同时私家车接入也面临使用年限为8年的运营车辆的报废规定。这个暂行办法有利于用户出行安全,也有利于专车业与传统出租车业平等竞争,却也减少了入行司机的绝对数量。出行市场开始出现消费层次的分化。

专车新政的推出,引起较大争议,出租汽车出行行业改革进入"深水区"。这一方面反映了新模式与旧模式的利益碰撞,另一方面反映了管理部门对新模式的理解还停留在旧的理念之中,尚未找到利益调节的真正路径,更不知道"分享经济"的出现意味着什么。国家一方面承认专车O2O经营的合法性,另一方面还是"萧规曹随",沿用旧的准入标准进行管理。比如,出租车8年报废的规定在事实上排除了许多闲置和利用率不高的车辆与驾驶者进入市场。这样一些看似新、其实旧的管理无疑是在强调新旧企业平等入市的说辞里毁掉了新的"互联网+"机制。在市场准入方面,大批过时的法规虽已被取消,但还有许多并不十分科学的规定混杂在仍旧执行的法规里。比如,8年报废能不能换算为相应的行驶公里,而传统的"份子"钱也实在于理不合、于法无据,怎么能够多年一贯制地执行呢?租车运营就是租车运营,出租车司机本质上就是个体劳动者,运营机构就是设备出租公司。因此,更多的舆论认为需要彻底改革,比如司机独立缴税、组建专车商会、加强行业自律等。武汉减"份子",南京实行出租车经营权无偿使用,杭州规范出租行业经营关系,一些地方出现了专车社,增强了出行市场活力。

经过一个多月的征集意见与讨论,出租汽车改革与专车管理的意见分歧有所缩小,但网约专车的争议仍存。滴滴专车表示,如果将网约专车纳入出租车管理范围,变更为营运性质,兼职司机需要考出租车从业资格证,新业态就很难发展,打车难的问题将会重现。私家车从事运营符合分享经济的潮流,不应设置过多限制。在各方意见不统一的情况下,交通运输部把所谓 8 年报废的问题留给地方政府去考量。兼职司机问题主要涉及兼职是一种经济合作关系还是劳动关系,如果是前者,不仅符合专车的轻资产模式创新,也有分享经济的理论依据。在未来,不是所有的职场关系都是雇主与雇员的关系,由此涉及现行《劳动法》也应当跟进改革的步伐进行修改。至于价格,应当由市场调节来决定。可以肯定,网约专车是不可能持续"烧钱"的。在正常的市场竞争中,不同管理运营模式下的价格差异不仅是正常的,也是对传统企业改革的一种倒逼。

2015 年底,拥有 1.3 万辆出租车的强生宣布进军专车领域。滴滴、Lyft、GrabTaxi 和 Ola 联合宣布,2016 年将为中国、美国、东南亚国家和印度的国际游客提供无缝出行服务,覆盖了 50% 的世界人口。出行市场的企业强者胜出、强强联合,显示了互联网出行企业的国际市场影响力。2015 年底,大众也申请了在华增加约租车网络平台经营资质。

13. 医疗健康市场

信息技术和医疗服务的深度融合是大趋势,而医疗也是大数据应用的首要领域。中国进入"十三五",老龄化和慢性病的社会负担越来越沉重,医疗需求也越来越大。中国的医疗卫生机构约有 96 万家,2014 年的诊疗人次约 76 亿人次,都居世界之首。只有依托信息技术与"互联网+"才能更有效地配置医疗卫生资源。医疗要在线上线下结合中探索新模式,并在解决看病贵与看病难问题的同时保障信息安全,保护公民的隐私权。因此,需要加大医疗立法制度建设。

互联网技术和大数据的应用也是通向精准医疗的路径。美国总统奥巴马在 2015 年的国情咨文中提出了精准医疗大型研究计划,并计划在 2016 年投入 2.15 亿美元进行研究,引起了各方对精准医疗的关注。什么是精准医疗？目前的定义是：建立在了解个体基因、环境以及生活方式基础上的新型疾病治疗和预防的方式。比如，美国影星安吉丽娜·朱莉通过基因检测发现自己未来患乳腺癌的概率有80%，就很快接受了乳房切除手术。要实现对疾病的预测，就需了解遗传和基因组信息。这个概念缘于20世纪90年代启动、耗资10亿美元、由16个国家的科学家共同完成的人类基因组计划。这个科研项目起初是为了攻克癌症，而最重要的成果却是开启了测序技术研究的序幕。以基因组学为特征的精准医疗是现代医疗的3.0版。目前，很多病例依靠现有技术是确诊不了的，盲目用药是常见的现象，既造成浪费，也造成患者的痛苦。据不完全统计，仅在中国，每年就有310万癌症新增病例与220万癌症死亡病例和心血管疾病死亡病例，糖尿病患者超过1亿。按照传统的医疗技术，漏检率最高达到40%，是很难实现"靶向治疗"和精准医疗的。精准医疗离不开对数据的采集，大数据技术成为基础，也是第一个全面深入展开的应用领域。据了解，一个人的全基因图谱，产生的数据有60兆之多，如果要研究其遗传关系，必须建立家庭基因档案，采集、储存海量信息。从2014年起，中国开放了二代DNA测序试点试验室。精准医疗计划也已被列入"十三五科技发展计划"，中国准备在2030年前投入600亿元。精准医疗目前的适用范围包括个性化用药、基因诊断、靶向用药、癌症免疫疗法、新疾病发现和分子生物学研究等。有研究说，2015年全球精准医疗市场规模为600亿美元，今后5年预计年增15%，是医药行业整体增速的3至4倍。在深圳，政府放开了跨国在线就诊App，患者可以上传病历和检查报告，由香港地区或新加坡医生译成英语。患者可以在两周内收到美国国际教学医院或医疗机构出具的第二诊断报告。

医疗健康市场的规模是惊人的，尤其是在中国制定的"十三五"规划里，继"美丽中国"之后，提出"健康中国"，产业规模将达10万亿元。这样诱人的一块"大蛋糕"，使得医药O2O对资本有了非同寻常的吸引力，在其他行业进入程度不一的盘整期，颇有点一枝独秀。从2015年9月开始，挂号网、医联网和趣医网接连获得巨额融投资，加上阿里健康与平安集团打造平安医生，上海医药与京东共同注资上药云健康，天猫医药馆联合药店试水处方药销售，医药O2O一时成为资本与行业巨头的"盛宴"。但是，预期是预期，医药O2O的发育与发展还要取决于医疗体制改革的进程。医疗健康市场O2O在国外已有成功的案例，而在中国医疗体制改革尚未出现大的突破之前，还会出现包括医疗体制、医保体制和医药体制的层层壁垒。医药 O2O 大旗举得最高的阿里健康的有关负责人也认为,真正的移动医疗刚刚起步,尚在摸索之中。

与医疗市场相关的是监管程度比较高的药市场。一段时间内,大型连锁药店盛行,而送药 O2O 也开始出现。有的送药 O2O 每天订单能达到 7000 单,是传统连锁药店的 10 多倍,这也是一种刚需。送药 O2O 对商业位置和营业面积要求不高,所面临的问题是送药人工费高企,需要仓储空间,因此其发展与拥有资质的实体店有着更紧密的互生关系。目前,送药 O2O 开始收购实体店,走上更健全的 O2O 发展之路。医药市场是监管很严的敏感专业市场,推进处方药市场渠道解禁和医药分离是送药 O2O 继续发展的关键。有数据显示,中国的处方药市场规模约为 8000 亿元,前景可观。中国商务部提出"促进医药、医疗和处方信息与药品零售企业的共享,推动医药电商加快跨界融合与发展"的思路,是送药 O2O 面临的新的发展机遇。尽管目前还面临着医疗卫生改革总体进程的限制,处方药网售一时难以实现,但是商务部仍发声力挺。2015 年 10 月中旬,阿里健康与全国百余家药店共同组建"阿里健康未来药店合伙人计划",共建 B2C 加 O2O 模式,即药店不仅是药店,也可以成为一种便利店,甚至社区活动中心。

在电商热潮下,药店也借自身优势进入更大的市场空间。著名的北京同仁堂设立跨境平台,上线美国、日本与挪威三个国家,购买价格与当地线下价格相同,比其他海外店铺便宜近一半。线下并购、线上覆盖是大型药店的新发展模式。国内上市药店一心堂在网上商城开辟了全球购,澳大利亚最大连锁药店 Ware House 则借助跨境平台进入中国。

14. 教育培训市场

教育是一种公民权利,特别是基础教育与国民教育,不能随意商品化,而补充教育和业务培训则应当是市场化的。目前,除了以开发课程和课件为主导的高思教育,比较有影响且处在课外辅导一线的是"疯狂老师"等。有一段时间,课外辅导有些野蛮生长,影响正常教学秩序,加重学生负担。在教育部发力整顿之后,课外辅导市场进入新的盘整期,如何利用线上线下教育的技术资源,教育培训市场面临新机遇,也面临新挑战。从总体来看,家教 O2O 约有 30 余家,日子并不好过,商业模式并不十分清晰,缺乏生源,低频服务,与线下较大的机构品牌无法抗衡。同时,把如同滴滴、快的一次性服务的即时服务模式照搬到事关育人的教育培训行业是否有效,也还是个疑问,需要继续接受市场检验。

作为普通国民教育的补充,培训教育市场的卖点应当是夯实学生的知识系统,而不是呼应应试教育。但是,这一时又同许多家长的教育投资目标难以契合,是一个很难迈过去的坎。教育是对未来的投资,是社会和家庭的最大需求,市场潜力也是巨大的。但是,如何打造更能契合市场需求而又能真正有益于教育事业发展的线上教育模式,还有待于教育体制改革的进一步"破题"。中国素来有游学的传统,"读万卷书,行万里路",开展多种寓教于乐的培训活动是O2O的方向。学生假期的各种体验活动大量出现,可以视为一种探索。线上"招生",线下配备教师随行,并与学校课程结合,有许多路径可以探索。

在教育和培训领域,也有另一种比拼设备的重模式倾向。经合组织2015年公布的一项研究15岁学生数字化能力的报告指出,为学生配备数码设备并不足以提高成绩,关键还需要教师确定教学目的并合理使用这些设备。"网络浏览的基础能力可以通过传统教学和模拟工具获得。"要想让新技术更有效,"就要从用途出发,回应教学目的"。数码设备并不能在使用中自发地起作用,它们只能是教师的教学工具。教育的第一资源是高质量的教师。网上教学提供了整合教师资源的可能,线上线下教育资源的整合是一个努力方向。社会是个大课堂,自然界也是个大课堂,让学生在广阔的天地里增强能力相比有些空洞的"素质教育"更实际一些。

值得注意的是,雅思与美国的SAT考试先后被认定违规,导致中国考生成绩被大规模取消,给应试教育带来冲击。过分专注于获得高分而忽视综合能力的培养,并不是留学的不二路径。预科留学与包括游学在内的"前留学"将会进一步发展。留学幼龄化是一个趋势,这将给留学培训市场带来新的机会,业态将会更丰富,方式会更多样,也会更多地与跨国旅游和文化交流结合在一起。

培训业有多种细分市场,在某些方面有一技之长的专业人士利用业余时间开展技能与知识培训,或者成立自己的工作室,在"共享虚拟"中解疑释惑,效果也很不错。从某种意义上讲,教育与培训行业一直把目光盯在国民教育辅助领域,并不是一个明智的选择。尤其在应试教育开始面临减轻学生负担的形势下,原来已经拥挤不堪的市场显得更加局促,需要在培训方向上主动转型。"大众创业、万众创新"的时代浪潮已经为教育培训行业冲出一条尚待铺设的路,这就是正在不断升级的职业与技术培训行业与市场。应当看到,前几年出现的职业培训教育多数属于简单技能快速养成,是与劳动密集型产业需求相适应的。在企业转型升级的发展进程中,更需要大量新的人才,为各类电商以及各种 IT 类职业技能提供实训课程,具有更为广阔的前景。

有一个现象值得关注,那就是具有周期性、流行性的"读书无用论",它的不时出现并不是说读书真的无用,而是唯高学历至上掩盖了教育与市场需求的脱节。当青年人一窝蜂地挤向本、硕、博的"独木桥"时,市场需求给出了尴尬的答案,并使人们产生了对教育体系一轮又一轮的疑问。在韩国,2015 年初,15 岁至 29 岁的年轻人有 11% 处于失业状态,下半年虽有所降低,但依然是总体失业率的 2 倍。现在有越来越多的年轻人愿意放弃在大学接受教育的机会,选择职业培训,甚至高中毕业后直接工作。接受更高一级教育的高中毕业生从 2008 年的 77% 下降到 2015 年的 70.8%。年轻人的教育与就业问题正在成为一种国际性现象,以高分进大学深造未必就是年轻人进入职场的唯一途径。包括大专院校在内的职业教育应当成为当前教育培训市场的主轴,需要得到更为迅速的运转。尤其是互联网应用、电商和护理专业等职业培训,更有巨大的市场需求。在职业培训方面,德国行动得比较早,从 20 世纪 70 年代开始就创办了被誉为"德国工程师摇篮"的应用科技大学和职业学院。其特点是,理论课与实践课交替进行,实行"双元制教学",学制三年,学生修满学分并通过相应考试后,可获得学士学位。除一般性入学条件外,学生入学时还需要与一家学校认可的企业签订培训协议。类似这样的正规职业教育应当向市场放开。

尽管教育培训市场存在一些结构性问题,但是教育事业的刚性性质决定了它不可缺少。所以,资本看好教育培训市场板块,并有一定的投入力度。据不完全统计,2015 年前 11 个月,在线教育融资额达到 17.6 亿美元,同比增长 61.4%。

15. 住宅市场

住宅市场分为购买与租赁两大块,投资市场有特异性,不在观察重点之内。千禧人中少部分人与父母住在一起,多数人租房,特别是异地工作的年轻人。也有一部分已经结婚生子的千禧人或者得到父母的资助,或者所在单位有房，或者依靠住房公积金和房贷，在城市的非中心地带拥有自己并不大但颇为温馨的家。多数人的流动性在加强，未来会更倾向于租房。但是，只要有可能，人们还是希望拥有自己的住房。房屋租赁市场的行情和房贷政策的变化是他们的关注点。中国人民银行 2015 年 7 月 22 日发布消息，在上半个年度里，房贷突破了 1 万亿元。个别城市如深圳个贷额度紧张，有些银行暂时停贷。这一方面是因为贷款利率降低，房贷再次成为"热点"；另一方面也是因为当时房价相对较低，形成了一股购房潮。从千禧人的住房消费观念来看，"必须拥有自己的住房，否则就是失败人生"的想法，恐怕再不会那么强烈。当然，只要房价能够承受，房贷利率相对较低，买房还是第一选择。如果房价不能承受，房贷利率太高，租房也是一种选择。从这个角度讲，房地产业有所回暖，主要拉动因素还是新一代消费群体。另一方面，房地产业不会回到上个 10 年的爆发状态，也是他们的市场作用力。

多数人认为，中国的房地产市场已经走到供需平衡的拐点。截至 2014 年底，城镇住房存量约为 200 多亿平方米，平均每人 15 平方米以上，户均住房超 1 套。2015 年前 3 个季度，全国又有 7.9 亿平方米住宅新开工，超过 48 亿平方米住宅在施工，3.7 亿平方米住宅竣工。即便不将在售、待售住宅面积计入，未来几年也将有 60 亿平方米住宅推向市场，市场接近饱和，房地产业企业面临"洗牌"和转型。如果加上未来不动产财产继承法出台以及分享经济理念的影响，更多的人倾向于租房而非买房，租售市场之间将会出现两般市场景观。

住宅产业的发展需要在思路上有所调整。住宅概念相对分化，少量的向智能化发展，多数的随交通的发展在城市里的小城镇和大社区里布局，交通方便的三四线城市将会成为热点。引人注目的是，房地产商也要玩玩互联网金融概念。尤其是众筹概念兴起，进入房地产领域以后，随着冯仑等人加入无忧我房平台，房地产众筹被风投看好，第一轮至少获得 500 万美元的融资。无忧我房平台是在开发商拿地之后发起的，参与的个人可以按市场价的 88 折获得房屋，或者在后期转让中获得收益。项目虽没有实体体验区可参考，但可以用移动互联网技术让参与者了解信息。这对多数无房的新一代消费者来讲是一个利好。但是，这里也有一些灰色地带，比如如何把握众筹的时间、避免"卖楼花"之类的法律问题出现。前期投入要有资金基础，但是有了前期资金铺垫，为何还需要众筹来帮忙？随着进度以不同的折扣出售？总的来看，在一定条件下，这种住房众筹也可以视为"集资建房"的变种，有一定限额的众筹投入可以当作一种消费定金。住房众筹更适合于青年公寓、旧房改造、联合办公空间、创意空间等，至于如何形成一定的气候，如何在住宅市场里有效运行，还需要找出更好的通道。

　　房地产业重视互联网金融尤其是众筹模式是有缘由的。房地产是一个典型的资金密集行业，"金融资本"向来是房地产商的"必修课"。以前有商业银行的房贷政策支持，现在只能主要由更加市场化的新的金融业态来自我保驾。因此，"布局金融"已经成为房地产业内的流行语，不仅追逐互联网金融，开展众筹、第三方支付甚至 P2P，设立金融公司，还与保险业、银行业相互参股。2015 年 8 月，国企性质的首开集团与渤海银行进行战略合作，共同设立 50 亿元的"首开城市建设发展基金"，主要投资于京津冀经济一体化重点城市建设。同时，搭建首开渤海房产众筹平台，把房地产开发、销售与互联网金融结合起来，参与认筹，购房客户享受"优惠购房权＋预期现金增值"收益。11 月，另一家房企恒大集团宣布进军保险业，竞得中新大东方人寿保险有限公司 50％股权并改名为"恒大人寿"，计划在 3 年内把资产规模做到 1000 亿元以上。保险业也主动靠拢房企，险资大牌安邦保险就持有万科 5％的股份。房企布局金融是一种好的现象，一方面说明在新的市场变化中，数量过剩的房企开始寻求多元转型；另一方面也会改变房地产商的融资方式，由间接融资逐渐转向直接融资，同时促进房地产业与金融业的协同以及产业与融资的结合。对国有商业银行来讲，这也减轻了因部分不良资产产生的压力。

　　2016 年是房产去库存之年。房产库存大多集中在三四线城市，通过鼓励适当降低商品住房价格，发展住房租赁市场，加快农民工市民化等措施，将会推动住宅市场的一定程度的升温。

16. 汽车销售与汽车后市场

　　房子与车子似乎是相关的。自动驾驶汽车虽不是眼前的市场现实，但互联网行业融入汽车制造业已经开始。汽车制造业的早年风光有所减色，面临着产能过剩下的产品转型和销售转型。据了解，位于美国硅谷的乐视超级汽车已经组建了数百人的研发团队，联合北汽，展出了乐视车联网的 Demo 模型，推进车载互联网技术商用化，实现手机、电视、PC、电影屏幕、Pad、汽车屏"六屏合一"。这虽与自动驾驶不可同日而语，但也是互联网时代过渡性的技术创新。

人们关注千禧人对汽车销售市场的影响是有道理的。2009年,在旺盛需求的推动下,中国超过美国,成为世界第一大汽车市场。在此后的两年里,中国的汽车制造业迅猛发展,美国福特和德国大众也开足马力在华生产。但是,进入2015年,德国大众出现了10年来的首次销量下降。许多咨询公司如麦肯锡用经济回落使消费者信心下降来解释原因,其实是片面的和不准确的。中国汽车市场的变化有多种原因,除了公车领域反腐和攀比消费的降温,还有人们对汽车排放的担忧以及对新型能源车的政策预期,以及千禧人对汽车排放的理性认知和对共享经济的偏爱。汽车市场实际上处于技术和市场结构的转型期,再也不可能沿着原来的轨道继续扩张。由于交通拥堵、大气污染和轨道交通的发展,以及打车软件的应用,汽车租赁经营模式和用车模式发生变化,人们更倾向于选择新的出行方式,而并不盲目攀比汽车的档次。随叫随到和拼车是不错的主意,利用轨道交通出行同样是一种合理合算的选择。在一个城市里,用不了那么多的车,也没有足够的空间容纳那么多汽车。在汽车业加快结构调整的同时,汽车销售也开始作电商化的积极探索,打破了汽车单价高、销售流程复杂而难以通过电商平台直接交易的"魔咒"。汽车之家在2012年前就进入"双11",2013年销量为15000辆,2014年达到25229辆,2015年有上千个车型、近万家4S店参加。2013年是汽车电商启动年,线上支付定金,线下提车;2014年尝试线上全款交易和"一口价购车";2015年扩大了"一口价购车"的规模。

围绕汽车市场的发育,还有汽车后市场,主要是维修保养和二手车市场。养车O2O上门究竟维持多久,一直是车友们关心的问题。据了解,2015年上半年,汽车后服务市场中,e洗车的市场规模就占到21%,e代驾占到41.1%。到了下半年,e洗车取消了上门洗车的业务,这是O2O养车的一个动向,即无法长期通过补贴形成用户黏性。一时兴起的洗车O2O因为业务单一,纷纷关闭。但是保养汽车毕竟是车主的痛点,因此在养护整合中如何提高服务的含量,是洗车企业需要考虑的问题。国家统计局的相关数据显示,截至2014年底,中国的汽车保有量已达1.4亿辆,按每辆车年保养费800元计算,汽车保养市场规模至少超过1100亿元。值得注意的是,交通部发布的《汽车维修技术信息公开实施管理办法》于2016年实施,意味着汽车维修垄断经营被打破,汽车后市场出现新的变化。该办法对资质提出了更高的要求,这是多数O2O公司回归线下运营的重要原因。破解汽车后市场O2O赢利难题,需要"互联网+"服务链与供应链,这是高品质汽车后服务企业成长的基础。

汽车后服务市场衍生出代驾市场,比较有影响的是e代驾。汽车代驾、代舶车以及停车业务原本应当一体发展。但是,在特大城市里,停车难已经是一个近乎"死结"的问题,停车空间普遍缺少,因此一体发展面临许多瓶颈,代驾和代舶只能先行一步。这个市场不大不小,需求稳定。2015年7月,滴滴代驾也进入代驾在线领域,代驾市场竞争愈演愈烈。CNIT发布的《2015年10月中国代驾市场研究报告》显示,在激烈的市场竞争中,后起的滴滴代驾表现抢眼,上线3个月,用户覆盖率就达到70.4%,居行业首位。滴滴代驾的用户知晓率为63.1%,覆盖国内200个城市,拥有约150万个注册司机。这也许得益于滴滴系的品牌效应与注册司机储备,尤其是滴滴专车与传统出租汽车的利益格局发生纠结之后,很多兼职司机转向这块与传统企业不发生冲突的"空隙市场"。这同时也提示了汽车出租行业市场开拓动力的不足,亟须改革。滴滴代驾的成功也缘于打破了原有代驾的高门槛,起步价相对不高。据了解,滴滴代驾还会推出"代驾+",开拓商务、旅游、服务自驾游、陪练等多元业务,满足多种用户需求。

国内二手车市场交易量一直在攀升,O2O模式起步较晚。一些企业家底比较厚实,又不断地得到资本的支持,表面上风平浪静。但是,新车市场的变化不可能不影响到二手车市场。此外,传统的二手车市场的"优势",是非互联网条件下的信息不透明,"一车一况、一况一价"也给二手车企业带来较大的利润弹性空间。在信息透明的互联网销售中,传统利润空间被压缩,新模式的赢利视点也就转向了汽车金融信贷和汽车后维修市场,因此带有P2P与O2O各一半的特征。从汽车金融到汽车营销,再到售后服务,中心环节还是汽车交易,在新的线上线下结合的赢利点尚未出现以前,还处于摸索状态。

17. 高值奢侈品市场

汪峰用无人机送钻戒的事,无非是一种氛围与范儿,却也说明高值品、奢侈品也有消费刚性,有的还是特定情境下的必需消费品。在这个高度分化的市场里,有价值低廉的生活必需品,也会有相对高档的消费品。高档消费品里有必需品,也有非必需品。奢侈品类型不一,内涵不一,有的属于轻品牌，主要是品牌溢价率高的名牌服装、箱包、鞋类、化妆品和功能性饰品如名表等；有的是重品牌，如珠宝、名车甚至是高价艺术品和市场流通中的收藏品。应当说，前些年，中国经历了为时并不算太长的少数人掀起的炫富消费阶段，人们称之为"土豪金消费"。随着理性消费的回归和互联网上信息透明的市场比较，以身份识别为特征的"伪消费"和攀比消费一幕终于落了下来，奢侈品消费也回归常态。

这个新常态有什么特征？一是"舶来品"的价格开始回归原点。以COACH品牌为例，历经打折促销、关店的阵痛后，在2015年下半年开始在中国市场布局线上渠道，却还是页面收藏的多，出手下单的少，线上10天只卖出23件。其他奢侈品牌也都出现了不同程度的业绩下滑，如普拉达上半年在大中华区的销售额同比下降了18%。这一方面是受全球经济萧条的影响，另一方面也与主流消费人群发生变化有很大关系。但是，上线终归要比不上线强出许多，因此各大品牌还是陆续强化电商布局。近年来，也不断传出奢侈品业得到融资的消息，因为奢侈品电商还是有前景的。比如，走秀网首轮得到3000万美元，寺库网第五轮得到5000万美元的融资，显然是因为看好奢侈品电商。据麦肯锡有关奢侈品数字化体验的报告称，到2025年，全球线上奢侈品的销售额将会达到整体销售额的18%。还有数据显示，截至2014年，线上奢侈品销售比2013年增长50%，其累计销售额目前虽只占到奢侈品销售总额的6%，但有50亿欧元的增量来自电商。二是高值品出现明显分化，通信等智能类商品增长速度快，2015年上半年同比增长29%，金银珠宝类商品同比增长17.4%，文化类和体育娱乐类商品分别增长14.5%和11.4%。由于产品在不断升级，新的家电产品消费也比较旺盛，升幅都在15%以上。

奢侈品对于"触网"相对谨慎，既担心品牌身价降低，又担心受到网上不时出现的假货、水货的冲击。但是，面对行业低迷，移动网购大势已成，如果奢侈品再不"触网"，业已形成的品牌优势也会在年轻消费群里慢慢淡化，东山再起就要经历更长的周期，付出更大的机会成本。对奢侈品特别是国外的奢侈品经营者来讲，中国市场的吸引力巨大，不仅人口数量大，还有不断成长的购买力与不断扩大的富裕人群，这是他们难以舍弃的。再加上贸易自由化的不断推进，国内外商品价格差不断缩小，奢侈品动辄天价的时代开始过去，按照网购游戏规则经营，也会减少更多的成本费用，算大账也还是算得来的。奢侈品在华正式"触网"要算进驻京东的瑞士腕表泰格豪雅,创立于1860年,拥有用于赛车计时的发明专利。更重要的是,奢侈品经营商也开始提出"品牌下沉",主打中档奢侈品大众化,显然是针对新一代消费者而来。

最不可能"触网"的珠宝商也开始作电商尝试。北京珠宝商龙头国际珠宝交易中心一边采用联合经营和市场租赁复合经营模式,一边试水O2O,上架京东,力推"服务号+微信支付"。

毕马威公司与中国奢侈品零售商魅力惠网站联合对10150名奢侈品消费者进行的调查显示,2015年奢侈品消费者网上单笔消费比2014年增加28%。这项调查中,45%的受访者表示他们的消费是通过网购实现的。奢侈品购买体验不仅是购物,也包括高档场所用餐、美酒、私人飞机、游猎、游轮和艺术品拍卖。有些奢侈品的价格还出现了上行,如名表和珠宝分别上涨了126%和65%。

毕马威公司的独立调查报告《中国网购新生代》也显示,2015年,消费者愿意付出的最高网购单笔金额达4200元,较2014年的1900元高出一倍以上。中国消费者对于网上购买奢侈品的态度日益开放,无论是珠宝首饰、化妆品,还是美酒、皮具,都有75%至95%的消费者表示愿意选择网购。

18. 物流快递市场

物流快递是个大行业,也是一个转型相对滞后的行业,经营状态是被动的、分散的,是劳动密集型和粗放低效率的,同时又是最需要整合改造、最需要"互联网+"和大数据分析指导的行业。中国是世界物流第一大国,在2013年就占到全球物流市场的18.6%,超过了美国15.8%的水平。社会物流总额的构成是工业产品、农产品、进口货物、单位与个人物品和再生资源总额的总和,目前的市场化程度约为90%,除了《邮政法》规定的公务文件、部分铁路、管道与航空资源外,都已经进入了市场。据调查,中国注册的物流公司已达13.2万家,加上货贷公司、快递公司,超过了20万家,其中A级物流公司就有3177家。2014年,中国社会物流总规模是214万亿元,10多年翻了1倍多。但是,物流成本高出欧美发达国家也是1倍左右。效率低、成本高,物流依然处在个体户和个体承包时代,快递也处于劳动密集型阶段,两个行业同质化严重,模式老旧,市场分化度不高。奢侈品行业和高值品行业就一直为缺少高端物流配套而叫苦连天,呼唤定制服务,也希望出现频次不高却十分需要的特种物流。物流与快递的这种滞后状态不仅难以适应O2O商业模式的发展,甚至拖了电商的后腿。破解各个行业的物流痛点,促进仓储、配送资源利用效率最大化,发展产品细分的快递市场,就成为"互联网＋"物流与快递的主要课题。

物流与快递是电商发展中不可替代的支撑。目前,中国各类快递企业约有8000家。许多业者认为,消费者接触物流是从B2C模式开始的,O2O的普遍出现颠覆了老模式。面对消费者购物习惯的变化,包括碎片化与多元化的市场需求,传统物流处于被动应付地位,必须从根本上作出改变。从总体结构上看,也需要多元一体开放发展。比如,货运起家的零担物流加盟快递,商业也加盟快递,滴滴打车的模式更可以与快递融合发展,快递业务还可以与社区服务商协作。从市场定位上看,则需要实现定制化配送,提升物流业务的附加值,增加衍生业务。一个现象值得注意,那就是物流快递发展滞后,迫使电商自建快递系统,增加了电商的物流成本。在这种情况下,苏宁作了很有推广价值的探索,它并没有因为线上销售而撤并门店,而是把全国1600多家线下门店改为商品橱窗与发货地,店员也就是快递员,改变了以仓库为中心的物流模式,减少物流环节,降低成本,加快配送速度。与此同时,苏宁配送平台对外开放,成为苏宁体系的组成部分。近年来,苏宁向市场开放的自营物流网络取得了很大进展,苏宁物流已经拥有452万平方米的仓储面积、4个航空枢纽设施、3800个城市分拨中心、5000个社区配送站,覆盖了全国90％的区县。苏宁还与阿里巴巴的菜鸟网络合作,有可能覆盖全国的所有区县,成为后起的现代化物流商。

电商物流与快递将继续保持快速发展势头。在许多地区,快递已经融入生活方式。比如,广州快递业务量在2013年还是位居全国50个重点城市的第三,一年后位居第一。2014年,广州人均快递使用量为106件,年人均快递支出1221元,这两个数据是全国平均水平的8倍多。这个差距本身就提示了,一旦发展迟缓地区赶了上去,快递业也就成了大产业。据了解,电子商务物流第一个行业标准将于2016年9月1日实施,对仓储、运输、配送、退换货等都有明确的作业要求,有利于电商物流与快递规范化发展。

跨境电商和农村电商的兴起也为电商物流的发展提供了巨大空间。电商物流包括电商自建物流和第三方物流。一方面,O2O开启了电商物流的未来。另一方面,行业依然有许多痛点。"最后一公里"的难题是需要花力气去解决的。虽然快递行业开始探索智能快递柜、菜鸟驿站去破解这个难题,但是由于消费习惯、缺乏专属交通工具等原因,达不到预期的效果,末端派送依然困扰着快递业,成为电商物流一体发展的短板。

根据国家邮政局的统计数据,2015年快递业务增幅连续6年超过50%。电商交易规模2016年将为18万亿元,2017年将为21.1万亿元。快递数量预计在2020年达到500亿件,业务收入将达到8000亿元。2015年"双11"是快递业升级之时,2015年也是大数据物流启动元年。2014年"双11"创造了日处理1亿件的世界纪录,2015年"双11"则是日处理1.4亿件。快递企业不仅要增人手,买车、买飞机,还要通过大数据应用随时了解物流细节。过去是重运轻仓,现在是仓配一体化,背后则是物流控制力与物流大数据的竞争。"云仓"物流的出现,实现了从网上到网下、从网购到配送全流程覆盖。2015年10月末,国务院发布有关推动快递业发展的意见,提出到2020年,快递业务量将达到500亿件,年业务收入将达到8000亿元,并支持快递企业兼并重组、上市融资。快递业发育较晚,财务报表等管理欠规范,按照上市要求,在公司架构、财务透明度方面还要有一段路要走。但是,作为市场中的一匹黑马,快递业爆发出的能量是惊人的。

19. 母婴市场和家政市场

由于中国也进入人口老龄化阶段,即在2050年将有约4.4亿60岁以上人口,二胎政策正在实施过程中,这种变化产生的压力也就落在千禧人身上。对于千禧人来讲,一方面将会供养更多的老人,经济压力不断加大;另一方面还要生育和养育更多的孩子。他们的知识结构和对下一代的预期,决定了将会有巨大的数量增加和质量提升的生育市场和养育市场空间,并连接着更为庞大的教育市场和医疗保健市场。从孕妇学校到"月子保健",再到婴儿护理,形成了一个规模巨大的生育和养育的市场供应链,其中的消费主角已经不是千禧人那么简单,而是牵动着几乎所有的家庭。因此,在家政市场里比较特殊的月嫂市场比较火爆,月嫂的薪酬一路飙升。在深圳,月嫂月工资过万元是寻常之事,最高的能达到两三万元。

据报道,美国的千禧一代父母超过2200万,中国的适龄生育者数字更大,加上二胎政策的实施,广义的千禧一代父母过亿,每年有700多万的新生婴儿出生。他们的育儿观念与上一代有很大的区别,虽不像美国的"宝宝中心"和国际育儿网发布的年度报告所说的要当"伟大的父母"与"完美的妈妈",但要做合格的父母是共同的选择。他们需要花更多的时间陪伴与照看孩子,还要对孩子的健康以及智力与情商的培养付出心血。他们对育儿的关注需要外部的咨询与服务,需要更好的婴幼儿用品和食品,这就形成了一个巨大的全产业链市场。从孕妇学校到产科临床,到育儿,一直到幼儿园,是周期最长也最为复杂的大市场。

中国实施全面放开二胎政策后,新增可生育二胎的目标人群约9000万,最近几年每年的净增人口将在300万以上,最高年份可能要突破2000万。到2029年,全国人口将达14.5亿。有预计说,全面放开二胎,预期拉动GDP 0.5个百分点。这个政策变化是母婴市场发展的强劲助推力,将直接拉动妇幼保健、母婴产品与幼托服务。瑞士信贷银行迅速发布分析报告指出:"人口增长将促使最直接相关行业的需求量增长,包括配方奶粉、尿不湿、药品、童装和婴儿用品。"该报告假设婴儿每年的抚育费用为4万元,"自2017年起每年的额外消费将为1200亿元至2400亿元,相当于零售总额的4%至9%"。中国目前每年生育婴儿的数量为1700万,放开二胎以后,每年新增婴儿300万,合起来就是2000万。不讲孕产妇需要的各种概念的消费,按每个婴幼儿每年平均4万元的抚育消费水平(其实在城市里远不止),新增的消费额就是1000亿元,总体计算则是8000亿。伴随着新增人口和家庭结构的变化,还会影响到住宅和幼儿教育市场,各类市场纷纷"备战",预期一股商潮涌来,也是事属必然。在一些大城市里,放开二胎政策公布后,引起社会热议,却并不一定会带来预期中的生育潮。广州某街道办对100名育龄女性作了问卷调查,40%有生育二胎的意愿,也有30%的人意愿相反。从家庭收入看,年收入10万元是一个分界线。从年龄组看,70后有意愿的居多,80后有意愿的偏少,家中老人的态度则是生了二胎难以帮带。因此,不少学者认为,2016年的新生儿会显著多于2015年,2017年是生育高峰,当年出生人口在2000万到2500万之间,此后历史积累的"势能"释放,出生人口将会降低。要想继续提高生育意愿,必须实行鼓励政策。母婴市场由此出现波动曲线,也是完全有可能的。此外,母婴商品有的具有刚性,有的未必。如被众多乳品公司看好的婴幼儿奶粉,随着社会上母乳喂养意识的提高,并不会成为乳品商永远的利润之源,婴幼儿"奶粉大战"终将成为过去的一幕。目前,国内婴幼儿奶粉品牌杂乱,约有4000多种,在愈来愈严格的食品管理中,当属最严管理的食品种类。母婴产品更需要质量保证,而不仅仅是数量的增加。

一般的家政市场中,主要是保洁、配餐和家务辅助劳动,其中一个关键是生活习惯的磨合和人际沟通。这是一个市场很大却难以令双方满意的行业,就业随行就市,稳定性不强。线上的评价机制对家政市场的规范发展作用较大。

20. 跨境电商与海淘市场

全球 B2C 电商市场发展迅速,按未来几年仍将保持 15% 的平均年增速计算,交易规模将从 1.6 万亿美元增加到 3.4 万亿美元。其中,跨境 B2C 电商消费者的总数将由 2014 年的 3.09 亿增加到 2020 年的 9 亿,交易规模将由 2014 年的 2300 亿美元增加到 2020 年的 1 万亿美元。易观国际的相关数据显示,在中国跨境电商方面,2013 年进口网购规模就达到 806.2 亿元,增长率为 75.2%;2015 年上半年,中国跨境电商交易额达到 2 万亿元,同比增长 42.8%,占进出口总值 17.3%,已经成为中国对外贸易的新亮点与新趋势。

据商务部预测,2016 年,企业跨境电商进出口贸易额将达 6.5 万亿元;未来几年,跨境电商占中国进出口比例将会提高到 20%,年均增长率超过 30%。人民币加入一揽子货币之后,电商国际化将会进一步推动人民币国际化。在亚洲,人民币兑换数量继续增长。在欧洲,出口商与中国的进口商都欢迎使用人民币结算。由于从事电商业务的主要是中小企业与个人,使用人民币计价结算有利于规避汇率风险。目前,欧洲已有设在伦敦、法兰克福、巴黎和卢森堡的人民币清算行,仅中法间人民币结算支付,已从 2013 年的 6.5% 增加到 40% 左右。

跨境电商相比传统外贸有着巨大的优势:一方面,集海量供给与需求信息、个性化广告推送、智能化商品检索和支付便捷的多重优势,助力跨国贸易;一方面,有效压缩中间环节,重塑国际贸易价值链,同时打破了传统外贸企业代理一统天下的旧格局,形成外贸多元的新格局,解放了外贸生产力。跨境电商平台来自多个方面,有的是跨界融合,有的是老企业转型,有的是业务延伸,有的则是异军突起。尤其是民营电商平台,具有更大的活力,是中国国际贸易中的一匹黑马,汇入多渠道、多体制的国际贸易阵容,将会有力地化解外贸低迷状态,为中国与世界经济的发展做出贡献。目前,跨境电商已经开始形成从商品进出口到支付、从金融服务到物流的清晰完整的业务链,正在进入快速发展的井喷期。正像李克强总理所讲的,"跨境电商综试区是一件牵一发而动全身的事,是中国未来新的发动机"。

　　跨境电商从经营品类上可分为生产服务电商、大宗商品电商和生活服务电商。2015 年是跨境电商发展年,一是消费者由实体店转至移动网络,成为生活类跨境电商的最大热点;二是消费者在试水 2014 年"黑五"之后正式加入"黑五"消费,特别是商家接受银联卡、支付宝的付款方式,商品价格又比实体零售店低,许多消费者都积极参与进来。2015 年,亚马逊中国推出了 600 多万件商品,超过了 2014 年 550 万件的商品规模,中国的跨境电商如阿里国际、小红书等也直接进入,形成了"双 11""双 12"与"黑五"前后呼应的消费浪潮。据亚马逊中国的数据,在"双 11"期间,亚马逊中国海外购订单是 2014 年的 2 倍,在"黑五"期间达到了 5 倍左右。支付宝的有关数据也显示,在 2015 年"黑五"期间,"海淘族"人数增加 7 倍,其中 90 后消费者占到三成。跨境电商日渐常态化。可以预见,"双 11"与"黑五"这两个发源于不同国度、历史长短也不一样的消费节,将会在消费内容上互补融合,双向推动跨境电商进一步发展。

　　从严格意义上讲,民间代购不是一种规模商业形态,但是在生活中大量发生,代购商品主要是服装、箱包、母婴用品和保健品等。2015 年,淘宝发布《十年海淘报告》,10 年来,国人海淘代购版图已经覆盖 100 多个国家和 200 多万款海外商品。经营海淘代购的主要是留学生与生活在海外的年轻人。这虽是一种副业,但也月入三五千元到一万元不等。代购人利用发达的网络联系,或提供最新时尚商品,或有价格优势,很受欢迎;对委托代购者来讲,则能及时享用海外的优势产品。但是,在一些国家,这里也有灰色区域。因为此类跨国商务有时涉及知识产权的保护,代购者有可能侵犯专利持有者的权利,引起不必要的麻烦。国外有学者建议,代购者应当成立自己的公司,降低相应的风险。由于代购与"海淘"有明显的缺陷,发展前景并不被看好,必然会被规范的跨境电商全面取代。

　　跨境电商一般有比一般贸易更大幅度的贸易税收优惠,前者只需缴纳 10% 的行邮税,这吸引了许多从业者。但是,在实际运转中却发生了多起假货风波。许多国际品牌为了维护其在线下店铺的价格体系,并不愿意与跨境电商建立直接的授权关系,多数通过代理商拿货,商品来源也就出现了灰色区域。在这种情况下,即便是保税区也保证不了海淘的商品百分之百是正品。要解决这个令人头疼的"渠道窜货"问题，就要保证海淘全过程的可追溯性，甚至实行紧密型的双向O2O。

目前，留学生做代购比较多见，但是这不会成为留学生兼职打工的主流。各国法律环境不同，有的国家如日本允许代购，但是要求注册公司；在有的国家属于非法，面临被驱逐的风险。跨境代购实现正规化，可以避免各种风险。

跨境电商是外贸领域有一定规模效应的O2O形式，也是"一带一路经济发展战略＋互联网"的新载体。生活用品、制造业产品、大宗商品和跨国旅游产品都可以在跨境电商平台上交易。跨境电商同样具有轻资产的特征，更需要在融资、跨境支付结算、结售汇以及汇率避险等方面得到金融机构的支持。其线上经营的特点，也需要银行提供便捷化的互联网金融服务。比如，杭州银行与宁波跨境电商平台合作设立"e＋生活圈"，开展跨境购的同时，配套提供企业融资、个人分期付款、交易结算等一揽子金融服务，注册用户上万，是继中国工商银行推出"融e购"跨境馆之后的成功案例。光大银行与网易考拉海购合作，依托银行网点建立线下体验馆，进一步开拓了跨境电商业务的线下体验路径。截至2015年11月，杭州跨境电子商务规模已从2014年不足2000万美元增至30.4亿美元。产业的聚集带动效应日渐显现。2015年1月至11月，杭州市出口近400亿美元，明显高于全国出口的平均水平。2015年初，跨境电商试验区扩围到12个城市，跨境电商进口税政策也随之扩围。目前，中国跨境电商主要分为直购进口、直邮进口和保税进口，其中保税进口只在上海等8个试点城市实行，其他试点城市的进口税适用行邮税。

中国财政部还规定，自2016年1月1日起，将对进出口关税进行部分调整，包括箱包、服装、围巾、毯子、真空保温杯、太阳镜等商品。由于这些都是海淘、代购的热门产品，业内人士认为海淘、代购生意可能受到影响。以一款到岸价格为100元的护肤品为例，关税调整前后，进入国内的成本约相差5元。所以，业内人士分析，随着进口商品的关税不断下调，单靠"一手买一手卖"来赚差价的代购时代已经结束，海外代购也面临转型。

中国的跨境网购增势强劲。英国明特尔市场调查公司预测，从现在到2020年，中国跨境网购市场年均增长将达18%。跨境电商市场前景乐观。中国商务部预测，2016年，跨境电商进出口贸易将增至6.5万亿元。

21. 创意市场

各国对创意市场的定义不完全相同,有的包括文化市场,有的指代生产性服务企业。无论如何分类,这个市场不仅庞大,也关系重大,知识含量高,与创新活动关联度最高。它与创新思维、创新活动联系在一起,需要更多门类的专业人士介入。国内目前的综合性创意咨询服务主要由各类专业机构、社团和互联网组成,从某种意义上讲,尚未形成产业体系和产业市场。互联网上带有知识普及性质和实用方案,咨询机构如猪八戒网,据说其交易品涵盖400多项文化创意服务内容,注册用户1300多万,2015年完成26亿元融资,更像是为创业活动特别是文化领域的创业活动提供从方案到融资服务的一揽子平台。创意市场的领域是非常广阔的。特别是技术专利市场、人才市场以及各种设计市场,更需要创意活动组织者的介入,在线上线下结合中为企业和创业者提供更多的服务。

22. 休闲娱乐市场

休闲娱乐市场比较零碎,目前主要有酒吧、歌厅、KTV和小剧场演艺等。受流行因素影响,也有不同年龄的休闲方式,有的清静,有的刺激;有的独自进行,有的在聚会中进行。演唱会经久不衰,现在也更多进入视频的综艺节目,在著名艺人的带领下,转向挖掘新人,与年轻人的大众娱乐合流。酒吧业有些式微,主要原因是大款消费减少,80后没有空闲上酒吧,90后的"宅男""宅女"忙着刷手机,加上经营手段老套,陷入比较萧条的状态。

23. 视频市场

视频市场就是内容市场,包括网上音像、网上出版,囊括了所有文学艺术形式的网上在线展示。由于免费收视的习惯已经形成,下载与盗版、盗录司空见惯,这个市场基本处于失控状态,很难形成自己的独立性,实现自身的市场价值,只能依附于互联网的其他市场业务生存发展。事实上,视频已经成为互联网企业吸引"粉丝"、提高点击率的公关手段,长期以来根本谈不上营销,更没有自己的赢利模式。但是,2015年7月,视频市场开始发生变化。标志性的事件就是12集网剧《盗墓笔记》付费播出获得成功。《盗墓笔记》的成功使视频行业为之一振,"付费"成为视频网站招商的关键词。这个多年来依靠贴片广告始终入不敷出的行业终于在深深的隧道里见到了亮光,赢利拐点已经出现。制作播出《盗墓笔记》的爱奇艺实行会员制模式,会员数量以惊人速度增长,花钱追剧在一夜之间被社会接受。当年9月,《蜀山战纪》上线,爱奇艺又推出 VIP 会员共享全集的"蜀山"模式。目前,付费收视增长率已经翻了几倍,或许会成为普遍的播出方式。业内人士预计,2016年,付费收入的市场规模将是 10 亿元量级的。腾讯视频也将推出多部网剧,收费模式与免费模式搭配排播,视频市场模式开始成熟。有研究者认为,收费模式还会影响内容与播出平台整个产业结构的调整,也会影响新媒体与传统媒体之间互动关系和播出链的形成,未来的现象级大剧很有可能更多地从网上源起。

24. 美容、推拿市场

美容、推拿等手艺市场也在 O2O 中风生水起。在美甲行业里,比较有代表性的有河狸家等。数万元的月收入使得许多线下店手艺人跳槽到 O2O 平台,其中,高水平的月收入高达十万元以上。推拿平台的师傅收入也不菲,有手艺的成为市场争抢对象,管理人才的市场地位也水涨船高。

25. 农业服务市场

在过去几年里,农村网购消费占比不断提升。中国农村网民规模已经达到 2 亿,电商的"深蓝海"在农村,如何加强农村网络基础设施建设,培养农民的消费习惯,推广电子支付,加快物流发展,是电商们考虑规划的重大课题。

德国《时代周报》网站发表了一篇题为《中国网络经济缩小城乡差距》的文章,指出中国城乡发展差距很快就能够得到缓解,这要感谢网络经济。文章特地举了"淘宝"现象为例,认为这种交易平台促使越来越多的贫困农村家庭成员投身网络经济,他们通过自己的店铺直接向顾客供应自己的农产品以及手工业产品。有的农民干脆提供库房给网络交易商,有的小企业则在网上出租设备,由此带来租金收入。文章的作者强烈地感受到中国农村的变化,并认为电商平台将在中国农村"落地开花"。

长期以来,信息消费的主角是城市。但是,随着互联网向农村加速渗透,信息消费出现了新的蓝海。信息消费一般分为信息产品消费、应用服务购买消费和再消费,其中信息产品消费是整个消费活动的基础。全国通信"村村通"正在推进,农村信息消费和服务能力在不断提升。淘宝村的兴起正是基于互联网技术走向农村引起的巨大变化。淘宝村的购物比例远远高于非淘宝村。宽带、智能手机和有线电视网的数量增加,推动"宽带乡村"建设。随着千元以下智能手机的推出,农村消费者的智能手机拥有率越来越高,智能手机已是农村信息消费的"第一工具"。据统计,农村使用手机上网的比例高达84.6%,高出城市5个百分点。因此,目前主要的制约因素还是宽带基础建设、支付系统不完善和农村物流发展滞后。当然,城乡居民受教育程度有差异,农民缺乏信息化技能,也是不可忽视的。

多年来,农产品卖难是市场信息不对称"老病根"反复发作的问题,今天是西瓜,明天是苹果,后天是大白菜,一些地方农产品降价都卖不出去,一些地方想买却一品难求,这与农村缺少电商系统有直接的关系。要彻底解决"卖难"问题,搞活农产品流通,就必须推动农产品电子商务发展,形成有效的农村与城市快速连接的网上交易网络。尤其是在农村青年返乡创业的大背景下,多途径培训农村电商人才,普遍开展电商服务,成为当务之急。当然,这里也有一些需要打破的瓶颈,主要是健全农产品质量标准化体系,发展农产品专业储存、配送、运输系统,包括冷链物流等。也就是说,仅靠零星的网店是不行的,要有系统与规模效应。在农产品小额销售中,人工、包装与物流所占中间成本比重大,需要发挥物联网和大数据的优势,降低成本,真正破解"卖难买贵"的问题。突破这样一些技术瓶颈需要政府出面,进行系统性的建设。

比较典型的例子是成立于2011年的"一亩田",这家农产品电商在2015年上半年就用互联网解决了60多起农产品滞销问题,其网络平台每天的交易数据更新量达到30万条,品种涉及1.2万个,覆盖了33个省、自治区、直辖市的1972个县、市,覆盖农民数量1.3亿,紧密型合作伙伴有200多个市县,年度交易额高达1000亿元。其目标不只是做农产品的信息平台和B2B交易平台,而是做农产品电商服务平台。"一亩田"认为,在农产品交易由传统市场空间转移到互联网上的时候,生产流程已经发生大的变化,由熟人交易社会进入陌生人交易社会,由有限市场进入无限市场,这就需要第三方平台代验货、进行结算担保以及协调物流配送,产品的买与卖只是其中的一个交易环节。互联网使农产品从田头到餐桌有了可能,这个过程是复杂的,需要尽可能地全程服务,最终改变的是旧的、分散的、无保障的生产流通模式。

商品下乡也是同一个道理,大篷车固然可敬,却不是最终开拓农村市场的好办法,同样需要依靠"互联网+"。要创新农村支付体系,电子支付是一个选择。更重要的是,不能把农村看作推销积压品的大超市,要与城里人一视同仁,及时地调整信息应用服务产品的结构。对于农村来讲,提供远程教育、医疗和金融网上服务同样重要,这不仅关系到公共服务均等化,也是在网络时代可以做到的事情。要看到,农村是个有潜力的市场,这并不是大而化之的判断。目前,农村仅留守儿童就有 6000 万,妇女 4700 万,老人 5000 万。这 6000 万留守儿童转眼间就会长大,5000 万老人的生老病死也需要更多的服务。他们是农村信息消费的潜在接受者,也是商品消费的市场成员。据有关调查,农民信息消费同样具有年轻化的特点,主要集中在 18 岁至 40 岁的人群,这与城市里的千禧人消费现象是一致的。

在农村,还有一种重要的市场力量,需要通过互联网经济的发展去挖掘、去发挥,那就是农民专业合作社和家庭农场。据国家工商总局 2015 年 5 月的统计数据,全国依法登记的农民专业合作社有 139.3 万个。目前,农村土地流转面积占到承包地总面积的 30%,家庭农场达到 67 万家。他们将是农村信息消费的主要力量,也是农村电商的第一用户。2015 年,国内有影响的农资平台农商 1 号在山东栖霞开通了首个体验店,仅莱阳一地就有 600 多个农户签约进入。这是一个重要的信号。

从总体来看,中国农村的电商客户还不及城市的 1/3,但潜力大,发展快。据中国互联网络信息中心的数据,农村地区 2014 年有 7700 万人在网上购物,比 2013 年增长 41%,而城市的增幅是 17%。阿里巴巴计划在未来三五年投入 100 亿元,建设 1000 个县级运营中心和 10 万个村级服务站。京东建设了 166 个区域性仓库和上千个配送站。腾讯从 2009 年就开始在贵州黎平县进行调研,2014 年把铜关侗族村作为第一个正式试点,开展"互联网加农村"一揽子深度运营,并在另两个村开展培训与进行观察。他们在铜关建立了中国第一个村级公众服务号,在网上开展通知下发、投票调查、活动召集、物资征集、集资众筹、文化活动、特产推荐等。他们还建立了侗族大歌生态博物馆,吸引旅游。他们希望将这种试点进行推广。腾讯提出三个连接,即连接感情、连接信息、连接财富,而移动互联网是社交平台,是资源平台,也是工作平台。他们每个季度还出资 100 万元,设立村创投基金。这是一个网络扶贫的好计划。

涉农 O2O 的前景十分广阔。以种子、农药、化肥、农机具四大品类为代表的农资市场规模约为 2 万亿元,农资电商应运而生,择其大者就有京东农资频道、云农场、云公社、农一网、种地宝、村村通、易农商城等。农资电商的优势在于提高行业效率、降低中间费用、缩短农资供应渠道,同时可以利用具有网络优势的供应链体系,保障质量与生产安全。电商平台特有的比价、信息搜索和金融服务功能,也为农业生产带来便捷性。以农机电商为例,传统农机市场信息严重不对称,农机销售疲软与农机需求难以及时满足并存。农机毕竟是较大的生产工具,算大账,一些农户也许并不需要购买闲置率高的某种农机,但是在实际使用中又离不开这种农机,在这种情况下,"电商＋农机企业＋金融租赁"的销售模式出现了,同时解决了一方卖难而一方用难的老问题。随着土地规模化经营程度的提高和农机使用率的提升,到2020年,这个市场预计规模将达3000亿元。农业服务市场是一个巨大的服务价值链,包括产前和产中农资服务、养种植技术服务、产后收购、加工销售和物流,还有从保险到租赁和贷款的金融服务,将会得到迅猛发展。2015年11月,国务院下发《关于促进农村电子商务加快发展的指导意见》,提出建设统一开放、竞争有序、诚信守法、安全可靠、绿色环保的农村电子商务体系,推进农村第一、二、三产业深度融合,为农村发展带来更大的市场活力。

许多电商巨头都瞄准了农村电商市场,而真正抢先一步并能够灵活进入农村市场的是"微电商"。他们中80%在线上线下买卖各种农特产品,有的是已经经营,有的是淘宝商户和分销商,多半是城里年轻的创业者,有的则是农村的商家和农村合作社,供需双方通过智能手机建立稳定的电商关系,降低了村民微商创业的成本。目前,县以下的农特产品市场基本是"微电商"的天下,陕西洛川县的微商、微店就有4500多家。农村"微电商"还出现了跨大区域经营的走势,如洛川的苹果卖到了南方,而南方的柚子大量卖到了北方。"微电商"们还创新出与O2O模式不同的B2B模式,并在改造中运用了依然有效的分销渠道,深入市场的底层与根部。

26. 生鲜市场

居民生活水平的提高与对品质生活的追求促进了生鲜市场的发展。生鲜电商以销售生鲜商品和保质要求高的食品为主,其中生鲜商品的比重达到69.5%。在细分品类中,蔬菜和水果又占55.2%。生鲜商品的的价值居中,已经形成的运输与仓储条件使其更适应于当前的电子商务模式。相对于传统的生鲜商品经营模式,生鲜电商缩短了流通环节,减少了损耗,也符合消费趋势。据2016年开年发布的生鲜电商报告,2015年前10个月,人均线上生鲜消费339.7元,远远超过其他品类的消费值;消费者的整体满意度也比较高,正面反馈比例达到了84%。在北方地区,生鲜消费人口比例占到

55.1%；南方地区占 16.6%；东部地区占 26.3%。尽管生鲜行业在货源组织、物流和企业竞争等方面还有一些环节需要优化，但是这个市场是 O2O 运营中的突出亮点。生鲜电商市场发展水平较高，握有大量的交易数据和用户信息，为下一步大数据指导下的行业持续发展奠定了比较坚实的基础。

27. 其他上下游市场

"互联网＋"对市场的渗透和直接影响是无处不在的，而不是只在商业服务业。即便在这个特定领域，它所"激起的浪花"也比我们看到的大。比如，在大宗商品交易领域，跨境电商平台一方面可以聚集、吸引大量的制造业企业，集合采购大单在国际市场集中采购，从而降低采购成本，获得市场定价权；另一方面可以集中大量优秀的中国制造业产成品，在国际市场统一进行推广，提高利润水平。大宗商品包括化工产品、有色金属、钢铁、矿产、能源、农产品等，是制造业的原材料，也是高度金融化的商品。有数据显示，2015 年上半年，中国跨境电商交易规模达到 2 万亿元，同比增加 42.8%，占全部进出口值的 1/5。

大宗商品跨境电商将加速制造业升级，有效地改变分散采购的局限，吸引制造业企业聚合采购，降低采购成本。与终端商业零售业和服务业相比，制造业和基础产业的"互联网＋"各有各的切入点和亮点。互联网、物联网技术不仅将重塑生产流程，提高产品的精准度和综合效益，也会直接改变产品营销方式，提高产品创新和商业模式创新的水平。它们在 B2B、B2C、B2B2C 或者 P2C 的商业模式中，实现线上线下连接整合，不断强化和提升自身产品在价值链中的产业地位。

值得强调的还有生产性服务企业。生产性服务企业既是上述产业的上游企业，也是下游企业，与关联行业和企业的线上和线下服务交易活动将会愈来愈密集。从更高的层次上讲，扩大内需的功力不仅来自商业、金融业、物流业和一般生活性服务业，也来自生产性服务企业的充分发展。中国过去的计划经济体制下，重生产，重投资，轻消费。伴随着市场走向的改革和结构调整的不断推进，第三产业地位不断提升，零售市场扩展，服务业比重上升。从 2013 年开始，第三产业的比重达到 46.1%，首次超过第二产业，2014 年接近 50%。但是，发达经济体第三产业的比重普遍高达 70%以上。究其因，除了市场发育充分外，还有一个重要的原因是把服务业的内容细化了、扩大了，内涵也提升了。服务业不仅包括金融、信息、物流、配送、房地产租售、旅游、养老、医疗、康体、体育、教育、交通、餐饮等，也包括文化创意、咨询、设计、科技服务以及互联网、物联网、大数据、云计算等各个领域，并把生产性服务企业的发展视为提升制造业竞争力的关键。过去几十年里，生产性服务企业在美国经济发展中占据的比重不断增大，贯穿在制造业的价值链中。尤其在20世纪末，其规模急剧扩张。2011年，美国制造业25.3％的中间产品出自生产性服务企业，这个比例在计算机和电子行业中高达47.6％。服务内容和对象的变化提升了服务业地位，也增大了它在经济发展版图中的分量。生产性服务企业的服务对象虽然主要是企业，但是同样会在"互联网＋"中发挥更大的商业潜力，走上迅速发展的道路。

可以预见，新兴的生产性服务企业将会无一例外地运用新的O2O商业模式，在高效率与轻资产运作中生存发展。特别是互联网、物联网、大数据、云计算行业，本身就是新商业模式的催生者。

此外，互联网包括移动互联网也是打造中国制造品牌并不断扩大其影响的利器。国内电商发展的第一阶段是PC网站时代，当时最具代表性的是淘宝、京东。两者在PC网站时代又有不同，前者像是大集市，后者更注重品牌，它们风靡一时，与消费者的消费水平和消费走向曲线是一致的。电商进入移动时代后，消费者的购物需求也开始发生微妙变化，低价虽是一个重要因数，但品牌定制化成为消费者更看重的消费选择。在最初线上和线下渠道相对锁定用户的模式之外，移动电商通过搜索技术引发和重唤"逛街效应"，使更多的品牌进入消费者的视线。这就为厂家对消费者的B2C商业模式推广提供了更直接的渠道，借助移动互联网，主要是智能手机，人们更迅速、更清晰地认知品牌选择品牌。品牌的传播力更强，消费者选择消费品牌的空间更大，同时在用户与企业的互动中推动产品升级和品牌升级。

新市场与新市场人

新市场人改变企业

一
互联网全面影响企业

人们普遍认为,从工业革命开始,生产组织结构和市场模式已经发生连续性的变化,即从最初的工厂模式转变为公司模式,现在则进入了平台模式。这是现代企业制度的一种新变化。平台也是一种企业法人,其主要产品是信息,可以更有效地把其他的生产要素,包括资本、技术、土地和劳动力,重新组合起来,创造更大的市场价值。它使信息不对称变得越来越对称,更具有公众性、开放性和透明性,不仅改变了公司与消费者的关系,把顾客——这个曾经被称为"上帝"的角色摆在了市场的中心位置,也使商业服务变得更加真实。在过去,成功的公司也是成功的信息垄断者。即便是上市公司,也只是照本宣科地发布年报表,微观的商业和商品信息基本缺失。具有全息功能的互联网平台介入了市场活动,打破了相沿已久的市场潜规则,一切都会变得不一样。

马化腾在《互联网+国家战略行动路线图》的序言《互联网连接普惠经济》一文中说,"互联网+"是"寓大于小的生态战略,即在万物互联的新生态中,企业不再是社会经济活动的最小单位,个人才是社会经济活动的最小细胞。这使得传统企业的形态、边界正在发生变化、开放、灵活,寓大于小成为商业变革的趋势"。他还说,未来如果一个企业不能通过"互联网+"实现与个体用户"细胞级连接",就如同一个生命体的神经末端麻木,肢体脱节,必将面临生存挑战。

马云在一次研讨会上说,今天坚持什么,今天放弃什么,将会铸造10年以后的你和你的企业。他之所以这样说,一是有切身体会,"坚持了,今天的你实际上是15年前的思考"。二是面对未来,互联网带来的变革将会更深刻,变化速度也会更快。互联网新技术引发的是,生产结构在变,商业结构在变。现在不过才开了个头,"未来30年才是互联网经济发挥巨大作用"的时候。

应当说,"二马"对互联网经济的理解和预测是准确的。互联网经济并不只是公司上了网那么简单，也不仅仅是为了解决消费的便捷性和提升商业的服务水平，它在市场的互联互通中改变着公司和消费者的市场位势。互联网经济也不是单打独斗的虚拟世界，或者要用这个数字世界替代实体经济，它是实体经济的融合体，融合的结果是，改变了市场，也改变了企业和行业。这种改变是巨大的，传统的产业分工被打破，代之以市场生态链的新平衡、新组合，多元化经营成为全产业链经营，"跨界经营"则是产业融合发展的同义语。有人也曾在"互联网＋"还是"＋互联网"上做文章，多少有些咬文嚼字，或者是担心互联网侵入了三百六十行的传统"领地"，担心会化实为虚。

有人说，工业经济被摧毁，一家公司接着一家公司，一个产业接着一个产业。在互联网外，等着的是"野蛮人"，市场面临颠覆。

有人说，要大胆归零，重新上路，跨界行动。

有人说，比特移动正向电子移动。这是一个很大的问号。

还有人说，商业改变生活，生活改变市场，市场改变企业。没有成功的企业，只有时代的企业。我们进入了客户的时代，而不是企业的时代。

更有人说，媒体主编死了，门户接着也死了，媒体开始去中间化，生产开始去中心化，组织在扁平化，商业模式在下沉化，企业在进化，产业在融合。一切都在同步跨界。

他们说得有道理吗？有的有道理，有的超出了道理，更像是一种五颜六色的肥皂泡。但是，透过这些颇为感性甚至冲动的说法，我们至少可以得出两个结论：第一，互联网的强大缘于人的强大，互联网不是归零游戏机，而是信息这个曾经令人无奈的生产要素终于被普遍地捕获了。如此巨大的技术战果，足以像当年的蒸汽技术一样，改写人类社会经济发展的历史和市场的游戏规则。第二，这种改写也会改变市场结构和企业的组织形态，其影响不亚于蒸汽机发明对传统农业社会造成的冲击。

这种冲击终于在中国的经济转型中汹涌而来。2015年7月，国务院印发有关指导意见，明确提出了到2018年互联网融合进一步深化的目标。该指导意见在经济层面上，提出促进制造业、农业、能源、环保转型升级，电子商务和互联网金融进一步发展；在社会层面上，医疗、教育、交通、基础设施方面的网络设施进一步加强；在发展环境层面上，公共数据开放取得实质进展。到2025年，新经济形态将基本形成。从新经济形态形成高度定义"互联网+",这是前所未有的。这个"新",意味着市场结构新、产业结构新、流通渠道新、商业业态新、企业形态新。也就是说,"互联网+"一切实体行业,都会产生新的产业效应与经济效应。

这是一个时间并不算长的冲击过程,一切都在有节奏地推进。中国虽不是互联网技术的发源地,但会成为互联网应用的市场高地。就在欧洲提出用新的"数字化单一市场"再次重启其互联网经济之时,中国已经在体制和机制上开始了大规模的实践,并在公私合作模式上取得进展,以阿里巴巴、百度、腾讯为代表的互联网公司已经成为具有全球价值的互联网企业。与此同时,在"互联网+"中,先前以代工为特点的"中国制造"开始向"中国设计""中国智造"转变,创新驱动不再是一种愿望,而是一种行动。"互联网+"企业服务业领域发生集聚效应,如在广州的琶洲,正在打造千亿级国际一流互联网创新集聚区,阿里巴巴、腾讯、复星、国美、唯品会、小米、欢聚时代、环球市场等纷纷入驻,推动互联网企业与相关企业融合发展;在西南的贵州、西北的宁夏,大数据、云计算产业也在集聚。在现代农业、制造业领域,"互联网+"企业同样开始波澜激起。"互联网+"企业将会普遍地刷新各种企业的面孔,塑造出新的机制、新的业态。

"互联网+"正在改变企业的一切,从生产到营销,从体制到治理结构,从创新体系到劳动关系,从管理到企业文化,以及在市场互动中市场链和价值链的形成,都会发生巨大的变化。

对于这种变化,有人用"跨界"来概括,有人用"颠覆"来形容。但是,这些都只是表象和感性的认知,或者是从一个特定的角度进行表述。所谓跨界,其实是市场资源的重新整合,企业原本就在一界中,只是市场路径已经不同。所谓颠覆,则是由此引起的机制的变化以及企业内部与外部联系的改变。这种改变引起企业结构的一系列改革与调整,出现比尔·盖茨所说的要么电子商务,要么不电子商务的生死考验和巨大挑战。那么,这种改变究竟表现在哪些方面呢?从较浅层次上讲,至少有一点,那就是互联网成为企业市场开发开拓的主要工具。从更深层次上看,移动互联网对企业的改变是更深刻全面的,尤其对市场化尚未完成的中国企业,影响更深远:彻底改变了业态和产品形态,改变了企业发展的路径并由此进入创客时代;改变了企业管理模式,改变了企业文化;改变了企业组织结构;改变了中国的企业制度,进一步推进了步履艰难的企业所有制改革。

先说较浅的变化层次,即移动互联网成为市场开发开拓的主要工具。营销是企业的命门,渠道为王。每个企业都有庞大的、相对稳定的营销系统和遍及产品上下游的交易系统。在"互联网+"中,一个显而易见的变化是社交网络与销售网络合一,市场渠道的出口与入口发生变化。网络营销成为终端商品营销的管理工具,同时也会影响中间产品,包括各种上游商品的行销渠道。广告的效应降低了,产品推广会、订货会、交易会不再是最有效的形式,营销活动需要重新设计,至少要从单行道变为多行道。

网络信息的即时性与透明性,也使先前有效的"明修栈道,暗度陈仓"的营销潜渠道无法再起决定性作用,商店"触网",电商"触店",制造商、物流商、开发商和原供应商也都在网上摆出"龙门阵"。后者的线上"龙门"虽代替不了线下的考察和商业谈判,招标与竞争标、竞买与竞卖也会成为引人注目的商业活动,但O2O模式同样会以不同的方式渗透其间。

终端产品尤其如此,其线上营销已经不是一条线、几条线,而是由许许多多的社交网组成的销售网。别说是服装和家居用品,甚至连对保质期敏感程度高的乳业、肉食加工行业也开始行动。例如,2015年中,内蒙古电子商务溯源牛羊肉交易平台上线,通过互联网电子商务模式与快速冷链物流,可以把牛羊肉制品直接送到消费者家里。这些制品可以追溯产地、品种以及放牧和屠宰加工的全程信息。这提升了交易量,也保证了食品安全。但是,实现这一切,需要在消费体验中设网上评价。大型乳业企业如蒙牛、伊利、三元等,利用微信公众号不断更新产品资讯,建立新的销售渠道,并通过大数据分析中心,及时准确掌握市场需求,使对保质期敏感的乳业企业能够实现精准生产、精准销售。

网络也是成本控制的工具。2013年,曾经在智能手机公司OPPO担任副总经理的刘作虎离职,创办了一加科技,不仅开发出售价为300美元的高配置智能手机,也试行了通过邀请码销售的路径,对生产计划和产品流水线进行微观管理,有效减少了库存,节约了成本,在公司成立10个月后就销售了100万部手机。

互联网提高了产品质量和服务质量,为销售夯实了物质基础。互联网营销的大行其道,使每一天、每一刻都变成了"3·15",消费者稍有不适,就会有网上反应,让伪劣产品无所遁形。"3·15"虽然有作用,但是不可估计过低,也不可估计过高,"林子大了,什么鸟都有",总会有被逮住的,也有更多的漏网者。网上的监督是天罗地网式的市场监督,更全面,更有效。随着互联网销售的普遍运用,产品质量得到保证。

集感知、传输、控制和作业于一体的智能生产系统不断完善,自动化、标准化、智能化、集约化程度提高,在农牧业系统是种植和养殖技术的提高与突破,在工业制造业系统则是工艺水平的大幅度提升。

二
互联网引发商业革命

　　移动互联网塑造了新的商业模式，深刻地改变着商业服务业，跨界经营兴起，多种业态在碰撞中融合，又在融合中碰撞。剧烈的变化不仅发生在商流领域，也发生在货币流、资金流和物流等多个领域，甚至直接影响到国际贸易，影响到农村经济，影响到制造业的创新活动和具有高科技创意特征的生产性服务企业的形成过程。这种改变和影响刚刚开始，它的起点是信息革命，终点也许是我们常说的第四次工业革命。从改变的切入点和爆发点来讲，我们更可以名之为"一场近在眼前的商业革命"。也就是说，它的出现很可能刷新一个历史常识，即现代文明是从以蒸汽机为标志的工业革命开始的，然后沿着工业化、后工业化的轨迹，一条直线向前延伸。更为真实的情况是，工业化的百年马拉松已经跑到了赛场的一轮终点，如果要持续跑下去，就必须更换跑道，这条新跑道是绿色的、共享的，是互联网铺就的高速高效的信息化跑道。

　　"后工业化"是一个比较模糊的概念，并没有自身鲜明的标志，如果一定要寻找这个标志，其实就是互联网化与数字化。所谓制造业的各种升级版，都是数字版，后工业化也就是数字化。但是，我们也看到，数字化长入工业化并不会自发产生，需要一种"催化剂"，这种"催化剂"就是市场与市场规律的选择。选择的工具就是互联网，因此更换的跑道和新的爆发点就在互联网化的商业市场里。

　　2015年底，世界经济论坛主席克劳斯·施瓦布在美国《外交》双月刊的网站上发表了题为《第四次工业革命》的文章。他说："第一次工业革命利用水域蒸汽的力量实现生产的机械化。第二次工业革命利用电力实现大规模生产。第三次工业革命采用的是电子和信息技术实现生产的自动化。现在，第四次工业革命正在20世纪中叶以来出现的数字革命，即第三次工业革命的基础上发展。它的特点是技术融合，模糊了实体、数字和生物世界的界限。""与此前的工业革命相比，第四次工业革命不以线性速度前进，而是呈几何级数增长。此外,它几乎打破了每个国家、每种行业的发展模式,而且这些改变的广度和深度预示着生产、管理、治理整个体系的变革。"

克劳斯·施瓦布的观点无疑是对的,他描述的最终目标和状况却是商业的部分与整体的变化以及这种变化带来的工业结构的变化:"迄今为止,从中获益最多的是能够接触到数字世界的消费者,技术使得一些新产品与服务成为可能,提高了办事效率和我们个人生活的乐趣。叫出租车、订机票、买东西、付账单、听音乐、看电影、玩游戏,任何事情都可以远程操作。""未来,技术创新还将带来供给侧的奇迹,带来长期的效率和生产率提高。交通运输和通信成本下降,后勤和全球供应链变得更加高效,贸易成本大大降低,所有这些都将打开新市场,推动经济增长。""随着透明度的提高、消费者的参与以及消费行为新模式的出现,需求侧的重大变革也正扑面而来。一个重要的趋势就是技术带来各种平台的发展,它们将把需求和供给结合起来,打破现有的工业结构,例如我们在分享经济或者按需经济中看到的情况。""这一不可阻挡的转变正迫使公司重新审视它们做生意的方式。"

这就是说,将要发生的第四次工业革命是市场变化的结果,甚至是市场这只"看不见的手"在隐约之间被看见了。第四次工业革命就在这样的商业巨变中被塑造了出来。

这是一个从来没有过的变化,它颠覆了我们此前所有的商业知识,也颠覆了传统市场,出现了十多年未曾想到过的电子商务以及供给与需求的关系。它改变了传统的商品与货币流通方式,改变了商业的惯常形态,甚至改变了商品使用价值与交换价值之间的微妙函数关系,引发了正在重塑商业世界的新浪潮,然后波及物流,波及制造业。

这是一个从来没有过的变化,它在影响范围上远超工业革命,包含了工业革命,对世界历史产生更加深远的影响。

这是一个从来没有过的变化,信息不对称规律中运行的商业活动被信息相对对称替代,一以贯之的商品交换的游戏规则被改写了。

这是一个从来没有过的变化,它的另一个名称叫作"数字化",而数字化世界的出现,在人类历史上只有文字发明这件大事可以与之媲美。

为什么互联网的商业运用具有如此之大的作用?或者说,为什么要把它所引起的一切变化视为一场商业革命?

一个更为深入的考察与思考就是,互联网不仅是社会生产力的一次突破性发展,盖过了近代现代历史上前三次工业革命的驱动器和标志物,即蒸汽机革命、电气运用和计算机出现的历史意义,也是目前所看到的生产关系对生产力的巨大解放。说得更明白一点,互联网不仅引发了生产力的变革,也引起了生产关系的革命性变化,是集生产力变革与生产关系变革于一身的双向变革。在我们以前的观念和理论体系里,生产关系的核心是所有制,是人对生产资料的占有、使用的劳动关系和分配关系,这当然是关注的焦点。但是,所有制是不是最核心的问题?有没有同样可以实现生产关系对生产力的解放的更具价值取向的公式、方式和途径?我们从互联网经济下的共享和分享模式中已经看到了端倪。

人的本质是一切社会关系的总和,那么生产关系的本质又是什么?这需要再思考。我们至少从互联网引起变化的表象上这样看,从生产力本身发展,工业社会经历了蒸汽机、电气与计算机,进入了互联网时代,并由此衍生出物联网、3D打印和智能机器人,而这是第四次工业革命的基本内容,可以视为生产力革命的一条明线。与此同时,还有更粗、更具底色性质的暗线或者是一个面,那就是生产关系的变化线。生产力与生产关系的双向变革,是互联网经济之所以具有如此巨大能量的原因所在,也是我们将正在发生的变革称为"商业变革"的原因所在。

这场商业革命源于美国,勃兴于中国。新的商业业态诞生了,新的企业出现了,旧的商业业态和传统企业或者趋于式微,或者在急速的转型之中。还举具有百年历史的百货业为例,据中国联商网发布的《2015年上半年主要零售企业关店统计》,2015年上半年,国内百货商店包括超市关店121家,其中百货商店25家,涉及一些知名的企业,如万达百马莎百货、天虹商场、阳光百货、百盛百津乐汇百货等。万达在其官网上披露的信息也表明,尽管上半年收入同比增长17%,但是上半年开店累计减少了13家。为什么呢?传统百货业遇到了前所未有的经营困惑。百货商店乃至连锁超市业态的变化,预示着日常商品流通渠道的改变,这种改变同样是艰难的和痛苦的。

在过去,百货业和专业商场一直是零售业的主渠道。这种状况几乎延续了百年,骤然间有些门庭冷落,虽很难让一些人适应,但市场现实就是如此。在互联网企业掀起O2O的第一波浪潮的时候,从银泰与阿里巴巴合作开始,百货业开始加码O2O。天虹百货在深圳和惠州有4家门店先后上线,消费者可以从天虹的"虹领巾"App下单,就近门店在2小时内送货上门。

天虹的转型是从实体百货店向线上线下融合的全渠道尝试。但是,"穿鞋的不比光脚的",背负重资产模式和受限于传统采购体制的百货业转型之路艰难,在调整实体布局之外,更多地整理进货渠道,开始了寻找试水跨境电商的新路径;有的则是跨境电商体验店加购物中心再加便利店,线上线下一头都不能误。

百货业的变化影响到后起的超市。连一贯谨慎的全球超市巨头沃尔玛也在通向电商的道路上"踩下油门",全面接管1号店,山姆会员店进驻第三方平台。这标志着沃尔玛在中国向电商转型中由观望到尝试再到推进的过程。2006年,沃尔玛就短暂尝试过电商渠道,但很快放弃了。2010年底,沃尔玛旗下的山姆会员店推出网上商城,在一定范围内试水电商平台。虽然沃尔玛一再表示电子商务是公司业务新的增长点,但是动静不大。为什么呢?沃尔玛毕竟是巨头,它的转型受更多制约,并不像小公司那样可以随意选择路径,经得起失败,更欢迎成功。

超市的转型还有一个原因,就是供货商的流失。在过去,商品进入超市的门槛是不低的,要交进场费、堆头费和扣点等。对电商来讲,这一切都没有了,超市不得不考虑改弦更张。

连锁便利店也在变化,主要是选择多功能模式,不仅提供各种便捷商品,甚至会卖快餐、代缴费。便利店并非没有可能与超市合流。便利店迎合了年轻消费者的方便习惯,大多开在写字楼与居民小区附近,主要经营快消品。便利店对市场反应灵敏,很适合推销新产品。面对越来越快的生活节奏和消费者对新奇商品的追求,便利店有一定的优势。便利店的劣势是门槛低,难以打造自身的品牌。便利店与大超市"联姻",也许是个不错的选择。

零售业的线上线下融合带动了发展滞后的仓储配送与物流快递业,支付方式的变化促进了互联网金融与传统银行业业态的快速融合,除了需要面鉴的古董、艺术品等行当的商品销售,几乎没有什么例外。总之,随着移动互联网的深度商业普及,线上线下已经不再是楚河汉界,不仅是百货商店与超市在试水O2O和其他新的商业模式,包括酒店、金融、车市、医疗、培训教育等一些垂直商业领域也形成O2O潮。这种转型和融合虽是初步的,但传统商业的进化是势不可挡的。

除零售业之外,电商还进入了外贸领域。跨境电商不仅涉足快消品、冷链商品，也涉足大宗商品交易，涉足旅游业，涉农电商更长入种植业和养殖业。在制造业和生产性服务业领域，虽没有那么直接明显，或者主要体现在定制、直销、品牌的推广、创意产品的研发方面，但一切都在移动互联网里进行着，生活服务业的变化更是有目共睹。

网络消费习惯的建立影响到市场形态，也必然影响到企业的商业供应链和流程链，影响到产品的生产设计甚至升级。大众产品被小众定制改变，库存积压被即时流转代替，产品生产、流通周期缩短，重资产模式转向较轻的模式，定制与精准生产成为消费的必然要求和商业运作的前提，制造业的利润之源不再是规模化复制的流水线生产，而是移动互联网中流动的个性化消费。

问题在于，电商与市场商务结构的变化是单方面的还是双向的？应当说是双向的。正像虚拟经济离不开实体经济一样，线上也离不开线下，线上与线下相互融合，是你中有我，我中有你。其中线上是主导。也就是说，从一开始，互联网就扮演着主角，最终结果是互联网与传统产业深度融合，共同演出一幕新的商业大戏和经济生活大戏。这场大戏能不能连续不断地精彩下去，高潮又在哪里，这是新市场人和新一代消费者最关注的。坊间曾流传一位"英国爵士"的网文，说中国允许电商快速发展是经济管理的严重失误。文章的真伪姑且不论，"爵士"们老派优雅的生活消费方式与现代年轻人有多少共同点也暂且不谈，其中一些观点引起的争论却很难回避。"英国爵士"说，电商购物减少了传统购物活动，也减少了把人们从家里吸引到街上和商店里随机消费的几率，过于发达的电商"摧毁"了过去商业带来的"这一点"。有媒体组织了讨论，还真有人讲，电商除了带动物流业，让一些人成为小老板外，"我暂时看不到其他好处"。如果是经营古董宝石的，当然看不到更多的好处。

也有人讲，电商和传统实体店的购物体验并不一样，至少是"各有各的好处"，线上线下不仅是一种具体的商业业态，本身也并不是对立的两种消费行为。比如，随着传统百货业的业态转型，许多商店的商位早已从自营转向出租，商场概念与商业房地产概念渐次出现，现在又在美国与中国兴起了一种实体"短期商店"，从"坐商"形式转为"行商"，固定地址的实体零售的营业时间可以短到一天。他们看中的不仅是特定商业地段的"人气"以及季节性消费商机，更多是为了展销产品品牌，不仅不会拒绝线上销售，甚至希望在实体流动中打造自身的线上品牌。美国纽约的 SoHo 商业区就有拥有多家沿街商铺的公司，可以随时出租、随意布置。美国的著名零售商塔吉特就在位于曼哈顿的"假日仙境"进行过互动与无购物车的商业体验。

对线上线下购物体验的比较，其实涉及全球不同国家或地区电商发展快慢的比较问题。在中国和世界其他经济发达国家或地区，电商都在快速发展，这是一个普遍的商业变化，也是符合互联网思维逻辑的商业变化。线上线下需要灵活结合，而这并不是阻挡电商发展的理由。事实上，电商快速发展不只在中国，进入电子商务较早的美国从 2002 年到 2012 年，网络零售额增长了 1500 亿美元；美国、英国、德国都有 8 成以上的人有网上购物经历；在一些较大的发展中经济体如印度，电商也开始有规模地进入市场；在另一些地区，实体店看样、线上下单支付也很常见。也许会有纯电商与综合电商的区分，但是并不会改变网络销售主导的大趋势。

当然，无论是在国外还是在中国，电商还处于总体起步阶段，甚至在一些行业里处于"烧钱而不赚钱"的阶段，但是这同样阻挡不了电商所向披靡的走势。对新的公司来讲，"烧钱"可以视为崛起的代价；对于大公司来讲，则是品牌输不起，新业态和旧业态交错的叠加成本也付不起。新公司可以专注于线上，老品牌则线上线下都要扛。最大的"压痛点"是原有成本还要加上新的即卖即送的速购成本。这也是毛利润只有 10% 至 15%，净利润只有 3% 至 5% 的超市所不能承受之重。即卖即送只是一个便利化问题，而便利化的途径还有很多。第一，线上线下结合是必须的。第二，可以采取就近自助配送的方式，方便顾客。比如，有很多中心城市在建设智慧社区，其基本功能是"一键通"，要为居民提供一站式、互动式政务服务和市场服务。智慧社区仅仅着眼于养老显然是主管部门的局限思维。智慧社区其实也是网络化市场的基础设施，可以政商共建。大型超市完全可以与之实现对接，解决线上线下服务结合问题。事实上，即使是线下分散送货，也不能完全解决时间对接问题，除了必须限时送达的商品，就近取货、送货是一种更合理的办法。

抛开这些具体问题，真正需要引起注意的是市场对于商业行为的选择结果，这是任何一个小的消费群体都左右不了的。美国哈里斯民意调查公司在为专向小企业提供贷款的 CIT 集团所做的一项调查中指出，58% 的美国中端零售商的高管预计，仅仅开展实体经营的商家"注定会面临淘汰的命运"。这项调查的受访者有 250 人。调查认为,顾客目前虽然仍旧偏爱在实体店里购物,但是电子商务的普及意味着在实体店购物的人会越来越少。美国的实体店客流量出现了两位数的下滑,2015 年 10 月的综合销售额下降了 12.2%。该项调查也意味着,美国的百货业和传统商场正在衰退,著名的梅西百货、诺德斯特龙和杰西潘尼公布的近期财务报表也显示,如果它们完全依赖实体店销售,会面临被动局面。这份报告还说,不只是中低端消费市场如此,一直对电子商务保持抵触的奢侈品行业最终也会"缴械投降"。

另一个问题是,在移动互联网发展中,经济实体在虚拟与现实的交互中发生了变化,那么移动互联网带来的生产与流通的虚拟化会不会导致另一种虚拟经济?对这个问题,安德森在《创客:新工业革命》一书中从另一个角度作了回答,如其书名所示,新的工业革命取决于创客的行为效果,既非推翻此前工业革命的所有成果,也不是所谓"颠覆",而是路径的再选择,是虚拟与现实的再互动与再平衡,而这一切都需要创客们在虚拟世界中完成。数字虚拟是方法论。数字表达实体,预测实体的内部与外部变化,并不是把实体虚化,而是更加真实地认知与发现。安德森强调,"数字革命已经进入了真实世界的核心部分,而且可能已经产生了最深远的影响",互联网渗透到各行各业和人的生活的方方面面,包括市场消费,人的主观能动性达到了新的极限。

于是,我们的话题又回到本节开头提到的后工业化时代,或者径直说,互联网引发的这场商业革命究竟与后工业化时代是什么样的连带关系?

在很长一段时间里,言必称而又在感觉上众说纷纭的"后工业时代"占据了我们的思维空间。在次贷危机发生后,美国也大张旗鼓地提出了再工业化。再工业化明显有两层含义:一是把流失的制造业吸引回来,取得虚拟经济与实体经济新的再平衡;二是在网络时代里提升制造业。其中,后一个含义更重要。对于中国来讲,不存在再工业化的问题,却存在着更为迫切的制造业提升与升级的问题。在产业升级上,无论发达的美国还是发展中的中国,目标都是一样的。网络经济也好,创意经济也罢,不是重返传统制造业,而是在重塑商业服务业的同时重塑制造业,创新制造业,并在新的市场里得到有效的实现,让市场真实、快速而非扭曲、缓慢地传递信号,让我们真正进入知识生产的时代,而非资本独自支配一切的虚拟货币时代。在这个新的经济发展时代和互联网时代里,我们惯常认知里的生产要素组合权重结构发生了重大变化,或者说,生产要素结构和变量的变化以及新的排列组合与此前不完全相同。即在诸多要素里,货币资本依然是重要的,而智力资本取得了主导地位,开始"君临"产业发展、经济发展之"天下"。这个历史性的变化只有互联网下的市场才能做到。

三
"小鬼"当道,创客当家

曾经有人这样概括近现代市场发展史:生产者经济、消费者经济、创造者经济。这样概括科学与否,还可以研究,而把生产者主导的市场当成过去式则是有道理和符合现实的。也许可以这样讲,市场的发展已经越过了生产者独自主导的阶段,正向消费者推动的创造者经济发展,供给与需求从来是一对"冤家",创造是最终的"救局人"。

创造让生产者有机会重塑自己,也让消费者变得满意,在重塑商业服务业的同时重塑制造业,成为市场的"救世主"。也就是基于这样一个原因,美国学者安德森把市场的希望寄托在创客身上,把今天的市场时代称为"创客运动"的时代。"创客"可以是一个个体,也可以是一个团队,而"创客运动"则是一种潮流。中国的"大众创业、万众创新",也可以说是"创客运动"最传神的中国版,可简称为"众创"。如果还要用安德森的理论来阐释,也就是人人可以参与的DIY经济活动。DIY就是"自己动手做"的意思,而"自己动手做"成为一种潮流,也就意味着众创时代的来临。毫无疑问,在这个"创客运动"的时代舞台上,每个人都有机会扮演角色,其中最惹眼的主角将是新市场人。

"创客"概念风行,是在安德森推出《创客:新工业革命》之后。创新者历来是不断出现的,现在大量可见,过去也有。为什么安德森把它当成时代的标志而以"创客"名之?一个重要的原因是,之前的创新者都是散在的"单打独斗者",而现在则在互联网的串联中连接在一起,必然产生了一批又一批新的创造者。"创客"概念与"网络时代"概念的出现相距不到三四十年,这本身就说明,两者其实是一而二的因果关系。只不过,"网络时代"叙述的是"网络原住民"的数字技术特征,而"创客时代"描述的则是他们的人本特征。互联网技术解放了人的创造本能,人的创造本能又在不断地推进互联网技术的发展,在虚拟与现实之间自由切换,让数字世界精确地描述现实经济世界,并有效地推动现实经济世界发展,这是史无前例的变化。它使劳动第一次真正摆脱了体力劳动的更多含义,让智力劳动与知识劳动成为最活跃的生产力的主要标志。

安德森在《创客:新工业革命》一书中,提出了"创客运动"在制造业领域的三个行为特征:第一,人们使用数字桌面工具设计新产品,制作新产品的模型,这就是 DIY 的初始含义。第二,人们在创新社区里分享设计成果,展开合作。第三,如果愿意,任何人都可以按照一定规则和程序将设计传给制造商与服务商,以任何数量规模制造这种产品,也可以使用桌面工具自己制造(3D)。他说,这里既有手工匠人的原始性,又有新的时代创意,与传统工业规模化的生产路径完全不一样,甚至推翻了大众经济的一般市场原理。

创新是发明与市场的结合,这是市场经济对创新的正确思维。按照这样的思维,我们不仅要进一步弄清楚创新与经济发展和经济增长的逻辑关系,更要清楚创新究竟有什么内涵与外延,从而更主动地迎接这个正在到来的众创黄金时代。

先说创新与经济持续发展和经济增长的逻辑关系。2015 年 4 月,吴敬琏先生在浙江召开的一次会议上发表了题为《努力确立中国经济新常态》的讲话。他说,不知从何日起,人们把"三驾马车"拉动经济作为解释与判断中国经济走势的理论框架和分析方法。"'三驾马车'分析法运用的是凯恩斯主义的短期分析框架","凯恩斯是用这一理论框架来分析短期理论问题,拿它来分析长期发展显然是用错了分析框架"。想想也是,凯恩斯的理论是基于 20 世纪 30 年代美国出现的大萧条,在投资、消费、净出口几个变量里,他只能选择投资拉动这个选项,造铁路,修公路,强化就业,刺激经济发展。投资拉动在前几年的中国是有效的,在目前的中国却只能出现负效应。因此,我们不能用短期分析代替长期思考。

发展速度的来源还有什么? 在改革开放之初,投资第一,外需第二,内需第三。因为是百废待兴,也因为有产业转移到中国沿海的机遇,这个机遇还没有完全消失。但是,现在轮到中国主动地开展国际产能合作了。世界上没有一个国家能一直依靠投资拉动走下去,因为不仅会投资过剩,也会造成巨额坏账。不是不讲投资了,主要是由于新兴产业以及城市基础设施欠账,同时要进一步完善"一带一路"的国内互联互通系统,当前与未来,扩大内需消费是一个主要方向。2015 年上半年,第三产业首次占比 59.5%,比上一年提高 2.1%,消费贡献率达 60%,提高 5.7%。若这种状态持续下去,速度问题就有了支撑。在这个问题上，我们与西方发达经济体的发展逻辑是一样的，缺什么补什么，他们的基础设施老化，比我们更需要投资拉动，而我们的明显短板是内需消费，不补上去就是一只看上去体积庞大却装不了多少水的"桶"。国家统计局的权威人士曾说，以目前的价格水平计算，2025年全国消费支出将是10万亿美元。与目前的GDP相当，2025年中国的GDP也不少于17万亿美元，届时国内消费占比也就是65%左右。内需消费支撑经济发展的预期大体可以实现。但是，预期中的消费支出规模能不能达到，不是算出来的，要靠市场上叫好又叫座、不断创新的产品。外需也是同一个道理。在"三驾马车"之外，还有没有更给力的"马车"？当然有，这就是创新，而创新恰恰是美国经济能够持续发展的"秘密"所在。也就是说，不要再在"三驾马车"上做空泛文章，反复地去争论哪驾"马车"好使，哪驾"马车"能用，哪驾"马车"会翻车。那是明摆着的。莫不如在生产要素上做文章，看看在资金、技术、信息、土地、劳动力等生产要素结构里，哪一个不足，哪一个更需要排在前面。按照这个更切合实际的思路，我们便可以清晰地看到，不是资金问题，不是土地问题，也不完全是劳动力增加和减少的问题，而是信息和科技创新以及信息如何对称的问题。关于信息如何对称，互联网已经帮助我们解决了，目前是如何在"互联网＋"中发展市场应用，使它在制造业升级和创新商业模式中发挥关键作用，而科技创新在种种要素的组合中也必然升到第一位。

科技创新在种种要素的组合中升到第一位，意味着在拉动经济的"马车阵仗"里出现了真正给力的"黑马"或"头马"，由它引领投资、外需与内需的方向和发展的标的，而这正是创新驱动的全部含义。中国从自身经济进程，即从经济下行压力加大的现状出发，也从长期发展着眼，提出了经济发展方式转变，也同时推出"创新驱动"战略，并在2015年进一步提出"大众创业、万众创新"，就是基于这样一个道理。如此重视"双创"，无疑与当前的经济下行有关联，更重要的是关系到中国经济的未来十年。麦肯锡全球研究所的报告指出，中国经济增长的传统推动力正在减弱，要想在未来十年达到5.5%至6.5%的平均年增长预期，创新必须占经济增长的一半。中国前30多年的发展主要依仗的是"人口红利"和地理成本的规模生产。在此过程中，发达经济体纷纷转移实体产业，出现了国际产业垂直分工与水平分工理论，甚至出现产业空心化也不在乎。对中国来讲，那是一种百年难遇的机会。因此，我们年年讲、常常讲要抓机遇。既是机遇，那就有"天时、地利与人和"的特定性，不可能永远复制下去。第一，"人口红利"开始减少，低价格规模生产难以一直维持。第二，接受经济危机的教训，美国等国家也开始重新振兴制造业，回归实体经济。在同一个平台上竞争必然是有一拼，拿什么去竞争？新的机遇只能靠我们去创造。

　　国际市场如此，国内市场也是如此。产能过剩不只是生产多了，更是落后和同质产品生产多了，多到国内外市场都疲软起来。出现大量的"海淘"现象，说明中国市场缺少一些东西，那就是创新的东西，或者是同一种东西，人家设计、制造得更好，技术含量更高，牌子更硬。有人将海外扫货看作"不爱国"，视为外国名牌崇拜，这个纲上得高了些。消费者总是喜新厌旧，也讲效能、讲物有所值，中国人和外国人概莫能外。与其抱怨中国消费者的消费行为，还不如看看自己货架上的商品创新度高不高。我们并非没有创新产品，比如高铁、第三代核电、智能手机等，只是总体上不多。因此，必须彻底改变这个局面。前30多年是从无到有、从少到多的数量时代，现在则是从低到高的质量时代。十多年前我们告别短缺经济的欢呼声犹在耳边，现在变了，变得我们必须主动迎接新的创新经济。产业优化、产品升级是一种市场规律，人们常常提到"中等收入陷阱"，说得更耸人听闻些，岂止如此，若创新跟不上去，经济危机也会出现。我们过去学习政治经济学，不是经常这样讲，经济危机就是产品过剩，市场极度疲软造成的吗？人们之所以把美国2008年发生的问题，说成金融危机而不是经济危机，也是因为它的虚拟经济产品过剩了，而不是产成品过剩了。既然原理没有被推翻，我们要持续发展，要走出一条"跨越陷阱之路"来，就要依靠大马力的"创新之车"。中国2015年GDP增速"破七"是个大新闻，引起多种反应。有人说，中国经济暴风雨的时代来了。我看没那么严重，而是不得不加快创新的时代来了。衡量中国经济发展的主要指标是不是只有这样一把量尺？6.9%与7%又有什么本质区别？国际经济机构多数测算，未来十年，中国GDP的年平均增速在5.6%至6.5%之间，5%以上就是中高速度。中国与美国的差距，表面上是规模和增速，其实有两个更重要的指标：其一是技术创新能力，其二是人均GDP与国民财富。前一个指标更重要，有创新力才会有持续发展的生产力。我们重视美国市场，每年都有几十万留学生出去，不仅仅是因为到了5千亿美元的贸易规模，而是因为它具有较强的创新能力。所以，比起TPP，我们更重视中美投资协定谈判。然而，创新究竟是什么，表现在市场里又是什么？这似乎还需要研究。我们耳熟能详的"原始创新""集成创新""引进消化""吸收再创新"这样几个概念，讲的是方法和选择途径，真正的创新有四个方面和类型：

一是科研创新要有独到的、尖端的成果。屠呦呦获诺奖，属于科研创新中的一种，相信还会有更多的科研成果达到世界水平，而前提是科研体制改革。

二是工程技术创新，包括产品创新。在这方面，我们尝到了一些"甜头"。从高铁到轨道交通，从卫星定位系统到互联网技术运用、新一代核电、高压输变电等，中国都走到了前面。装备制造业亮点频出，领域还有待扩展。在这个领域，第二次"军转民"应当有潜力。工程技术创新，包括产品创新是当前最需要的创新活动。但是，正如约瑟夫·熊彼特对创新所下的定义，"发明和市场的新结合"，能够与市场结合的创新才是有效的创新，这是工程技术创新最重要的特征。

三是效率创新。在这方面，我们做得最差，能效不高，物耗很高，有的高出人家几倍；工效也不高，打的还是"人海战术"。机器人产业和运用起步了，重要的不是应付"招工难"和所谓"人口红利减少"的问题，而是要提高效率。波士顿公司曾经对中美商品平均成本作过比较研究，2013年美国比中国只高5%，2015年几乎一样，2018年要比中国便宜2—3%。难道我们的人工费比美国还要高？不是。两相比较，中国土地成本是美国的9倍，物流成本是美国的2倍，借贷成本是美国的2.4倍，能源电力是美国的2倍，蒸汽成本是美国的1.1倍，配件成本是美国的3.2倍。美国的折旧率是中国的1.7倍，厂房建设是中国的4倍。

四是商业模式创新。互联网带来生产效率的提升，更带来商业模式的巨大变化。在中国，从O2O到众筹甚至P2P，开拓出从投资市场到商品服务市场的一片新天地。智能手机34%的消费在中国，并且大步走向海外市场。App成为市场的新接口，连销售疲软的奢侈品市场也不得不在线上寻找市场回暖的机会。2015年，社会消费的增加与移动互联网引发的商业模式的创新有直接的因果关系。有媒体报道，北京消费增长的80%来自商业模式的变化。互联网引起的商业模式变化彻底地改变了市场不对称的"原理"，它提供的不仅是便捷。或者如有人所戏言的"懒人经济"下的商业模式，在相对对称的信息传导中,改变的是所有三个产业的形态,让统治经济生活上百年的工业经济真正成为信息社会中的"数据经济"。我们也看到,商业模式的创新创造了市场奇迹和消费奇迹,但是会不会一帆风顺,能不能得到市场管理部门在事实上而不是口头上的认同,还有一段路要走。市场管理不可或缺,对新的商业模式进行规范也是市场健康发展的应有之义,而任何商业活动都是法制活动,抽象地肯定、具体地否定也是商业模式变革中常常可以看到的阴影。以出行行业为例,用旧的管理标准规范新的业态,非但不能够保护商业模式创新的生长点,反而起到了始料未及的反效果。我们已经废除了许多过时的"红头文件",但是在执行的文件里,难保不会有旧的管理思维的"基因"。刻舟求剑的思维方式与管理方式具有惯性,懒得对新事物进行思考,一切还是萧规曹随,是一种比不作为和乱作为还让人无可奈何的"懒作为"。说的是支持创新,想的还是过去的老办法,对"分享经济"的概念也有些"忌口",非要说是"普惠经济"甚至"协作经济"。因此,创新领域除了上述四个方面,还需要包括商业制度和商业机制的创新。商业制度和商业机制创新从本质上讲也是商业文化的创新,表现在大文化体系层面上,包括商业法制与法规,甚至是明规则与潜规则,也包括对社会行为与市场行为的认知与管理等,并不是我们平素所讲的"文化产业"和"创意产业"所能够涵盖的,也非几个概念所能概括的。一个时代有一个时代的商业制度与商业文化,尽管有些元素是不变的,如商业诚信永远是商业法制与道德的核心问题,但是在具体实现形式上,各有各的适用性和商业规范。什么是改革?改革就是在体制创新中改掉阻碍生产力发展的旧体制、旧机制,包括具有惰性思维特征的管理模式。

当然,创新问题不都是沉甸甸的问题,也不是必须有重大的发明和发现。大多数时候,创新活动的成功发生在意料之外、情理之中,甚至发生在一些看似普通的市场领域里。电影《冰雪奇缘》的全面成功,再次说明创新是发明与市场的结合,只要市场的经脉是贯通的,创新成果就会层出不穷。创新是市场的产物,是渗透在一切市场和与市场相关领域的系统工程,包含了科技这个"第一生产力",也包含了制度创新和制约制度创新的管理思维。所谓"万众创新",不只是面向各行各业的科技人员,也不只是针对能够通过网络平台创造新的物质产品和商业模式的创客们,还包括各个层级的市场管理者。这应当成为我们迎接众创黄金时代的一种共识。

商业模式的创新不完全是颠覆,也有一些是"旧瓶装新酒"。在向高附加值产业发力的创新过程中,新开发园区建设和城市产业的重点开发依然是有效的,可以将同类产品的生产商与供应商集中在一起,形成新的规模效应。这在发展劳动密集型产品时屡试不爽,现在在高新技术产业发展中仍然发挥作用。比如,上海的制药、生物技术,成都的计算机、半导体和信息技术,无锡的光伏产业等,都是具有规模性的产业集群,具有强大的全球市场竞争潜力。

四

企业管理面临变革

在"网络+"中,特别是"互联网+"作用下出现的分享经济中,雇佣关系即雇主与雇员关系依然存在,却不会是唯一的劳动就业形式。劳动者与业主也是客户关系,是一种有承诺、有条件的劳动用工关系,出现了更多的弹性,这是"零工经济"引起人们注意的重要原因。在"零工经济"中,更多的个人能够支配自己的知识技能和劳动时间,提供价值,创造价值,创造的价值按约定即契约分配。在这种劳动模式下,各种网络平台提供相应灵活的市场机会,个人可以择机进入,可以受聘,也可以多次选择,用人机构和被用者都有自主权利,经济单元和经营主体是劳动者,个人或者多个人的联合体成为重要的市场角色。在这个市场里,一种新兴的"自由职业者"群体诞生了,弹性劳动,自由支配。虽然这里存在传统雇佣关系消失导致劳动福利随之消失的新的法律空白,如劳动福利阙如的问题,但是新的法律关系会产生。在我们看到的网络平台上,往日认定的"打黑工""无照经营"以及一般企业不允许的"兼职"在一些劳动领域开始大量出现并被认同。据说,在美国,有大约1/4的人认可这样的自由职业和兼职劳动,数量超过4000万。这在不足3亿人口的美国是一个惊人的比例。

从事中国人力资源开发研究的陈直先生说,目前企业人力资源面临着三大转变:第一,企业内部性用工与外部性用工并存且不断融合。一些"组织人"被"外部人"代替,人才资源内外聚合,"人才所有变为价值创造所有","封闭被开放所有",兼职愈来愈多。这种融合表现为两点:一是"客户与员工共同创造价值",二是劳动者可以"与组织是临时关系"。这样的员工就已经"不再是传统意义上的员工,与组织机构也不再是雇佣关系,是劳务关系"。第二,出现"新个体主义",人力资本成为其显著的特征。"人力资本成为创造价值的主导因素,话语权大大增加","个人对组织机构的黏度降低,个体知识劳动者大量出现"。"人力资本优先",与传统人力资源管理不一样,人力资本和客户资源可以被估值、被投资。第三,企业组织的原有概念被颠覆,"非营利企业与营利企业界线模糊,都能创造价值和社会财富"。他特别引用了克莱·舍基的《未来是湿的,无组织的组织力量》一书中描述的实例,个体甚或可以创造国家工程。他明确地表达了这样的观点:兼职并不比专职效率低,企业人力资源管理需要走向"全资源管理",要把人力资源的供应链拉长。

有学者提出,传统管理正在走向终结。说得有些绝对,但道理显然是对的。也许某一些细节还有存在的价值,但旧的总体系在失灵、在崩溃。传统管理也许在某些行业中还会延续,但终究会被新的实践和理论取代。传统的企业管理虽经过了多次优化,出现了很多改良的新内容,也在不断改变和优化中达到了需要努力达到的效果,如企业文化的提出与推进就在一定程度上激励了劳动者的劳动积极性,世界雇主组织也从企业的外部关系和内部关系上提出了企业社会责任的全新概念,但劳动关系没有发生根本变化,也就在总体上摆脱不了新老泰勒制的阴影。

应当看到,生产的分散化与劳动的协作化、交互化以及商品流通的即时化、碎片化、定制化,改变了生产流程,也改变了商业形态,大车间、大工场的模式管理已经不是普遍的形式,大商店、大卖场也不是市场的唯一景观。

"分享"与"协作"概念的出现,最终会影响企业的内部关系,使企业走上一条迥然不同的企业管理道路。这种不同目前在分享经济流行的商业服务行业引人注目地大量出现。

问题是,分享经济中劳动关系出现新状态,是不是仅止于服务业呢?恐怕不是。分享经济中出现的劳动关系的重大变化,或迟或早会影响和渗透到现代农业和现代制造业的劳动关系链条中来。这不仅是因为分享经济具有"互联网+"时代的普遍意义,也是因为生产性服务企业越来越成为制造业的重要一翼,将会直接影响到所谓第一产业和第二产业的分工结构。当生产性服务企业的用工制度发生变化,大而全和小而全的制造业企业必然发生新的体制和机制裂变。再加上社会外部分享经济的强大影响与渗透,必然会出现以人力资源为中心的人力资源配置的巨大变化。在那种情况下,生产单位普遍车间化,公司化和专业化互联网营销成为重头戏,营销从重模式转向轻模式,劳动关系与人力资源管理也将普遍地发生重大改变。

在第一产业中,现代农业的全产业链发展原本就缺少社会化、高度市场化的服务体系的支撑,需要外部多做"加法",而不是制造业面临的"加减乘除四则运算",现代农业服务体系新的人力资源配置与管理也就是更加水到渠成的事情。

　　重要的是,这样一种新的人力资源配置模式,既符合"人尽其才,物尽其用"的最高效率原则,也符合当今年轻人的就业心态和职业心态。他们是现实与未来的劳动大军,他们对劳动关系的态度必将影响劳动政策的选择。曾经有粗略和带有感性色彩的调查指出,如果说70后还有传统的单位就是终身托付,领导的指派就是一切,80后要求的是平等对话,90后干脆会半开玩笑地说:"谁是领导？我就是我的领导呀！"对于这样的描述,并不能认为90后是一些"无政府主义者"。正如人力资源管理学者彭剑锋先生所言,在从业选择上,"这个时代不再简单地强调对机构的忠诚,而更要强调职业忠诚和专业忠诚",在人力资源管理上要由"为我所有"转变为"为我所用";要忠诚于客户,忠诚于职业使命而非企业的某些分外的利益;要把人才和人力的单位所有真正变为社会所有。

　　信息消费也造就了新行业和新职业,典型的是网络主播。有关网络主播的收入神话一直在坊间流传,有的网络主播月收入为100万元。这很可能是一种炫富或夸大,但是他们的收入比同龄人高出许多却是可以肯定的。有记者采访后得出结论:6成网络主播由艺人转型而来,却2成"玩家"决定网络主播的收入水平。这个判断大体是对的,由于网络主播作为新职业的出现和风靡度,甚至出现了网络主播、艺人工会与直播平台"三足鼎立"的利益结构。比如,在年度选举中,某直播平台的艺人工会一天就得到2000万元的收入。网络主播其实是网络艺人,是一个新的群体。

　　扁平化管理似乎是一种管理追求,其实还是金字塔形治理结构的平面基础变形,只是减少了管理层次和垂直干预系统。未来的企业管理也许是撞击放射的原子裂变系统,既有边际也无边际,在开放中具有不断衰变的自然控制效应,并不是一盘散沙和无序交叉。关于这一点,我们可以从几个大的互联网企业的变化中看出来。它们的跨界经营尽管使人眼花缭乱,但是有自身的行为逻辑。它们有众多的平台,涉及零售、配送与物流,更涉及文化产业和金融,但是总体上仍在服务领域里,并没有跨界跨得没有尽头。

五
企业文化需要不断创新

企业管理逐渐发生变化,作为企业管理的"软管理"和"软件"的企业文化,必然也会发生变化。尤其对于新一代的员工,原来的企业文化理念需要发生蜕变以及内容与形式上的更新。且不说把企业文化仅仅当成企业管理的"软管理工具"有什么局限,与我们倡导的"以人为本""以员工为本"的宗旨又有什么不同,企业文化的空洞化就是一个需要面对的问题。

例如,流行企业文化的关键词里不乏"拼搏""创新""诚信"和"团队精神"这样的格式化表述,是讲给人听的还是做给人看的,是否产生了可持续的自我管理效果,是经不起认真推敲的,也明显地有些缺乏个性。拼搏是有机制的,"将士用命"还要有"爱兵如子"作为标配,如果我们的企业连员工的基本权益如带薪休假权利都不肯痛痛快快地给予,只会用简单的"奖勤罚懒"来激励员工"拼搏",这算是什么企业文化?其实,拼搏并不是常态,更要讲的是专业操守、职场操守和职业精神。创新是一种探索活动,要允许试错,要尊重首创精神,也要尊重失败的过程。创新决定着企业和员工个人事业的未来,这是许多企业近年来把创新精神当成企业文化要素的最深刻原因。把诚信列入企业文化应当是一个突破,企业文化的外化与内化联系在一起,更有企业文化价值。但是,具有共性要求,缺乏个性提炼,远不如传统的"童叟无欺"和一些百年老店的口号更切实。比如,同仁堂"必不敢"的对联,体现的是一种对顾客、对事业的敬畏感,知道谁是自己的"衣食父母",而并不是用一个神秘的"上帝"来"忽悠"顾客;也体现着质量与精工的理念,这是中国企业目前极为缺乏的一种企业文化要素。在企业文化管理中,哪怕是重提当年的"三老四严",都比大话、空话和应付的话更让人踏实。

当然,我们也不必过分贬低这些表述的价值。但是,它们有一个共同的不足,那就是空洞抽象和"千企一面",因此也就成为一种"橱窗品"。

在20世纪80年代,出现了一批乡镇企业家。随着干部"下海潮"和转业军人创业潮,以及国有企业的第一次转型,企业大批涌现。企业家的来源多元,但是职业经理人的阵容并没有形成,他们在商海里摸爬滚打,创业精神是支撑他们进取的全部精神财富。"身先士卒"、敢打敢拼是他们的普遍特征。因此,硬性管理代替软性管理比较普遍,"企业文化"的概念并没有诞生。他们往往按照自己的形象塑造员工的形象,崇尚行伍精神、基干民兵精神、"三老四严"的国企精神甚至是机关条例的精神,分别锤炼了"特别能战斗"的文化氛围。在那个阶段,企业职工也主要是50后、60后,有许多还是"上山下乡"回城的青年,谋职不易,纪律性比较强,头儿说话是不带打折扣的。有的人从个体户干起,创业之路艰难,在事业发展之后,也会对职工要求严苛。那时的厂家并不乏采取准军事化管理模式的,上饭堂都要排成一队,甚至三人行都要走成一行,因此也就把企业文化等同于有令则行的纪律化。

进入90年代,打造企业文化成为普遍共识。各行各业的各种所有制企业掀起了企业文化建设热潮。企业文化无疑成为企业的骄傲与企业发展动力的一个来源。各个企业在企业文化的基本概念表述上虽不完全相同,但无一例外地都有近似的团队精神和"以企为家"的提法,后来又有"创新进取"等,出现得比较晚一些。

团队精神似乎来自日本企业,却也出自我们本土的国有企业。任何一个有效率的企业都是员工相互协作的经济实体,如果从企业和企业员工的职业归属感和荣誉感来讲,团队精神是一面不可或缺的旗帜;而从实际操作来讲,这又是由大机器规模化生产特点所决定的,并非某个企业独有。因此,团队精神在荣誉感上完全成立,在提炼表述上又有些缺乏个性,远不如许多企业提出"某某企业人"那么鲜明,那么有归属感。团队精神不是整齐划一,需要的是协作,更需要一种黏性,这种黏性对用户和企业内部都具有无比的重要性。团队精神的形成也需要科学的企业组织结构予以支撑,是金字塔结构下的团队,是扁平结构下的团队,还是交互结构下的团队,情况是大不相同的。

"以企为家"更有些复杂化,这是一个老的企业文化口号,来自于"人民当家作主"的主人翁理念。在那个年代,企业都是国营企业,企业与国家行政部门分化度不高,爱国家与爱企业是一回事情,"以企为家"也就体现着企业职工的家国情怀。改革开放以后,多种所有制企业成为独立的市场主体,也是一方利益,再用"以企为家"来概括员工与企业的一般关系就有些不准确了。在全社会的视野里,企业是企业公民,企业员工既是企业成员也是社会公民,二者之间的关系是平等的、契约式的。企业员工与企业的关系是雇主与雇员的市场关系,讲的是受企所托、忠企之事,讲的是职业忠诚与职务忠诚,而不是泛泛而论的"以企为家"。

那么,企业文化应当有什么样的时代共性?又应当有什么样的行业和企业的独特个性?

从文化的多个层面和表现形态来讲,既要有共享的精神文化活动,也要有事业与产业贡献的荣誉感以及随之而来的仪式感,因此有些企业要升国旗、升厂旗。这一切都为企业提供了作为一个大的团队的内部沟通力和凝聚力。这无疑是一个基本的可以选择的表现形式,也是员工作为社会人和企业人的必要纽带。

这是自然而然发生的外化形式。在不同的时代进步的轨迹里,企业文化有鲜明的共性内涵。在"互联网+"时代,就少不了这样几个关键词:沟通、共享、协作、创新和人文关怀。

沟通是网络时代基本的生活和工作状态,移动网络的无处不在也使得沟通无处不在。社交网络不仅在朋友圈广为流行,也是公司上下和员工之间沟通交流的重要工具。在相对闭合的社交圈里知无不言,言无不尽,甚至搞搞黑色幽默,发发牢骚,有利于情绪的宣泄,并不妨碍共同企业文化的打造,相反可以提高员工之间的互信和达成共识的几率。

共享与分享是人类生活中有境界的一种追求,包括无限的精神分享与有节制的物质分享。比如,员工正当的劳动保护和福利的分享就是不可或缺的。这不是"平均主义",是对人的基本需求的一种尊重。

协作是现代产业发展的内在要求,也是新市场人的一种事业形态。对于企业来讲,协作更是一种生产和发展的生态链和生态圈。没有高度的协作精神,就没有社会化大生产。需要提出的是,在未来的生产流通体系中,协作并不简单地等同于动作不断重复下枯燥无趣的流水线,这些标配动作更多地会由机器人来完成。员工之间的协作更多地通过互联网和物联网实现。

一个更不可缺少的要素是人文关怀。一段时期以来,企业文化建设出现了一些偏颇,有意无意地把提高企业业绩当成企业文化的最高目标,纳入管理辞典。人们无数次鞭笞的"血汗工厂"虽在表面上消失了,但基于股东立场的"绩效主义"依然是企业文化的出发点和落脚点。这种深深扎根在工业时代里的"企业文化"把职场人仅仅当成可以计量和简单划一的劳动工具,连一些最注重效率的西方企业管理学家都看不惯现实中存在着的一种"残酷企业文化",开始对一些所谓的"企业文化"大举挞伐。他们警告说,拥有"残酷企业文化"的企业和公司或许会有短期的繁荣,却不太可能持久。"残酷企业文化""包括贬损职工、让员工相互攻击并鼓励员工多出力少拿钱"。他们也把这种"企业文化"称为"虐待性企业文化",认为它不仅无法持久,而且"最终将损害创造力,造成浪费和员工流失,进而冲击企业生产力和利润"。美国《纽约时报》在一篇报道中把科技巨头亚马逊当成一个"残酷的工作场所",雇员工作时间长,还动辄遭受经理的批评,"弱者还可能在每年的评估中遭到淘汰"。这篇报道虽受到亚马逊首席执行官的质疑,但环顾左右,有很多貌似严格却极缺人文关怀的企业实例。对员工的管理并不是对物的管理,缺乏人文关怀的管理终究会走向管理的反面,更违背了企业文化建设的初衷。

管理学界提出了"积极企业文化"的新概念,与之相对的是消极的甚至是有害的企业文化。美国密歇根大学罗斯商学院管理学教授吉姆·卡梅伦认为:"通过实施积极的企业文化,企业成长与繁荣的速度可以快3倍到8倍。"

什么是积极企业文化?积极企业文化与消极企业文化有什么根本的区别?最根本的一点是人性化管理,而非功利管理。企业需要赚钱和扩大利润源,利润之源来自于如何调动员工的创造潜能而不是相反,沟通、共享、协作和创新只有在人性化、人文化管理的环境中才能实现。人性化管理是一种细节管理,体现在方方面面,甚至要关心员工的劳逸。试想,在一些企业里,连本该赋予员工的带薪休假权利都要三缄其口,又何从谈积极企业文化?

我们不能低估根源于传统企业管理时代的"企业文化"观念带来影响的另一面。张瑞敏在获得"2015年全球最有影响力管理思想家"和最佳理念实践奖后,对媒体颇有感受地讲,在企业转型中,"最主要的挑战是原来引以为傲的企业文化,现在反而成为绊脚石"。"企业文化是双刃剑。举个例子说,海尔过去比别的企业做得更好的就是执行力,但现在不是执行力文化,要变成创业文化。很多人执行力优秀,但创造力不行,他们曾经是功臣,这些人怎么办？这是很纠结的问题。最重要的是要把这种心态和观念转变过来。"这种转变就是企业文化的转变。

企业文化也是企业内部人与人的文化，除了职场关系，还有雇主与雇员的关系以及劳动福利关系，工资应当是双方协商的劳动所得，福利则是劳动者的权利。比如，带薪休假具有普遍性，在我们的企业里却一直难以推行，企业雇主明知劳动者既有劳动的权利也有休息的权利，却往往重视前者而忽视后者。企业文化再怎么强调"以人为本"，也是苍白无力的。又如，对90后职场人的评价，在无方管理和无法管理中，企业更强调后者，却不愿意多想一想，这里有没有传统管理文化重执行、轻创造的弊病。

诚然，企业有自己的使命、目标和工作规程，是一个利益共同体，但这一切都需要有对各个劳动主体利益和权益的明确界定，包括股东有股东的权利，企业成员有企业成员的利益，彼此之间要相互承担责任。企业文化的核心基础就是打造这样一种共同劳动的和谐的内部生态系统。

对于积极企业文化的形成，中国的儒商文化传统是有借鉴意义的。儒商在处理外部客户关系和内部员工关系上很有一套，此处不专门探讨。但是，仅仅有传统不够，还要看到市场人群即员工构成的时代变化。以80后和90后为主体的新市场人用他们的言和行，已经给管理者提出了改进企业文化的全新课题，不回应是不可能的。

在企业的文化建设里，还有一个不可回避的问题，即企业文化是封闭的、内向的还是开放的？一般地说，企业文化是企业的事，又不能局限于企业内部。企业文化通过企业品牌向市场衍射，必然要与外部发生关系。在这种情况下，企业员工的精气神往往代表了企业的精气神，这是许多企业提出"某某企业人"的重要原因。他们愿意把自身的企业文化成果拿出来向外部展示，同样也是基于这样一个原因。

展示企业文化，就其实质来讲也是一种广而告之，是要加强用户的信任感，即有如此企业文化的团队自然会生产如此水平的产品。那么，用户的要求就这么简单吗？在共享经济发生的年代里，如何看待消费者的体验和感受，是打造企业文化的依据，此外还要考虑消费者其他的社会感受。用户固然要关注产品与生产产品的人，要关注产品的数量与质量，同时也要关注产品的生产过程、原料来源和生产过程造成的好和不好的后果。这在以前似乎是"咸吃萝卜淡操心"，现在却不一样了。大家都在同一个地球村里，不仅在同一个市场里做生意,还要在同一个环境里生活。你的产品和产品工艺污染了环境,我购买你的产品,等于购买污染,鼓励污染。你的内部运转是建立在所谓"血汗工资"的基础之上,谁又能指望你能够对消费者真正负责?产品、消费者与企业之间发生如此密切的关联,不能不引起消费者对企业的全面了解与关注。消费者把产品的制造者、流通者视为服务者,产品的制造者、流通者则要把自己当成企业公民、市场公民、网络公民或者社交公民。"企业公民"这个概念是20世纪80、90年代提出的,为多数企业所接受并成为确立消费者与企业社会关系的核心词。与企业公民紧密联系在一起的是企业必须担当的企业社会责任。"企业公民"概念与企业社会责任的提出,意味着在公民权利上,企业没有任何特权和特殊性,必须按照社会的一般法律和道德准则办事。企业面临着各种自我拷问和公众拷问,上市公众公司更是如此。

企业公民的权利和义务不是空泛的口号,根据世界劳工组织、雇主组织以及其他国际组织提出的标准和内容,有8条之多,包括环保责任、雇主责任、诚信责任、产品安全责任等。人们常说,企业是社会的经济细胞,如果这个细胞成了只顾自己生长的癌细胞,谁又能保证整个社会肌体的健康和安全?

这就带来两个看似具有技术性却又事关社会运转法则的问题。其一,企业在打造和展示自身企业文化的时候,要不要同时展示自己的企业社会责任态度和实际成果?其二,企业社会责任对企业文化建设会产生什么样的积极影响?

对于第一点,我们经常看到的是,企业文化归企业文化,企业社会责任归企业社会责任,各讲各的,两不相干,甚至就是"两张皮"。近年来,公布企业社会责任报告的企业日见增多,讲得也很全面。但是,这些报告一般属于企业的公关内容,或者是对有关部门的一种交代,并不完全面对消费者和公众,当然也不会与企业文化联系起来。对于第二点,既然不把企业文化建设与担当企业社会责任联系在一起,这个社会责任又是如何"落地"的?企业社会责任说到底还是企业中人的责任,离开积淀在企业文化规范里的人的努力,一切都无从谈起。把企业所要承担的社会责任与企业内部的文化积淀融合在一起,成为一种刚性行为与柔性努力的结合物,才能形成现代企业的价值与理念。

这其实是一枚硬币的两面,过去是"卖的要比买的精",现在是"买的和卖的一样精",因为念的是同一本新市场的"生意经"。这里不仅有生意的计算,还有社会责任的度量,是新消费者的另一把市场尺度。在他们眼里,产品的使用价值高低不仅是性能,还有效率与安全;产品的交换价值不仅是各种生产成本和市场稀缺度中的溢出价值,还要计算需要分摊的环境成本和社会成本。企业不仅是提供高质量的产品和服务的社会经济组织,同时也要担当企业社会责任,起码不能让社会和消费者为企业的生产、流通埋单。如果说过去,企业家、企业员工和消费者对这些问题有些懵懂,打工的只管打工,赚钱的只顾赚钱,掏钱购买产品的只要掏钱就可以,那么现在的市场交易不一样了。新一代市场人和消费者有环保意识、安全意识、产品质量追溯意识,有了解企业、比较企业和企业产品的意识,更有选择和拒绝的意识。企业在社会和市场里扮演什么样的角色,企业文化又是什么样的一种文化,不是随便讲几句大话就可以回答的。

把企业文化仅仅当成一种管理手段,多少还带有功利性。有效的企业文化是企业人的共同精神家园,包括企业价值、愿景、理念和一般市场行为规范,也包括企业劳动关系、职场关系与人际关系,还包括企业对社会、对市场的内化承诺。在新市场人和新生代员工的推动下,企业文化建设正迈出新的步伐。

案例1 阿尼信息技术股份有限公司

阿尼信息技术股份有限公司(以下简称"阿尼公司")成立于2011年,主要从事电商平台软件开发运营、电商人才培训和电信终端产品销售,2015年在"新三板"上市。阿尼公司90%以上员工具有大专以上学历,其中具有博士学历的员工占7%。阿尼公司的企业精神是:与社会齐步,与客户共赢,与员工同在;发展理念是:思危图强,科技制胜;管理理念是:协同一致,务实管理,高效工作,狠抓细节;人才理念是:"品性最重,宁缺毋滥"的选人观,"陪伴成长,全面塑造"的育人观,"不拘一格,人尽其才"的用人观。

案例2 江苏南通三建集团

江苏南通三建集团2004年由国有企业改制为股份制企业,以建筑施工为主业务,集投资、房地产开发、工程管理服务为一体。集团下辖分公司与子公司40多家,项目遍及30多个国家和国内128个城市,连续多年入选中国企业500强。集团的企业文化理念是"以人为本,诚实守信,团结高效,追求卓越,用心营造美好未来"。表述虽有些口号化的痕迹,但反映了建筑企业的本质特点,尤其是把"以人为本"放在第一条,对于具有机械施工和劳动密集型特点的建筑企业来讲,是企业文化建设的一个亮点。

案例3 北京数字通软件有限公司

北京数字通软件有限公司(以下简称"数字通")是北京中关村高新科技园区里的一家高新技术企业,成立于2005年,客户过万家,成功地打造了协同办公系统、安全公文系统、文档一体化系统、电子效能监察平台、数字校园智能系统以及超能云平台等系统,为用户实现数字化、网络化、智能化进行了10多年认真努力地服务,目前已发展为集产品研发、系统集成、信息化咨询和现代化管理于一体的新型综合服务商。数字通顺应国家"一带一路"发展战略的实施,正在走出"国门",为有关国家和地区提供节能环保、节流增效的信息化支持。数字通的企业文化表述为"互联互通、智慧协同、指尖未来、共赢全球",具有鲜明的时代感。

案例4 国烨跨境大宗商品电商平台

国烨跨境大宗商品电商平台(以下简称"国烨网")在2014年的试营业中已经显现出不同凡响的运营能力,大宗商品电商交易额达到600亿元。国烨网主打能源化工、互联网科技和金融三大领域,企业文化贯穿在核心价值观、为商之道、管理之道、企业精神、员工守则、企业追求六个方面,既凝练又具体:利国利民、惠商惠己、服务社会、历练人生;诚善为先、信用为本。企业的追求是:为社会创造财富,为股东提升价值,为企业凝聚力量,为员工赢得利益。企业精神是:进取、务实、创新。

六
企业大转型

在企业发生的多种变化中,最明显的还是企业转型。企业转型有多种含义,一种是彻底转变经营方向,或者是改变大的经营方向,或者是跨界经营,多数是在"互联网+"中转变商业模式。比如,实体商业转为电商或线上线下的结合,制造业也可以从代销转为线上线下的直销等。商业模式的转变并不会局限于商业服务业的流通领域,必然会传递到制造业和其他产业,引起多种行业、多个企业销售渠道和管理流程发生变化,并逐步影响到企业结构和企业经营的方向。

据电子商务交易技术国家工程实验室预测,2020年左右,由于具有成熟网络意识的90后新生代更多地进入市场,网络消费氛围基本形成,电子商务规模有可能超过传统消费规模,逐步成为消费主流。这意味着,伴随着电子商务的快速发展,制造业和其他产业的转型或调整也会加快步伐。流通商向立体电商、综合电商转变,制造业企业也由单一经营向跨界经营转变,行业分工突破传统市场分工的楚河汉界,向全产业链、全价值链逐步延伸,经营布局发生新的、全面的变化。

中国先行一步转型的企业家如李嘉诚和王健林。2013年,李嘉诚开始甩卖在内地的物业,许多人颇有微词,甚至认为他是不看好内地经济发展走势。现在人们有些看清了,那其实是在提前布局和转型。虽然我们目前依然看不清其转型的全貌,但是李嘉诚抛售大量物业,不能不说是有眼光的。在未来的移动互联网商业大格局中,轻资产倾向明显,并不需要那么多的写字楼与商厦,商业地产已经成为"明日黄花",及早抽身是一种明智之举。李嘉诚的投资更多转向欧洲,也是看到了中国发展战略正在发生新变化,至少是对国家"一带一路"发展战略的一种超前的正面认知。

以大手笔运作商业地产著称的王健林也是如此。万达在2015年上半年宣布,到2020年,服务业收入和净利润占比要超65%。后来,万达又把这个目标提前到2018年,2020年的新目标是占比达到85%。这个计划就是转型计划，正如王建林所言，届时从严格意义上讲，万达已不是房企。万达实施转型的路径是加快非房业务并购。2015 年，万达投入 150 亿元，先后并购了瑞士盈方体育传媒集团、澳大利亚 HOYTS 院线，投资马德里竞技足球俱乐部以及同城旅游等，并向银行业、保险业和证券业延伸，成立了万达金融集团旗下的投资公司和快钱公司。万达的目标是商业、文化产业、金融业和电子商务四大产业基本相当。万达提出，在万达广场推行超百万台云 POS 机，并将创新对商户的信贷方法，掌握现金流入口。

万达向商业、文化产业、金融业和电子商务四大产业转型，并非心血来潮。从一定角度看，文化产业是万达曾经倾力打造的城市综合体的组成部分，投资院线，布局院线广告，一直在引起市场的关注。现在，万达又在西南丝绸之路的核心区域开发了西双版纳国际度假区，"要在 5 年内使万达成为世界上的最大旅游企业"。这种战略转型选择随着中老、中泰铁路的开工和泛亚铁路雏形的显现，被证明是极有眼光的。万达的转型看似一个令人眼花缭乱的万花筒，其业态结构还是颇为缜密的。西双版纳国际度假区的面积达 5.3 平方公里，总投资达 150 亿元，有度假酒店、百货商场、大型主题公园和一流舞台剧场，并配套建设了三甲医院和从幼儿园到中小学的教育设施。这个度假区集观光休闲、金融服务、医疗、购物与互联网业务为一体，是从房地产业走向综合服务业的重要探索。在西双版纳国际度假区建设过程中，王健林采用了互联网"众筹"模式，3 天里就成功募集了 50 亿元。

万达的转型是多元一体的转型，也是实体产业反向跨界经营的重要案例。万达在打造跨国旅游产业和文化产业的同时，较早地布局了电商。但是，万达电商也曾遇到过挫折。2015 年 7 月，飞凡网上线，万达开始探索一条与阿里巴巴不完全相同的电商之路。万达从各地的万达广场入手，选择了"结盟式"电商布局，2015 年 10 月与五洲国际集团签署战略合作协议，12 月又与立天唐人和南京水平方结盟，旗下的大型商业中心达到 400 多个。飞凡电商平台以服务实体商业为核心功能，在"嫁接"中推动实体商业互联网化，形成"互联网＋"实体商业的 O2O 模式。2015 年底，飞凡 App 下载量超过 345 万，会员总数达到 8500 万人。万达转型的初步成功说明，电商之路不仅是互联网企业的跨界经营之路，也是实体商业完全可以走得通的电商之路。

2016 年的一个工作日，联想集团董事长兼 CEO 杨元庆向全体联想员工发出内部信:"互联网转型,用互联网思维来审视我们的业务、流程与管理。无论是产品开发设计、生产制造,还是营销、销售、服务,都要通过大力创新和坚定不移的转型,来应对互联网所带来的冲击与挑战。"杨元庆拉开了联想的转型大幕。在 2015 年底的世界互联网大会上,杨元庆接受《经济参考报》采访时表示,联想要提出五个领域的转型:第一,设备和人以更加自然的方式连接在一起;第二,保证用户在任何时间、地点都能够与世界高速无缝互联;第三,设备与设备的连接,更重要的是与传统设备的连接;第四,通过云,设备与用户数据的连接;第五,设备与应用服务的无缝对接。这五个方面就是联想未来智能业务发力的重点。这意味着联想的转型是要打造包括硬件、软件、服务在内的整合性平台,成为未来智能产业的核心企业。采访中,杨元庆强调,互联网转型对联想至关重要。

互联网企业的跨界经营本身就是企业转型的典型代表。从世界各国的情况看,互联网企业是电商发明与发展的"第一个吃螃蟹者"。但是,这个发明专利归市场。"互联网+"商业的迅猛发展只是告诉人们互联网力量的强大,不仅改变了整个产业界,也改变了自己。也就是说,互联网企业并不满足于新媒体的角色,也不满足于做"幕后英雄",继续承担电子服务商的日常业务。互联网企业要走到商业服务业的前台,用创客精神更全面、更彻底地革新商业服务业。电子服务商的传统服务内容主要是商业策划、设计、品牌包装、数据分析、客户管理和公关培训等,帮助商家将碎片化、分散化的资源汇集在一起。作为电子化的网络平台,这是互联网企业的基本功。互联网企业从商业的支付环节切入,不仅成功地成为新型电商,也创造了互联网金融的最初形式,并且运用自身的新媒体和商业服务的软硬资源,打造了多种类型的服务业态,从而推动电商实现由初级到高级、由片段到综合的飞跃发展。

从目前来看,企业确乎有两条相向而行的转型路线,以至于有业内人士提出"互联网+"与"+互联网"的操作区分。前者反映的是互联网企业"挟泰山以超北海"的整合能量,后者反映的是"不得不然"的大势所趋。

在互联网企业跨界转型中,也有两种模式:一是亚马逊式的转型。亚马逊从互联网媒体向电商方向发展,少不了购置各种互联网设备,同时也积累了大量商业数据。这些新的电商资源自身用不完,必然要进入更大的市场。于是,云储存出现了,云计算也开始了。最终,亚马逊成为首屈一指的大数据与云计算服务商,企业市值翻了1000倍,在这个行业里占有80%的市场份额,比IBM与谷歌加起来还要大。除了做云计算服务商,亚马逊的物流也做大了,还要在2017年启动无人机运送包裹。二是阿里巴巴、腾讯与京东的转型。阿里巴巴的"互联网+"传统集市成就了"淘宝","互联网+"超市跳出一只"天猫","互联网+"支付衍生出"蚂蚁金服",并高声喊出了互联网金融的全新概念。事实上,有很多互联网的新业态都是互联网企业主动发起冲锋的结果。比如,滴滴出行就是互联网主动加上出租,加的结果,连互联网企业也认不出原先的自己,而新的商业模式已经大面积地出现了。

人们还看到,在大数据时代,互联网企业正在走向无边界开放。一些互联网企业之所以一时找不到最合适的词表述自身,是自身的变化使然。由互联网企业发起的跨界经营转型还没有结束,正在兴头上。互联网企业经历了初创和跨界运营阶段,下一步将在大数据、云计算产业的发育中再次塑造自己。互联网企业正在介入许多商业领域的大数据顶层产业,或者介入"智慧城市"的打造,竭力使自己成为社会经济生态细胞的一个细胞核。以腾讯为例,近年来一边做加法,一边做减法,除了进入城市的智慧建设,主要聚焦于通信社交平台、内容游戏的核心业务,其他业务交由合作伙伴完成。用马化腾自己的话说,留半条命给自己,另半条命交给合作伙伴,不管是数据开放还是云平台,都要冲破"孤岛",走向连接,让更多的行业在这个体系里共生。他说,腾讯已经有几百万合作伙伴、数亿用户,"很难讲今天的腾讯只是腾讯自己,企业正逐渐变成无边界的开放组织"。无边界的开放组织就是未来互联网企业的一种哲学描绘。

相比之下,传统企业是在一时不知所措中猛醒的,踌躇片刻后,开始纷纷走上"互联网+"的转型之路。它们意识到,不转型,业绩下滑,再好的品牌也要从市场的T台上掉下来。在更有商业效率的互联网电商面前,许多著名的商业企业第一次感到了彻骨的市场寒意。

那么,怎么转呢?无非是自建线上平台、并购线上平台或者在紧密合作中共用线上平台。自建需要人才,还需要不断地磨合,并购显然是最好的选项。并购专业网站不仅转型速度快,而且免除了网络人才匮乏的困扰,减少了试错的机会成本。这是传统企业与互联网企业"联姻"浪潮出现的重要原因。

比较早的案例是中国演艺第一股"宋城演艺",它收购了主打草根明星在线演艺的视屏网站"六间房",融入了演艺平台的社交概念,从而实现了线下向线上与线下结合的转型。

传统企业转型会有多种考量,最不济的是看中一些电商的现金流,比如一些八竿子打不着的企业并购了手机游戏企业,而更多的则是看到了"互联网+"的商业潜力,积极开辟线上销售渠道。比如,沃尔玛在2014年就收购了1号店51%的股权,并且明确表示,1号店就是自己的线上渠道,要线下,也要线上线下结合,这颇符合超市转型的特点。国内的商业零售企业和文化企业,如苏宁并购妇婴电商网"红孩子"、国美并购数码产品库巴网、华谊兄弟收购卖座网51%的股权,大多都有开辟线上销售渠道的考虑。另一种考量是要完善自身的商业结构。例如,万达不仅投资美国、西班牙与英国的地产与文化体育产业,2014年还以20亿元控股"快钱"。"快钱"是什么?就是万达的支付宝。万达控股"快钱"不仅弥补了商业流程中的缺环,也给它的各个商业板块带来上千亿元的交易流量。通过众多的并购案,人们更多地看到,实体企业跨界并购互联网平台,不仅是意在获得不容易获得的技术和人才资源,最终还是为了跨界和跨行业发展作准备。

在商业和房地产业企业的转型和调整中,制造业企业开始有大动作。2014年7月,百圆裤业以10.32亿元并购一家跨境B2C平台,并投资跨境卖家深圳前海帕拓逊。广东的冠鹏鞋业也收购了一家B2C垂直电商平台,开始向跨境电商方向努力。进入2015年,制造业的"触网"转型波及大型企业,并且出现了互联网企业追逐制造业企业的深度合作。典型的例子就是乐视网出资19亿元认购著名企业TCL多媒体新股,以20%的持股比例成为TCL多媒体的第二大股东。TCL集团董事长李东生说:"与其成为竞争对手,不如成为合作伙伴,共同建立一个互补双赢的商业模式。"作为国内资深的制造业企业,TCL正在积极推动智能化战略转型,它的产品格局已经覆盖了包括消费电子产品、服务和投资的所有环节,全年电视机总产量达1700万台,销往80多个国家或地区,海外销量占到一半。TCL下一步的目标是从以产品为中心的硬件销售商业模式转向以客户为中心的"智能+互联网""产品+服务"的"双+商业模式"。TCL是国内电视制造从芯片到液晶、模组、整机完整一体化的企业,这是乐视网选择TCL的原因。

在企业转型中,需要提及的是:在互联网冲击下一度陷入困境的一些行业是不是注定要成为"明日黄花"?如果抱残守缺,答案自然是"会"。但是,互联网是普惠的,并不会刻意扶持谁和灭掉谁,关键在于你做不做加法和怎么做加法。比如,古老的百货业是被电商第一个"挤到墙角"的行业,原本就有些"体态臃肿",在商业街、超市与便利店的多重夹击下难以"喘气",电商化浪潮似乎成为"压倒骆驼的最后一根稻草",眼看着就要败下阵来,然而,正如一些市场观察家所讲,百货业是"退役不退场",也要在市场剧烈变化中寻找新的出路。

百货业的主营业务下滑十分明显。比如,有名的重庆百货的主营业务分布在四大区域,2015年上半年仅在四川地区有4.22%的成长,其余区域的营收出现1.78%至8.47%的下跌。北京王府井百货、南京新百等上市公司也好不到哪里去。但是,痛定之后,百货业开始突围:一是经营结构瘦身,拆分业务,放权门店。比如,王府井百货分散在全国24个城市的47家门店,"一店一策",实行运营管理区域化。这不仅为商品经营结构扩大了调整空间,也为门店的电商化提供了可能。二是集中占领核心商圈资源,并在国内外企业并购中重新优化布局。但是,真正起决定性作用的还是另外两条:一是引入事业合伙人制,改善股权结构;二是在有分有合的经营结构调整中积极推动互联网营销,加挂线上优势,发挥线下优势。引入事业合伙人制,改善股权结构,是体量较大的百货企业首先需要解决的问题。中共中央、国务院在《关于深化国有企业改革的指导意见》中明确指出,商业类国有企业按照市场化要求实行商业化运作,依法独立自主开展生产经营活动,实现优胜劣汰、有序进退。王府井百货准备引入事业合伙人制,允许管理层持有股份。广州友谊百货将开启"百货+金融"双主业模式,推动上市公司战略转型。百货业引入基金和各类资本,将使股权结构变得更加合理,混改将为正在转型的百货业注入活力。

百货业之所以出现剧烈变革,主要是因为业态太老化,机制太僵化,想着试水O2O等新的商业模式,却在实际操作中很难对接。百货业只有改换体制、机制,才能融入新的商流,"老树发新芽"。

七
海尔的"三个颠覆"

"互联网+"的迅猛发展,不仅造就了新的商业模式和业态,也必然会颠覆企业传统的组织结构和管理体制。"互联网+"不是传统企业简单地加上互联网,只给企业一种连接外部的可穿戴设备,它会通过企业市场理念的彻底转变,影响企业的创新活动,影响劳动价值的体现,进而影响企业的内部组织结构。

最典型也最有改革探索价值的案例就是海尔的"三个颠覆":对企业的颠覆,对顾客概念的颠覆,对员工的颠覆。这"三个颠覆"颠覆了我们对企业的组织结构和管理体制的传统认识。

海尔的发展是一个大的"三部曲",张瑞敏接手冰箱厂,大锤砸烂不合格的冰箱之后,在20世纪末提出了再造流程。这个再造流程尚未结束,又迈出彻底改变传统企业管理模式举足轻重的一步。张瑞敏意识到,物联网、3D打印、嵌入式软件等新兴技术可能改变和深刻影响传统耐用消费品的生产和流通,甚至会影响企业的经营管理理念。

海尔的改革具有连续性,张瑞敏在多年前就开始推出"人单合一"的责任体制和商业模式,集中地体现了海尔的再造流程指向。"人单合一"的探索试验是成功的,海尔集团的营收已从当年的1000亿元增长到2000亿元,年复合增长率达到10%,年复合利润率达到28%,成为全球百家家电第一品牌。至于"人单合一"的有效性是不是发挥到了极致,海尔企业管理模式的变化与商业模式的变化又有着怎样的关联关系,还需要进一步研究思考。尽管张瑞敏谦虚地把这种管理体制的变化称为"人单合一"的2.0版,但是由商业模式的变化引发的企业管理模式的变化,其意义更为重大。

2015年9月19日,"人单合一双赢模式探索十周年暨第二届海尔商业模式创新全球论坛"在北京举行。此次论坛探讨的是海尔的商业模式,触及的是企业的治理和运转结构。或者更准确地说,是从市场如何做到企业和用户双赢,进入企业机制和管理体制变化的更深层次。在"人单合一"里,

"人"就是员工,"单"就是用户。"人单合一"就是企业与市场用户共同创造价值,而不仅仅是一种责任制和企业内部考核。这不是在口头上做到从以企业为中心到以用户为中心的转变,而是在实际操作中实现这种转变。但是,没有企业体制的转变,"人单合一"可能会有个案局部的实现,却不能在企业体制和运转机制上得到保证。用人们常讲的一句话说,就是"你要我做而不是我要做",缺少真正的激励机制。在许多销售环节,预想着连接,实际却是分离的。张瑞敏说,"为了建立这种连接,我们在企业内部划分了单位,使企业变成一个个自主经营体。但是,问题来了,因为受到原来组织机制、框架的限制,再往下走,必须要将原来的全部颠覆掉",要在企业内外共创共赢的新平台。

这在以前是难以想象的。因为信息的不对称和传统销售理念的自我局限,海尔只能在售后服务上作出努力,在产品的规模生产中并不能真正满足消费者的需求。互联网特别是移动互联网的发展运用,有效地打破了信息不对称的状态,提供了企业与市场用户共同研发产品、共同创造价值的可能性,下面要做的就是如何在紧密的市场连接中为用户提供他们心目中的满意产品。

提供用户满意的产品,只能从更多的小众产品和创新产品出发,化整为零的研发生产和销售模式以及创新团队的组建和建设便成为一种选择。海尔将集团拆分成许多被称为"小微"的初创团队。这些初创团队要与消费者共同研究设计产品,并在各自的社交网络上进行交流。海尔的"小微"团队也叫"自主经营体",客户可以用手机跟踪生产和参与设计,甚至可以把设计投影到天花板上。"小微"创意团队不再使用任用制,而是"能者居之"的合约制。显然,张瑞敏不仅把他当年提出的"赛马"理论发挥到极致,也充分地利用了网络集思广益的特点,使互联网络成为人才与智慧集合的大本营。在他的设想中,未来的集团公司不再有员工,只有平台拥有者、企业家和微型企业家,细分市场的微企业参与利润分配。张瑞敏欣赏克里斯·安德森的长尾理论和重视人性的叔本华哲学理论,认为欲望满足,空虚感就会出现,创造才能解放人性。

我们可以从中看到这样几条变化线:

一条线是信息透明线。在"互联网+"中,企业的经营决策、运行状态、业绩报表都不是什么商业机密,不是只有高层才知道,普通员工也会通过网络及时了解各种信息。这为民主决策提供了条件，只要不是最后决策者一意孤行，就会最大限度地减少决策失误的几率。

一条线是创意表达线。创意不再是少数人拍脑袋，而是员工甚至外部人及客户共同的行为和权利。创意表达和创意资源来自企业内部，更来自外部客户。特别在一些"难缠"的客户那里，蕴藏着创意的"富矿"，往往倒逼企业在产品功能和技术上不断改进。员工提出的创意、外部人有意无意间的设计启示以及客户的定制要求，都是企业经营管理者的"兴奋开关"。客户与技术人员是一对"欢喜冤家"，在创意磨合中产生新发明、新创造、新产品。刻板的、教条的和"官僚主义"的管理方式开始减少。分享创意是企业发展的"驱动器"。

一条线是创意反应线。在既定的治理和管理结构下，创意主要在生产销售环节，产前设计、产中修改和售后服务，以及定制的多种需求中发生，这在不同行业、不同产品中有不同状态。海尔多年提倡的流程再造，就是一种反应。不同的是，这种反应不只是内部的，还包括外部的。在"互联网＋"时代，对外部的反应将会更敏感。老式的产品更新换代已经跟不上消费需求的步伐，特定型号的规模效益达到了极限，那么新的利润源在哪里？要在复杂的市场需求中找到一般与个别的市场平衡，用包括定制在内的多样化生产满足多样化的市场需求，对管理和产销流程提出了从未有过的新要求。

企业组织结构的变革是一种深刻的变革，这种变革对商业和流通服务业来说相对简单，对制造业和原材料基础工业却是大挑战，其中首先要解决的是制约创新的瓶颈问题。制约创新的瓶颈是人才和人的创新力，而这只能在新的"赛马跑道"中产生。于是，不仅生产流水线在变化，部门结构也在变化，给创意者腾出创新空间，给敢于直面市场的经营管理者全面的责、权、利，传统的金字塔形管理结构逐渐消亡，具有引力场的"太阳系运行结构"开始出现，"行星、卫星甚至是流星"都会在各自的运行轨道上"闪光"。

这是一个对外开放的自主创业的企业联合体，对内构建的是自创业、自驱动的并联式企业生态圈，从雇佣者、管理者到创业者，"人人创客"。在市场上，则是更紧密的"人单合一"，"小微团队"与用户和利益相关者共创、共享价值。目前，在海尔新的大平台上，"小微"团队已有约2000家，其中有近8成团队的年销售额过亿元。

张瑞敏把这种变化概括为几点：企业定位从企业以自我为中心转变为

互联网上的一个节点；价值导向从卖货转变为用户体验；企业发展目标从追求自身赢利转变为攸关各方利益最大化。最重要的是，企业定位、价值导向和目标的改变，引起企业内部结构模式的根本改变：企业平台化、用户个性化、员工创客化。原来一层一层的结构变成一个一个的平台，以用户为中心颠覆了原来的产销分离，员工创客化颠覆了雇佣制，员工成为合伙人和创业者。张瑞敏形象地比喻："一个鸡蛋从外面打破，一定是人类的食物，从里面打破，一定是新生命的诞生。"他还说，现在的海尔只有三类人，没有职位高低之分，只有掌握和创造用户资源不同。第一类人是平台主，他们不是领导，而是服务员；第二类人是"小微"主，是创业团队；第三类人是正在转变身份成为创客的员工。

2016年元旦，张瑞敏对其进行的探索作了更明确、形象的概括，他在《经济日报》发表的一篇题为《制造业升级要追求用户导向》的短文中说，海尔要把串联流程变成并联流程，每一个并联圈都对着一个用户圈，融合起来就是"共创共赢的生态圈"。他还说："制造业的传统模式发生了颠覆。比如，商业模式的颠覆：从分工式到分布式；制造模式的颠覆：从大规模制造到大规模定制；消费模式的颠覆：从产品经济到体验经济。这种趋势越来越明显。"

在这篇文章里，张瑞敏明确地提出了将传统企业改造成互联网企业的概念。这是制造业对"互联网＋"的清晰回应："互联网企业应该是一个生态系统"，"传统制造业融入互联网的核心指标就是要做到用户导向，要从追求产品的数量变成用户资源"。

对于海尔的探索，国内外专家给予了很高的评价，他们不约而同地从企业结构的创新角度谈到其中的必然性。美国趋势基金会创始人与主席杰里米·里夫金认为，海尔的平台上可以衍生出很多"小微"企业，形成很多新的创新机制，活力很大。美国沃顿商学院教授马歇尔·梅耶认为，海尔转型的精髓在于组织结构的变化，把一个大的企业组织变成许多"小微"企业，每个人和用户保持零距离，平台变得更加有价值和持续性。海尔是被西方企业管理学界研究得最多的中国企业之一。哈佛大学商学院从1998年以来对海尔进行了17次案例分析。瑞士国际管理发展研究院创新管理学教授比尔·费舍尔将海尔的"小微"企业创业平台称为"去海尔化"，指的是自我打破了原来的金字塔形或扁平式管理结构，形成新的互动结构。海尔的品牌还在，因此称之为"去中心化"更妥当。现在，海尔有20多个创业平台，有的属于智能冰箱为主的"饮食生态圈",有的属于空调和空气净化器为主的"空气生态圈",还有 24 小时配送的物流公司。随着"去中心化"进程的推进,海尔员工从 8 万人减到 6 万人,其中 1 万个中层人员正在变为新的创业者,在"小微"企业里开始了新的创业。从某种角度看,海尔更像是一个创新"孵化器"。

为了更清楚地理解海尔的转型,下边摘引张瑞敏在山东省"互联网＋制造"会议上的讲话。这篇讲话引自《东方企业文化》杂志 2015 年第 11 期,题目是《传统企业转型必须全系统颠覆》,演讲的时间是 2015 年 8 月 20 日。具体内容摘录(有修改)如下:

> 顾客和用户是不一样的。顾客付款就是销售的结束。用户不是买你的东西,而是参与你的前端设计。
>
> "互联网＋"制造业,这也是全世界目前所有传统制造业都在努力去转型的一个议题——德国提出的工业 4.0,美国随后提出的先进制造业,中国提出的中国制造 2025。
>
> 所有这一切都说明,如果制造业不能互联网化,制造业就没有出路。
>
> 企业、顾客、员工都将被颠覆。
>
> 我们自己把"互联网＋"制造业具体化,叫作"互联工厂",互联工厂不是一个工厂的转型,而是一个生态系统,整个企业全系统、全流程都要进行颠覆。
>
> 最近哈佛商学院把海尔案例写成哈佛商学院案例,前几天跟我说这个案例已经受到师生的好评。原因在什么地方?
>
> 原因并不是我们做得多么好,而是它就是一个方向,在这个方向上——大企业的转型——全世界都在探索。真正做好的其实还没有。
>
> 我们也没有做好,也是在探索过程当中。所以,在今天,我想简单说一下,不能把它局限地看作一个工厂,特别不能说是"机器换人",也不能是一个智能工厂。
>
> 重要的是全系统颠覆。
>
> 我们现在聚焦在三个方面的颠覆:对企业的颠覆,对顾客概念的颠覆,对员工的颠覆。
>
> 首先说对企业的颠覆。全世界的所有企业都是金字塔形的,这是工业革命开始的时候,德国人马克斯·韦伯提出来的科层制,一层一层

下来，也叫作"官僚制"，到今天全世界企业还适用。今天，互联网时代首先要颠覆它，把这一个企业颠覆成平台化。

第二个是顾客概念颠覆。所有企业原来面对的就是顾客，我有多少产品，我有多少顾客。但是，现在要把顾客颠覆成用户。为什么呢？因为用户是有个性化需求的。

第三个就是员工的颠覆。原来企业的员工就是执行者，让他干什么就干好了。原来日本企业的执行力非常强，日本企业在全世界的竞争力很强。但是，现在要把员工变成创客。

所以，我们现在聚焦颠覆的就是三化：企业平台化、用户个性化、员工创客化。

1. 企业平台化

互联网时代的企业，不仅要打破传统的科层制，更重要的要变成平台。为什么？并不是你这一个企业想不想变，而是互联网一定要你变。

互联网是平台型的企业。传统时代全是单边市场，互联网时代是双边市场。单边市场上，我出产品有人买，买走了回款就结束了。现在是双边市场，我要的不是顾客付钱给我，而是用户流量，有了用户流量就可以赚钱。我可能叫他免费上我的平台，流量多了，我就有地方收钱，这就是互联网所说的"羊毛出在猪身上，狗来付钱"。

你看现在总结出来全世界的平台有多少？三类。

第一类是聚合平台。聚合平台是什么？就是交易平台。比方说，淘宝就是聚合平台。淘宝上不向用户直接收钱，用户到这上头的非常多。为什么？因为你这里销售商品的价格低。淘宝可以从广告商那里收钱。

第二类是社交平台。社交平台是什么？就是交流平台，像美国的脸书、中国的腾讯。脸书与腾讯都可以从第三方收钱。

第三类是移动平台。移动平台是什么？就是你自己一家不能完成的，比方说供应链，比方说配送物流这一类的。

当然，现在全世界期待第四类平台出来，这三类平台不可能满足。但是，不管怎么说，就是一条：你要么是平台的创立者，要么就只能在平台上面运行。

现在对企业来讲，第一步要做的就是把内部的结构先颠覆成适应这个平台时代的要求。怎么颠覆呢?像海尔就把科层制压扁了。前两年很多人质疑,你怎么一万人都去掉了,一万多的管理人员没有了?

我们认为适应互联网时代的企业必须做到两化:第一,去中心化;第二,去中介化。

所谓去中心化,就是你没有中心。原来的企业有很多中心,所有的领导都是中心,每个员工都有他的上级,上级就是他的中心——甚至多中心,有很多上级。

去中介化,不仅仅是去社会中介,也要去企业内部的中介。过去我们有一千多人专门评价内部员工做得怎么样,现在不需要了。为什么不需要?让用户直接评价就好了。比如我们的物流配送,向用户承诺按约送达,超时免单,七点送,七点五分送到,超过七点所有送的货不要钱。这样,何必再有那么多人,了解用户意见后再来评价呢?没有必要。

去"两化"之后企业发生了什么变化?原来企业有很多很多层次,现在变成了只有三种人。这三种人互相不是领导与被领导的关系,而是创业范围不同的关系。

第一种人叫作"平台主"。所谓平台主,就是说你原来可能管了很多很多的工厂,管了很多很多的车间,但是你现在是一个平台,不是管理这些车间,而是通过这些平台产生创业团队。第二类我们叫作"小微主",微小的企业。小微主是什么?就是一个创业团队。第三种是普通员工,要变成创客。

开始弄的时候,大家可能会想,这个企业不就乱套了,谁来管理?其实没有关系,每个人都是创业者,他们要创造的是价值。

美国人说了一句话很好,就是"世界最大的问题就等于最大的商机"。所以,你到网上看,到底什么问题多呢?问题就可能成为你的商机。

我们有一些年轻的员工在网上看到,很多抱怨来自孕妇。孕妇怀孕之后坐在沙发上看电视非常不方便,如果可以躺在那里看天花板就好。他们想这是一个商机,没有由集团决定,他们自己来创意。

谁有这个技术?第一,美国硅谷说有这个技术,可以提供。第二,关键零件谁有?找到了美国德州仪器。第三,谁来制造?不用海尔制造,用外面资源,找到了武汉光谷。这样,就把所有资源凑起来了。

创业者觉得有这个市场要求就可以创业。这个项目不是集团决定的，是创业者自己做。做了之后，钱从哪儿来？网上众筹。我们还不是全部众筹，只拿出 30% 的股份，结果用户蜂拥而至。

众筹没有问题了，再往前发展，谁来？风投，就做起来了。现在风投已经投资，而且他们的产品已经迭代到第三代，就是不仅仅是给孕妇用的，可能商务应用。甚至它的目标是将来替代电视，因为 1900 多块钱做出来的屏幕可以达到 100 寸，买一个电视恐怕做不到。另外，还可以和网络连接起来。

这就是我说的企业平台化。平台的目的是什么？让每个人都来创业，每个人都来体现自身的价值。当然，这里有一个问题，你想创造的价值就是一条，即发现用户需求，所以用户非常重要。我想说的第二点就是用户个性化。

2. 用户个性化

谈到用户个性化，首先你要改变一个观念：顾客和用户是不一样的。我们内部有一句话：顾客是什么？付款就是销售的结束。顾客付款给你就没有关系了。但是，现在付款应该是销售的开始。有了付款，就有这个信息可以跟他联系。甚至在付款之前，他就要介入。用户不是买你的东西，而是参与你的前端设计。

做到这一点，工厂要改变，变成互联工厂，满足用户的个性化需求。互联网工厂必须先变成"黑灯工厂"。我们现在有四个工厂可以变成"黑灯工厂"，没有电灯，不需要取暖设备，意味着根本没有人，是智能化的。

个性化需求来了之后，需要虚拟设计，加上智能化制造，而不是你在车间里头导入这些事儿。比如，我们收购新西兰的斐雪派克，在青岛建立一个电梯厂，它的设计在新西兰，设计通过网络传过来，生产线接受它的设计来制造。

我们有很多事提出来，机器换人。机器换人可以实现高效率，但是互联工厂要的是高精度，到底给谁来干？用户的个性化需求太重要了。我们现在做的就是怎样把用户的个性化需求在互联工厂实现，也就是从大规模制造变成大规模定制。

这带来一个问题，我们现在有很多用户个性化需求来了以后，我给你制造，是把全过程，从设计、制造到包装，发到你的手机上，用户必须参与进来。有人说这是"透明工厂"，其实就是这样。

现在这个量还不大，因为有10万个用户提出10万个需求，我总归不能给你做10万个不同的产品。因此，这个用户圈应该是互相交互，交互到最后实现一个比较集中的型号，哪怕是新产品也没有关系。

有国人提出来，说工业4.0有一个检测的标准，并不是说自动化高就行。什么检测的标准？叫作"两维战略"。纵横两个维度：第一个维度是企业价值，即财务报表到底可以提升多少；第二个维度是全价值链都得益，从上游到下游。

我们现在把这个"两维"改了一下，全价值链没有问题，效率高，效益应该也高，全价值链都得益改成一定要有用户个性化价值。如果体现不了用户个性化价值，这个互联工厂真的没有用。那么高的效率，没有用户怎么可以呢？

所以，我觉得这是整个世界的互联网发展的一个方向，就是哲学上所说的"否定之否定"。工业革命开始时的工业小作坊，自产自销。后来变成大生产，产销分离，但是互联网时代又回到自产自销。

每个互联工厂最后的目标一定是自产自销。也就是用户的需求来了之后，我马上给你制造。有人说大家都实现互联工厂可能就颠覆电商了，因为我不需要再经过电商这一道程序，直接工厂给实现了。是不是终极目标？

我认为不是，终极目标其实应该是美国人里夫金写的《第三次工业革命》。他认为将来互联网最后就是协同共享，协同共享就是每个人都是产销者，比如3D打印机，我们既是生产者也是消费者。比方说太阳能发电，我家里头太阳能发电，我上网，既是生产者也是消费者。

这样，一下子颠覆了一个问题，就是原来我们的市场经济一定是交换价值，经济学告诉我们没有交换就没有价值，但是到那时候，一定是共享价值。

大家来共享，很有可能造成GDP不增长，但是社会发展，为什么？因为大家在共享，不再要求个人的所有权，只要求使用权。一辆汽车不一定买它，只要每天八点到九点用它，它来了就行。

所以，我的意思就是互联工厂现在的目标要做到自产自销，满足用户个性化体验,但是将来可能还要再往前发展。这是我想说的第二点,就是用户的个性化。

3. 员工创客化

所有这些的完成都要靠员工,所以员工要创客化。

每一个员工过去都是被雇佣者。我提出来要雇用100个员工,而且告诉你是什么样的岗位。很多人会奔着这个岗位来,因为这个岗位有更好的薪酬。到了这个岗位,只要执行上级命令,做到万无一失,做好了就可以得到这个薪酬。

但是,现在你变成创业者,你自己来创业,你能够做到很好就可以得到相应的利益,而且你要成为合伙人。我刚才举的那个家庭投影仪的例子,别人来投资之后,你自己必须跟投。跟着投进去,把你的身家利益也打到里面去。所以说,这个和过去完全是不一样的。

这里,最重要的不同点是什么?过去是企业付酬,到这儿干好了企业付薪,现在用户付酬,给客户创造多大价值就可以得到多大利益,否则就没有钱。

我们做了之后,很多人马上就感到不适应,为什么?你让我跟投,我投了钱之后万一不行就都搭进去了。有一个快递柜项目,创始人凑90万元投进去了。但是,风投告诉他们,B轮再做时,你们达不到目标,这90万元全没有了,搭到里面去。

每个人创业都是这样,一定是利益和风险共担。这和传统经济不一样,传统经济是所有人绑在科层制上,所有人绑在流水线上。马克思对此有一个非常精辟的论断,他说不是工人使用劳动工具,而是劳动工具使用人。

你想是不是这样?就是这样。大家都被那个流水线困住,不仅是工人,所有科层人员都要为他服务。现在不是,你要为自己服务,你要创业就要全部自己来负担。创业成功就可以得到很多收益,创业不成功钱就搭进去了。

我刚才说的平台主和小微主的关系,平台主不是领导,不是管理他们,而是服务于他们的。

如果你不能把利益和风险共担,所谓创业就是一句空话,根本不可能。所以,我说这"三化",其中有很重要的两点。

第一点是企业能不能把所有的权力下放给工人,哈佛商学院调研时很奇怪,全世界企业没有说把权力都下放的。我们现在内部叫作"让渡三权":决策权、用人权、分配权。所有权力都给你了,前提是能不能拿这些权力创造出价值来。

对于企业来讲,马上改变了,企业不再管理这些人,只是一个创业平台,都在上面创业就可以了。但是,有一个问题,权力都给你了,会不会造成非常大的混乱?我们就把原来所有的职能部门取消掉,形成一个平台,包括财务部门、人力部门、信息部门、法律部门,变成统一的。

美国一个非常大的国际化企业来了说,你这个做法真是我们想都不敢想的一件事儿。他说你们先做吧,做不成我们就不能做了。如果做成,我们就把它搬到美国。

我们现在把职能部门拆掉之后,变成两个平台:

第一个平台叫做"共享平台",比如财务共享平台。在全国所有大企业包括央企中,我们财务人员占全体职工的比例非常低,只有一个财务共享平台,不需要财务人员天天算账。这是一个共享平台,目的就是四个字:活而不乱。在这个平台上,每个人可以自由行动,却不会乱套。

第二个平台叫作"驱动平台"。驱动平台就是四个字:事先赌赢。现在企业所做的都是事后算账,有时甚至应该叫作"死后验尸",不管好坏都没有办法。

现在事先赌赢,这个项目能不能行?如果行,必须有路径,必须开放。我们这些职能部门,比如财务、人力,要把这个定位改变。过去这些部门是什么?形象地说,它们就是温度计,真的不起作用。

为什么?像房间里的温度计一样,拿出来一看,告诉你现在房间30度、35度。现在要的不是36度,是必须不超过27度。高于35度,必须降下来;低于27度,则要升上来。

职能部门要变成恒温器,不是告诉我数字的问题,而是有一套机构在里面运转。所以,出现问题就要改变,可定位为四个字:显差关差,随时显示出来有什么问题是"显差","关差"是有办法可以解决问题。

简单跟大家汇报这些。最后,我想用中国传统文化中的一句话结束今天的汇报,那就是"得时无怠,时不再来"。得到这个时机不要懈怠,马上行动起来,因为时不再来。

这是一篇颠覆传统企业管理和企业组织架构的解说和宣言。海尔的颠覆并不是封闭的。也许许多企业不具备海尔转型的内部和外部条件，但是海尔的条件也是自己创造的，并且还在自我创造，或者说在继续进行一次新的颠覆。2016年一开年，海尔斥资数十亿美元收购美国通用电气公司家电业务，成为中企在美最大并购案。此举不仅是要打造"海尔美国"，海尔收购通用家电业务的同时，也与通用建立了伙伴关系，要在"互联网＋"制造业以及相关领域携手合作，闯出中国乃至世界制造业的一片新天地。这后一个目标要比并购本身更重要。

八
现代企业制度走向完善

中国改革开放三十多年以来,所有制改革取得了一定进展,国营企业变为国有企业,国有企业、集体企业一统天下的格局改变为多种所有制并存,私营企业、中外合资企业、外资独资企业和个体经济企业大量出现,多种社会资本结构和实现形式日渐丰富。资本结构和投资体制的改善,再一次解放了生产力。这是市场取向的企业改革的重头戏。这场新的改革刚刚破题,在"互联网+"的新浪潮的推动下,正在出现新局面。

这是一场"互联网+"引发的倒逼性改革,体现着先进生产力对生产关系的直接正效应。国有企业的"混改"已经提出几年,但是说得多做得少,其中牵涉利益集团的既得利益和体制倾向。国有企业并不完全等同于国有经济。国有经济能否占有主导地位,取决于国有经济的不断壮大,而国有经济的壮大又取决于国有资本的壮大。那么,国有资本如何壮大呢?这不一定是通过国有国营的垂直系统,而是要通过多种所有制的共生生态圈来实现。在新一轮国企改革方案里,把国企分为公益、商业两个主要类型,坚持分类改革,并把混合所有制改革作为商业性国有企业的重要改革取向,这是国企改革的一个突破。

从2015年9月习近平主席访美随行的企业家名单,我们也可以看出这样一个发展趋势。在15位中国顶尖企业家里,3位来自网络企业,2位来自金融业,8位来自制造、化工、能源、建筑业,2位来自农业加工业,覆盖了一些重要的行业领域,其中民营企业占了近一半。民营经济的快速发展及其地位和资本话语权的形成,为混合所有制的发展提供了广阔的组合空间,为多种所有制和多种资本联合奠定了更加坚实的基础,让人们不再为所谓的"国进民退"还是"民进国退"去争论,更会进一步在混合所有制改革的实践中壮大中国的经济实力。

人们还看到,随着"互联网+"的推进,多种所有制企业都迎来了新的发展机遇。尤其是民营企业,在分享经济的崛起中,在"大众创业、万众创新"

中,迎接改革开放后的第二次、第三次创业高潮,新的企业和企业家不断涌现,继续壮大国家的经济实力。

在"大众创业、万众创新"的时代,在强调继续发展民营经济和推动混合所有制发展的同时,也要更多地发展新的个体经济和合伙人经济,进一步丰富所有制改革的内涵,进一步解放生产力。

合伙人经济是所有制的一个重要类型,是与其他所有制形式具有同等地位和价值的所有制实现形式。之所以强调合伙人经济,是因为它更适合各种服务业企业的发展。国际管理学者费洛迪在其《合伙人》一书中提出了一个理论预测,即公司雇佣制度出现某些"摇动",合伙创业时代来临。他的有关分析是从就业和创业角度开始的,也是以分享经济的出现为出发点的。他把人才和人力资源的运用分为四个阶段。在第一个阶段,健康强壮是一个标准。在第二个阶段,专业智商是首选。在第三个阶段,情商和经验为重。现在进入第四个阶段,转向了学习与合作互补中的潜力。也就是说,合作精神决定着创业的成败。在他看来,创业不会一直是"一股独大",创业的带头人要把同事甚至是员工变为合伙人,与他们分享梦想、分享未来,这符合新市场人的事业追求。在这种情势下,唯一要做的是寻找"高潜力"的合伙人,即志同道合、具有共同开拓精神、能够胜任创业的伙伴。他们一般有四个特点:好奇、有洞察力、有意志力、有沟通能力,是事业经理人而非职业经理人。费洛迪的说法尽管有些绝对化,但是确实引人深思。

现代创业不同于传统创业,需要有追求,更需要知识与创意,还需要一种合作的态度和持续合作的机制。合伙人体制要比单枪匹马的成功率更高,也更符合分享与共担的创业精神。

合伙企业能不能做大呢?当然可以。在创业世界里,不仅有发展得很好的合伙人企业,也有发育得很好的家族企业,只要它们能够按照现代企业制度运转和管理,一样可以良性发展。所有制的实现形式多种多样,从平等竞争的角度看并没有高低优劣之分,关键是特定情况下的适应和适用。特别是初创企业和各种服务型企业,多半要从大企业的内部与外部小微企业做起,合伙是一个好的选择。

进一步讲,随着企业的发展,所有制的实现形式并不是一成不变的,完全可以不断地改进。倒是目前的一些众筹项目,注意力更多地放在"新三板"上,有利也有弊。能够一步进入更大资本市场的"资金池"固然不错,然而多数的创业者并没有同一种机会，难道他们的创业之路只此"华山一条路吗？"

其实，我们也可以从"分享"的概念中看到国企改革的另一种"混改"前景，即除了按照常规运作资本投入，组建新的股份制企业，创新活动创造的价值也可以进入新资本结构，作为持股的依据。创客团队或者合伙人的创新活动成果进入不同层次的"混改"，与原来尚未创造市场价值的抽象的"知识资本"按既定比例进入"股改"有区别，最大的区别在于前者可以量化，可以避免误判的风险，当然也可以避免"劣币驱逐良币"。在这里，海尔的企业内"小微创客"的试验同样提供了经验，重要的是如何把它转化为一种资本结构，而不只是当作企业内部的寻常技术革新活动，仅仅给以奖励，因为那是"一锤子买卖"，不是可持续的一种机制。从这个意义上讲，合伙人体制是推动企业内部与外部的创客团队建设以及优化所有制改革的好形式，是"一匹黑马"。

海尔的试验并非绝无仅有。中兴公司在美国硅谷的团队也是一个创客团队，他们与美国的青年创客针对美国市场共同研发新产品，现在已经悄然上市，取得了成功。

"混改"是国有企业单一所有制改革的方向，目前的路线比较清晰，从顶层设计框架上说，一是明确了各种企业，如交通、水利、通信、核电等能源企业属于何种类别，哪种企业实行国有独资，哪些企业实行国有控股，哪些企业实行放开，而不再是笼统地去提一句"关系到国民经济命脉的重要行业和关键领域"，有了具体的分类概念。二是"混改"不再局限于子公司，开始向集团母公司延伸。三是在公司治理方面，"混改"后的董事会有了选人、用人和决定薪酬水平的权利。四是审批权明确，"混改"方案由同级政府管理部门审批。"混改"不仅盘活了国有企业资产，为进一步完善现代企业制度奠定了更为牢固的基石，也为企业灵活转型，运用包括并购在内的市场手段进行资源整合提供了前提条件。

"混改"不仅是中国国有企业的现实路径选择，也是世界大多数国家改革国有企业的主要方向，就连中国的邻国哈萨克斯坦也掀起了"混改"浪潮，甚至涉及对其极为重要的石油天然气公司。

"混改"虽有特定的含义，但我们也可以将其扩展到创新创业的一切产业资本结构领域。海尔"三大平台"的重新组建，"小微"主们的创新活动与利益挂钩，就离不开资本投入的所有制结构改革。海尔实行的企业让渡决策权、用人权、分配权的改革，无疑是以股份制、合伙制的重新构造为基石的。华为推行独特的股权模式，其实也是民营企业的一种"混改"。华为并不钟情于金融投资客，甚至表示永远将金融投资客排除在股东行列之外，实行职工集体持股，子孙不可以继承股份，离开公司时由公司赎买股份，退休后由公司回购股份。即使是任正非这样的公司创始人，也只有1.4%的公司股份。因此，华为可以公开宣称，华为并不是任正非的华为，更不是某个私人家族的华为，而是全体员工的华为。华为特殊的股权模式将股东分红与员工福利"绑"在一起，在广义上也是一种"混改"，最终避免了大股东一股独大而追逐短期利益的常见弊病。2012年，华为年底分红就高达125亿元。

新市场与新市场人

创新金融市场

一

金融业面临巨变

2014年和2015年是互联网金融的黄金年份。在这两年里,"宝宝"军团、P2P、股权众筹、互联网保险、互联网信托、互联消费金融等派生业务相继亮相,仅是将货币基金放在互联网上,就造就了万亿元规模的新市场。一批互联网新贵产生了,更多的创业者进入互联网金融领域"淘金"。据中国互联网金融行业协会统计,2014年底,互联网金融规模已经突破了10万亿元。

《中国互联网银行深度研究报告》指出,互联网对银行也有渗透,可以分为三个阶段:第一阶段,银行渠道互联网化,各大商业银行推出网上业务。第二阶段,随着支付、借贷、征信互联网化,出现了大量第三方公司从事这类业务。例如,余额宝理财产品分流对银行的存款,P2P又冲击了银行的贷款业务。第三阶段,微众银行、网商银行开始出现。2015年6月25日,浙江网商银行在杭州开业,"银行+互联网"全面发展为"互联网+银行"。

这是一个发展过程。"互联网+"是互联网与传统行业融合发展的新业态,其本质是传统行业在线化、数字化,居于商业最高端的银行业、金融业不可能置身事外,而是首先被互联网化。与传统金融相比,互联网金融具有智慧的特点,方便快捷。随着诸如人脸识别等技术的发展应用,远程开户成为可能,足不出户就能办理金融业务,极大节约了成本,提高了效能。互联网金融不仅带来了支付结算手段的更新,也带来了传统金融机构资金的快速转移,以支付宝、微信支付等为代表的第三方支付挤占了商业银行的业务空间,分流了市场份额,由此派生的金融安全问题也构成了现实挑战。这是2015年下半年开始的互联网金融"洗牌"行动的大背景。

互联网金融是什么?既不是把金融业务搬到网上那么简单,也不是一度炙手可热的P2P平台那么容易。互联网金融不仅是传统金融机构的数字化,也是金融机构与互联网企业利用互联网技术和信息通信技术实现资金融通、支付、投资和中介信息服务的新型金融业务模式。其主要业态包括互联网和智能手机支付、网络借贷、股权众筹融资、互联网基金销售、互联网保险、互联网信托和互联网消费金融等。互联网企业的根本属性是信息中介和媒体，当它介入一般商业活动的时候，不仅可以加速商品信息流通，还可以在信息流、商品流和资金流的流程里形成新的闭合圈，最大限度地方便了消费者，降低了商业运转的边际成本，掀起了一场商业革命。但是，一旦互联网进入一个特殊、敏感的商业领域即金融领域的时候，情况顿时复杂起来。

这种复杂性用简单的话说，其着眼点是"互联网＋"，还是"互联网＋"时代？如果仅仅是"互联网＋"，没有什么可研究的；如果是"互联网＋"时代，就要看看是取代还是代入。毕竟，金融业对专业人才和商业信用的要求是最高等级的，互联网金融业务活动离不开传统金融，商业领域的分工合作也是需要的。比如，也可以反过来这样想，如果让金融业包揽零售业和物流业，或者取代互联网媒体行业，它能够揽得起、做得到、做得好吗？

既然互联网提出了这个挑战，总归有它的道理。最大的道理是，金融业虽然也配上了互联网的神器和利器，但是它的经营模式和服务模式并没有因此而彻底转变，这正是 P2P 出现并一度受到追捧的原因。它们为金融业的发展和金融体制改革做出了一定的贡献，同时也引起了争论。问题的焦点倒不是越来越多的资金流向 P2P，而是传统金融业颠覆论四起，似乎传统银行业就要被"洗牌"了。这自然是一种幻觉。事实上，长期以来"躺着赚钱"的商业银行的确感到了从未有过的压力，因为它们的"互联网＋"在一开始是被动跟进的，有意无意地把"互联网银行"与"网上银行"当成一回事，后者只是一种网上交易界面，是网络柜台，而前者的理念与传统银行并不相同。以放贷为例，传统银行的业务基础是存款，在存款的基础上，根据申请人的财产抵押放贷。互联网银行的放贷则基于互联网化的征信系统，并不一定需要实物财产抵押，而是通过数据计算提供的申请人的偿还能力、还款压力、违约风险实施放贷。它并没有改变金融的本质，更加有利于市场的融资活动。面对互联网金融的冲击，传统商业银行意识到，互联网对金融业的影响不只是简单的技术变换，而是一次重塑自身的挑战，"不改变自己就会被世界改变"成为普遍的共识。传统商业银行开始立足于自身的优势，加快探索互联网金融发展的新模式，加快手机银行、移动支付、远程理财、小微融资等产品创新，积极开拓电子商务和电子金融平台的建设。尤其是随着微信的跨越式发展，推出了微信银行。中国建设银行的"微金融""生活悦"以及信用卡就覆盖了75项金融功能。该行还开发了"快贷",5分钟即可获得贷款。在"互联网＋"的风口上,银联金融IC卡也进入消费生活,打通了手机、消费、生活的全通道,完成了包括超市、餐饮、娱乐以及停车场、公交系统、农贸市场等的布局,"非接支付"开始走向成熟。银行卡在20世纪80年代中期出现,经过了一个较长的发展过程,各家银行一开始各成体系。中国银联2002年成立,2003年推出自主品牌的银联标准卡,2015年变为金融IC卡,开启了"闪付"时代。中国工商银行推出"融e购""融e联""融e行",建立了互联网金融产品体系。平安银行构建了"橙e网""口袋银行"等面向公司、零售业和同业的互联网门户等。

"互联网＋"的"鲶鱼效应"是明显的。但是,互联网不仅是条"鲶鱼",起到了金融市场的激活作用,其本身也是一条跳龙门的"锦鲤鱼",在进入金融业务过程中不断自我完善,形成了互联网金融的一道风景线。继P2P网贷、京东"白条"、支付宝"花呗"等新金融模式出现后,不仅阿里巴巴开办了旗下的网商银行,腾讯也开办了旗下的前海微众银行,成为国内首批互联网银行。腾讯金融还把微信支付作为重点,红包、微信转账、快捷支付形成闭合的微信产业链。从微信支付的前景来看,潜力是很大的。2015年8月8日,微信支付联合团队发起"无现金日",参与的银行和相关机构有腾讯公益、微众银行、中信银行、民生银行等10家,商家则有8万家,包括家乐福,而消费群体主要是千禧人群。

微信支付的火爆,首先是因为它比信用卡便捷,其次是因为它比预付卡安全。五六年前,预付卡火爆。如今,有的企业倒闭,有的企业挪用资金,其"先充值后刷卡"的模式也为人诟病,微信支付大行其道。全国约有270家拥有第三方支付牌照的企业,其中成立于2007年的易士在2014年下半年因为挪用资金,成为首家被注销支付业务许可的公司,揭开了其中的一些问题。一般来说,商业预付卡分为两类:一是商业企业发行的,如健身卡、美容卡;二是跨地区、跨行业的,如商通卡等。既是预付,就有一定的沉淀资金,其利息收入也是相关企业的赢利途径。此外,则是利益链驱动下的资金挪用。2014年以来,随着反腐力度的加大,依托企业"福利"的预付卡发行量萎缩,沉淀下来的资金减少,而微信支付等新的支付方式的出现也加速了预付卡行业的"洗牌"。

互联网保险和互联网信托也是千禧人关注的金融领域。2015年7月27

日，中国保监会发布《互联网保险业务监管暂行办法》。这是《关于促进互联网金融健康发展的指导意见》出台以后首个落地的互联网金融分类监管细则。该办法肯定了互联网保险加速发展的趋势，也对风险管控不足等问题进行了规范。该办法有条件地放开了部分险种，如人身意外伤害险、定期寿险和普通终身寿险，个人家庭财险、责任保险、信用保险以及能够独立完整地通过互联网实现销售、承包和理赔全流程服务的财产保险业务。对不能保证异地经营售后理赔服务的保险机构，及时停止其相关险种的经营。该办法对线上线下的监管要求一致，侧重实施事中监控和事后监督。其最重要的内容是，规定第三方网络平台不得代收保费并进行转支付，有关业务交由保费收入专用账户开展。如果第三方网络平台参与销售、承保和理赔，则需要取得中介或代理资质。保险业务，特别是财产保险与年轻人关联紧密，互联网保险给他们提供了更为便捷及时的服务。目前，互联网保险占保险业务规模的 5.4%，其主要方式是官网直销、设立网上保险超市和利用综合性电商平台。有数据显示，2015 年上半年，有 91 家保险机构开展了互联网保险业务，无论从所占份额还是互联网公司的数量及产品，比重都不算大，但是未来会有大的发展。及时出台有关办法，一方面给出了市场规范，另一方面也给线上线下提供了进一步整合的空间。

　　网销保险目前处于高速发展阶段。中国保险行业协会发布的互联网保险报告显示，2014 年开展网销保险的保险公司有 85 家，2015 年中增加到 96 家，保费收入达 816 亿元，是上年的 2.6 倍。

　　互联网保险的发展搞活了保险业。保险产品层出不穷，开始覆盖人们生活的方方面面。手机摔坏可以领保险，加班可以领保险，孩子闯祸了可以领保险，失眠也可以领保险……国外有"赏樱险"，国内也有为高温和雾霾设立的险种。众安的气象指数保险产品保 37 度高温险，每份保费 10 元，累计 37 度高温约定免赔天数以外，就可以获得高温补贴。这些险种被媒体称为"奇葩险"，但与人们的生活密切相关。

　　2015 年是保险业发展业绩非常好的一年。截至当年 11 月底，全国保费收入 2.2 万亿元，行业利润 2685 亿元，保险业总资产 12.1 万亿元，净资产 1.6 万亿元。中国保监会对保险公司的偿付能力、现金流开展压力测试，在总体良好的同时，也有隐忧显现。中国保监会再度叫停了被中小险企认为是"弯道超车利器"的网销万能险产品，淘宝、招财宝等万能险集体下架。在投资端,险企大举举牌上市,公司的隐患是显而易见的。2015年下半年,约有30家上市公司被险资举牌,给保险投资收益带来不确定性,会不会危及根本的偿付能力是必须考虑的问题。因此,"偿二代"措施必然在2016年实施。也就是说,按照险企最低资本比实际资本,偿付能力充足率要在150%以上,100%是一条红线,业务和投资将会受到限制。"偿二代"的实施将会引入保险风险、市场风险、操作风险、战略风险、声誉风险、流动性风险等七大类风险评估,将险企分为A、B、C、D四类,给出不同的投资设限。

《关于促进互联网金融健康发展的指导意见》明确了互联网信托是互联网金融的主要业态之一,而绝大部分信托公司也把互联网金融作为自身转型方向。互联网不仅有助于改变信托行业的服务模式,也会改变信托行业的业态。近几年,互联网信托已经在以下几个方面产生了积极影响:一是及时披露信托产品信息,提高了产品运行的透明度;二是及时呼应客户的需求,并对存量客户提供更好的服务;三是实现线上大额支付;四是实现精准营销信息推送。目前,大部分信托公司布局了微信公众号、手机App客户端。应当说,信托是一种收益较高的公司理财方式,对于融资端的企业来讲,意味着融资成本较高,低成本中小企业往往望而兴叹。同时信托也有灵活的优势,如风险控制理念不同于银行,只要实质风险可控,有没有抵押物并不重要。这也是初创企业经常借助于信托融资的一个原因。2012年9月,中信信托发起设立"中信北京中小企业发展信托基金"。到2015年中,该信托基金已累计放贷525笔,总金额达64.6亿元,涵盖了高端制造、医疗、农林、环保与文化创意产业。该信托基金成立初期,申请贷款业务量大,在保证合规和风险控制审核通过的条件下,简化流程,提高效率。中信信托不仅为中小企业提供信贷支持,还通过债权融资、股权融资、供应链融资以及私募股权投资(PE)、财务顾问、未来上市规划等,为中小企业提供综合金融服务。此外,中信信托还推出了互联网消费信托,包括电影、养老和黄金等业务。百瑞信托积极推动"消费信托加众筹"。这些新的努力得到客户特别是年轻创业者、消费者的欢迎。

目前,金融信托业的发展出现了新的特点:一是偏向实体经济。《中国信托业发展报告(2014—2015)》显示,2014年,信托业资金有71%投向实体经济。二是信托投资功能不断增强。2014年,投资类比重为33%左右,与融资类基本持平。2015年中,投资类占近40%,超过了融资类。三是支持大量的新兴业态和新的商业模式，在发展私募股权投资的同时，也开始参与企业并购重组。信托业转型、创新正在深化，是金融业目前亮点最多也最有希望的一块。信托基金具有规模化、长期化的特点，完全可以组合运用，分散信托风险，同时也应当引入担保机构，形成新的信托机制。

2015年9月，国务院办公厅下发《关于加快融资租赁业发展的指导意见》，融资租赁业也迎来了发展的新契机。截至2015年6月底，全国注册融资租赁公司2951家，其中金融租赁公司39家，内资试点租赁公司191家，外资租赁公司2721家。租赁公司注册总资本9574.39亿元。上海、广东和天津的租赁公司占到一半。该指导意见要求融资租赁业发展服务于"一带一路"、京津冀协同发展、长江经济带和新型城镇化建设等国家重大战略，为中小企业服务，并发展跨境租赁。金融租赁公司是指经中国银监会批准，以经营融资租赁业务为主的非银行金融机构，并不是新概念。早在2007年，中国就首次开放了银行系金融租赁公司，工行、建行、交行、民生和招商获得批准，2011年扩展到农行、兴业、光大，2014年再次放开门槛，但是民间资本一直没有进入。虽然总数22家租赁公司的总资产达到10926.8亿元，与2008年初的300亿元相比，增长了近30倍，但是经营状态依然粗放，专业分化度不高。允许民间资本发起设立风险自担的金融租赁公司，意义重大。

从目前租赁业的资产总规模来看，截至2015年，资产总额为1.45万亿元，与2007年相比，增长62倍，占整个租赁市场的60%。预计未来5年，租赁规模将达10万亿元，其中金融租赁占比最大。目前，融资租赁面临机遇期，市场空间也很大。在欧洲，金融租赁的渗透率是30%，美国更是高达60%，而中国尚不足5%。在"互联网+"的浪潮里，融资租赁也开始互联网化，将有更大的发展，需要在相关法律体系上进一步加强基础建设。

租赁不仅提高了大型设备的使用效率，对一般服务业也有很大意义，是一种资源共享的主流形式，其影响直接波及许多小微资本的创业活动，甚至与正在兴起的"使用不占有"的经营理念和消费理念紧密地联系在一起。

二

P2P 的是与非

P2P 是在互联网条件下较早发育的有活力的民贷平台。截至 2015 年 6 月的统计数字,中国运营中的 P2P 网贷平台达到 2028 家,比 2014 年增长了 28.76%,大的电商、风投和上市公司纷纷进入,传统金融机构也纷纷跟进。在 2028 家中,59 家有国资背景,13 家属于银行系,多数属于"草根"。P2P 是 "Peer to Peer" 的缩写,意思是个人对个人。P2P 网贷模式通过互联网平台完成个人对个人的小额借款交易。据易观智库研究,中国 P2P 网贷规模 2014 年为 2000 亿元,5 年间增长了 100 倍。

2013 年至 2014 年,是 P2P 行业的爆发期,P2P 平台由最初的 20 家发展到过千家,投资人数由 1 万人增至 100 万人,交易额由 230 亿元上升到 2500 亿元,年复合增长率一度超过 300%。P2P 风头甚劲,一时无两,几乎成了互联网金融的"代名词"。根据互联网金融数据中心"零壹数据"的统计,到 2015 年 11 月,全国 P2P 平台数量累计达到 3445 家,自 2015 年 1 月以来又新增了 1322 家。其中,问题平台为 963 家。

在一段时间里,由多个方面组成的 P2P 网贷"大军"一路高歌,席卷了网贷市场,必然出现真假李逵之类的现象。人们看到,P2P 网贷里有李逵,也有李鬼,在多数公司良好运转的同时,也出现了发展中的异常情况。恶性竞争、非法集资、公司倒闭、老板"跑路"时有发生,直接损害了投资者和消费者的利益。这是互联网金融发展中的一个安全隐患。据监管部门统计,社会对金融业的投诉,95% 是对互联网金融的投诉,其中 95% 以上又是对 P2P 的投诉。网贷之家的统计数据显示,2015 年开年以来,新增问题 P2P 平台 419 家,是 2014 年同期问题 P2P 平台的 7.5 倍。截至 2015 年 6 月,累计问题 P2P 平台达到 789 家,占平台总数的 1/3 还要多。2015 年 7 月,P2P 平台增加到 2869 家,问题 P2P 平台也累计增加到 866 家,仅 6 月份一个月就增加 77 家,其中涉嫌"跑路"和停止运营的是 276 家。追溯至 2014 年的统计数字,2014 年与 2013 年相比,涉嫌非法集资的 P2P 网络借贷发案数、涉案金额、参与人数分别增加11倍、16倍、39倍。P2P平台爆发性的发展和爆发性的问题并存，必然引起监管部门的注意。这就是2015年7月18日央行等十部委联合印发《关于促进互联网金融健康发展的指导意见》的重要背景。该意见对互联网支付、网络借贷、股权众筹融资、互联网基金销售、互联网保险、互联网信托和互联网消费金融等互联网金融的主要业态进行了明确规定，一方面肯定了P2P的法律地位，另一方面对一些互联网金融机构的异常生长因数作了一次及时的规范。

从P2P的网贷属性上讲，其实就是一种很特殊的准"互联网银行"。银行业对宏观经济和微观经济的运行具有高度敏感性，最终还是要由实体金融机构担当大任，并在实体金融机构的互联网化中推进金融的现代化。这应当是互联网金融发展的最终格局。目前，用互联网银行取代实体银行是不可能与不可行的，至少条件不具备，因为这会造成比我们惯常理解的"虚拟经济"还要更虚拟的负面作用。尤其是许多P2P网贷平台，动辄上演30%以上高利率的"暴利神话"，明显地具有不可持续性。因此，不少业内人士认为，P2P迟早要回到10%以下的利率水平，朝着理性趋势发展。更有人断言，大部分P2P公司将会失败，甚至将有90%的平台死掉。没有真正的评估系统是多数P2P公司会失败的根本原因，坏账逾期处理不当是P2P平台死亡的"真凶"。有学者把它们比为婚姻介绍所，只管配对，不管婚姻能否成功。尤其是在当前经济增长整体下行的情况下，P2P行业能够获得的资产存量空间有所缩小，P2P进入整合期是一个大趋势。P2P公司良莠不齐，其中一些公司隐埋着金融诈骗的风险因素，也是P2P平台进入整合期的内在原因。

《关于促进互联网金融健康发展的指导意见》对银行和P2P平台的业务关系作了明确界定，是中介机构。银行作为第三方存管主体为P2P平台提供资金托管服务，就在很大程度上解决了问题P2P平台卷款逃逸的隐患。P2P作为信息中介，主要业务是为借贷双方提供信息服务，不能提供增信服务，这也使占比并不算少的缺少资质的P2P平台面临关闭或者业务转型。该指导意见还明确了央行、银监会、证监会、保监会以及电信主管部门的职责，即保护投资者的利益，推动网络消费。应当说，有些措施内容还需要研究细化，特别是关于P2P平台能否提供增信服务应如何界定等，但是大的框架还是明确的。最高人民法院接着颁布了《关于审理民间借贷案件适用法律若干问题的规定》，对30%的利率红线和"去担保化"作了明确法律解释。

一个月之内，监管部门相继发布了三个涉及 P2P 的法规，拉开了 P2P "清理门户"的大幕。许多财经媒体分析，进入淘汰倒计时的 P2P 平台有三类：一是利率过高的，一是担保平台面临整顿的，一是隐藏信息需要规范的。

关于利率过高的认定，争论比较激烈。以往民间借贷的合规性是依据"银行同类贷款利率 4 倍"进行操作的。2013 年 7 月，央行宣布全面放开金融机构贷款利率的管制，客观上让 4 倍标准缺少了操作的基准依据。因此，《关于审理民间借贷案件适用法律若干问题的规定》明确了两条线，一是 24%，一是 36%。若超过 36% 法律不予保护。这意味着 24% 以下的年利率是合规的。但是，这里有名义利率和实际利率的问题。例如，有不少平台在名义上宣称投资者享有的利率是 8% 至 15% 之间，在实际操作中却还有诸如管理费、咨询费、服务费之类的名目，借款端实际承担的资金成本很可能超越红线。值得注意的是所谓等额本息"二分三"，即年利率 23%，表面上看似乎没有逾越第一条线。但是，不少分析人士认为，按照实际利率的计算公式，年利率最终会高达 50%。等额本息是指按照预先约定好的利率水平算出本金和利息，再分摊到每个月偿还本息。这与一次性还款付息有很大差别，而目前线下的个人借贷平台多数采用"二分三"的模式。

在以前，以"兜底"和"担保"为宣传口号的 P2P 平台颇多，似乎不兜底就无法吸取投资和理财业务。宣传归宣传，在操作中并没有与投资者签订具有担保法律效力的文件，因此也有虚假宣传之嫌。新规定明确 P2P 平台只提供媒介服务，并不承担担保责任。如果 P2P 平台通过网页、广告等显示了担保内容，则有可能承担相关责任。"去担保化"在法律上消除了一些 P2P 平台的"忽悠"行为，令其负起该负的法律责任。一些 P2P 平台也存在信息披露方面的缺陷，使得投资人无法判断平台的风险控制能力、赢利能力和资金流动状况。此外，还有 P2P 平台存在所谓"熟人式营销""炒作式营销"和"负面信息营销"等。相信这些问题都会得到改善。

另一个问题是支付管理办法。在央行给出的为期一个月的征求意见期中，议论和争议主要集中在几个方面：一是账户开立门槛过高，在原来的身份证和绑定银行卡之外，加了学历、纳税、水电缴纳证明等验证。二是支付账户不可以向他人银行借记卡转账，增加了转账成本。三是支付限额日累计 5000 元，月累计 20 万元，对网上理财大户不便。四是支付机构不能为 P2P 开设账户，那么银行又如何顺利接管 P2P 行业的资金托管业务？有的属于技术问题,有的则是在重视安全的同时减弱了网络支付的普惠性。央行发布的《非银行支付机构网络支付业务管理办法(征求意见稿)》,对第三方互联网支付的认证要求、支付限额、业务范围作了新的规定,被业内人士称为"史上最严"。这里,公众比较关心的还是交叉验证身份,造成新的不便。网络支付首要的问题是如何落实账户实名制,不能因为少数平台为"黄赌毒"和其他违法活动洗钱以及非法跨境转移资金,大家都跟着"吃药"。

2015年9月初,P2P网贷平台融金所被稽查。这家公司在2013年5月上线,有31家分公司,在全国P2P平台上名列第22位,平均利率是15.66%。融金所涉嫌"虚假标的"。业内人士认为,P2P行业被净化,新增平台会减少,市场会优化,服务质量会上升。P2P平台的问题不少,尤其是e租宝在一年半的时间里非法吸储500亿元,揭开了P2P网贷平台的另一面,显示了规范的重要性。但是,"倒脏水不能把孩子也倒掉"。互联网金融的发展是大势所趋,已经快速渗透到社会经济生活之中,但是"野蛮生长"也造成了许多社会风险。有了新的规范意见,一些能力不足或者希图套利的P2P就再也没有容身之地了。这对P2P的健康长远发展有利。

事实上,P2P平台虽然很多,但是真正效益好的不是很多。比如,由多伦股份转换来的"匹凸匹",在2015上半年就亏损2340万元。因此,比较严格的法律规范有利于市场的优胜劣汰,而不是"劣币驱逐良币",在搞活民间信贷的同时,也规避了社会风险。在利率下行的走向下,P2P平台的收益必然下降,高息平台开始退出。据相关数据,从2015年8月起,行业整体成交量升高,达到974.63亿元,环比上升18.12%,是上年同期的3.9倍;而平均收益率下降到12.98%,下滑了3个百分点。这是一个预期的水平。2016年初,网贷平台活期理财的风险性和合规性又成为业界讨论的焦点。继温商贷之后,短融网也关闭了活期理财业务。平台主推的活期理财有两种模式:一是类似余额宝的"宝宝类"产品,通过与银行、基金公司合作,让投资人的闲置资金享受到货币基金的收益。二是通过债权转让、变现的方式,变相实现"活期"理财。目前,多数"活期"理财产品以债权转让模式存在,但是不太符合2015年底中国银监会发布的《网络借贷信息中介机构业务活动管理暂行办法(征求意见稿)》中关于中介机构不得以任何形式代替出借人行使决策的相关规定,因此也是难以持续的。

对P2P的功能明确定位,是比较难的。从银行系统看,中信银行与易宝支付、懒猫金服三方携手,率先打造 P2P 资金存管产品,其运营模式是"支付＋运营＋银行存管",提供了互联网金融发展的新经验。还有一些 P2P 转型为投资理财平台,开启了基金、保险代销模式。今后,包括银行、基金、证券公司、金融租赁公司在内的金融机构都将参与到互联网金融平台的销售中来。但是,人们也看到,更多的银行并没有很积极地加入为网贷平台存管资金的行列,反倒提高了存管的门槛。主要原因是,有问题平台不断遭到曝光,银行方面更趋谨慎,对 P2P 平台实行"负面舆论一票否决"。同时,银行的审核指标繁多,在考虑进行资金存管时,要对 P2P 平台进行多方面的考核,试图把资质较差的 P2P 网贷平台拒之门外,减少风险,同时对少数 P2P 的"跑路风险"也是一种防范。由于行业监管细则尚未落地,缺乏统一标准和规则,这是可以理解的。但是,不成文的"负面舆论一票否决"终究会造成莫须有的"冤案",让符合条件的 P2P 平台也受到连累。媒体舆论毕竟是一种声音,有时揭示了事实,有时则未必。人民网舆情监测室发布的《互联网金融舆论生态报告》就指出,有关 P2P 平台的负面消息,极易在公众之间传播,且大多数人选择相信。一家平台的名声好坏,与平台的危机公关能力有很大关系,一些因素也会在一定程度上影响银行的判断。所以,还是要持一种积极态度,监管部门也要作出比较科学的规定。但是,一些银行提出,资金存管的条件是平台实缴注册资金不低于 5000 万元,这就成为 P2P 的一道隐性门槛。

  P2P 平台的确到了发展的重要关口,一方面,鱼龙混杂,确实有将近 1/3 的平台出现异常,包括"跑路""失联"和发生支付困难,而剩下的依然在夹缝中生存。"去除杂草不能伤及秧苗",这是有关部门对待创新的应有态度。目前,主要的问题还是这个行业的准入门槛太低,注册资本零实收的案例也有。这显然是有问题的,需要制订有一定资本要求的准入条件。另一方面,监管责任不明确,推来推去,形成事实上的空白或灰色区域。除此之外,还有执法盲点、盲区,以及应当负起资金存管责任的商业银行的"杯弓蛇影"心理和"草蛇效应",导致存管平台不足,2015 年末还不到 30 家,费率奇高,平均约有 35% 的利润被银行抽走。这样下去,恐怕连能够正常运转的 P2P 也会难以为继。创业与创新有一个动态特征,那就是初期带有一定的盲目性与情绪性,缺少社会理智与专业理智,大浪淘沙,终究会出现"良币驱逐劣币"的正循环,也会发生分化,出现优胜劣汰的局面。更有效的途径是兼并重组,具有相对的集中度,在市场中提高行业运作水平。P2P 的未来不是必然的前景黯淡,只要利率市场化未能彻底完成,商业银行未能全面承担小微贷的业务,民营银行也不能更多地发展,P2P 就有存在的理由。

有关机构作了一个统计,截至 2015 年 10 月底,P2P 平台全国历年积累成交量为 10983.49 亿元,突破万亿元关口。10 月成交量为 1196.49 亿元,比 9 月份上升 3.87%,是 2014 年同期的 4.46 倍。这个统计说明,尽管出现了很多问题平台,也不断出现"跑路"的案件,但是处于整合期的很多 P2P 平台还是在发展。2015 年底,互联网金融平台的收购频率有所加快,融资虽然降低,但是 A 轮融资比例仍然占 28%,说明资本依然看好互联网金融。公开数据显示,红杉资本在互联网金融领域投资了 20 多家,经纬中国、IDG 和华创资本分别投资了 20 多家、30 多家和 40 多家。

在多元投资的 P2P 平台里,也有比较安全的投资来源类型:一是能够履行担保责任的投资者;二是自身就处于资产行业,可以质押。因此,P2P 的出路在于阳光化,也应当设置相对高的门槛,并不是任何人和企业都可以进入。比较典型的例子,如山东省在 2015 年出台政策,着重发展民间资本管理机构和民间融资机构的登记服务。截至当年 8 月底,全省共有包括 P2P 在内的民间融资机构 759 家,注册资本 380 亿元。民间资本管理机构不仅履行管理职责,还拥有 10 多亿元融资余额。这是一个很好的探索。相对高的门槛则是金融业的基本要求,在这个行业里是不能"宽进严出"的。

包括 P2P 平台在内的互联网金融"方阵"里,蕴含着中国金融业的未来,至少是培育真正的民营银行的有希望的"试验田"。有一天,国有商业银行和民营商业银行将在互联网中"大会师",伴随着国有商业银行的改革和互联网化,这一天并不会很遥远。2015 年底,百度与中信银行联手成立直销银行,就是一个例子。

P2P 其实也是基金定投的一种,在小额理财方式中收益较高,但风险极大。P2P 的年化收益率在 6.5%至 18%之间,投资期限为几个月或几年。对多数千禧人来讲,可以试水,但一定要防范风险。P2P 市场整顿优化之后,也许会迎来新的变化。

整合 P2P 不等于贬低 P2P。有意思的是,在电商化趋势日益明显的情况下,公募基金也瞄上了 P2P。根据中国证监会发布的《公开募集基金销售机构名录》,截至 2015 年 7 月,参与基金销售的各类机构共 300 家,商业银行、证券公司、期货公司与保险公司所属基金之外，独立销售机构有58家，P2P网络借贷陆续上线，成为基金销售互联网化的亮点。P2P平台拓展基金销售的主要方式是，选择与基金公司、阳光私募机构合作，在交易过程中使用第三方支付作为资金通道，在资金托管方面继续与银行保持托管关系。在这样一种合作构架中，P2P平台不再局限于单一的P2P产品销售，业务更丰富完整。P2P成为基金公司销售电商化的重要工具。虽然社会上对网贷行业质疑声不断，但是2015年11月的网贷数据仍然表现不俗。网贷之家的相关数据显示，2015年11月，成交量再创新高，达到1331.24亿元，环比上月上升11.26%；其中，"双11"当天，成交量达到102.63亿元，同比上升337%。贷款余额增至4000亿元，投资人数达到300万，借款人数达到71.94万人。未来，成交量有望继续增长。

P2P的问题屡现，需要立体地看。2015年发生的P2P平台问题，并不是谁在"跑路"，关键在于搞坏了P2P行业的名声，应当把害群之马驱逐出去。P2P行业的敏感性在于广泛涉及投资者的利益，必须加强市场信用建设。2015年发生的最大网贷案是e租宝关闭。e租宝贷款余额近707亿元，投资人数为84万，案发时尚在回款的投资人数为14.87万。借款人数为3255，平均每个借款人的借款金额为2292万元。据有关机构统计，除了e租宝、卓达等"地震级"非法集资案，2015年11月，P2P行业新增问题平台82家，比10月增加了60.8%。另据有关方面的不完全统计，截至2015年11月，全国正常运营的网贷机构有2612家，达成融资余额4000多亿元，问题平台有1000余家，约占全行业机构总数的30%，如此规模的问题网贷，所产生的社会经济影响是不可小觑的。对P2P进行行业监管也是符合市场发展规范的，在市场上从来不存在缺少监管的行业，不断清除坏死的商业细胞，才有利于健康的细胞与行业机体的正常生长。

对P2P的监管方式一般有三种选择：备案制即"底线监管"、牌照制和负面清单制。多数业内人士认为，对敏感行业实行单一备案制失之太宽，牌照制则涉及考核审批，这对已有近3000家规模的存量P2P网贷企业的去留，显然很难选择。因此，采取负面清单制是比较现实的选择，既能促进P2P网贷行业规范发展，依靠市场的自我优化与自我淘汰机制，防止"劣币驱逐良币"，也为P2P创新预留空间。但是，仅仅采取负面清单制还是不够的，金融业毕竟是资金密集型行业，门槛的限制还是要有的，因此还需创新管理，以资本数量为门槛,以简化牌照为基本条件,与负面清单制结合更符合实际,或者在工商登记部门另行执行特殊企业类别的资本要求。总之,负面清单内容要有业务针对性,不能失之泛,不能失之严,也不能太多。

2015年12月28日,中国银监会会同工信部、公安部和国家互联网信息办公室下发《网络借贷信息中介机构业务活动管理暂行办法(征求意见稿)》,明确P2P的信息中介定位,并划出12条"红线",指出由地方金融办承担具体监管职能。这12条有:不得提供增信服务,不得设立资金池,不得非法集资,不承担借贷违约风险,不得向出借人提供担保或者承诺保本保息,不得混业经营,不得造假欺诈,不得股票配资及众筹业务,不得向非实名用户公开宣传融资项目等。这个暂行办法的规定,有的属于刑事责任问题,如欺诈和非法集资;有的属于金融行业甚至其他行业的行为规范,如派发小广告和不得自融等;更多的是体现行为准则。真正对促进P2P健康发展有操作意义的是不得设立资金池,不得提供增信服务,不承担借贷违约风险,不得向出借人提供担保或者承诺保本保息,不得混业经营。P2P资金的存管一直是个大问题,目前多数网贷平台资金存管方仍是第三方支付机构。网贷之家的数据显示,至2015年底,只有30家P2P平台与银行签署合作协议,仅占行业机构总量的1%左右。基于各种原因,让银行在短时间内接纳所有的平台也不太现实,实行银行与第三方联合存管会是一种较长时间存在的状态。

网贷需要进一步发展。"欲戴其冠,必承其重",在2015年,网贷行业不仅经历着成长的烦恼,也接受着严峻的考验和监管风暴的洗礼。网贷行业自身发展缺少自律,不靠谱的平台被行业淘汰,加速"洗牌"。这一切促使沙里澄金的网贷平台开始战略升级,越来越多的P2P平台开始向垂直领域进军。有利网发布的数据显示,2015年下半年,在该平台上的网贷业务中,消费金融业务的比重超过90%。可见,消费金融业务成为P2P的主要业务方向。消费金融是普惠金融,也是优质资产类型,具有小额、分散、风控为先的特点,市场空间巨大。有利网的统计还显示,网贷消费者以白领、蓝领和职场新人为主,占到了89%,人均借款金额仅数千元,小额特征明显。艾瑞咨询预计,2014年至2019年,中国消费信贷仍将维持19.5%的复合增长率,预计2019年将达37.4万亿元,是2010年的5倍。助力消费金融,是P2P生存发展的一片"蓝海"。

三

众筹的力量

相较而言,年轻的消费者、投资者以及创业者更倾心于众筹。

2014年是一个众筹年,开年不久,众筹风猛刮。国际上有多种不同的众筹类型:有回报型众筹,通常以预售的形式提供实物回报,如无忧我房项目,往往金额较低,在5万美元以下,具有支持和预购的性质;有公益募集性众筹即募捐型众筹,不讲回报,以1万美元以下小额募捐为主,如叁即刻项目;有债务型众筹,以小额贷款为主,一般也在5万美元以下,通过借款获得固定回报;还有股权型众筹,普遍在5万美元到100万美元之间,提供公司原始股票,投资者享有相应的股东权利。

股权型众筹是目前资本市场的一大亮点,也是互联网金融创新的一大亮点。股权型众筹之所以受欢迎,主要是因为它具有更灵活、更有效的投资功能,同时也是年轻创业者的重要投融资路径。一般的私募股权融资更强调回报预期和企业明确的赢利能力,而这是一般初创小微企业难以做到的。私募股权融资的对象多为规模项目,目标是助推公司上市进行直接融资。就私募基金本身而言,最通俗的一个词是"养猪人",投资于能够育肥的"仔猪",在市场(资本市场)脱手后取得优质回报。私募基金并不充当真正的投资者和最终的资产经营者,说白了是上市公司的"接生婆"而非"父母",或者也可以说是"锦上添花"而非"雪中送炭"。这对创业结果尚不明朗的初创小微企业来说,是可望而不可即的。相比之下,股权型众筹投资分散,风险也分散,在"众人拾柴火焰高"中有效地降低了初创企业的融资门槛。

股权型众筹不同于以银行贷款为主的债权融资,不必定期还款付息,而是让投资人分享经营成果。除了融资,股权型众筹在经营方面得到咨询帮助,使得创业者和投资者之间的交易更透明、更高效。早在2011年底,中国已经出现股权型众筹雏形,这个雏形就是位于中关村的领投团队"天使汇",创始人是1981年出生的兰宁羽,其成员多数都有自己创立和投资公司的经历,平均年龄只有27岁。截至2015年6月,"天使汇"已经为400多个创业项目完成融资,融资总额超过 40 亿元。在"天使汇"平台上登记的创业项目有 4.8 万个,注册的投资者也有 4 万人以上。人们耳熟能详的"黄太吉"煎饼果子、滴滴出行都得到过"天使汇"融资平台的帮助。中文美食社区"下厨房"在"天使汇"上几次融资,其网站用户最终超过了百万。"天使汇"的信条是"变成独一无二的你,成就非同寻常的事",成为股权型众筹的托力者。中关村也由此成为股权型众筹的发源地。

"天使汇"最初只是一个分享创业者经验的社交网络平台。随着创业者和投资人的交流合作越来越频繁,"天使汇"在 2013 年推出了股权众筹的投资交易规则。它利用线上线下结合的 O2O 方式,独创了两种投融资模式,一是"闪投",一是 100x 加速器。"闪投"是线下路演的投资模式,讲究效率,一般在一天或数天内就能获得成功。100x 加速器是由"天使汇"16 位具备一定创业投资经历的联合投资人推出的。能够进入 100x 加速器的项目,创业者至少可以获得 150 万元的投资。"天使汇"的目标群体很明确,主要是给 TMT、O2O 以及高精尖项目提供融资服务。

目前,国内的股权型众筹每份募集额约为 10 万元,有的是 5 万元。参与者自愿购买,年终分红或退出,一般由中国证监会委托证券协会建立的试点平台"博星投资"服务系统负担咨询。证券协会也计划成立股权型众筹专业委员会,进行行业自律。目前,2015 年成立的中关村股权众筹联盟活跃着 1 万多名天使投资人,中关村股权众筹平台服务的企业达到 4 万多家,其中中关村企业占 40%,中关村以外的企业占 60%。

2015 年上半年,众筹呈现爆发式增长,实物众筹规模迅速扩大,覆盖了消费电子、艺术出版、影视娱乐等领域。截至 2015 年 11 月,全国共有各种正常运营的众筹平台 320 家。一些大的电商和企业也纷纷涉足其间。有公开资料显示,众筹成交额 2014 年近 20 亿元,2015 年上半年达到 35 亿元,全年达到近百亿元。国务院有关政策确认了股权众筹是多层次资本市场的有机组成部分以后,股权众筹作为互联网金融的新兴领域,将会迎来爆发性成长。2016 年,众筹成交规模成倍增长应当毫无悬念。众筹的许多细分领域得到充分开发,预计未来市场规模可达数万亿元。为了推动众筹发展,国务院印发了《关于加快构建大众创业万众创新支撑平台的指导意见》,提出以众智促创新、以众包促变革、以众扶促创业、以众筹促融资的"四众"新模式,鼓励小微企业和创业者通过股权众筹融资方式募集早期股本,鼓励互联网企业依法合规设立网络借贷平台以提供有关服务。

创业的激情牵引着更多的追梦人,不仅形成了"大众创业、万众创新"的热潮,也推动了商业银行的战略转型。它们推出了"创业贷",不看当下的赢利,不看资产,不看担保,看重的是创业团队的产品市场、技术水平、商业创意和管理能力,围绕股权投资、债权融资、创业孵化,搭建股权投资与债权融资的联动平台。北京银行、上海浦东发展银行和华瑞银行还打造了硅谷银行运营模式,在创投联动和利率定价上进行创新,或与风投企业合作,为轻资产的科技创新企业提供融资便利。

房产众筹具有两面性。购买住房,众筹显然是一种比较理想的模式。对千禧人来讲,这是银行按揭和住房公积金之外的又一种渠道选择。这对开发商的资金筹集也是有利的。但是,这里还有与销售政策的一些冲突,需要界定什么情况下可以众筹,什么条件下有问题,不过终归是可以协调的。但是,如果涉及投资和转让的投资品性质,问题就开始复杂了。

国内众筹买房的第一个"吃螃蟹者"是中关村股权投资协会执行秘书长尹立志。2014年3月,他通过微信朋友圈发起众筹买房,成功募集200人在沧州买房。尹立志的成功给房企无限遐想。2015年4月,绿地集团与中国第一家专业房地产众筹平台中筹网金宣布联手,发起号称"世界第三楼,中国第一筹"的武汉606绿地中心房地产众筹计划。万达董事长王健林也曾经提到,可以众筹为切入口,从重资产模式向轻资产模式转型。2015年7月,冯仑等房地产"大佬"也提出这个模式。众筹买房正式进入人们的视野。

如果以回报型预购众筹为蓝本,无疑是好事,住房"刚需族"以更大的折扣价购买住房,既降低了不断上升的房价,也有利于消化庞大的库存,对于二、三、四线城市房地产复苏有较大作用。在目前的各种优惠计算中,一般有10%至20%的优惠预期,万通在房地产众筹联盟成立时还提出20%至30%的优惠可能。但是,这与股权众筹显然是两码事。

如果以股权众筹为蓝本,则涉及诸多现行法律问题。一是按照法规,商品房在取得预售许可证时方可以出售,不能炒"楼花",提前操作面临着违规销售的法律风险。二是如何对投资者所投资金进行有效监管并使其远离非法吸收公众存款的法律风险。根据最高人民法院《关于审理非法集资刑事案件具体应用法律若干问题的解释》第1条与第2条的规定,在目前的房地产众筹中,风险并没有消除。最重要的是,这里还存在众筹类型概念上的差异，即股权众筹之所以称为"股权众筹"，投资者享有该项目的一切收益，而不只是房地产众筹中一套或几套房子的优惠收益。因此，房地产众筹一般很难带有股权众筹的性质。这对投资客来讲，显然也是没有足够的吸引力。

但是，商品房作为生活品和投资品的两重性是一个客观的市场存在，要把房地产当成长短线投资品的投资行为也是客观存在，而房地产业的发展需要开拓新的融资渠道也是客观的需求。那么，在房地产作为投资品层面上，一级市场和二级市场如何界定与衔接？当房地产众筹进入股权众筹领域或者带有股权众筹的某种性质的时候，又如何确立其中的基本法律逻辑？这些都是亟待研究的问题。刚需是有限的、可计算的，众筹投资的潜力则是相对无限的，两者之间要有"隔火墙"，要有明确的管理规定。

众筹炒股，在一些人来看是互联网众筹金融模式，对背后的风险却无深刻理解。不少炒股者希望从网上得到炒股秘籍，开设或加入股票论坛。微信股票交流群也成为很多股民获得各种信息的渠道。许多所谓"股神"在博取网友信任以后，不只是捞取红包，更有推出私募计划的，在众筹中集资，赢了分钱，输了自认倒霉。这里会有涉嫌非法集资的问题。例如，2015年3月，一网名为"见水不喝"的发帖人说上证指数要突破5000点，点击量达176万次。到了6月，上证指数达到5176.8点，这位发帖人自然成为"股神"与"带头大哥"。但是，他到了7月初突然封帖了，因为有网友揭发他是骗子，是"丐帮帮主"。这样的事情并不少见，群友被骗、被套，发起者"人间蒸发"。目前，微信众筹炒股其实处于无人监管的状态。

众筹模式正在发展，在当前创业创新的新浪潮里极具生命力。尽管众筹也有适用范围问题，限制还是不能太多，立法监管很重要，特别是进入投资领域，要明确其运用范围和运作前提，但是它在国际、国内都是新生事物，有巨大的创新空间，需要积极推动。

2015年10月24日，首届世界众筹大会和全球创客博览会在贵阳举办，由贵阳众筹金融交易所、众筹金融协会主办，有500余家国内外众筹平台参加。这是一个各行业领筹人、交易商、服务商、天使投资人与创客云集的大会。贵阳近年来提出打造"移动金融""大数据交易所"和"众筹交易所"，将此作为城市的发展定位之一。首届世界众筹大会通过现场PK，评出100个推介项目在众筹金融交易所上线交易，交易总额近100亿元。

对于众筹市场，监管部门也在加强引导和监管。例如，把私募股权众筹明确为"互联网非公开股权融资"。股权众筹与"互联网非公开股权融资"管理办法(将)分别公布。股权众筹项目融资的上限被定为 300 万元。普遍认为,这个上限低了一点。公开资料显示,目前仅有阿里巴巴、京东和平安三家企业获得股权众筹的试点资质。其中,京东的股权众筹项目多数在 300 万元以上,平均为 900 万元左右。对新的分类监管走向,企业还是拥护的。在有关办法公布之前,京东就率先规范了股权融资用语,将原先套用的概念更宽的"**股权众筹**"改为"**私募股权融资**"。中国证监会将股权众筹界定为,主要是指创新创业者或小微企业通过股权众筹融资中介机构互联网平台,包括互联网站和类似的电子媒介公开的募集股本的活动。股权众筹与互联网非公开股权融资是不一样的,管理办法也应当不一样。前者实行牌照制,后者实行备案制。在股权众筹中,也导入了引入合格投资者制度,如规定对金融资产 300 万元以上或者年收入连续 3 年达到 50 万元的投资者,将不限制其投资金额;对年收入 20 万元以下者,将会限制其投资金额,如 1 年不可超过 2 万元,每个项目不可超过 2000 元等。公开股权融资与非公开股权融资有各自的适用范围,在一些情况下也是相互补充的。

目前,股权众筹平台的最大亮点是走上了与新三板的结合之路。如众投邦、天使汇、原始会等,其运作方式是在挂牌前入股定增,在挂牌后退出。没有成功挂牌的,大股东可以选择回购,并承诺固定收益等。新三板正在加速发展,2014 年挂牌公司总数是 1572 家,成交额为 130 亿元,2015 年上半年为 3170 家,成交额达到 536 亿元。新三板为投资者提供了退出机制,新创企业则解决了融资与发展的难题。不仅是众筹平台,一些比较规范的 P2P 网贷平台也会登陆新三板。就股权众筹与新三板的结合而言,有三种路径可以考虑:一是给基金公司开辟一个新的融资渠道;二是发行投资新三板基金产品,由众筹平台领投,投资者跟进;三是拟挂牌新三板企业和已挂牌新三板企业在平台上直接转让部分股权或者发行定增项目,投资者可以直接参与并在未来流通中获得资本溢价。法律界人士普遍认为,第一种通用可行,后两种还有一些法律问题要解决。

股权众筹的发展总体是向好的,2015 年上半年意向投资额超过 110 亿元,实际融资 35 亿元。相比之下,公益性众筹平台只有 6 家,整体筹资额不到 5000 万元。目前,舆论界争议较大的是回报型众筹的风头是不是压过了股权众筹,进而提出"众筹要回归本质"这样一个奇怪的命题。众筹本来就是四棱体，有回报型、公益募集型、债务型、股权型，相互不能替代，也不可混淆，各自健康发展，何来回归本质？这源起于阿里巴巴、腾讯、京东、苏宁等各大电商和互联网公司也进入了众筹领域，掀起了不大不小的商品与产品众筹风，大有争夺众筹地盘之势。有人认为，这种商品众筹是"披着众筹的外衣卖货，距离众筹的本质甚远"。甚至有人发问："作为众筹的助推者，电商企业的真正目的何在？谁又会成为众筹的坚守者？"如果从股权众筹的角度看，这当然不是他们心目中的众筹；而从消费和产品推广的角度看，无疑又是众筹的一种重要功能。小米当年不就是借助产品众筹获得成功的吗？离开活跃的商品终端市场，创新与创业只是一场空谈。事实上，在2015年上半年，回报型众筹的整体交易规模只有8亿元，连股权众筹的零头都不到。其中京东众筹4.5亿元，淘宝众筹2.39亿元，众筹网与苏宁众筹只有两三千万元。中国众筹市场规模高达千亿，是大众创业的平台，也是消费升级的入口。产品众筹是在B2C销售模式上的优化，强化了消费者在产品创新活动中的参与感，是新产品进入市场的"试金石"和助推力，有着更重要的"中试意义"。各大电商平台众筹业务背后，主要扶持的是创新创业团队，在为他们的产品众筹中不断地接受市场检验和改进反馈，有利于创新创业活动的持续发展。使用众筹的方式也是发挥平台优势和新产品的优惠差价回报，这对电商来讲，是顺势而为却功德无量的事情。

因此，发展众筹，既要讲健康发展，更要讲全面发展。众筹在欧美发达国家已经成熟，无须在中国另行定义。并不是所有的事物都要有"中国特色"，把什么看成主流，又把什么看成问题，那是同与国际接轨背道而驰的。

相对于股权众筹，股权投资基金的投融资功能同样巨大，历史更悠久，也是支持实体经济的市场引擎。2015年上半年，投资基金投资绿色能源、环保、信息技术等领域的资管产品项目已有3000多只，规模为5500亿元，其中公募基金811只，规模为2013亿元，其余为私募基金。与此同时，各类基金通过参股、并购和发行创新型财富管理产品等不同方式，为中小企业"输血"，为新兴产业"加油"，有力地支持了实体经济和生产服务型企业的发展。例如，在经纬创投和关速安振创投的私募基金的支持下，国内最大的"互联网+代驾"服务平台e代驾宣布"周三免单"，开始了新一轮打造品牌的活动。互联网代驾行业从2011年出现以来，前后已经带动数十万司机就业，仅e代驾覆盖的城市就有200多个，日高峰订单超过20多万单。

2015年底,北京的一家众筹机构创业黑马集团主办了一次别开生面的"黑马大赛",吸引了十余家投资机构和2000千名来自全国的创业者。此次大赛的重头戏是"红牛纸牌屋"项目路演,现场完成众筹的全过程。主评委用手中的纸牌打分,领头人现场开出支票,跟投人现场刷卡跟投。不要以为这是作秀,入围的项目有医疗器械、家装、养殖业、文化娱乐等,多数都有相对成熟的产品和赢利模式,整个投资过程公开透明。其中,有劳动模范郑召龙的"森林雪猪",以众筹模式认购东北地区零下25度森林中放养的小猪,用户可以通过App实时观察"认养"小猪的生长过程。"森林雪猪"众筹模式属于回报型众筹,此外也有不少股权众筹项目。回报型众筹一般门槛低,回报周期短,项目融资更容易成功。

但是,我们也看到,众筹的多种类型在中国市场的发展是不平衡的。公益众筹发育迟缓,创新项目众筹给力不足,投资机构和投资者的注意力主要集中在股权众筹上,更多地盯着高回报。资本市场的品牌建设近乎于阙如。说得更明白一些,众筹对创新的贡献率偏低,对企业履行社会责任的贡献率不足。有一则新闻说,一个准80后荷兰小伙罗斯盖德几年前到北京,为这座文明古城的空气污染所震惊,萌生了利用离子净化技术制作巨型"吸尘器"的设想。他和他的团队在位于荷兰与中国上海的工作室进行实验,制造了世界上第一台"空气净化塔"。这台高约6.5米的"空气净化塔"每小时可净化3万立方米空气。这个想法说简单也简单,来自医院普遍使用的净化装置,用轻型材料和LED装置,捕捉空气中的PM2.5颗粒,名之为"零雾霾计划"。令人多思的是,这个荷兰小伙不仅突发奇想,要把占到颗粒物42%的碳颗粒压缩成钻石,更在众筹网Kick-start上发起"共建空气净化塔"的众筹项目,筹集5万欧元,建造了"空气净化塔",回报是5欧元预订的黑色钻戒。他在3天里募集到5万欧元,在距离众筹截止期5天前就募集到82760欧元。世界各地的人们开始关注罗斯盖德的项目,"空气净化塔"不仅有实用价值,也是治理雾霾的成功宣传。中国有媒体人甚至兴奋地说:"也许在不远的将来,我们将不再看到漫天的雾霾,而是满大街的宝石。"

世界银行发布的《发展中国家众筹发展潜力报告》指出,2025年,世界众筹市场有望达到3000亿美元,中国市场将占500亿美元,其中70%以上为股权众筹。众筹市场的发展也面临清晰的法律界定,比如法律规定非公众企业股东不得超过200人,就是对众筹的一种不必要的刚性限制。一些众筹平台也面临赢利困境。截至 2015 年上半年,倒闭的众筹平台就有 24 家。相比之下,美国在 2012 年就颁布了《乔布斯法》,放松了对众筹的限制条件,调整了私人公司转为公众公司的门槛,将股东数量从 500 人提高到 2000 人。此外,中国众筹平台来源狭窄,一些有实力的互联网企业、制造业企业和电商平台也应该主动介入。应当看到,众筹是一个国家创新力量的重要来源,尤其是中国提出"大众创业、万众创新"的明确政策走向,更需要在创新环境与产业提升的大背景下给予更大的系统支持。众筹虽是纯市场行为,但政府完全可以介入。政府的创新资金和中小企业创新发展基金更应当改变随意补贴,"漫撒胡椒粉"的老办法,将其作为转变工作的抓手。从一定意义上讲,支持各种类型的众筹,要比遍地兴建各种各样的开发区与产业园更有日积月累的成效。统计显示,2015 年上半年,证券投资基金投资实体经济的力度进一步加大,资管规模超过 6 万亿元。其中,23 家公募国企改革基金投入的资金达数百亿元,有高铁主题基金、新能源汽车主题基金、医药主题基金、钢铁主题基金、传媒主题基金、互联网主题基金、农业主题基金和机械制造业主题基金等。

应当说,真正作为众筹"顶梁柱"的还是更为市场化的私募基金,这是众筹发展的主要潜力来源。截至 2015 年 9 月底,中国已有私募股权投资基金管理人 7843 家,管理基金 5375 只,管理规模 2.1 万亿元;创投基金管理人 1132 家,管理基金 1138 只,管理规模 2300 亿元;认缴资本规模 4.51 万亿元,实缴资本规模 3.64 万亿元。私募基金产品种类越来越丰富,目前至少有 9 个品类,如股票策略产品、复合策略产品、宏观策略产品、事件驱动策略产品、相对价值策略产品、债券策略产品、组合策略产品等。私募基金开拓海外市场也是一个大趋势。据私募排排网统计,2015 年已有 58 家私募基金发行了 77 只海外基金产品,目前主要投资于在海外和中国香港上市的具有中国概念的上市公司。

2015 年,中国私募股权投资是创纪录的。据普华永道发布的报告,随着电子商务与移动服务市场的扩大,私募股权投资对中国电信、媒体以及科技行业的投资创下历史纪录,达到 155.6 亿美元。另据股权研究机构清科研究中心发布的数据,2015 年上半年总共有 2525 项私募股权投资和风险投资交易,投资总额为 254 亿美元,其中 1126 项发生在电信、媒体、电商以及科技行业。

私募基金发展的空间很大。在西方发达国家,私募基金规模一般是股票市场市值的两倍左右。目前,中国沪深两市股票流通市值约为 40 万亿元,而私募基金规模还不到 5 亿元,不到前者的 1/8。

私募基金规模的进一步发展之于众筹的发展前景具有决定性意义。目前,众筹多数限于对企业尤其是初创企业的小规模融资。随着创业公司可以通过向第三方出售部分股份进行更大数量的融资,被称为"资本众筹"的新一代众筹方式出现,众筹的天地将会更宽广。

案例 1 轻松筹

轻松筹是国内首家专注于小微企业的"轻众筹"网络平台,自上线以来,已有 60 万注册用户,43% 是回头客。就众筹行业来讲,从社交模式发展到"轻众筹",轻松筹一直是专注于小微企业众筹项目的代表性互联网金融企业。

案例 2 人人投

人人投专注于线下实体店的股权众筹网络平台,2014 年初成立,在众筹融资纷纷涌向线上平台的浪潮里,致力于实体经济的"互联网+"业务,开创了实体店铺股权融资新模式。

案例 3 天使客

天使客于 2014 年中成立,在 1 年时间里,用户数量增长了 3 倍,众筹融资额达 2 亿元,成为助力大众创业的股权融资平台。

案例 4 天使汇

天使汇是国内起步最早、规模最大、融资最快的合投平台,汇聚了 3400 多名天使投资人,帮助 400 多个创业项目完成 41 亿元的融资总规模。在天使汇平台注册的创业者有 15.7 万人,登记的创业项目有 7.2 万个。天使汇的创始人兰宁羽曾是一家音乐网站的 CEO,也曾担任乐队的主唱与键盘手,天使汇是他的第七次创业。作为"创业者背后的创业者",他的一次项目路演得到国家领导人的称赞。

案例 5　淘宝众筹

截至 2015 年 3 月,淘宝众筹为 887 个微项目上线筹款。淘宝众筹关注的优先领域是科技、农业、娱乐、公益,科技众筹占到融资比例的 90%,其中估值过亿元的科技类企业超过了 20 个。

案例 6　京东众筹

京东众筹是京东金融集团打造的一站式在线投资平台,依托京东集团的强大资源,发挥整合优势,探索新的互联网金融发展模式。2015 年,京东众筹融资 4.5 亿元,占当年众筹行业众筹融资额的 56%。

案例 7　众筹网

众筹网是国内极具影响力的众筹融资平台,自 2013 年 2 月成立以来,陆续上线众筹网、众筹制造、开放平台、众筹国际、金融众筹、股权众筹六大板块。众筹网联合长安保险推出的"爱情保险"创出了国内众筹融资额的最高纪录,单项筹资额超过 600 万元。

案例 8　筹道众筹

筹道众筹是最早进入股权众筹领域的公司之一,作为入选福布斯互联网金融 50 强的股权众筹平台,专注于 TMT 领域创新企业的股权众筹项目,首创了"递进式股权众筹"理念,是国内股权众筹的先驱企业。

案例 9　云筹

云筹是深圳前海云筹互联网公司推出的创业投资平台,集天使投资股权众筹、孵化服务、投后管理于一体,在业内被称为互联网股权众筹新概念。

案例 10　青橘众筹

青橘众筹是颇受关注的新兴创意众筹网站,也是最早提出"递进式股权众筹"的平台,2013 年 11 月上线。目前,已有 2000 多个创业个人及企业成为青橘众筹的发起项目,单个项目最高筹资额达 203 万元。

四
第三方支付

在互联网条件下,从简单支付起家的第三方支付机构在近年来电商发展的热潮中不断扩展,也是当前互联网金融发展的一大现象。对于这个现象,有人将之"上纲"到互联网金融与传统金融机构"面对面较量",有些过头。所谓"狙击第三方支付银行化"、"终结第三方支付银联化"、"P2P 与银联积怨已久"、"欲做第二个银联"等,讲得太严重。不管是正在转型的传统金融机构还是互联网金融,都要在监管下发展。第三方毕竟不是银行,是中介,只是这个中介不仅仅是信息中介,还要有特定的第三方金融服务功能。

说到第三方支付,不能不提到支付宝。与以个人融资借款为运作亮点的 P2P 相比,与购物相结合的新型支付工具更会引起作为消费者的千禧人的关注,那就是以支付宝、余额宝为代表的各类"宝宝"们。余额宝的原型宝是支付宝,是第三方支付的一种神器和利器。但是,这些"宝宝"明白,它们并非银行的"直系血亲",金融监管政策并不允许支付宝给账户上的钱生息。于是,2013 年中,它们打出了颇为精准的"擦边球",在支付方面颠覆了一把,率先推出的是基于支付宝账户的余额宝。数据显示,余额宝推出当天,年化收益率为 3.23%,不到一周时间就突破了 4%,半个月后达到惊人的 6.08%,而后有所下降,一般也会维持在 4% 至 5% 的水平,而同期的银行活期存款利率仅只有 0.35%,定期存款年利率也只有 3.5%。这无疑点燃了支付宝的最大拥趸千禧人购买加理财的热情。到 2013 年末,上线仅半年的余额宝客户已达 4303 万人,规模达到 1853 亿元,成为国内最大的基金。此后,余额宝的年化收益率一路走高,在 2014 年达到了 6.763% 的最高点,创造了购物兼理财收益的一个"神话"。余额宝成为最大的"吸金器",最大规模达到罕见的4000 亿元。余额宝一鸣惊人,一飞冲天,引发了"宝宝潮",包括京东、腾讯在内的多家互联网公司都"生"下了自己的"宝宝",还有百度百赚、新浪存钱罐、网易现金宝等,收益率同样很高。一时间,满城齐说宝,千禧人更说宝,既购物又理财,好事成双,给原本不大会理财的年轻人上了一轮财富的启蒙课。

但是，花无百日红，从2014年中开始，"宝宝"们"感冒"了，年收益率多次跌破5%，2015年中又跌破4%，回到刚开始的"3时代"，规模也开始缩水，尽管仍然远高于活期存款年利率。毕竟市场从来是买涨不买落，不少人开始把"宝宝"们当成"弃儿"，掉头扎向了当时正一路翻红的股市。"宝宝"们虽然没有完全沉沦，但是在不断变幻的市场风云里，人们不禁也要问：这群"宝宝"究竟是怎么了？"号脉"的结论大体一致：金融环境变化了。"宝宝"类产品本质上就是货币基金，市场资金面和调控政策的变化必然影响到它们的运营状况和收益水平。"宝宝"类小额理财产品的资金投向主要是银行协议存款，市场资金趋紧，收益水平上升；市场资金宽松，收益水平下降。从2014年下半年起，央行4次降息、3次降准，流动性增强，市场利率水平下降，"宝宝"们的收益率也随之下降。加上金融市场不断规范，商业银行也在进行产品创新，"宝宝"们就转向了正常的状态。值得注意的有两点：一是余额宝规模虽缩水千亿元，但"宝粉"数量没有减少。据有关机构计算，截至2015年5月底，"宝粉"有2.2亿人。因为它的风险低，在资产配置中是不可代替的品种，而且以千禧消费人群为主，是网上消费与理财浑然一体的混合产品，黏性超过一般货币基金。二是"宝宝"的"娘家"也在不断地创新。2015年下半年，支付宝改版，接入证券账户，余额宝可以炒股。余额宝本身的高收益虽成为过去，但其多种功能、应用的便利性以及作为闲散资金的管理工具，依然具有很大的市场价值和吸引力。

然而，随着利率市场化的推进，"宝宝"类产品终究风光不再。因为说到底，它们是双轨利率的产物。在20世纪80年代，美国也曾经出现过类似的金融产品，其规模也一度达到3000多亿美元，随着利率市场化全面实现，其市场份额下降，最终退出了市场。

小额理财要向哪里去？有专家提出了基金定投，包括股票基金、债券基金、投资基金、信托基金、保险基金等。基金定投起点低，方式简单，所以也被称为"小额投资计划"或者"懒人投资"。与余额宝略有差别的农发宝就是其中的一种，100元起投，年化收益率一度达到9%至12%，带有本息保障计划和第三方公司的本息担保。农发宝由上市公司诺普信公司投资参股，市值超过260亿元，曾经是A股市场的农业互联网金融平台，注册会员超10万人。它与余额宝的一个很大的不同，是货币投资基金并没有消费的功能，因此更容易受到多种市场因素、政策因素,特别是股市剧烈变化的冲击。农发宝的耐压性并不一定赶得上余额宝。

事实上,余额宝已经回归到支付宝的初衷,至少是市场事实上的回归。尽管它还具有理财的功能,但是已经弱化了许多。支付宝的第三方支付地位更加突出,从国内电商领域走向了跨境电商领域,成为中国第三方支付平台的一抹亮色。

互联网金融给消费者和金融业带来的现实好处是便捷性,随之带来货币与商品流通的便利与增长,最终活跃了消费市场。现在,各种名目繁多的购物卡已经渐渐退出历史舞台,风行一时的各种"宝宝"也失去了往日无处不在的势头。银行发行的各种借记卡和信用卡虽还是不可或缺的支付工具,但更新、更便捷的手机银行和手机支付以及商家的二维码支付成为主要的支付方式。尤其是生活类购物与服务的O2O以及各种新的商业模式兴起之后,手机支付、二维码支付成为年青一代消费者支付的主流。支付方式的变化与变革,成为当前金融改革最明显的特征之一,至少是与利率市场大幅放开、资本项下资本管制逐步解除并列的三大渐进变化之一。

在金融业尤其是银行业的变革中,始终不能忽视的是互联网条件下第三方支付的突破。第三方支付不仅起了金融改革的"鲶鱼效应",激活了一度比较僵化的金融机制,带起了金融改革的浪潮,也已经成为支付不可缺少的操作因素,为未来金融业的发展拓宽了空间。

"宝宝"们的诞生,最初是为了支付,这是它们的基本功能。现在,它们依然具有这样的功能。"黑五"入华,亚马逊中国还是把这些第三方支付工具与商业银行发行的借记卡、信用卡都当成重要的支付工具。这些支付方式已经成了商业与金融业互动的生态链中重要的一环。

"宝宝"们有没有信用欺诈问题?从目前来看,似乎很少,因为它们的使用有一定的封闭性。相反地,商业银行发行的信用卡倒受到线上欺诈的攻击。究其原因,是因为信用卡具有更大的开放性。随着支付交易形态日益多元,金融与通信、互联网等之间的融合加深,线上欺诈的攻击对象也从金融机构、持卡人扩展到商户网站、手机运营商。中国银行业协会发布的《中国信用卡产业发展蓝皮书(2014年)》披露,伪卡、虚假申请、互联网欺诈、失窃卡、账户盗用是一个时期以来最突出的五个欺诈类型。仅在2014年,信用卡损失金额就达2245.4万元,比2013年上升了59.1%。信用卡网络欺诈的关键问题是支付信息泄露,常见作案手法有:利用手机运营商管理漏洞设置"钓鱼链接",利用黑客技术攻击商户网站以获取订单信息,以及以退货、网银升级理由骗取卡号等。从监管层面看,目前信用卡支付的风险防控系统正在完善,需要进一步建立针对手机支付、二维码支付的管理细则,也需要联手打造安全用卡的环境。

从总体上讲,国内移动支付已经呈现多元化,支付宝、微信扫码很普遍,银联推出了"闪付"业务,苹果也努力地推动"苹果支付"(Apple Pay)进入中国市场。苹果的努力始于2014年9月,为此与多家中国商业银行、银联以及阿里巴巴的支付宝进行多轮谈判。业内人士认为,"苹果支付"独立进入中国支付市场并不现实,必经的路径是与中国的商业银行、银联合作。"苹果支付"拟用指纹识别传感器技术确认用户身份,用户可直接将交易数据加密传给银行,进而直接向商家支付,从而省去了第三方支付的中间环节,减少了泄密风险。"苹果支付"于2014年10月在美国上线,2015年陆续进入英国、加拿大等市场,并把中国看作更重要的目标市场。苹果在中国市场的营收增长很快,2015年前三个季度的营收同比增长99%。与其说"苹果支付"省去了第三方,莫如说苹果欲成为技术更先进的唯一的第三方。合作后的利润分成比例是谈判各方需要认真商讨的。对于与"苹果支付"的合作,中国的商业银行与银联是持开放态度的。但是,"苹果支付"要与已占中国手机支付大部分市场的支付宝和微信支付一较高下,还有较长的路要走。高企的设备成本,如铺设更换具有NFC芯片的POS机是个问题。苹果在中国的用户只是一部分,"苹果支付"的用户规模会有一定限度。尤其是NFC芯片技术在操作上并不便捷,在中国也发展了10多年,虽具有更高的安全性,但一直没有真正推广起来。

就在"苹果支付"进军中国市场之时,中信银行联合银联共同推出同样基于NFC芯片技术的手机"云闪付",使手机像银行卡一样"刷刷"完成支付。"云闪付"还支持在无网络、无手机信号下完成支付,使用者无须解锁手机,打开App也无须花费流量,更不需要扫码支付。与以往的脱机近场支付不一样,"云支付"是联机交易支付,在进行支付交易时,用户的账户会生成一个加密指令,保护支付信息的安全。"云闪付"与"苹果支付"遇到的问题是一样的,也需要走一段较长的路。

总的来看,2015年是移动支付大发展的一年。以支付宝、微信支付为代表的第三方支付在线上线下不断发力。易观智库发布的《中国第三方移动支付市场季度监测报告2015年第3季度》报告显示,中国第三方移动支付市场交易规模已达4.4万亿元,环比增长率为26.39%,支付宝、微信支付和百度钱包名列三甲。传统金融机构也不得不断地推出新产品抢滩移动支付。尤其是第三方移动支付的竞争从线上蔓延到线下,从2014年开始的"红包大战"还在延续。如上文所述,在这种背景下,线下支付的"老大"中国银联在推出银联卡小额免密免签服务之后,推出"云闪付"。有分析人士认为,未来的移动支付市场将会分为"扫码派"与"闪付派",前者灵活度高,不需要更新现有设备;后者安全性强,需要更新设备。各自跑马占地,但很难说谁会独霸移动支付市场。

值得关注的是,目前支付宝正式上线刷脸登录,用人脸取代密码的识别率为90%,今后会进一步提高。银行的"刷脸时代"似乎也渐行渐近。尤其是2015年底央行发布《中国人民银行关于改进个人银行账户加强账户管理的通知》,存款人可以通过柜台、自助机具和电子渠道开立三类银行账户,其中电子渠道是首次突破。目前,中国尚无生物特征甄别技术的基础标准与金融标准,公众风险意识也尚未完全形成,虽开始运用指纹技术,但离真正的"刷脸时代"还有较长的距离。然而,这无疑是一个方向。

另据报道,随着信用卡、电子支付的普及,许多国家加快推进电子支付业务,例如,在越南9000万人口中有4000万上网,其中使用手机上网的比例为34%,手机注册用户高达1.2亿,总人口中占相当比重的年轻人使用电子支付。另据报道,由于电子支付的普及,瑞典在不久之后有望进入"无现金社会",目前现金交易只占其经济活动的2%,远低于美国的7.7%和其他欧洲国家的10%。在瑞典,银行的存取款机大量被拆除,货币使用量降幅明显,连街头小贩都随身携带读卡器,教堂捐献也能使用信用卡或电子支付,超过一半的大银行分行不准备现金,甚至不接受现金存款。虽然电子支付也给网络犯罪提供了可乘之机,所谓"信贷陷阱"的消费心理防范也是个问题,但是新问题的出现并不能阻碍"无现金社会"的到来。

五
消费金融发展空间大

对于新生代消费者和新市场人而言,最直接关注的还是消费金融和信用消费。信用消费主要是指消费者向银行或其他金融机构借贷,用于购买商品与服务。这是世界各国通行的主流金融消费方式。

就总体走向来讲,信用消费在中国已经有了比较长足的发展。2014年,中国信用交易总额在全国社会消费品零售总额的比重已经达到58%。2015年上半年,消费支出对GDP的贡献率达到60%,信用交易同样多半有其功。改革开放30多年来,中国信用消费经历了从无到有的过程。1985年,中国开始探索信用卡业务,当时只是以"先存后贷"为前提。一直到1995年,地方银行广发银行才推出真正意义上的信用卡,实现了先消费后还贷、国内外均可使用的功能。目前的信用消费市场产品开始增多,主要包括银行的信用卡业务、消费金融公司贷款、互联网金融公司贷款等。其中,银行的信用卡业务占比大。2015年11月初发布的《中国信用消费白皮书》显示,截至2015年上半年,银行业整体信用卡授信余额达到6.4万亿元,同比增长25.6%。有关数据显示,信用卡交易额2001年为7.6万亿元,2014年达到15.2万亿元。但是,真正具有信用消费推动力的还是来自互联网发展的渗透力量,除了互联网金融直接或间接地进入信用消费领域,电商的兴起也直接或间接地推动"银行业以信用卡为载体,联合零售、交通、餐饮、旅游的行业,为广大消费者整合了巨大的商户和行业资源"。从这个意义上讲,《中国信用消费白皮书》称之为"构建了信用消费的大生态格局",是一个正确的估计,即银行借力互联网梳理海量数据,洞察用户需求,对用户进行精确的"数据画像",启动"快速后台响应",可以更好地为客户提供个性化服务,同时降低客户与银行的风险。

在银行借助互联网发展信用消费的同时,从2013年起,阿里巴巴、京东、苏宁等大的电商平台先后涉足信用消费,出现了京东白条、蚂蚁花呗、苏宁任性付等互联网信用消费金融体。便捷度高低是用户选择互联网信用消费产品的主要依据，用户可以通过短信、微信、网银等自助渠道较快办理。在2015年"双11"，这些互联网信用消费机构虽仍被一些媒体视为"另类金融大战"的"参战者"，但从实际情况来看，金融云、消费金融、互联网保险等"互联网＋"时代的新金融业态有力地推动了新市场、新经济的发展。蚂蚁花呗成为"秒杀神器"，至少支撑了3亿元的消费；京东白条的交易额35分钟破亿元；网商银行90亿元"大促贷"助力30万家天猫商户，连招商银行的网上消费业务峰值也达到了1737笔/秒，比上年增长115％。

"互联网＋"传统银行与互联网电商金融两相比较，规模、地位甚至实力都是完全不对等的，其中后者的便捷性和需求体验明显强于前者。同时，由于银行信用消费能力与潜在实力之大，还明显地存在运作不足的问题。如仅次于房贷的车贷，发达国家用信用贷款购车的比例一般是购车总额的80％，在中国的商业银行则只占20％。这一方面意味着发展空间很大，另一方面也显示了在发展信用消费方面，银行还是有些"避重就轻"，在一般消费的"小儿科"里打转。

诚然，风险控制决定着信用消费的发育程度。但是，这个问题要从两面看。信用消费的风险主要来自两个方向：在客户一方，主要是担心信用卡被盗刷和个人信息泄露；在银行一方，则是风险管控能力问题。在前一个问题上，不少银行试行凭密盗卡赔付，广发行是首家试行的商业银行。在后一个问题上，一些银行机构探索与保险机构合作，分散风险。要真正有效规避风险，还需仰仗大数据征信的有效运用。与此同时，也要看到，后一个问题比前一个问题更要紧。比如，在无抵押贷款放开以后，一些银行为了争抢个人消费贷款市场，批贷门槛大降，没有银行流水都能获得贷款，甚至发生了出国多年居然获得10万元无抵押贷款的事情。出现这样的怪事，甚至重蹈"一放就乱，一收就死"的"怪圈"，责任由谁来负？这怪不得放开消费信贷本身，只能说是贷款机构自己没章法。

消费金融应当是商业银行的长项，而事实上却是它们长期以来的短项，甚至在很长时间里是缺项。贷款不仅对中小企业是难事，对普通消费者更是难事。即便是迅猛发展一时的按揭房贷，也必须有实物抵押的条款。这不仅是因为征信体系迟迟没有完整的数据，也没有专贷专用的贷后监测，也是因为贷款思路一直停留在老旧的格局里。在传统银行看来，贷给政府项目是最优选择，也不需要任何抵押物。因为政府的信用似乎是天生的，可以作为含金量最高的"抵当物",谁也不相信政府会破产。但是,"铁打的营盘流水的兵",再加上"一个和尚念一道经",许多"拍脑袋"项目和决策失误的项目累加起来,也就形成了难以消化的数以几十万亿元计的地方政府债务,并由此形成了一直伸向普通农民工的"三角债务链"。对大的国企也是如此,不管效益如何,经济效益是真好还是假好,项目有没有市场风险,"政策"一声令下,照贷不误,这个评估、那个调研都是过场。什么原因?因为这好比"猪八戒啃猪蹄儿",没有决策者的风险,也不需要直接面对追责的事实风险。可以说,这个"怪圈"是国企改革包括国有银行改革不到位造成的。

在这种情势下,说是商业银行,其实并没有真正"商业"起来,不仅不把中小企业和消费者的贷款当成真正的经常性业务,甚至带着疑问的眼光看待他们,似乎到处会有骗贷,到处都有"信用陷阱"。尤其是消费信贷,更是手脚难放。近年来,消费信贷有所发展,大商品如汽车、住宅购买和装修贷款陆续出现,时紧时松,条件苛刻,手续繁杂。信用卡业务也有所扩大,同样有许多将消费者拒之门外的条款,基本的思维走向还是"借记"思维,存了钱再消费。这个"通"、那个"卡"至多解决了携带的便捷性和刷卡消费的技术问题,并没有在促进消费上起到多大的作用。银行的赢利模式也只能在存贷差和各种手续费的高低上打转。2014年末以来,央行多次降准降息,存贷差缩小,利润收窄,商业银行的主意又打在信用卡分期手续费上调上,继兴业、华夏、光大等银行上调信用卡分期手续费后,又有跟进者。有关研究者查阅了上市银行2015年中的"银行卡手续费及佣金收入"等有关科目,16家上市银行中,有11家银行上半年的手续费及佣金收入呈两位数增长,有的增幅达到101.4%。对银行来讲,这未必不是一种经营策略,而对扩大信用消费却是有害无益的。

因为信用消费是短项或者有短缺项所以金融市场也就出现了空档。说"投资担保公司野蛮生长",不是因为没有及时施用"除草剂",而是因为有些地是荒的,而荒地的生态特征就是杂草丛生。近年来,投资担保公司如雨后春笋般出现,"零风险、高回报",宣称最高可贷多少、3日内放款等,几乎都是"超级银行"。这些机构没有明确的监管渠道,又挂着担保的牌子,一般投资者和消费者根本分不清谁是李逵、谁是李鬼。正常的融资性担保公司,其主营业务是作为第三方介入贷款,进行信用担保,其收入应当来自担保费。一般的经营模式是企业或投资者向银行缴纳保证金,银行根据其注册资本、业务规模和信誉给予一定倍数的放贷资金额度。但是，由于得不到充分的授信，或者业务扩张风险控制能力低，一些担保公司抛弃了主业，开始以高收益理财产品吸纳社会资金，再以高利贷放款给资金紧张的中小企业，形成了一条灰色利益链。更多的担保公司只在工商注册，或许有担保业务，却没有金融业务许可证，仍大面积存在。它们违反任何类型的担保公司都不能从事吸收存款、发放贷款和受托投资业务的相关规定，形成了事实上的"地下银行"。尤其是金融危机爆发后，银根紧缩，以高回报理财产品开展非法存贷"业务"的担保公司愈来愈多。在企业注册登记制度改革之后，成立"投资公司"的门槛进一步降低，有些"空手套白狼"者也开始进入，套一把就跑路，或由于高息引发的资金链断裂而在无力支付到期债务后"人去楼空"，造成了巨大的社会风险。投资担保公司的畸形发展固然主要在中小企业贷款领域多发，一般情况下与市场消费的关联度不是很大，但是也会影响到消费借贷市场，引起相关的负反应。

　　如果说在美国发生金融危机和次贷危机的时候，信用消费一度收缩，是经济下沉的一种必然的反应，也有一定的道理。中国并不是这样，而且经济发展进入新常态之后，拉动经济发展的首部"引擎"恰恰是市场消费，如果金融机构不给力或者给力不够，这部"引擎"并不能更有效地运转。

　　令人多思的是，2008年美国金融危机发生后，我们也曾有过一种似是而非的反应，那就是在思考美国的"虚拟经济"压倒实体经济和雷曼兄弟的泡沫破裂的同时，把危机的出现归咎于美国年轻人的"超前消费"。"超前消费"究竟是一个什么样的市场概念？信用消费的发展是否就是"寅吃卯粮"的"超前"？对此，确乎需要重新理解，否则我们就很难把消费当成经济发展的一部大马力的发动机。

　　事实上，伴随着美国经济的缓慢复苏，美国的消费信贷也开始再次活跃起来。一个具有标志性的动态事件就是，在许多全球著名的机构试图抛弃面向企业和普通消费者的信用卡、贷款、存款业务而退出银行业和金融业的时候，世界级的"金融大佬"高盛向这里高歌猛进了。面向企业和普通消费者的信用卡、贷款、存款业务意向毕竟是主流银行的业务标志，曾经引得许多大企业争相进入，认为这是企业多元化和财团化的必由之路。但是，随着经济危机的发生，这条必由之路有些凶险难测了。著名的通用电气旗下的资本公司开始收缩战线，退出银行业，出售其开办并不久的网上银行。高盛反其道而行之，提出收购通用电气资本公司的网上银行业务。正像美国一家财经网站所评论的，高盛素以面向权富阶层理财咨询著称，但是现在开始转型了。2008年的金融危机使得高盛受到美联储的更多监管，原来的高端路线很难走出大气候，高盛要向更常规的银行业务转型。这条转型之路就是互联网加主流银行。说得更明白一点，就是在新的互联网条件下继续去办"大众银行"，创造更多的面向消费者的产品，推出新的网上消费贷款业务，同时关注信用卡融资，以及为消费者提供装修改造房、日常消费等贷款。高盛向主流银行的业务回归并不一定代表它的业务全貌，但这无疑是一个巨大的调整和转型，同时也是包括消费信贷在内的银行业务的再次回归。

在中国，以阿里巴巴为代表的互联网企业也在2014年对传统银行业发起了一轮又一轮"攻势"，这里不仅有"宝宝"们掀起的"漫天浪花"，更多的是互联网金融对金融业的技术整合。如果说它们想完全颠覆现有金融业的全部业态，甚至是取而代之，那是误猜、误解。它们除了要从互联网技术的应用源头给僵化的金融业一个根本性的冲击，并在冲击中实现相互融合，更重要的是在新的互联网技术条件下重构主流银行的本质，要让银行成为消费者和创业者的银行，成为真正的百姓和百业银行。马云在多次演讲中叙说了这个观念，代表了互联网业界真实的念想。有意思的是，他在论及互联网金融时常不忘为80后、90后正名，这是为什么呢？这恐怕不光是因为他本人是80后、90后的兄长与互联网原生代的"带头大哥"，更是因为他们才是未来金融市场的支持者与受惠者。腾讯公司也走着同一条路，创办了"微众银行"，并宣称"微众银行"要依托于腾讯平台做大众客户和金融机构的连接平台。这不是什么"无奈转身"，而是由于目前远程开户功能尚未形成，无法吸储，是一个网上银行必须面对的技术问题。基于手机QQ钱包的"微粒贷"在微信平台上线，最高贷款限额定为20万元，这是一个纯信用的贷款产品。"微粒贷"于2015年底开放客户数量1500个，计划在2016年达到几千万甚至上亿。这个目标是有根据的，目前QQ和微信用户超过6亿，"微粒贷"有广泛的用户基础。目前，互联网银行尚需用其他银行的银行卡做用户的身份验证，开立的账户是不能吸收存款的"弱实名账户"。

2015年11月，中国消费金融论坛在北京举行。多位与会人士表示，利率市场化以及众多金融政策出台，将使中国消费金融迎来新的快速发展期，并将更好地释放消费潜力，成为拉动经济增长的"助推器"。在这个论坛上，国内首份消费金融研究报告《中国消费信贷市场研究》发布。这是一个颇为积极的金融动向。中国的消费信贷市场潜力巨大,随着金融改革的深入推进,消费金融将会出现大发展的新局面。国务院此前推出多项政策措施,鼓励大众消费,包括促进养老家政和健康消费,扩大信息消费,提升旅游消费,推动教育、文化、体育消费,给金融机构带来新的商机。《中国消费信贷市场研究》报告指出,消费信贷商应当具备三个特征,即营利性、规范性和普惠性。前两个特征不消说,普惠性是根本。报告将普惠分解为"普"与"惠"两个衡量标准,用7个变量衡量消费者获得消费信贷的难易程度。在普惠性上做文章,抓住了要害。

一般地讲,互联网金融本身就具有普惠的性质。这是传统金融转型的切入口。传统金融业运用互联网技术实现经营转型,就是市场实现大众化,让金融机构从为少数人、少数企业服务转向为多数人、多数企业服务。许多传统银行的线下业务被线上操作取代,就迎合了这个大趋势。

普惠也是互联网发展的结果。一种警告已经成为银行业界的共识,那就是在数字世界里,银行面临"适应或者死亡"。来自瑞士银行和毕马威会计师事务所的一项国际研究指出,预计在未来4年里,手机用户的数量很快就要增加到全球人口的1/4,手机银行的使用是目前的1倍以上,用户将从8亿增加到18亿,应对移动银行业务需求将是传统银行的"生死线"。面对灵活的数字公司,"忙着维护自己旧技术系统的传统银行正面临失去客户与收入的风险,除非它们能提供高效的移动银行业务","在三年前它们还心存疑问"。这个变化被称为"颠覆性的变化"。有关国际财经报道说,就在5年前,美国的银行分行数量比沃尔玛的分店还要多,但是近5年来已关闭了1/5的分行,达1400家。这不仅仅是为了消减成本,也是因为手机银行的发展。在过去5年里,手机银行的客户增加了1700万,美国银行的支票有13%都通过手机存入账户。这种变化是因为客户的交易行为有了变化,体现在国内业务中,也体现在跨境业务中。例如,2015年,中国最大的商业银行工商银行的电子银行部就开设了"融e购"电商平台,消费者可以在其西班牙馆直接购买该国入驻平台的产品。国内消费者下单后,货物直发杭州保税区仓库,快递直送消费者,物流过程闭合运行。工商银行的"融e购"国际化布局与阿里巴巴、京东的同类平台相比,更具有结算与清算优势。但是,诸如"融e购"这样的平台继续向前延伸,必然会遇到消费贷款的业务服务问题。

与此相关的还有跨界混业经营的老问题。金融混业经营喊了许多年，一直难以实现，却被互联网轻松地做到了。混业经营也有两个层次：一是大金融业内，传统的金融机构包括银行、保险、证券，过去楚河汉界，界限分明，现在看来正在相互介入。过去的垂直化业务平台开始向大平台多元业务转化，定制化产品开始出现。二是跨界合作。例如，旅游业与金融业跨界合作已经很普遍。银行推广信用卡，结盟旅行社，共同做大境外旅游的"大蛋糕"。有关数据显示，2014年，中国出境游人数由9800万人次增加到1.09亿人次，全球海外旅游收入达到1.24万亿美元，其中中国游客就支出了1650亿美元。有一些银行与旅行社合作开展"刷卡返现"，能刷则刷，比现金更方便安全，还有折扣与优惠。购买机票也大抵如此。2015年7月，国务院为"互联网＋"进一步制定利好政策，放宽在线度假租赁、旅游租车等新业态的准入。这些都为旅游业与金融业的跨界合作创造了条件。大平台自然也有大的难处，主要是协调机会成本高一些，需要跨越多个政策门槛，但是此乃潮流所向，渐渐也不会是什么大问题。

对扩大内需消费来讲，超前消费是一个重要的需求撬动点。对于年轻的消费者来讲，这也并不是什么丢人的事情，只要有所计划，是完全可以尝试的。在消费信贷成熟的美国，消费贡献率达到70%，消费信贷功不可没。所以，并不一定要把虚拟经济过度发展的账算到消费信贷的头上去。消费信贷可以增加资金的使用率，促使消费结构更加合理，也可以在拉动消费的同时优化生产结构，激发出更大的创造力。许多新型互联网金融公司都把目标客户锁定为年轻消费群体，推出从住房、教育到旅游的分期消费业务，不仅适应了消费者的需要，也可以激励年轻人努力工作，实现自身的价值。事实上，消费信贷并不简单地等同于透支未来，其本身就是个人财务规划管理的组成部分。这就好比贷款扩大生产，有一定的运行周期。如果说这个世界上很少有只凭自身资金滚动生产的企业，也不能完全肯定先存钱再花钱的消费模式是完美的。对消费者而言，观念的确需要更新，对自己、对未来有信心，是消费信贷发展的基础。

很显然，消费信贷系列产品和创业信贷系列产品是互联网金融的主打产品，而这也恰恰是中国传统银行业的软肋。消费贷发展不足和滞后，就谈不到启动千禧消费市场和关联的其他目标人群市场；创业贷发展不足和滞后，同样谈不到"大众创业"和"万众创新"。这是金融机构关注的重点，更是互联网金融的主攻方向。2015年,招商银行继推出"生意贷"之后,紧随市场发展趋势,全面推出升级版"消费贷",涵盖了装修、购车、车位、旅游、教育、出国、留学等多个方面,并实现了客户自主提款,客户使用贷款无须预先申报和指定用途。将获批的授信额度体现在一卡通中,通过POS机刷卡消费和网上消费,提高了便捷性。还款方式上,也可以通过网上银行、电话银行自助还款。"消费贷"的申请渠道多元,可以通过电脑登录、手机银行App以及微信公共账号申请,具有千禧消费的特点。这是商业银行在主流业务上的重大进展。

对于新消费人群来说,借钱消费并不是个别现象。中国消费信贷发育迟缓,不是没有动机,也不完全是囿于先存钱后花钱、攒够了再消费的传统思维。在这一点上,千禧人与他们的父辈有很大的不同。真正的问题还出在银行身上。贷款难不只是小微企业面临的问题,个人消费在房屋、汽车和留学贷款之外,放开的消费领域还是太少。个人信贷的审批流程漫长,提交的材料非常繁杂。这一方面是因为征信系统不健全,更重要的是金融安全也与司法系统一样,长久以来一直以有罪推定为前提。这是必须改变的一种旧的经济法律观念。消费信贷首先是市场征信体系的产物,这是消费信贷的第一特征,离开这个特征也就变成了其他什么东西。

大力推动消费信贷,对拉动内需具有决定性的意义,是银行必须跨过的一道门槛。推动消费信贷是消费市场真正的杠杆。目前,消费贷款在一些消费领域主要是在短期领域有所放宽,在诸如住房等重大消费领域还是缩手缩脚,时进时退。在美国次贷危机发生之前,银行对购房又是首付之后的抵押按揭,又是高比例的贷款,直接推动了房地产业的超常规发展,并使一代人拥有了自己的住房。在次贷危机发生之后,房地产业处于走向破产的边缘。相较而言,中国的住房贷款总体是安全的。现在,千禧一代人陆续成长并成家立业,很多人在住房问题上处于无助与无奈的状态,而保障房政策的惠及对象只是行将退休养老者。保障房政策既定的惠及对象固然十分重要,对于事业刚起步的千禧人,更需要实施新的房贷政策。在这些房贷政策中,除了已知的住房公积金和不成规模、不成比例、利率依然偏高的普通房贷外,开始引起人们关注的是住房储蓄贷款。

住房储蓄贷款是由中国建设银行在2004年与德国施威比豪尔住房储蓄银行共同组建的,在天津正式试点,2012年在重庆开设了分支机构,虽还不能说已成气候,但也是一个希望所在。应当说,住房储蓄贷款在 20 世纪 80 年代末就引起过注意。1987 年,央行曾经批准山东烟台和蚌埠试办城市住房储蓄银行,专门办理与房改配套的住房基金筹集、住房信贷及结算业务,定位并不清晰,介于商业银行与政策性银行之间。因此,在住房公积金制度出台之后,这种试点也就无疾而终。这两家试点银行成为当地住房公积金中心的下属机构,后来转为一般的商业银行,住房储蓄贷款也就与国人擦肩而过。2004 年成立的中德银行在漫长的等待后虽获批在全国开展住房储蓄贷款业务,但并没有扩大到多数城市,因此仍属试点阶段。

住房消费信贷呼唤住房储蓄贷款银行的发展,因为这不仅是国际上特别是欧洲国家解决与改善住房问题的主要金融形式,也有利于减轻住房消费者的负担。在德国,每三个成年人中就有一个订立与履行住房储蓄贷款合同。66％的奥地利人是住房储蓄贷款银行的客户。45％的捷克人也拥有同样的合同。在中国,目前住房贷款的主流形式是面向符合收入要求的人群贷款利率随市场供求波动的按揭贷款和面向城镇中专业群体利率也随市场调整的住房公积金贷款,住房消费信贷则是更有必要的第三种。住房消费信贷是政府扶持的公益性和互助性的住房融资体系,贷款利率并不随行就市,也与贷款期限无关。它主要面向需要保障的人群、中低收入者和社会"夹心层",重点满足居民中远期的住房金融要求。基于这样的定位,中国设计的住房储蓄贷款的恒定利率是 3.3％,比按揭贷款低,与现行 5 年以上的公积金贷款利率大体持平。利率偏低规避了市场波动带来的风险。在期限上,不同于其他两种贷款 30 年的最高年限,住房储蓄贷款年限最短为 2 年,最长为 16 年,恰是一代人到另一代人的成长间隔。住房储蓄贷款金融形式的培育具有一定的住房保险的性质,同时也使消费者更好地规划人生,提升自身信用。目前,中德银行已经累计签订了多达 700 亿元的住房储蓄合同,惠及 14 万居民。这种消费信贷模式如果普及开来,并与商业按揭贷款和住房公积金贷款相结合,意味着更多的中低收入者能够实现"居者有其屋",比起经常陷入分配不公的保障房政策,更有利于资源市场分配机制的实施。

2016 年,为了推进楼市去库存,在不实施"限购"措施的城市,居民家庭首次购买普通住房的首付款比例降到 25％,银行的房贷利率,包括公积金贷款利率有所下调,手机支付的手续费也陆续取消,这对消费者是利好的消息。

对于消费信贷的重要性，人们不是没有认识，只是认识并没有完全到位，除了如何规避经营风险的问题，还有落伍的消费观念问题。在一段时间里，"超前消费"是人们讳莫如深的一个提法。因为这似乎是西方的消费观，与东方的量入为出格格不入。超前消费不仅与我们之前的计划经济背道而驰，也会造成极大的浪费。所谓"超前消费"在进行市场经济改革之前或许有一定道理，在市场机制形成之后，特别是内需消费拉动经济发展的理念成为共识之后，也就不能成为阻碍消费的口实了。

目前，随着互联网金融不断创新发展，新的市场概念层出不穷。一些商业银行纷纷试水创新。比如，平安银行在2015年就开始布局物联网金融，并把它作为"1号工程"。这是一个名叫"橙e网"的供应链与金融电商结合的第三方平台，用户已有50多万家，公司客户超过35万个。平安银行还推出了"光子支付"，突破手机型号的限制。与此同时，招商银行、光大银行也开始实行网银和手机App转账汇款免费。为了降低成本，它们加快了数据处理的信息化建设步伐。目前，多家银行都在争相推出"云支付"，占领移动支付市场，从"闪付"到"秒付"，不一而足。建行为所有拥有建行信用卡和借记卡的客户提供秒速开办龙卡云支付，工行则推出云端信用卡产品，中国银联也试点推出指定商户300元以下小额免费免密闪付服务。到2015年8月底，较早推出类似业务的光大银行的云支付金额达到1705亿元，同比增幅达133%。然而，无论是"闪付"还是"秒付"，快则快矣，在消费信贷方面并没有大的突破性动作，而这才是新市场人和新消费者最值得期待的事情。进一步讲，不仅是信用消费和消费信贷，整个银行业都面临着"二次转型"。

2015年11月23日，国务院公布了《关于积极发挥新消费引领作用加快培育形成新供给新动力的指导意见》，明确提出鼓励符合条件的市场主体成立消费金融公司，将消费金融公司试点范围推广至全国。这意味着消费金融发展进入了新的爆发期。互联网企业、传统银行与P2P网贷都会在消费金融方面发力。目前，消费金融的主要形式是分期付款和消费贷款，分期付款又分为信用卡分期与现金分期。

在这方面，依旧是互联网金融企业一马当先，传统银行随之跟进。互联网金融企业是分期付款的最早推进者。2014年2月，京东白条上线，用户享有30天的延后付款期，或者是24期分期付款，每期手续费0.5%。9月，京东又开通了校园白条，信用额度为2000元至5000元。2015年1月，腾讯旗下深圳前海微众银行官网面世,首款产品就是服务于大额消费的微粒贷。4月,支付宝花呗上线,推出 1000 元到 10000 元的消费信用额度,免息期最长 41 天。5 月,苏宁易购的任性付推出消费 2400 元以上可免息 2 年的消费金融产品。商业银行入股金融公司,并在信用卡分期和现金分期业务方面进一步放开手脚。P2P 平台则推出消费金融与理财相结合的产品,拓宽了经营空间。2016 年开年,央行会同国家质检总局发布了 9 项金融服务国家标准,推动银行服务业转型升级。截至 2016 年 1 月,央行已发布了 53 项国家标准与 126 项行业标准,涉及征信、统计、支付清算等诸多方面。

在信用消费的发展中,也出现了另一些新问题。比如,因为被曝"以贷还贷",招商银行和交通银行在 2015 年 9 月叫停了京东白条信用卡还款。京东白条自 2014 年推出以来,不断融入更多的消费元素,赢得了消费者的好评,很多金融机构开展了与京东金融的合作。对于叫停京东白条信用卡还款,银行的说法是,商业银行个人信用卡用于消费领域,不得用于生产、投资等非消费领域,而京东白条还款是京东商城提供给客户的一笔贷款,用信用卡为京东白条还款,就有"以贷还贷"之嫌。这件事引起了争议。京东金融认为这不属于"以贷还贷",而属于"赊销",是京东的应收账款,而不是信贷类产品。最终,又转到是钻监管的漏洞还是金融创新的争议,包括不同操作下信用卡免息期的合规与不合规以及会不会出现"套现"风险等。是也非也,众说纷纭。这也说明了一个问题,在避免利用信用卡"套现"风险的同时,也要更多地研究信用消费发展面临的新业态、新情况,加快信用消费业务的创新发展。

一个重要的金融改革走向是,在"互联网+"金融的带动和互联网金融企业的冲击下,国有商业银行也纷纷走上了金融互联网化的创新之路。2015 年是国有商业银行的转型之年,开始了"深度触网"的发展进程。工商银行在 3 月份推出了"e-ICBC",在打造"融 e 购""融 e 联""融 e 行"之后,增设了网络融资中心。在这个网络融资中心里,较大项目和个性化、综合性融资主要靠专业融资团队进行,额度小、适合标准化的信贷业务实行线上自主操作。手机银行全面升级,对工行客户与非工行客户全面开放。工行 2015 年的网络融资规模近 5000 亿元,5 年后的发展目标是网络融资 3 万亿元、客户 3000 万。中信银行在与百度共同组建直销银行"百信银行"之前,推出"e 收付""e 财资""e 贸融购""e 电商""e 托管""e 渠道"和 16 个相应的产品。另一家股份制银行恒丰银行设立了"M-Bank"板块,线下网点完全成为智能化网点。许多商业银行都将原来的业务进行创新,以客户为中心的业务改造获得更多认同。有人认为这些变化是在玩概念,未必是这样。商业银行的业务创新固然与银行的业绩有所下滑、利润下降的经营态势有关,不创新将会失去更多的市场,而更主要的动因是互联网化的大势所趋。商业银行的变化也许没有新兴互联网金融机构不断推出的新产品那么具有"爆款"效应,但是其安全性是比较高的,假以时日,以客户为中心的理念也成为新的业务理念,还是具有强大竞争力的。尤其是人民币成为世界储备货币之后,人民币国际化进程进一步加快,在跨国经济领域,如各种跨境电商服务领域,国有商业银行的国际商业信用始终是它们的优质无形资产和重要的品牌来源。

2016 年初,世界金融市场发生剧烈波动,尤其是美联储在 2015 年底首次升息,事实上打响了"汇率战",引发了多个经济体的货币贬值潮。2015 年,中国央行采取了预防性的措施,先后主动贬值 5% 左右,目前处于稳定区间。中国政府一再表示,人民币没有贬值的基础,但货币政策需要继续调整。2016 年"两会"召开前,央行再次降准 0.5,力度是比较大的,但不会是"大水漫灌"。防止金融危机的发生也将是经济工作的重中之重。在这样的形势下,互联网金融的发展也会随之进入一个新的阶段。总结经验,不断提升运作水平,是一个必然的走向。

互联网金融领域涌现出许多优秀的企业,业态也比较丰富:

案例 1 京东金融

京东金融是互联网金融的重要领军企业,一直致力于打造一站式在线投融资平台。京东金融依托京东集团强大的资源,充分发挥整合优势和协同优势,将传统金融业务与互联网技术结合起来,为个人和企业用户提供安全、多样、高收益和定制化的互联网金融服务,让投资理财变得简单快乐。

案例 2 蚂蚁金服

蚂蚁金服是阿里巴巴旗下的小微金融服务集团,其业务主要包括支付宝、支付宝钱包、余额宝、招财宝、蚂蚁小贷和正在筹备的网商银行。蚂蚁金服在 2015 年完成了一轮私人配售,使其估值超过了 400 亿元。

案例 3　红岭创投

红岭创投是深圳红岭创投商务公司旗下的互联网金融服务平台,2009 年上线,是国内最早的互联网金融服务平台之一。截至 2015 年 9 月 17 日,它的成交总额为 768 亿元,注册人数 68 万。

案例 4　易宝支付

易宝支付是行业支付的开先河者,2005 年在国内首创电子支付,2015 年发布"支付＋金融＋营销＋数据"企业发展战略,领跑电子支付和移动互联,成立以来服务商家超过 100 万。

案例 5　冠群驰骋

冠群驰骋是国内最早从事信用贷款咨询与管理的服务机构,有 270 家分支机构,拥有 6000 多人的专业人员队伍。2014 年它开始进军国际资本市场,在中国香港地区和英国伦敦设立了分支机构。

案例 6　人人贷

人人贷成立于 2010 年 5 月,业务覆盖全国 30 个省区的 2000 多个地区,拥有 200 万注册用户,交易量达 110 亿元并获得 1.3 亿美元的融资。

案例 7　拉卡拉

拉卡拉成立于 2005 年,截至 2015 年 9 月,累计为 100 万人次提供 50 亿元信用贷款,为 20 万家企业提供 400 亿元信用贷款。

案例 8　众安保险

众安保险是国内首家互联网保险公司,由蚂蚁金服、腾讯、中国平安发起成立,目标是保障互联网和互联网金融发展生态。截至 2015 年 8 月底,它累计服务客户数为 3.1 亿,服务保单件数为 23.9 亿。

案例 9　融 360

融 360 是一家金融智能搜索平台,为小微企业和个人提供贷款、信用卡及理财在线搜索和申请服务,目前合作金融企业近万家,涵盖 3 万款金融产品,业务分布在 100 多个大中城市。

案例 10　汇付天下

汇付天下主要致力于为小微企业、行业客户和投资者提供金融支付、账户托管、理财等综合支付服务。2013 年,其交易规模超过万亿元,居行业前列。

案例 11　91 金融

91 金融成立于 2011 年 9 月,从一家不被认可的小企业发展为大型互联网金融服务平台,被央视多次连续报道。

六

征信数据共享

  2016年是中国金融继续深化改革的一年，也是金融形势极其复杂的一年。影响金融走势的有两大因素：一是美联储加息。美联储2015年12月加息0.25个基点，预计2016年加息4次，年底利率达到1.375%，2017年底升到2.375%，2018年升到3.25%，实际利率攀升路径要看其经济前景。美国从2012年起，经过三轮量化宽松之后，以股票、基金为代表的权益市场上涨，资产价格走高，金融领域的收益令消费者回流到消费市场，将会进一步带动制造业复苏。许多年收入超过10亿美元的生产企业至少将有1/3回流美国本土，而页岩气革命也使美国工业用电价格比其他出口大国便宜30%至50%。虽然在美联储收紧货币政策的同时，欧盟与日本仍在量化宽松，美国的加息采取边走边看的"渐进"方式，但是这对新兴经济体的影响是严重的。在中国，尽管已有提前应对措施，但是人民币贬值预期加强，金融市场面临的形势复杂。第二个因素是国内调整经济结构，经济下行压力加大。随着经济结构调整进入攻坚阶段，去落后和过剩产能，去"僵尸"企业，银行不良贷款率也会随之增加，商业银行压力加大。也有学者认为，新兴互联网金融也暗含缺少技术标准和突破现有禁止性法规的风险。因此，从防范系统性金融风险角度而言，需要对监管体系进行大的改革。

  对于第一个因素，该来的必来，需要动态应对，同时还要趋利避害，看到人民币适当贬值有利于出口，也有利于消费回归。对于第二个因素，要有更多的智慧消化去落后和过剩产能的负面金融影响，至少不能简单地做四则运算，要更多地运用市场并购、股权置换等办法去处理。互联网金融并不能对传统银行的负债率负责，而是要对民间投资者负责，监管法规也要根据不同的金融模式进行有效的分类监管。在互联网金融发展中，信用系统的建立是核心中的核心。缺少征信体系，互联网金融不可能真正得到发展，消费金融也不可能真正得到发育。在传统银行里，消费贷款只能在实物抵押里兜圈子，现行房贷就是典型的形态。发达国家也是如此。2008年美国发生次贷危机提示了实物抵押也是不可靠的,任何消费信贷都需要在征信基础上发展,并在数额较大的情况下辅之以实物抵押办法。发达经济体的信用体系基本上是成熟的,这种成熟来自市场的成熟和经济法制的成熟,也来自征信系统的成熟。征信系统的建立不能只靠道德教育的引导,也不能只靠法律处置。相反地,征信系统不完善或者有缺失,更会引起道德与法律的失灵,出现"信用溃堤"效应。所谓的"法不责众"正是道德与法制失灵下的非理性现象。

在美国,每个人都有一个三位数的信用分数,这个分数能够反映个人支付账单与偿还债务的能力,分数越高,可以认为信用越好,反之则越差。这个分数其实就是信用指数,在日常消费中至关重要。它不仅决定一个人拥有什么样的信用度,能不能获得金融机构的贷款,还影响到诸如购房、购车和求学获得贷款享受的利率,甚至影响到美国人获得某些支付手段如信用卡的可能性。

个人信用指数的测定显然是一个复杂的问题,就业和相应的稳定收入、年龄、婚姻状况、核心家庭构成、储蓄、负债水平和偿还能力等,都是其中的因数。美联储甚至对婚姻关系和伴侣关系与信用分数之间的联系进行了事无巨细的研究。有趣的是,这种研究是反向研究,比如认为婚姻伴侣的信用分数一般是相近的,分数越高,伴侣关系越稳固。一对伴侣在确定关系时的支付能力比平均水平高出100分,那么他们在第二年分手的几率就会下降30%。如果两人的信用分数差距超过66分,那么他们在随后的三年里分手的可能性增加了24%。乍一看,美联储"多管闲事",居然在婚姻能不能稳定上"浪费精力"。但是,反过来看,家庭的稳定与否确乎与一些家庭的共同消费支付和偿债能力有密切关联。尤其是在现代社会里,年轻人的婚姻结构不十分稳定,这样一种可能的因数变化就会成为征信系统的一个参数。

在中国,征信系统的建设已经进行了很长时间,但是一直没有重大的突破,这是阻滞消费信贷发展的一个重要原因。在互联网与大数据迅猛发展的背景下,一些互联网企业开始动了,央行也给一些征信公司颁发了征信业务牌照。芝麻信用就很惹人注目,它是基于阿里巴巴与其旗下的蚂蚁金服的互联网金融数据设计试行的,也与公安网等公共机构建立了伙伴关系。但是,它有没有市场权威性就成为首先碰到的问题。蚂蚁的征信数据涵盖面很广,除了信用卡还款、转账、理财外还有水、电、煤、气、暖缴费以及房租等,但是,包括商业银行在内的数据恐怕不易获得。因此,芝麻信用会不会是更多偏重于积累了更多消费转账的"一头沉"的"信用分",引起许多质疑。芝麻信用的概念构成有五个方面,除了"信用历史""履约能力",还有"身份特质""行为偏好"甚至"人脉关系",这就有点匪夷所思。比如,此前的凡是芝麻信用积分达到750分以上的用户就可以在首都机场进入快速通道,究竟是奖励人们提高信用的举措,还是航空公司的促销手段呢?这似乎更像是一个噱头。因此,不能否定芝麻信用为建立市场征信系统的努力与贡献,同时也不能由此就得出"中国市场征信系统已经上路"的结论。

第一,市场征信系统是一种公共产品,个人征信公司主要依托各自或者某种领域内的商业运转进行,同样会出现另一种自我进场、自我裁判的怪圈。因此,市场征信系统的建立还应当是由政府主导,某种"部件"数据可以通过市场购买服务实现,总装配师则是市场主管部门,包括央行与工商部门授权的第三方机构。第二,在市场征信系统里,金融征信主要是借贷征信和支付征信。其中借贷征信是为了规避借贷风险,为消费金融的发展开路。这是征信的核心,离开了这个核心,也就远离了征信的要义与初衷。在互联网支付中,支付征信的风险已经降低了,市场交易虽也需要规范交易的商品销售征信系统,但在一个阶段里,像芝麻征信、腾讯征信这样由大的互联网企业支撑的征信机构更多地在各自庞大的系统里发挥作用。第三,即便是在这个商业消费征信系统里,个人征信是次要的,多种所有制,包括商家、生产加工企业和电商、微商在内的企业法人机构,甚至还有行政法人机构的征信是主要的。一方面,它们也是借贷者,是当前商业银行面临的最大风险来源。另一方面,企业信用缺失是市场信用缺失的严峻现实问题。因此,与传统银行等征信机构相比,像芝麻信用这样的互联网商业征信公司有存在发展的意义,可以在弥补信用链缺失中不断完善信用环节,同时也要发展更有独立性的第三方征信公司。

这其实涉及征信基本数据与主要产品的公共产品属性问题。这个公共性虽在不同的行业里有不同的信用视点与评估标准,但数据的选择性割裂不能影响大的信用数据的统一。尤其是在大的经济全球化的市场走向中,征信基本数据关系到人员频繁流动中的消费商业活动,也关系到企业能否更好地"走出去"以及进行越来越多的贸易投资与经济合作。建立可以共享的基本的征信大数据,是一个更值得努力的方向。

对于消费信贷的发育、发展来讲,目前最紧要的是改革传统金融业尤其是银行业的征信体系。传统的金融征信体系不仅太旧、太老,也没有抓住规避借贷风险和信用风险的重点。目前的问题并不是一般个体消费者会造成银行风险,同出于老计划经济下的国有企业、长官意志下的"项目信贷"和内外勾结的"腐败信贷"才是最大的风险。把消费信贷看作洪水猛兽,于情于理于事实都皆有不合,放开消费信贷对拉动经济发展和提升金融业发展水平都是不二选择。同时,征信系统建设目标也应当是一条安全的"宽带",而不应当是一把"一面砍的木匠斧子"。

2015年,国务院办公厅发出文件,明确提出保障金融消费者的八大权利:财产安全权、知情权、自主选择权、公平交易权、依法求偿权、受教育权、受尊重权和信息安全权。这主要针对的是不断发生的存款失踪、信用卡被盗刷事件,要求金融机构采取严格内控措施和先进监控手段,不得向消费者提供有可能影响其决策、提示风险不充分或掩饰产品风险、夸大产品收益等欺诈信息。这也说明,当前最缺失的并不是消费者的信用,而是金融机构本身的商业信用。

无论是征信问题还是加强和改善互联网金融的监管,都离不开数据统计。2015年底,央行与中国互联网金融协会共同研究制定互联网金融统计系统,要将包括互联网七大业态、两个层次的数据纳入统计系统。这七大业态是互联网支付、网络借贷、股权众筹融资、互联网基金销售、互联网保险、互联网信托、互联网消费。这些新兴互联网金融业态此前并没有进入统计之中,形成了真空状态。统计方面,缺少成形体系,也没有完整的信息披露,更谈不上有效监管,给用户和投资者对平台风险的有效辨别带来困惑。互联网金融统计数据采集分为两个层次:一是业务总量数据,包括机构基本信息、资产负债信息和损益信息、业务数量信息和产品风险信息等;二是业态逐笔明细数据,如P2P平台投资人和融资人信息、贷款项目信息、股权众筹项目信息等,有利于市场的透明化。

诚然,对于金融业尤其是银行业,2016年的日子并不好过。2015年12月18日召开的中央经济工作会议提出的四大"歼灭战",即化解产能过剩、降低企业成本、去楼市库存、防金融风险,以及推动供给侧改革等,对金融业是重大考验。多年来银行通过吃息差"躺着赚钱"的日子结束了,如何摆脱业绩失速的困局是银行业面临的问题之一。在银行资产质量下降、不良贷款攀升的情况下，又面对去过剩产能的更大调整周期，是银行业面临的问题之二。在这种形势下，风起云涌的互联网金融并非传统银行的竞争对手，更多的是合作伙伴。互联网金融的一些业态如P2P自身也有如何渡过信任危机的问题，关键在于对信用违约依法处置，促使其健康发展。传统银行拥有巨大的信用优势，应当在共同发展中防范、化解潜在的金融风险，走出金融现代化的一条新路来。

与互联网金融相关的还有虚拟货币比特币问题。比特币是一个尚无定论也很难断然否定的"异类"虚拟货币，要不要对比特币更加严格地限制使用以及如何加强监管，一直伤人脑筋。比特币是一个化名为"中本聪"的人在2009年提出的一种"黑客货币"，由电脑数学运算生成，可以使用电脑硬件人为"开采"，并借助对等网络(P2P)流通，设计总量为2100万枚。因为是"黑客货币"，所以至今没有任何一个国家和地区认可比特币，有的视之为虚拟货币，有的视之为记账单位。目前，比特币在一些人手里成为网络作案的工具。不少投机者也开始介入，导致1个比特币的"市价"最高达到1200美元。但是，在比特币最大交易平台Mt. Gox公司申请破产保护之后，比特币身价暴跌，1枚比特币只能兑换280美元左右。Mt. Gox公司的首席执行官马克·卡尔普勒也涉嫌监守自盗被逮捕。

埃森哲公司就比特币也做过美国市场调查，结论是千禧一代和富有者更倾向于接纳比特币。他们抽样调查了4000人，有8%的人使用比特币，主要是千禧一代。他们认为，这个比例在2020年会上升到18%。在比较富有的人群中，使用者占19%。还有32%的人表示在2020年后可能会使用。被调查者普遍担心的问题是成本、安全和隐私，所以结论是比特币短期内不会大面积普及。人们对比特币的态度是犹豫的，它毕竟不是法定发行机构发行的货币，其不可逆交易性和匿名性有发生欺诈的致命风险。但是，它是一种低成本的支付技术，在跨国交易方面有优势。

比特币就其设计功能来讲，是网络游戏的一种筹码，但是也为犯罪者提供了难以监控的洗钱路径。罪犯可以把这种虚拟货币装入电子钱包，很容易兑换成现金。一些罪犯还利用网站洗钱，形成金融犯罪的新形式。美国斯里尔利斯特网站曾报道，96%的互联网属于"深层网络"，也就是平素所说的"黑网"。不管是否如此，消息终究是令人震惊的。正是这些"深层网络"通过比特币进行各种金融犯罪活动，给比特币蒙上了另类神秘色彩。因此，究竟如何处理比特币问题,在短期里难有结论。

据报道,由于比特币案件连续发生,美国已将比特币归为一如石油与黄金期货的大宗商品,纳入商品期货交易委员会的日常监管,降低了惩处不法比特币运营商的难度,开辟了管制加密货币交易的道路。商品期货交易委员会命令比特币交易平台 Coinflip 停止违反这一法规的交易行为,并得到执行。在德国,比特币 2013 年被认可为记账单位,可以用于缴税和交易,却从未获得与官方货币相同的地位。中国央行 2013 年就宣布,比特币在中国属于"非法货币",并下发《关于防范比特币风险的通知》,要求金融机构和支付机构不得开展有关业务。

2015 年,多重因素推动在公众视野里有所隐遁的比特币出现涨势,而且有大量资金涌入的趋势,平台交易甚至提供了 5 倍的配资杠杆率,融资年利率高达 295%。比特币这一分散式数字加密货币的价值始终保持稳定,并从 2015 年 1 月的每枚 177.28 美元上涨至年底的 400 美元以上。尽管它有被用来进行黑市交易的坏名声,但是在过去几年里,最高曾涨到 1100 美元。一位美国证券分析师认为,2016 年,比特币价格有可能涨到 600 美元,其市场规模到 2025 年会比 2014 年的 86 亿美元扩大 1 倍。另据报道,全家便利商店宣布,消费者使用比特币可以在中国台湾地区的 3000 多家分店里消费。

研究者认为,支持比特币的技术是俗称"区块链"的区块链技术系统。所谓区块链,就是使用工作量证明记录交易转账历史的点对点网络。从本质上说,这是一种每个人都能查阅、不受任何人控制的"公共总账",可以持续追踪交易,具有即时、透明的特征,尤其适用于跨国交易,引起金融机构的兴趣。但是,它会打乱现有的金融基础,因此多数国家和地区对其采取谨慎的态度。

2014 年 10 月 11 日,黑石集团发行了一种网络虚拟货币黑石币。黑石币是继比特币和维卡币之后的第三代数字货币,是一种无须中央机构,交易转账不依赖信任机制的点对点电子货币。能够做到这一点,主要是缘于这套系统结合了数字签名、区块链技术以及吸引早期介入者的奖励机制。有人预计,5 年之后,黑石币的数量将达 100 亿,每日转账交易数万笔。黑石币可以当作货币的 API 调用,使设备直接参与到经济场景中。首次登录该系统需要输入识别 IP 密码,以防黑客攻击,保证资金安全。黑石币是一个开放的支付网络系统,可以转账任意一种货币,几秒内完成,交易费用几乎为零。

黑石的服务器分为国内和国外两个系统,在中国有专用系统。黑石集团是世界最大的独立另类资产管理机构之一,2007年在纽约证券交易所上市。黑石集团曾经进军中国房地产,2011年撤资。黑石币于2015年11月25日全面进入中国市场。

2016年2月,中国央行行长周小川透露中国正在酝酿发行"数字货币",具体的思路是与人民币纸币并行不悖。诚然,"数字货币"不等于比特币,但是两者都基于互联网支付技术。"数字货币"与人民币等值,可以降低人民币的发行成本,也可以更及时和准确地了解流动半径越来越大的人民币流动状态。这是数字化条件下货币流通的一种很好的设想,至于"数字货币"的防伪性和安全性,则有赖于多种信息技术手段。

七

互联网发展的广视角

互联网金融作为新兴的金融业业态，其现实边界是明确的，主要是由具有民营性质的互联网企业首创和发起的以互联网为工具的社会金融活动。这种基于互联网的金融模式为越来越多的市场人所接受，逐渐成为金融活动的主流方式。传统银行的转型方向寓于其中也是不争的事实。那么，未来的金融结构体系究竟是互联网金融与传统金融二分天下，还是仅仅在相互竞争中争夺地盘，抑或走向业务甚至是体制的融合，似乎是应当考虑的事情了。互联网金融的长项在于便捷与效率，具有更高水准的服务性，而这是传统银行最为稀缺的一种资源。尤其是处在由计划经济向市场经济转型中的中国商业银行，缺少独立的市场意识，也缺少服务业的本质特征，需要从总体上进行改革。这种改革不是简单地实施互联网的加法就可以奏效的。新兴的互联网金融相对缺少的是金融业据以立业的强烈的信用意识和健全的信用体系，其中信用更是金融业的"命门"。因此，需要在建立符合互联网金融特征的金融运作规则的同时向传统金融业学习，在新的互联网金融语境下重新建立金融业的信用品牌和运作规范。

在一段时间里，传统商业银行与互联网金融有些冷眼相观，甚至反目相看。如P2P的资金存管问题，多数银行避之不及。互联网金融企业相互"掐架"的事情也屡见不鲜。2015年底，"万宝之争"之外的另一场戏是e生财富对余额宝的"竞争"，其实就是"红包大战"升级。围绕传统金融企业与互联网金融企业以及互联网金融企业之间发生的一些市场事件，虽然也可看作市场"花絮"，但是由此也折射出一个需要思考的问题：我们究竟应当如何认识传统金融企业与互联网金融企业之间的关系？互联网金融企业又应当如何认识自身进一步发展的目标？

传统金融业正在改被动为主动，接纳了方兴未艾的互联网金融模式，同时互联网金融业也正在一往无前地发展，到处弥漫着一种"金融热"。不管是什么企业，不跨界金融业便被视为传统，不进入互联网金融业更被视为落伍。许多行业巨头也纷纷布局互联网金融，实现自己的"金控梦"和所谓的"全牌照战略"。万达推出"稳赚一号"众筹产品，绿地入股上海农商银行、锦州银行和东方证券，小米信用和小米贷款陆续上线等。这一切都使2015年成为互联网金融之年。尽管也有人质疑有些行业巨头的用户资源、线下渠道与风险把控能力，但是春江水暖只有下水的鸭子自己知道。

恰如坊间流传的那句话，不去碰碰金融业特别是互联网金融业，都不好意思出来"混"。但是，这一句"混"的自嘲其实多少反映了一种盲目，也就是对金融业的高风险缺少清醒的认识，以为只要有胆，有了互联网，谁都可以摘取服务业的这顶"皇冠"。

能不能这样说，很多人对目前互联网金融发展的成果估计过高，同时也有很多人对互联网金融未来的发展前景估计不足？一方面，金融热里弥漫着一种席卷市场的热烈情绪，在"合纵连横"中"举牌"之声不绝于耳；另一方面，似乎又是在取得进展的一些领域里忙着占领更多的市场"地盘"，缺少进一步开拓创新的发展准备。"互联网＋"和互联网金融发展的成果的确不小，尤其在电商领域和互联网金融的众筹领域，确乎使人精神为之一振。但是，无论是网购还是互联网众筹，只能说开局尚可，还远不能说已经取得了骄人的业绩。且不说股权众筹还没有从一味"烧钱"的状态中摆脱出来，网购以及线上支付在购物中占比有多大，也还是一个问题。有关消费者使用智能手机和信用卡的数字不小，习惯于网购的消费者的数字却很难找到。在美国，习惯于网购的消费者高达80%，欧盟国家也在70%左右。相比之下，我们还有较长的一段路要走，至少要伴随城镇化与农村电商的发展进程继续发展。

此外，还要看到以下两点：

一是目前"互联网＋"尚处于起始阶段，主要在服务业领域陆续展开，而且主要是生活类服务业和外贸领域，生产性服务业相对冷清，物流业和制造业相对滞后，制造业中的定制和去中介化还没有出现明显的模式，新中介取代旧中介的替代倾向却很明显。这是一个值得研究的问题。

二是商业互联网本身的发展同样处于起始阶段，虽然从PC端到移动端已经使市场发生了惊人的变化，信息不对称的状态在局部和一些环节上被打破了，但是总体上并没有发生更大的改变。在乌镇举行的第二届世界互联网大会期间，马化腾对电商的未来作了预测。他说，从PC端到移动端，今后或许会是人眼的虹膜甚至脑电波。这个推测或许有道理,使人想到,除了物联网之外,还有"人联网"的情景。但是,这种推测也还只能归于对商业客户端的一种推测。就互联网乃至互联网商业、互联网金融来讲,下一步亟须解决的关键问题,一是5G宽带通信带来的"跨平台整合"与虚拟现实(VR)走入主流消费者市场;二是大数据、云计算产业与市场的发展。只有它们能够帮助我们全面提升"互联网+"运用水平,并使商业诚信和商业秩序成为商业的内在规律。

大数据、云计算并不神秘,亚马逊凭着剩余设备与销售数据进入这一领域;中国的三一重工凭着产品占有全国40%的市场优势,"无心插柳柳成荫"地推出了"挖掘机指数";京东金融和苏宁各自构建基于大数据的电商生态圈;百度则与国金证券联合推出国内首只大数据量化基金"国金百度大数据基金"。这些都是较好的尝试。"国金百度大数据基金"也许主要着眼于二级证券市场,对整个金融业的发展也有很大的意义。我们常讲互联网金融的七大业态,金融大数据产业的发展同样刻不容缓。乌镇世界互联网大会也在探讨大数据产业的发展,即从IT进入DT更清晰的路径。我们已经看到,百度与一家证券公司合作推出大数据发展基金,准备在证券市场的"超级数据富矿"里掘金。从IT到DT,是互联网进入大数据、云计算的高级阶段,将会为社会经济的总体发展、行业的发展和企业的发展带来更为正面、系统的巨大影响。这无疑是互联网技术运用的一次较大的飞跃与提升。

大数据产业系统的发展是有层次性的,国家有国家的层面,城市有城市的层面,市场有市场细分的层面。对于企业来讲,按行业细分更实际一些,尤其是在商业和金融业领域更是如此。事实上,亚马逊就是零售商的数据公司。有些人一说到大数据公司就大得没边,多少有炒作之嫌。目前,大数据、云计算的发展在两个方面颇有声势:一是国家层面的通信设施建设,包括通信卫星;二是智慧城市建设,主要是提供公共服务。大数据、云计算产业的发展主要是园区集中发展和互联网企业陆续进入,前者要避免重复建设,后者要避免各行其是。"互联互通,共治共享"是大数据、云计算产业发展唯一有效的路径,这是关键中的关键。

对于互联网金融来讲,大数据、云计算的发展不仅是题中应有之义,也是提高金融运作水平真正的"利器"。传统银行的融资为什么不能做到"好钢用在刀刃上"?互联网金融运作中为什么摆脱不了"烧钱"的恶性循环?

缺少大数据、云计算下的精准运作是一个重要的原因,而这正是我们需要把互联网与互联网金融发展提到大数据战略高度的理由。

互联网金融是互联网企业跨界发展的重要成果。互联网企业跨越的路径是从商业到金融业,下一步很可能是生产性服务业,包括创意产业、物流业以及制造业中介。这不仅因为这里"有术业有专攻"的人才结构问题和机会成本问题,也因为物流业、制造业在"互联网+"的进程中改变了自己,成为互联网物流业与互联网制造业。它们将在某一个点上"会师",而不是所谓"逆袭"。跨界最终是有边界的,社会分工也是必要的,至少在我们能够看到的时段里。

但是,这并不是说我们不应当对互联网企业与互联网金融企业改变市场的能量进行更高的评估。互联网企业作为互联网经济的创新载体,不仅重塑了微观市场,也会在宏观经济运行中起到巨大的作用。

第一,它有效地改变和优化了劳动力市场与就业和分配结构。在互联网经济的发展中,新的行业诞生了,旧的职业消失了,劳动市场发生了剧烈变化。这种变化并没有引起失业现象大量增加,反倒是促进了知识与技能不断更新的就业优化,大量劳动力向现代服务业转移,这是历次产业革命中未曾有过的。互联网带来了解决发展不均等、不平衡问题的机会,容量巨大的现代服务业容纳了更多的就业者,在共享市场成果中提高了劳动者的收入水平,调动了人们创造价值与财富的积极性。

第二,它推动了商业与金融体制机制的改革,并为其他市场经营性企业的"混改"提供了突破口。传统的金融企业几乎是清一色的"国字号",互联网金融首次比较有规模地让民营企业和民间资本进入金融业,从所有制改革层面上改变了生产要素的配置与组织格局,是深化改革的一个里程碑。从某种意义上讲,民营企业在"打头阵",互联网企业与互联网金融企业的发展可以说是民营经济的第二次崛起。互联网企业与金融企业的跨界发展标志着民营企业的进一步壮大。民营的互联网金融正式进入金融企业序列,并在与传统金融企业的相互融合中共同发展,这对所有制结构改革的正面影响是不言而喻的。

第三,"混改"是当前国有企业所有制改革的主旋律,推进缓慢,主要是缺少突破口。金融领域不时飘荡着一股"混改"之风,预示着"混改"面临大突破。2015年底,中国邮政储蓄银行引进战略投资者,融资规模达到451亿元,实现了中国邮政集团由单一股东向股权多元化的转变。在中国邮政储蓄银行的战略合作伙伴里,不仅有瑞银集团、摩根大通、星展银行、淡马锡、国际金融公司等国际知名金融机构和中国人寿、中国电信,还有蚂蚁金服与腾讯这两家著名的互联网金融企业。中国邮政储蓄银行选择蚂蚁金服与腾讯作为战略投资者,意在强化互联网金融和普惠金融的布局,也是"混改"的重要成果。此前,还有百度与中信银行、安邦保险分别联手成立的百信银行、百安保险,互联网金融与传统金融业的合作正在不同层面和金融领域展开。这不仅意味着国有企业对民营企业的接纳,更意味着互联网企业和互联网金融的市场力量。还意味着什么呢? 如果我们再向前看几年,一旦传统金融业在"混改"中完成了自身的转型,也会迅速地朝着包括制造业在内的互联网技术普遍应用的方向完成体制转型。到那时,互联网金融与传统金融的界限会消失,传统企业与互联网企业的界限也会消失,前者有的只是从线上到线下的普惠金融服务,后者有的只是产业共享。

第四,更可以想见的是,互联网发展战略与国家的其他发展战略有机结合,将会产生几何级数的巨大效应,推动社会经济进入持续发展的全新境界。国家提出了"创新、协调、绿色、开放、共享"的发展理念,每一个理念都有相对应的互联网发展模式。"大众创业、万众创新"需要互联网和互联网金融的推进与支撑;区域与城乡协调发展也需要互联网和互联网金融的推进与支撑,至少是农村电商离不开互联网发展模式;绿色环保需要互联网大数据;"一带一路"的全方位开放发展更需要在互联网的互联互通中实现。互联网的共享本身就是发展的最高目标,互联网才是推动发展的永动机。

在全球经济发生复杂变化的现实环境中,互联网也是应对和规避金融风险的"利器"。方兴未艾的互联网金融将是我们防范金融风险的一支正面力量。2016 年,美国进入了加息的金融轨道,全球性的金融风险防范成为一种共识。尤其是发展中国家,面对发展周期的巨大压力,需要精准灵活地应对,防范金融风险。中国在宏观金融政策的选项上是明确的,如在人民币加入 SDR 一揽子货币前后,连续出其不意地实行人民币贬值,首发 CFETS 人民币汇率指数,与美元脱钩保持距离并连续增持黄金等。美联储加息已经引起发展中经济体的负反应,比如一开始就引起阿根廷比索暴跌 41%,阿塞拜疆的马纳特汇率也跌去了 47%,许多以美元计价的市场都陆续出现了问题。美元的持续走强也使人们更多地想到美国所擅长的"货币战"。人们常说，美国有两件武器，一件是战争机器，另一件就是美元霸权。美联储的每一次降息或者加息，对新兴经济体都是一次"长羊毛"与"剪羊毛"的轮回。美联储20世纪80年代，加息引发拉美国家的债务危机，西欧国家"失去了5年"，日本"失去了15年"；90年代加息，诱发了亚洲金融危机；2001年加息，导致全球互联网泡沫破裂，无数公司破产，数万美元蒸发；2008年加息，直接导致美国自己发生次贷危机，不得不从此开始长达8年的连续量化宽松。

据估计，美国将在2016年最少2次加息，对新兴经济的冲击是连续性的、严重的。但是，我们也要看到应对手段的一个"不同"和一个"相同"。不同的是，进入互联网时代，应对的工具有所不同。互联网的普遍联通性，一方面会造成风险蔓延的速率加快，牵连面更广；另一方面，互联网进入自主发展的大数据、云计算阶段，将会更加灵敏地发现和规避金融安全风险。相同的是，固本才能安危，避免出现系统性金融风险，清除隐患仍是第一位的。隐患一是国有银行长期积累的不良资产，二是居高的企业外债。可以预见的是，随着"三去、一降、一补"政策的实施，尤其是去产能和去"僵尸企业"的逐步推进，加上正在置换中的庞大的地方政府债务，将使隐性不良资产的比例上升显现。近年来，地方债务置换有一定成效，主要是减低了存量债务成本，2015年省息2000亿元，但是还没有根本化解的办法。目前的思路是重启"证券化"。但是，通过"证券化"处置的资产占比最多约为20%。企业债风险也在积累，数量巨大。处理这些棘手问题，需要多管齐下。

有一种担心，说防范金融风险就是收紧银根，甚至想到互联网金融发展也会面临问题。严格地说，金融风险因素积累既与新兴的互联网金融有关联，也无历史关联。说有关联，是因为互联网金融企业与传统金融企业有了利益交集，将会出现风险传导。近来风头正劲的险资四处"举牌"，就是一个例证。说没有历史关联，是因为互联网金融面临的问题是自身规范发展和发展制度建设滞后的问题，发生的事件限于局部或是个案，主要涉及诚信和投资者、消费者现实的经济利益，有什么问题就处理什么问题，有什么需要规制的就规制什么。从技术上讲，互联网金融是一种前沿的、先进的金融生产工具，不仅需要放手让其发展，更需要通过监管加以呵护，不能让它承担风险积累的历史责任。

相反，互联网金融是防范金融风险需要倚重的"偏师"。首先，互联网金融的发展有力地支撑了当前的"大众创业、万众创新"，而去产能与抓创新是一枚硬币的两面。经济结构调整不仅要做减法,更要做加法。互联网金融的发展搞活了流通,增加了内需,为中小企业和创业者提供了有效的投融资,填补了国有商业银行的短板,同时也避免了信贷资金"一放就乱,一收就死"的恶性循环。互联网金融的发展不仅有效地解决了许多大的互联网企业和民营企业的融资问题,也普惠到更多的中小企业和初创企业,形成了比较有效的市场化投融资格局。

其次,金融资产的结构调整也少不了互联网金融企业的助力。互联网企业相对跨界发展和自身发展不断创新的特征,决定了其将会在资产置换中发挥重要作用。值得关注的是,传统金融机构坏账率的上升给"坏账银行"带来机会,而在互联网金融的发展中,"坏账生意"也开始渗入互联网基因。中国华润资产管理公司在2015年底进驻淘宝网资产处置平台,这是借力互联网渠道盘活存量不良资产的新尝试。此外,长城资产、信达资产也与淘宝网进行了合作,东方资产则在2015年上半年与蚂蚁金服签署了战略合作协议。通过互联网平台,可以及时处置资产,在盘活存量资产的同时实现资产价值最大化。据了解,截至2015年底,共有127家金融机构入驻淘宝网资产处置平台,包括民生、招商、中信、兴业、平安、交通等28家银行,交易所、交易中心25家,拍卖行16家,投资管理公司15家,以及海关、城管和环保部门。近期比较成功的案例是,信达公司在淘宝网资产处置平台上拍卖芜湖建银房地产公司20%的股权,拍卖溢价0.63%。

可以预见,在2016年,金融技术革命将为金融业带来新的多样化亮色,在不断提供从移动支付到资本众筹模式的基础上,还会不断推出新的金融产品,创新金融业的体制和机制。

后　记

我们于 2015 年底结束《新市场与新市场人》的写作，如今半年又将过去。在这段时间里，虽然市场和宏观经济环境以及有关的市场政策依旧在不断地调整变化，但是新市场形成的大走向仍然是明朗的。有四件事需要特别提出：其一，在 2016 年"两会"上，分享经济概念首次被写入政府工作报告；其二，物联网技术产品，尤其是 VR 已经开始进入市场；其三，在《瑞士商报》网站 2016 年发布的"全球十大初创企业"中，中国企业"三分天下有其一"；其四，市场进入深度调整期。这四件事对我国新市场的发育有着全局意义。

分享经济概念首次被写入政府工作报告，明确提出"支持分享经济发展，提高资源利用效率，让更多人参与进来、富裕起来"。这既与"大众创业、万众创新"有着直接的关系，也与新市场的发育密切关联。分享经济意味着更多的新业态、新的经营模式和新的分配状况出现，甚至意味着新的管理模式将会诞生。"让更多人参与进来、富裕起来"，其分量并不亚于当年"让一部分人先富起来"的口号，也更加体现了劳动的市场价值。源自域外的分享经济概念，如此之快就进入我们的经济辞典和政府工作报告，这在历史上是极为少见的，说明我们的市场改革意识已经开始走向成熟，对市场经济的认识也在不断地提高。事实上，我们虽然对分享经济的全面含义还没有完全研究透彻，它对未来市场的影响究竟有多深刻，涉及的市场面会有多大，对市场体制和市场管理制度变化的影响又是什么，还需要观察，但是分享经济在一些市场领域的优势与活力十分明显，这是可以肯定的。以出行和住宿为例，2015 年春运期间，滴滴顺风车覆盖了 31 个省、自治区、直辖市的 322 个城市，累计有将近 200 万人合乘出行，短租出行的更是达千万甚至上亿人了。春节素来是探亲旅游旺季，蚂蚁短租、住百家、小猪短租等平台的房源量和订单量，总体上增长了 500%。这一切都不能简单视为市场里的"一阵风"。2016 年 4 月，有关部门颁布新法规，提出商用住房可以改为单间出租，不仅解决了年轻人的住房问题，也适应了分享经济的新潮流。更为引人注目的是,进入分享经济领域的不仅是个人消费,企业设备共享也大量出现,并向知识分享、数据分享扩展。这其实是在更大市场半径里的资源众筹与共享,是对传统租赁业的提升,而不是一种简单复制。

我国分享经济的发展是全球分享经济的一部分,未来还有很大的发展空间。分享经济也是社会投资的"风口",在不同的阶段,"风向"或有不同,但是总体上显示了投资的潜力。2014—2015年,流入分享经济领域的风险投资规模增长了5倍多,这是一个重要的指标。应当看到,分享经济是世界市场潮流,具有先导性。在这个潮流里,美国是分享经济发展的重要源头,其市场规模、风险资本密集度都处于领先地位。2015年,美国分享经济的市场规模约为5100亿美元,占到全球总规模8100亿美元的一半还多,市场份额占本国GDP的3%,投资分享经济的机构达到将近200家。美国分享经济的代表性行业主要有:汽车服务业,如Uber、Lyft;房屋租赁业,如Airbnb;快递服务业,如Instacart等。美国的有关调查显示,2/5的美国消费者分享过这些平台的服务,1/5的人曾为这些平台工作过。2015年,仅为Uber开车的"司机"就有近40万人。Airbnb在美国前10大城市的业务量占其酒店业务量的40%。有机构对美国30个大城市的调查显示,至少有一半城市开始制定相应的政策。在法国,分享经济又称"合作经济"或"参与经济",主要行业是拼车平台、空中食宿平台和二手货拍卖平台。法国拼车平台Blablacaer颇有特色,既可以租短程,也可以租长途,从巴黎到柏林,一张火车票200欧元,拼车只要55欧元。据了解,Blablacaer的业务已经扩展到英国、土耳其、墨西哥等12个国家,风头有盖过美国的Uber之势。在日本,短时租车与租房分享同样发展平稳。德国的汽车分享数量占到欧洲所有类似项目的近一半,除了汽车分享,还流行衣物交换和分享,并波及酒店业和文化传媒业。英国的分享经济也在多个领域流行,发展规模甚至超过法国、西班牙和德国的总和,主要涉及拼车、分享住宿、音乐和视频交换服务以及互联网金融。一些人甚至还会"出租"自己的时间与劳动,承接遛狗、组装家具的杂活。有人这样计算过,在伦敦,一年里将房间租出去33个晚上,房主就可以得到3000英镑的额外报酬。总之,大部分国家对分享经济持支持的态度。欧洲议会的工业、研发和能源委员会与消费者保护委员会就曾联合发布文件,明确提出支持分享经济,敦促其成员国消除人为障碍和相关法律障碍。英国甚至对有关个人和企业规定了一定限度内的免税政策。澳大利亚还把"分享经济"选为 2015 年的年度热词。悉尼市政府为 600 多辆共享汽车设立了 400 个专属停车位,并计划在 2016 年将参与汽车共享计划的家庭比例由 6.4% 提高到 10%。在韩国,按照传统的法律规定,非政府认定的出租车和短期租房属于非法,进入 2016 年,也开始进行调整,以有利于分享经济的发展。

分享经济的内涵与外延有多大?这还需要作进一步研究。从目前来看,所谓"分享经济",不仅指个人,也指社会组织或者企业通过社会化平台分享闲置的实物资源或认知盈余,以低于专业性组织者的边际成本提供服务并获得收入的一种经济现象。分享经济有两个明显的市场特征:其一,交易本质上是以租代买,又不同于一般的租赁模式,必须通过互联网第三方平台实现闲置资产使用权的交易,以更低的成本和更高的效率实现资源的合理配置。其二,产权关系上,是资源的支配权与使用权分离。分享经济研究者杰里米·里夫金在其著作《零边际成本社会》中讲道:"分享经济带来了一场改变人类生活方式的资源革命,它带来了经济生活的全新组织方式,将会超越传统的市场模式。"

分享经济目前面临的问题是管理制度创新滞后。正如腾讯公司控股董事会主席兼 CEO 马化腾所言,发展分享经济,依然需要监管和配套制度的不断创新。他说,我国现有的监管思路主要强调在细分市场基础上的市场准入监管,通过发放牌照等方式管理,而在分享经济时代,融合性新业态大量出现,突破了传统的细分式管理模式。在配套制度方面,最突出的是征信制度不完善。信用是分享经济的"硬通货",市场的供需双方必须建立互信关系,才会发生正常的分享行为,才能达成交易。因此,推进各类信用信息平台的无缝对接也是一个关键。

物联网从发展趋势走进现实,似乎比我们所预料的要早要快。物联网技术的发展是第四次工业革命的主要基石,也会在供给侧改革中重塑市场,包括供给链和价值链的提升与改变。令人多思的是,当我们还沉浸在互联网成功重塑市场的兴奋情绪之中的时候,2016 年初举行的世界经济论坛发出新的声音。在一次研讨会上,美国互联网巨头埃里克·施密特大胆预言,互联网即将消失,一个高度个性化、互动化的物联网世界即将诞生。他说,未来将会有数量巨大的 IP 地址、传感器、可穿戴设备等,时刻伴随着人们,届时将会出现 25 亿个设备连接到物联网上,而"所有赌注此刻都与智能手机应用基础框架有关"。对于埃里克·施密特的预言,人们不会过分惊讶,因为许多企业家不约而同地看到,物联网已经不是趋势,而是一种现实。就在世界经济论坛举行前后,物联网已经成为国际消费电子展(CES)上的最大看点。许多高科技企业推出了数字眼镜、智能手表等多种产品,车联网、可穿戴设备以及以智能手机为支点的医疗装备产品也正向市场渐次走来。智能生活与智能城市不再是一种样板,而是正不同程度地成为城市建设的终极目标。埃里克·施密特预言互联网即将消失,其实是指互联网的作用已经开始被更为重要的物联网技术代替。或者可以说,互联网企业也会完成它的历史使命,成为物联网企业阵营里的一部分。实际上,互联网连接的只是所有的人和所有的信息内容,提供的是信息服务产品,即便高呼"跨界",也跨不过零售商业、传播业和服务业的范围。但是,物联网作为互联网的延伸,利用通信技术把传感器、控制器、机器、人与物连接在一起,不仅使万物互联,也将使所有的产业链、价值链真正地整合在一起,最终实现全方位跨界的无限可能。如介于互联网技术与物联网技术之间的 3D 打印,就将会重塑全球制造业的面貌。德国的一家初创公司 Bigrep 已经生产出定价 5 万欧元的打印机。这意味着,3D 打印很快就会商业化。有预测说,到 2018 年,仅德国的增材制造规模就将达 113 亿欧元。接下来的事,大家可以想到,即以传统方式生产的手表、T 恤衫、电动车和一般的机器人也会被陆续挤出市场。可以说,物联网下的专业技术精神也许更符合时代精神。

目前,互联网与物联网技术进化的一个分支 VR 与 AR 已经向我们走来。相比 VR, AR 的技术难度更高,是一座尚待开发的更大的市场金矿。VR 却是现实。VR 是"Virtual Reality"的缩写,意为"虚拟现实",就是用智能手机与接口设备连接,形成一种能够在虚拟世界里体会到身临其境感觉的技术。有关数据显示,目前我国国内有 50 多家上市公司投入 VR 产业。在 15 岁到 39 岁的人群中,潜在 VR 用户有 2.86 亿人。2015 年,购买过各种 VR 设备的已有 96 万人,接触和体验过 VR 设备的浅度用户有 1700 万人。新市场人不仅是 VR 的拥趸,也是创造者和制造者。从最显而易见的层次上看,其中至少有 88.2% 的用户对 VR 电影有强烈的市场需求,包括对巨幕电影、全景视频、VR 游戏、全景漫游、全景图片的需求,此外还有游戏、体育直播和虚拟旅游等。VR 电影比 3D 电影更先进,用户通过可穿戴头盔直接进入画面。著名导演张艺谋就说,VR 将改变电影产业。除了这些,VR 技术也将在教育培训、医疗康复领域以及数字化工厂广泛应用。眼下,市场上不仅出现了VR产品线下体验店,也出现了大规模的现场展示。在2016年汉诺威工业博览会上,德国总理默克尔体验了VR眼镜。在第15届中国电子信息博览会上,许多演艺界人士也体验了众多的VR设备。在2016年世界移动通信大会上,Facebook创始人兼CEO马克·扎克伯格更是一位VR技术的重要代言人。我国一些普通游客曾在首都博物馆观看过妇好墓复原沙盘,恍如置身于40多年前的挖掘现场。VR产业正在成为科技领域的资本竞逐的新"风口",也会成为下一个最具广告效应的销售"风口"。VR购物不仅意味着大量VR产品将风靡市场,也意味着大量应用商业模式将会出现,将开启购物方式与定制方式又一次变革的帷幕,成为消费新趋势。

不消说,消费者对目前的网购褒中有贬,大量不合心、不合意的退货就是一种批评。阿里巴巴被国际反假联盟(IACC)请退,其中虽有国际奢侈品寡头的操纵,但售假率较高是直接的导火线。也不消说,进入2016年,线上线下的争论仍在继续,O2O也开始进入不温不火的状态,而这未必是O2O本身的问题。一方面,电商正从爆发增长期进入温和增长期。有机构预测,2016—2020年,O2O增速将一改翻倍增长的状态,保持25%—30%的发展速度。这是完全符合事物发展规律的,标志着电商发展进入新常态。另一方面,消费者和投资者对O2O的认知度开始理性化,市场监管也在加强。线下企业开始认识到,O2O并不是"万金油",哪里都可以抹。线上企业也明白,"烧钱"烧不出成功模式。25%—30%的发展速度已经是了不起的速度,并不是倒退或者"强弩之末"。有人比较了中美零售市场,认为美国纯电商占网络零售份额20%,传统企业仍占80%份额。我国网络零售份额的90%则由电商占据,传统企业的全渠道O2O只占9.6%。这好像是说我们的电商不仅超前了,还超过了美国。且不说这种比较有没有发展趋势的依据,至少我们是无法退回去的。O2O本身就是创新的产物,创新的规律对新兴的电商也不例外。商业模式的创新从来就不是一条直线。有人提出,要在数字化中再塑O2O。比如,讲到我国的跨境电商,从其兴起到进入发展高潮,经历了代购、海淘、进口零售电商三个阶段,在2015年的进口贸易中渗透率达到8.6%,交易规模达到9000亿元。未来的方向应当是,使进口零售电商更加智能化、社交化、移动化,渠道也要逐步拓展到线下。这些说法都很对,但是有些泛泛而谈,缺少可操作的突破口。如果消费者待在家里就可以试穿和定制自己心仪的衣服，那么线上购物将会是另一种境界。究竟什么是消费者最满意的购物方式？解决的办法又是什么？答案也许就在 VR 市场里吧。

"全球十大初创企业"发布了，声势似乎不如"世界 500 强"那么大。但是，无论是从新市场和新市场人的角度看，还是从企业盛衰的生命周期看，我们都应该对前者寄予更多的希望与关注。在"全球十大初创企业"里，美国企业数量最多。第一名是 Uber，2009 年创建，价值 620 亿美元。第二名是小米，2010 年创建，价值 460 亿美元。第三名是 Airbnb，2008 年创建，价值 255 亿美元。第五名是滴滴快的，2012 年创建，价值 160 亿美元。此外，还有中国 Plus，2003 年创建，价值 150 亿美元。除了小米，这些企业无一例外都是在分享经济领域获得极大成功的企业，而且都是近 10 年涌现出来的新型企业。小米的上榜，说明制榜者的视野并不局限于生活服务业，也注意到与此有密切关联的高科技制造业。这在本质上意味着我国市场创新力的强大，也意味着新市场人的旺盛活力，他们虽出身"草根"，但代表着我国企业的未来。根据北京腾云天下科技有限公司的调查数据，我国 57.9％的移动电子商务用户在 26 岁至 35 岁之间，25 岁以下的占 17％，36 岁至 45 岁的占 20％。应当说，他们是新市场中最值得关注的主体力量。

最后一个问题，由于美联储加息，引起了一次事实上的"汇率战"与"货币战"，中国人民银行提高了规避金融风险的敏感度，并自 2015 年出台相关政策整顿 P2P 平台以来，继续收紧对互联网金融的管理措施。P2P 目前面临洗牌，一是要求其执行最严厉的信息披露制度，包括每天更新违约率、项目逾期率、坏账率、客户投诉情况、借款人经营状况等 21 项信息。二是停办"首付贷"业务，并及时处理了以 e 租宝或中晋系为代表的一些互联网借贷机构。下一步，监管机构将对一些违法经营的私募基金加大监管和处理力度。这多少引起了人们的疑问：究竟怎么看互联网金融？

第一，金融业不是一般的产业，对国民经济的影响是全局性的。尤其在我国金融处于敏感时期，国际金融环境阴晴不定，警惕"高杠杆"风险是当务之急。我国经济进入中高速发展的新常态，无须通过"加杠杆"硬推经济增长。因此，从大局上讲，对一些"高杠杆"操作的社会投资机构必须加强监管。

第二，无论是传统金融业还是互联网金融，都不是法外之地。尤其应当看到,无论是网贷还是私募基金,在2013年以前一直是缺乏监管的,监管的滞后在客观上"纵容"了非法集资,导致所谓的"庞氏骗局"时有发生。因此,在发展中完善监管体制和体系,不仅是市场经济发展的题中应有之义,也是一种"补课"。以我国的私募基金为例,注册机构约有2.58万家,管理着约5万亿元的资产,但是90%的投资公司只拥有不到10亿元资产,自身面临的风险较大。

第三,我国市场面临的最大问题是信用体系缺失,尤其是企业信用缺失。对于金融业来讲,信用就是它的生命线。因此,以信用违约为核心的清理是治本之策,与金融业态的属性并没有更大的关联度。

第四,去除"李鬼",也就保护了"李逵",有利于互联网金融的健康发展。还以私募机构为例,即便是清理其中运作不规范的2000家,比例也不到8%。当然,这个比例不算小,"刮骨疗毒"更有利于新细胞的生长。对P2P也是如此,严格监管并不等于P2P的完结。有统计显示,截至2016年4月底,我国的问题P2P平台累计达到1856家,占全部平台的42.7%,正常运行的平台的平均年化收益率降至10%以下。数量的减少和"杠杆"的降低,意味着回归正常,而不意味着P2P消失。

从全球市场来看,P2P借贷行业日趋成熟。P2P借贷在美国同样存在管理问题,也在不断整合。2015年,P2P市场借贷占美国个人贷款业务的24%,已经成为主流贷款方式。在我国,P2P问题高发,主要是缘于一些经营者的信用缺失问题,而不是行业必然产生的弊端。P2P的出现,主要是因为在传统间接融资的金融模式里,个人与中小企业筹资难。我国居民储蓄率高,投资渠道比较狭窄,有其必然的市场需求。清除了"李鬼","李逵"也就成为主角。目前的问题是,对P2P和私募基金的监管不应当是孤立的,要看到它们与银行和传统金融机构之间盘根错节的关系。在我国,由于对商业银行管得很严,中小企业很难拿到贷款。在金融的整条价值链上,商业银行往往成为在银行和企业间充当中间角色的非银行金融机构的贷款提供者,有实体,才有影子,这是"影子银行"的真实含义。"影子银行"的贷款规模究竟有多大?这还需要进一步摸清。有机构经调查指出,由信托基金联合银行向公众发行的理财产品的规模达到了18.8万亿元。如此之大的信贷泡沫必然导致高风险资产增多,最终会落在银行和公众头上。在这些问题上,商业银行也是难辞其咎的,必须整体治理和清理。

此外，互联网金融的一些领域发育得还不很充分。如众筹，就应当更多地予以支持，更多地发挥其在市场资源配置中的作用。2016年5月，北京鼓楼西剧场成立两周年大戏《审查者》上演，众筹试水话剧获得成功。10个来自戏剧、媒体、文化投资和IT领域的出品人每人投资5万元，一年之后返回资金和回报。这使一些以前无人问津的行业得到渴望已久的投资，是互联网金融的一个新尝试。在此之前，仅有舞台剧《战马》中文版在2015年4月尝试过众筹，8小时里筹集了200万元。众筹吸引更多的人关注剧场，走进剧场，开创了文化消费的创新模式。支付市场同样大有可为。有数据显示，全球移动支付市场2016年将比2015年增长38％，预计达6200亿美元，2019年可望达到1.08万亿美元。中国移动支付业务的增速连续两年超过100％。当前，三星支付、苹果支付和华为支付在我国和其他新兴市场展开激烈竞争，被称为"闪付派"。但是，以支付宝和微信支付为代表的"扫码派"已经占据了90％的支付市场。当然，不论是"闪付派"还是"扫码派"，都有很大的市场天地。

有趣的是，美国千禧一代有一种新的市场动向，他们正在越来越多地采用应用程序和机器人顾问进行理财。机器人系统会随着客户年龄的增长或目标的变化而自动调整投资组合。可见，互联网金融不仅没有减缓前进的步伐，反而继续大步前行。新市场人的消费取向也会带来品牌的重新整合。一方面，互联网购物的兴起，导致很多老品牌受到重创。另一方面，青少年的消费习惯与节奏正在形成"快时尚"潮流，新市场人正在改变过去的"品牌方阵"。他们对所谓的"贵品牌"并不感兴趣，反倒青睐于Uniqlo、H&M、Zara等品牌，使得这些品牌成为"快时尚"的领军者。如果说还有什么"贵品牌"值得他们追逐，那就是日新月异的电子产品。比如，他们不断地更换智能手机。总之，产能过剩不仅仅是数量问题，更多的是供求结构问题，这是我们理解新市场与新市场人的一把"钥匙"。

冯　并　冯其器
2016年5月14日